独鈷山
とっこ
1266m
マツタケ
前山寺
三重塔
龍光院
塩野神社
北の入池
館
塩野池
上窪池
生島足島
神社
中池
塩
田
平
若林醸造
甲田池
中野前池
五加前池
しおだまち
なかの
所所線
車庫
しものごう
なかしおだ
男池
女池
共有池
産川
上原池
小島大池
塩吹池
だいがくまえ
文
長野大学
上田女子短大
オルガン針
中央工場
かばたけ
加古池
長池
倉保根池
枡池
宮池
古池
泉池
かるいざわ
北陸新幹線
上田
創造館
てらした
超誓寺
あかさかうえ
うえだはら
みよしちょう
しろした
築地池
上田原
古戦場
上田市
かるいざわ
小牧橋
常田新橋
うえだ
上田橋
古舟橋
運動公園
岩鼻
信濃国分寺
上田大橋
上田城
しなの鉄道
千曲川
真田幸村
ながの
ながの

別所線百年物語

公文書・報道・記憶でたどる上田の鉄道

今尾恵介 著

信濃毎日新聞社出版部 編
上田電鉄株式会社 特別協力

信濃毎日新聞社

新たな100年への期待

上田電鉄株式会社
代表取締役社長　山本　修

当社は令和3年6月17日に、前身である上田温泉電軌・城下—別所温泉間の開通から、おかげさまで100周年を迎えました。

これもひとえに上田小県地域をはじめ、別所線を愛し、利用してくださる多くの皆様のご支援、ご愛顧の賜物と心から感謝申し上げます。

大正10年に青木線と別所線が開通し、その後、西丸子線、真田傍陽線も開業、上田小県地域の通勤・通学、観光の足として重要な役割を担いました。

昭和14年には上田温泉電軌は上田電鉄へ社名変更し、さらに昭和18年に丸子鉄道と上田電鉄が合併して上田丸子電鉄となり、上田・丸子の製糸業や、別所などの温泉や菅平のスキーなど観光業を支え、地域の発展にさらに寄与してきました。

しかし経営は常に厳しく、青木線は戦前の昭和13年には廃止となりました。西丸子線は昭和36年の豪雨により線路設備が甚大な被害を受け運転休止に追い込まれ、その2年後に廃止となりました。さらに、昭和40年代に入るとモータリゼーションの波が一気に押し寄せて利用者の減少に歯止めが掛からず、丸子線、真田傍陽線も次々と姿を消しました。

唯一残った別所線も昭和、平成を通じて存続が問われる事態が幾度か浮上しました。

記憶に新しいのは令和元年、東日本に甚大な被害をもたらした台風19号の被害です。千曲川の増水による橋梁の崩落は当社史上、最も大きなダメージの一つでした。しかし、一部区間の不通で利用者の皆様に迷惑をおかけしたにもかかわらず、行政、経済界をはじめ県内外の別所線、「赤い鉄橋」を愛する多くの皆様から励ましをいただき、逆に社員一同が勇気づけられました。おかげさまで1年5ヵ月余の本年3月に橋梁は復活し、無事に100周年を迎えることができました。

とはいえ、この100周年は、令和2年初頭からの新型コロナウイルス禍で迎えることになり、観光で利用されるお客様が多い当社も厳しい状況が続いています。ただ、別所線が走る塩田平が同年、日本遺産「レイラインがつなぐ『太陽と大地の聖地』」に認定されたことも弾みに、まずは安全・安心を第一に、別所線が今後も皆様から愛され続けるよう社員一丸となって頑張っていく所存であります。

今般は、信濃毎日新聞社様が100周年記念の本を企画し、地図研究家・今尾恵介様にその歴史を掘り下げていただきました。また、別所線がどのように思われ、記憶に刻まれてきたのかを「エッセイ・作文」の形で教えていただく機会も得ました。御礼申し上げます。

エッセイの審査を通じて、人の数だけ鉄道にも歴史があることをあらためて感じました。これから先も、沿線やファンの皆様らとの歴史が新たに始まっていくことに期待が膨らみます。多くのご応募、ありがとうございました。また、審査員を務めてくださった堀井正子先生に深く感謝申し上げます。

目次

●本扉の写真
別所線・舞田駅。田んぼの中にポツンとたたずむ無人駅に電車がやって来る＝昭和51年2月

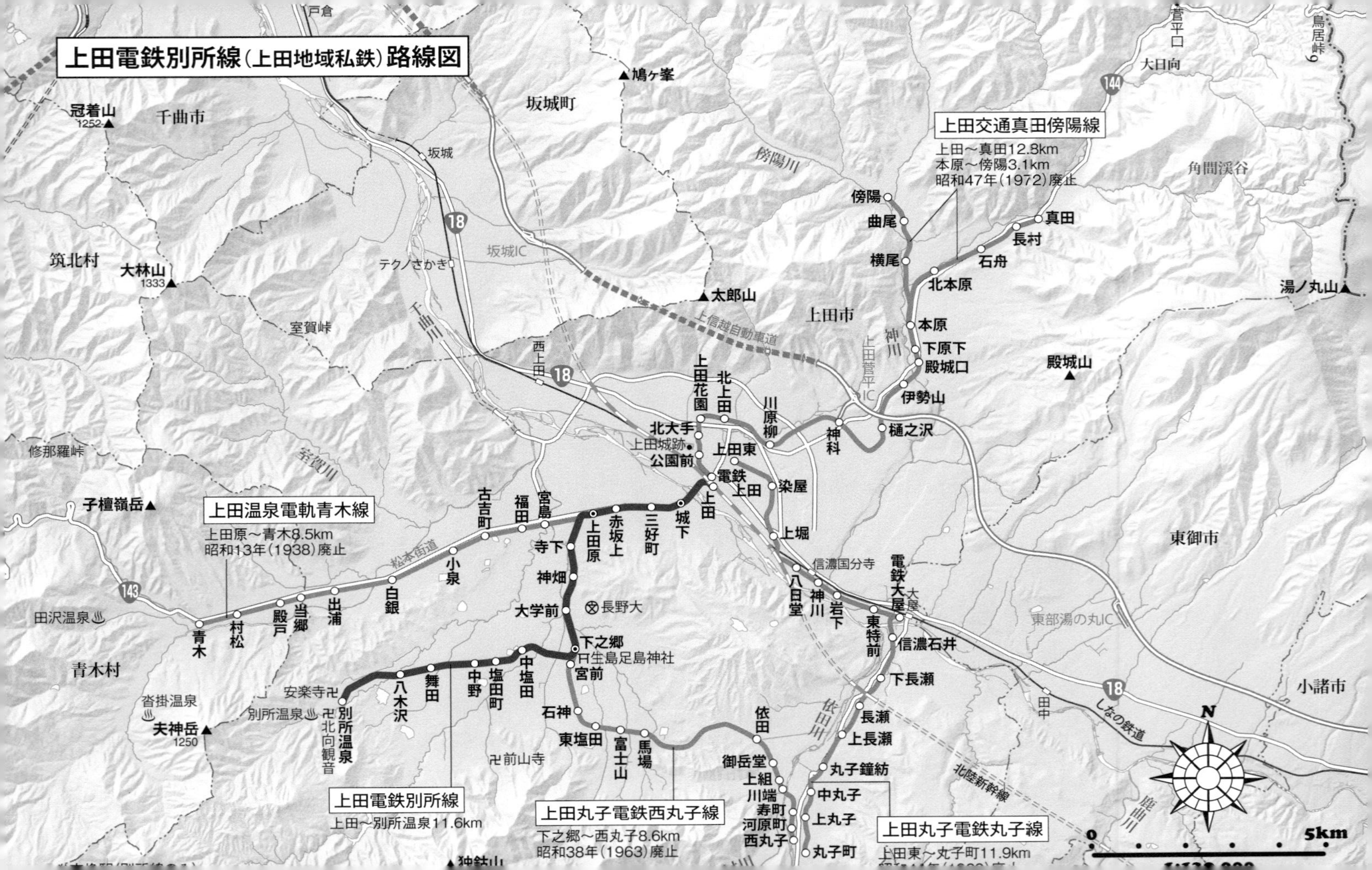
上田電鉄別所線（上田地域私鉄）路線図
上田交通真田傍陽線
上田～真田12.8km
本原～傍陽3.1km
昭和47年（1972）廃止
上田温泉電軌青木線
上田原～青木8.5km
昭和13年（1938）廃止
上田電鉄別所線
上田～別所温泉11.6km
上田丸子電鉄西丸子線
下之郷～西丸子8.6km
昭和38年（1963）廃止
上田丸子電鉄丸子線
上田東～丸子町11.9km
冠着山
1252
千曲市
坂城町
鳩ヶ峯
大日向
角間渓谷
筑北村
大林山
1333
室賀峠
修那羅峠
室賀川
千曲川
子檀嶺岳
田沢温泉
青木村
沓掛温泉
別所温泉
夫神岳
1250
安楽寺
北向観音
前山寺
長野大
生島足島神社
太郎山
上信越自動車道
上田市
殿城山
東御市
小諸市
湯ノ丸山
信濃国分寺
上田城跡
坂城
テクノさかき
坂城IC
西上田
上田菅平IC
東部湯の丸IC
田中
しなの鉄道
北陸新幹線
松本街道
神川
傍陽川
依田川
鹿曲川
143
144
18
青木
村松
殿戸
当郷
出浦
白銀
小泉
古吉町
福田
宮島
寺下
上田原
赤坂上
三好町
城下
上田
神畑
大学前
下之郷
中塩田
塩田町
中野
舞田
八木沢
別所温泉
宮前
石神
東塩田
富士山
馬場
依田
御岳堂
上組
川端
寿町
河原町
西丸子
北大手
公園前
上田花園
北上田
川原柳
神科
樋之沢
伊勢山
殿城口
下原下
本原
北本原
石舟
長村
真田
横尾
曲尾
傍陽
上田東
電鉄上田
染屋
上堀
八日堂
神川
岩下
東特前
電鉄大屋
大屋
信濃石井
下長瀬
長瀬
上長瀬
丸子鐘紡
中丸子
上丸子
丸子町
N
0
5km

巻頭特集

別所線のシンボル 千曲川橋梁と丸窓電車

信濃毎日新聞社出版部 編

別所線を象徴するのは、千曲川に架かる赤い橋「千曲川橋梁」と、戸袋の楕円形窓が特徴的な「丸窓電車」が挙げられる。共に創業当初からの〝別所線オリジナル〟。特に前者は2019年の台風災害で一部が崩れ落ちて約１年５ヵ月にわたって不通になり、復旧に向けて注目された。「丸窓電車」もオリジナルは既に引退しているが、全両が沿線に保存され、その意匠を受け継ぐ車両が走り続けている。100年記念の巻頭企画として、橋梁の復旧と丸窓電車の軌跡を、記事や写真でたどった。

復旧まであと3カ月となった年末、ライトアップされた別所線千曲川橋梁＝2020年12月

「千曲川橋梁」復旧の軌跡

2019年台風19号被災からの532日

衝撃の光景――一丸となって復活へ

「鉄橋が崩落する瞬間を見た。対岸から川を見ていたら、ガーンという大きな音がして橋が落ちた。最初はゆっくり傾いていたようだったが、あとは一気に落ちた」。令和元年（2019）10月13日朝、別所線千曲川橋梁（224メートル）の左岸側橋台部分が川の増水によって削られ、5連トラスのうちの一つ（44メートル）が川の中に落ちた。前日から長野県内を襲い、特に千曲川流域に甚大な被害を及ぼした台風19号。長野市北部の堤防決壊やそれによる北陸新幹線車両基地の水没と共に、橋の崩落は最も衝撃的な場面の一つとなった。冒頭の言葉は崩落の瞬間を目撃した上田市内の男性の言葉だ。

上田のシンボルである「赤い鉄橋」の復活を――。過去に幾度か存続の危機を迎えたことがある別所線だが、このときは会社も行政も市民も、復旧に向けて一つになって動き始めた。上田市はいち早く支援を表

橋梁崩落の2日後から、下之郷―上田間で代行バスを運行。通勤客らが続々と乗り換えた＝2019年10月15日

増水による激流で左岸の堤防がえぐられ、大きな音を立てて崩れ落ちる千曲川橋梁＝2019年10月13日午前7時58分

明。約8億6000万円と見積もられた費用については「橋梁の市有化」を条件に、国が復旧費を97・5%以上持つという国の新たな支援策に乗ることを決断したことで、早期復旧に弾みが付いた。この間、市民や沿線の企業・団体、学校のほか全国から寄付をはじめとする支援も続々。シンガーソングライター松任谷由実さんら著名人も復活を後押しした。

　千曲川橋梁は大正13年（1924）8月15日、前身の上田温泉電軌（温電）が架けた。地方の小私鉄にとって架橋が大事業だった当時は国から橋桁の払い下げを受けるのが主流だったが、温電は会社の命運を懸けて〝新品〟トラス橋を独自発注し、川西地区から念願の上田駅乗り入れを実現した。崩落時には約100年を経過していたが、大切に使われてきたトラスに大きな損傷はなく、ほとんどの部材は再利用可能に。崩落から532日目、長年親しまれてきた赤い姿でよみがえり、その姿を大勢の市民らが見守った。

橋梁の崩落で途切れた線路。復旧工事中にレールが跳ね上がらないよう、上田市諏訪形の左岸側にはブロックが置かれた＝2019年11月5日

橋梁の復旧には、崩落したトラスの部材をそのまま再利用する方針になった。解体・撤去された部材の状態を専門業者が確認＝2020年2月26日

電車の運行区間が城下駅まで延長。代行バスは城下―上田間の千曲川を挟む1駅区間だけになった。城下駅で代行バスに乗り換える乗客＝2019年11月16日

トラス部材の再利用に向けて解体作業を開始。作業員が橋梁に登ってクレーンと鉄骨を結び、慎重に地面に運び下ろした＝2020年1月29日

全線開通の周知に使うロゴマーク。新しい橋梁をくぐり抜ける先頭車両からの景色を表した＝2020年12月

橋梁の復旧を応援しようと、私鉄県連が列車正面に掲げるヘッドマーク２種類を贈呈。左は山本修・上田電鉄社長＝2020年7月10日

レールの敷設作業を公開。途切れていた線路がつながり、左岸と右岸が約1年4カ月ぶりに結ばれた＝2021年2月15日

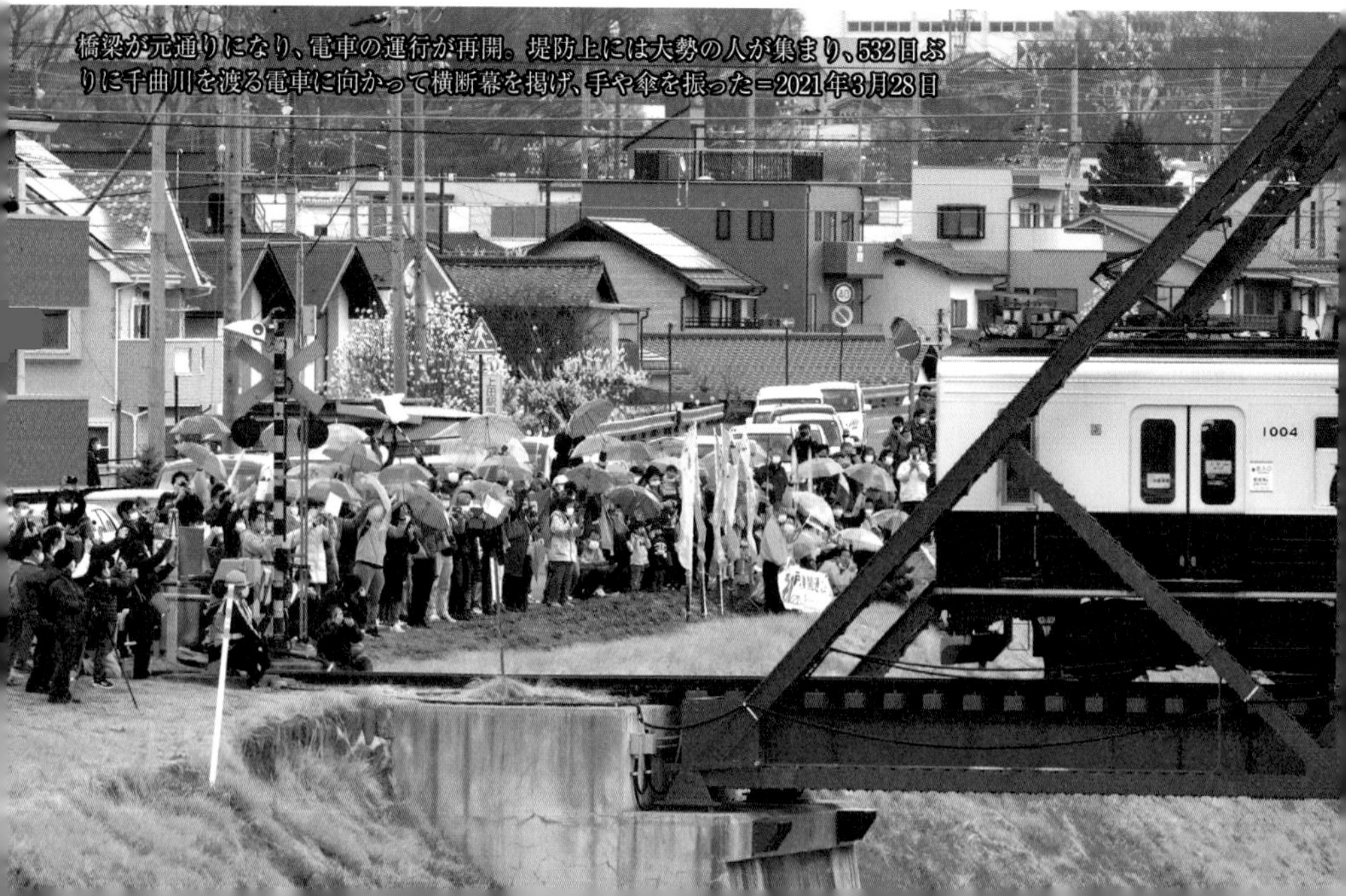

橋梁が元通りになり、電車の運行が再開。堤防上には大勢の人が集まり、532日ぶりに千曲川を渡る電車に向かって横断幕を掲げ、手や傘を振った＝2021年3月28日

橋梁復旧開通日。約200人を乗せた午前5時55分発の下之郷行き臨時一番列車が橋梁を渡った＝2021年3月28日

沿線やファンの応援続々

別所温泉旅館組合がイベントで集めた募金23万円余と552人分の署名を山本修社長に手渡した＝2019年10月28日

別所温泉旅館組合が、別所温泉駅で募金や署名を集めるイベント。観光客らがボードに全線再開を願うメッセージを寄せた＝2019年10月20日

「てっきょうがはやくなおりますように」。上田南幼稚園（上田原）の年長園児たちが応援メッセージ。絵などを貼ったボード2枚を贈り、歌も披露＝2020年2月17日

中野駅近くの若林醸造が橋梁復旧を応援する日本酒の新商品を発売。1本につき200円を寄付＝2019年12月11日

上田ライオンズクラブが「私達の自慢・別所線」と記したベンチ1台を別所温泉駅に贈呈。手作りした全線開通を祝う横断幕も＝2021年4月9日

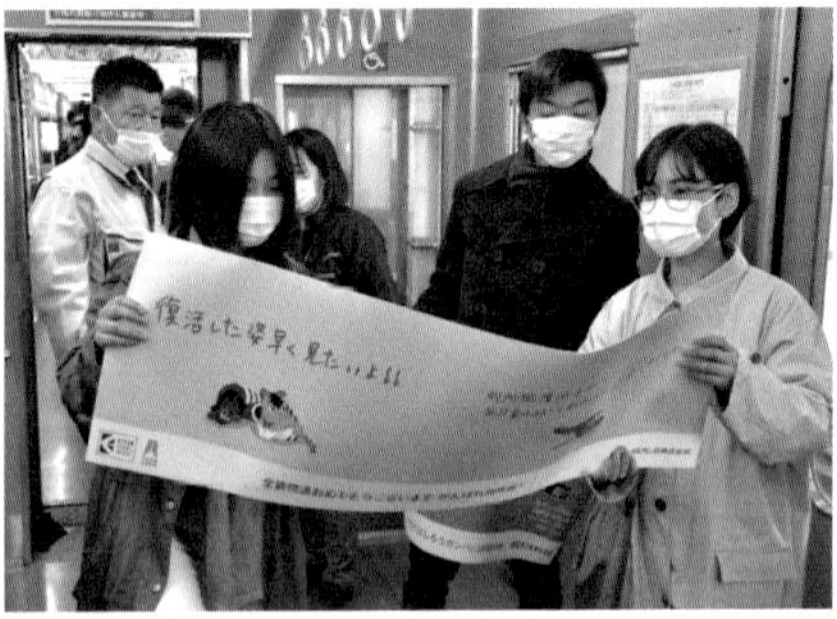

長野大学の学生有志が、募集した応援メッセージが入った中吊り広告を車内に掲出する作業をした＝2021年3月23日

2019年10月「台風19号」千曲川橋梁被災をめぐる主な動き

2019年（令和元年）		
10月	13日	午前8時前、増水により左岸堤防の橋台部分が欠損し、5連トラスのうち左岸接岸のトラス1径間（44m）が川の中へ崩落（全線運休）
	15日	上田電鉄、上田―下之郷間で代行バス運行を開始
	20日	別所温泉旅館組合、橋梁復旧を応援する募金や署名集めのイベント開催▶28日、署名552人分と募金23万円余を上田電鉄へ
	27日	上田電鉄、1年後をめどに全線復旧を目指す方針。国交省と上田市、同社による調整組織発足
	31日	土屋陽一上田市長「国、県、上田電鉄と連携しながら全力で取り組む」（記者会見）
11月	4日	国交省北陸地方整備局が千曲川左岸堤防で進めていた緊急復旧工事が完成
	11日	上田電鉄、改元を記念する1並びの乗車券発売。台紙に「がんばるぞ！別所線！」の文字と橋梁の写真入り
	16日	上田電鉄、城下―下之郷間の運行を再開。上田―城下間は引き続きバス代行
	22日	上田電鉄、落下した橋梁トラスを再利用する考えを表明（市公共交通活性化協議会）
	27日	上田電鉄、21年春ごろの全線運行再開を目指す方針。本格的工事着手は20年秋
12月	13日	復旧後に鉄橋を地元自治体が保有することを要件に、国が実質的に復旧費の97.5%を負担する支援策を検討していることが判明
		上田市、別所線支援に特化したふるさと納税の新コースを新設
	18日	上田東ロータリークラブ、別所線上田駅待合室に代行バス乗り場を映すモニター設置。バス停付近に待合室がないための配慮
	26日	長野大有志による別所線かけはしプロジェクト、応援メッセージを載せた中づり広告を車内に掲出
2020年（令和2年）		
1月	15日	上田電鉄が開設した支援口座への寄付金が667件、総額1690万円余に
	20日	土屋陽一市長、橋梁を市が保有する考えを正式表明。復旧事業費の見込みは8億6680万円（市会全員協議会）▶24日市議会可決
	29日	上田電鉄、崩落トラスの解体開始。部材再利用の可能性調査へ
2月	6日	長野県、一般会計補正予算案に代行バス費用2816万円の補助計上。事業者負担はゼロに
	26日	上田電鉄、橋梁部材の検査作業。大部分は目立った損傷なく、補修して再利用へ
3月	上旬	上田電鉄、欠損した左岸側橋台の造成開始
6月	13日	上田電鉄、市内の鉄道イベントで橋梁のリベットを限定販売。200個が初日で完売
7月	10日	私鉄県連（私鉄8社労組）、復旧応援の車両ヘッドマーク2枚を贈呈。「がんばれ別所線」のメッセージ
8月	11日	上田東ロータリークラブ、大河ドラマ「真田丸」出演俳優ら6人の手書きメッセージを写真と共に掲載したポスター作成し、110枚贈呈
	31日	上田電鉄、21年3月28日の全線運行再開を目指すと発表
11月	11日	上田電鉄、別所線開業100周年（21年6月17日）のロゴマークを発表
12月	3日	上田電鉄、再利用のため補修していた部材を現地へ運び込み▶4日まで
	9日	上田市、東急電鉄、上田電鉄がふるさと納税のオリジナル返礼品の受け付け開始。車掌体験や撮影し放題権など4種類を共同開発
	18日	上田電鉄、千曲川橋梁の復旧100日前でライトアップ開始▶21年1月末まで
2021年（令和3年）		
1月	8日	上田電鉄、全線開通に向け社員らが生島足島神社で安全祈願の参拝
2月	15日	上田電鉄、レールの敷設作業を公開。途切れていた線路が接続
3月	2日	上田電鉄、軌道モーターカー試験。橋に荷重をかけ、たわみ具合を確認
	3日	上田電鉄、橋梁復旧開通当日（3月28日）を「無料乗車デー」にすると発表
	27日	上田電鉄、橋梁で旅客車両による試運転。上田―城下間のバス代行輸送終了
	28日	千曲川橋梁が復旧開通。被災崩落から1年5ヵ月半（532日）ぶり

「丸窓電車」塩田平に息づく

昭和3年に登場した全3両
半世紀以に続けた地に

　上半分がクリーム色、下半分が濃紺色。前・後面3枚窓に古風なヘッドライト。四角い箱形の車体には無数のリベット打ち。そして前後の乗降口ドアの戸袋にはめ込まれた「楕円形」の窓――。昭和3年（1928）の登場から廃車まで、一貫して別所線を走り続けた上田交通「モハ5250形」車両は、今でも「丸窓電車」の愛称で沿線の人々に愛され、別所線のシンボルになっている。

　千曲川橋梁と同じく、この車両も上田温泉電軌（温電）が長い歴史の中で唯一自社発注した片側3扉の半鋼製車両。デナ200形として日本車輌製造が3両を製造。長さ14・7メートル、重さ32トン、定

千曲川橋梁を渡る「丸窓」モハ5253と東急から来たクハ290形の2両編成下り電車。共に1500V昇圧による引退直前の雄姿＝昭和61年9月（小西純一さん撮影）

八木沢―別所温泉間を行くモハ5252＝昭和48年頃（奥村栄邦さん撮影）

員１００人。チャームポイントの楕円窓は大正―昭和初期の特徴で、各地の車両に見られたが昭和20年代には消滅した。形式番号を「モハ５２５０形」と変えながらも３両全てが１９８０年代まで現役として残ったことから、鉄道友の会の表彰を受けている。

58年間走り続けた丸窓電車も、直流７５０Ｖから１５００Ｖへの昇圧に合わせて引退が決まり、親会社の東急から投入された５０００系などに取って代わった。住民やファンらの保存を求める声を受け、３両は解体されずに保存。２０００年代に入って近くの企業や学校への譲渡が決まった。別所温泉駅の1両と合わせ、３両全てが資料館などとして活用され、走り続けた塩田平で〝余生〟を過ごしながら、別所線の今を見つめている。

モハ5252が千曲川橋梁（上方中央）を渡り、半径120mのカーブを通って上田駅に到着する＝唐沢昌弘さん撮影

上田原駅構内の車庫で化粧直しするモハ5253＝唐沢昌弘さん撮影

現役時代の雄姿

三好町駅を出る上田行き電車モハ5252。同駅周辺は急激に宅地化が進み、現在は駅を挟むように住宅が迫っている＝唐沢昌弘さん撮影

木の床、木の窓枠、木の肘掛けに網棚…。車内はレトロでおしゃれな高級家具の雰囲気＝昭和51年4月

上田交通が発売したエバーグリーン賞受賞の記念乗車券。鉄道友の会から送られた盾をデザイン（上田電鉄提供）

別所線の丸窓電車にエバーグリーン賞

鉄道友の会から表彰された丸窓電車

全国の鉄道ファン 功績たたえ表彰

上田交通（新家正弘社長）の通称「戸袋丸窓」電車に、このほど全国の鉄道愛好者でつくる鉄道友の会（八十島義之助会長）から「鉄道趣味顕賞・エバーグリーン賞」が贈られた。この電車には四つの丸い窓があり、別所線のシンボルともいえ、鉄道ファン人気の的。日本でも数少ないタイプの古い現役電車だという。

“丸窓電車”は、昭和三年に日本車両で製造されたモハ五二五〇型。上田交通には三両ある。日本の初期の鋼製電車で、鉄道友の会によれば、鉄道技術史上の価値は極めて高いという。

一両の重さは三十二㌧、長さ十四・七㍍。定員百人。上田交通の前身、上田温泉軌道株式会社時代の昭和三年から走り出し、現在も上田－別所温泉間を一日八往復の活躍ぶり。

鉄道友の会では、今年から三部門の鉄道趣味顕賞制度を設け、全国各支部から推薦された四車両のうち、上田交通の“丸窓電車”にエバーグリーン賞（過去において活躍し、今日なお使われているもののうちから選び功績を表彰する）を贈った。上田交通では「この電車は後十年は持たせたい。手入れをし、大切に使いたい」と話している。

昭和59年12月19日記事。「過去に活躍し、現役で走り続ける車両」として第1回エバーグリーン賞を受賞

さよなら運転の電車には親子連れも。戸袋の丸窓のところに腰かけ、車内の雰囲気や車窓を楽しんだ＝昭和61年9月

さよなら運転の車内では、沿線にある長野大学の学生がフォークソング「別所線の電車に乗って」を歌うイベントも開かれた＝昭和61年9月

1986.9 さよなら運転

特別サービスの「2両重連運行」による最後の力走を写真に収めようと、鉄道ファンらが沿線に詰めかけた＝昭和61年9月

余生も地元で

引退後、上田駅から中塩田駅の側線に移されて放置されていたモハ5253。長野計器が譲り受け、資料館にすることが決まった＝平成16年8月

譲り受けた丸窓電車を活用した長野計器の資料館。2005年3月に開館、充実した展示で2年半で来場者が1万人になった＝平成19年11月

別所温泉駅に四半世紀近く留め置かれていた2両のうちモハ5252は近隣地区のさくら国際高校への譲渡が決定。未明にクレーンでつり上げられ、運ばれた＝平成23年4月

さくら国際高校の校庭に運ばれたモハ5252。生徒や教職員、地元住民らが、さびて張り替えたばかりの車体の鉄板にペンキを塗った＝平成24年9月

別所温泉駅構内に展示してある丸窓電車2両のペンキ塗り替え作業。引退後15年が過ぎ、傷みが激しくなっていたことから化粧直し＝平成13年10月

おらほの自慢

丸窓電車（上田市）

地域に愛され 第二の人生

上半分が柔らかなクリーム色、下半分が濃紺に塗られた車体が夏空に映える。どこか懐かしい雰囲気を引き立てるのが、前後の扉脇4カ所にはめこまれた楕円《だえん》形の窓。上田市の上田電鉄別所線をかつて走った「モハ5250型」、通称「丸窓電車」は現役を引退した今も同市手塚の広域通信制高校さくら国際高校など市内3カ所に展示され、地域に支えられながら「第二の人生」を送っている。

丸窓電車は1927（昭和2）年、上田温泉電軌《でんき》（現上田電鉄）が3両を日本車両製造（名古屋市）に発注した。木造の内装は1両編成で、86年に運行を終えるまで60年近く活躍した。最終運行の運転士を務めた現上田駅長の春原貞良さん(66)は「丸窓電車は自社で発注した唯一の車両。地元の人もかわいがってくれた」と振り返る。

資料館として活用されている長野計器丸子電子機器工場の丸窓電車内

車両3両のうち1両は現在、別所温泉駅にあり、イベント時には車内を開放。別の1両は上田市御岳堂の長野計器丸子電子機器工場入り口に置かれ、丸窓電車の資料館になっている。同社製の圧力計が使われた縁などで、中塩田駅に保管してあった車両を2004年に同社が譲り受けた。

さくら国際高校に置かれている丸窓電車を見る高橋副校長（左）と竹田さん

社員有志約100人が休日を使い、1年かけて修復。座席の片側をショーケースにし、記念乗車券などを展示している。日曜を中心に見学を受け付けており、鉄道ファンや親子連れなど、月に20～30人が訪れている。

さくら国際高校は11年、上田電鉄が1両を無償譲渡すると発表した際に「生徒にとって卒業後も自慢になる」と申し込んだ。朽ちかけていた車両は業者がボディーの外側の大部分を取り換え、同校の生徒や地元住民ら約50人でペンキを塗り直して生まれ変わった。

車両は中庭に置かれ、生徒たちは車内で昼食を食べたりホームルームをしたり。近隣の保育園児や小学生も遊びに来るという。同校は1934年建築の旧西塩田小学校の木造校舎を使っており、高橋保副校長(61)は「校舎も丸窓電車も、木造は古くなると味が出る。居心地がいいのだろう」と話す。

昨年、生徒による丸窓電車委員会が発足。1～3年生15人ほどが車両の活用方法を考え、ひよこと丸窓電車を組み合わせたキャラクターも生み出した。現在、車内でのトランプ大会や映画の上映会を企画しており、委員長の3年生鈴木匠君(17)は「地元で大事にされている電車だと感じる。地域の財産だと思うので大切にしたい」と力を込める。

別所線を応援しようと、住民有志は2003年に「別所線の将来を考える会」を結成した。代表の竹田貴一さん(59)らメンバーが目標の一つに掲げたのが「丸窓電車の復活」だった。考える会などの要望を受けて別所線は05年、丸窓電車を模した「まるまどりーむ号」の運行を開始。現役の車両にクリーム色と濃紺のシートを貼り、窓部分は楕円形にくりぬいたシートで丸窓を表現した。2編成がほぼ毎日、塩田平を走っている。

上田電鉄の角田朗一社長(66)は「丸窓電車は別所線や上田の街が今よりもにぎやかで輝いていた時代の象徴。若い人も『まるまどりーむ号』に乗って当時に思いを寄せ、これからのまちづくりを考えるきっかけにしてほしい」と夢を託す。

（土曜日に掲載します）

平成26年8月23日の記事

7200系車両にラッピングを施して丸窓電車の雰囲気を演出した車両が雪の塩田平を走る。この年の春「まるまどりーむ号」と命名＝平成17年1月

「丸窓電車」の歴史

1928年（昭和3）	5月	上田温泉電軌、自社発注で日本車輌製のデナ200形（201、202、203）3両を川西線で運行開始
1939年（昭和14）	3月	川西線を別所線と改称
1943年（昭和18）	10月	丸子鉄道と合併し「上田丸子電鉄」発足。車両の形式番号は継承
1945年（昭和20）		集電装置をトロリーポールからパンタグラフに改造
1950年（昭和25）		車両形式の一斉改番でモハ5250形（5251、5252、5253）となる
1953年（昭和28）	11月	別所線ほか全路線の電圧を直流600Vから750Vに昇圧
1969年（昭和44）	5月	丸子線の廃線を経て社名「上田交通」に改称
1984年（昭和59）		鉄道友の会の第１回エバーグリーン賞を受賞
1986年（昭和61）	9月	月末4日間「さよなら運転」。最終日（30日）は2両編成（モハ5251＋5252）で７往復運行。最終電車は別所温泉駅到着後に留置線に入り運行終了。モハ5253は上田駅に留置（のちに中塩田駅に回送）。廃車に
	10月	別所線の電圧を直流750Vから1500Vに昇圧。5000系、5200系に全面切り替え
1989年（平成元）	7月	別所温泉駅の留置車両に「丸窓電車資料館」オープン
2004年（平成16）	8月	長野計器株式会社が中塩田駅留置のモハ5253の引き取りを決定
2005年（平成17）	1月	7200系車両の戸袋窓に楕円シールを貼った「丸窓」再現車両（7253編成）の運行開始
	3月	長野計器丸子工場入り口にモハ5253の「丸窓電車資料館」オープン
	4月	7200系の丸窓再現車両の愛称「まるまどりーむ号」に決定
	9月	上田交通の鉄道部門分社化し「上田電鉄」発足
	10月	7255編成も「まるまどりーむ号」に改装
2010年（平成22）	12月	上田電鉄が別所温泉駅留置2両のうち1両（モハ5251）の無償譲渡と受け入れ先募集を発表
2011年（平成23）	3月	モハ5251の譲渡先をさくら国際高校（上田市手塚）と決定。応募は19件
	4月	モハ5251をさくら国際高校へ移送。モハ5252は別所温泉駅で保存
2014年（平成26）	9月	7200系「まるまどりーむ号」の１編成（7253編成）がラストラン
2015年（平成27）	3月	1000系「まるまどりーむ号」が運行開始
2018年（平成30）	5月	7200系7255編成「まるまどりーむ号」がラストラン

上田交通の「さようなら丸窓電車」記念乗車券。写真の部分は薄い金属製のプレートに印刷されている。日付は最終運行日の昭和61年9月30日（上田電鉄提供）

第1章

上田の鉄道網が形成されるまで

鉄道省公文書と地図で読み解く

今尾 恵介

鉄道は徹底的な許認可事業。昔も今も、路線計画から経営計画、駅の位置や車両の設計など、細部にわたって詳細な書面で管轄省庁にお伺いを立て、許しが下りなければ先に進まない。別所線をはじめとする上田地域の場合は、別会社を発祥とする上に社名変更や合併もあるため、文書の数が膨大な上に煩雑だが、目を通していくと経営者や発起人らの鉄道にかける思いが見えてくる。国立公文書館に保管されている文書を、当時の地形図と付き合わせながら、上田の鉄道網がどう形づくられていったかを読み解いていく。

別所線・千曲川橋梁の建設当時の様子。上田温泉電軌が独自設計・発注した画期的な橋だった（大正10年頃、市民提供）

▷本文中、公文書の引用部分は文字を黄土色にした▷引用部のうち、特に戦前のものは句読点がないため、読みやすさを考慮して適宜加えたほか、漢字は現代字に改めた箇所がある▷原典の明らかな誤りと思われる箇所、また補足説明は必要に応じて文中［　］内に補記した▷本文中に併用の地図は、著者所蔵▷本文中の小文字数字の箇書の出典はp84～85にまとめた

丸子鉄道の誕生

生糸の大産業であった信州丸子

信濃国は周知の通り古くから生糸の生産が盛んであった。これは信州そばが名物になった背景と同様である。すなわち、全体に山がちなため構造的に急傾斜地が多くを占め、水田となるべき土地が相対的に少ないことだ。その代わりに急勾配の河川の両側には頻繁に水に浸かるため水田にしにくい区域が広がり、山裾には水はけの良い小規模な扇状地が多く、どちらも桑を植えるにはふさわしい。

幕末期の安政6年（1859）に横浜港が開かれると欧米への生糸の輸出が盛んになり、維新後はこれによる外貨獲得が近代化を推し進める大きな力となった。「蚕で軍艦を買った」などという表現がそれを端的に示している。当時の欧州の桑園に広まった「微粒子病」で養蚕業が壊滅的な打撃を受けたことも、日本製生糸の輸出の発展を後押しした。養蚕から生糸の生産に

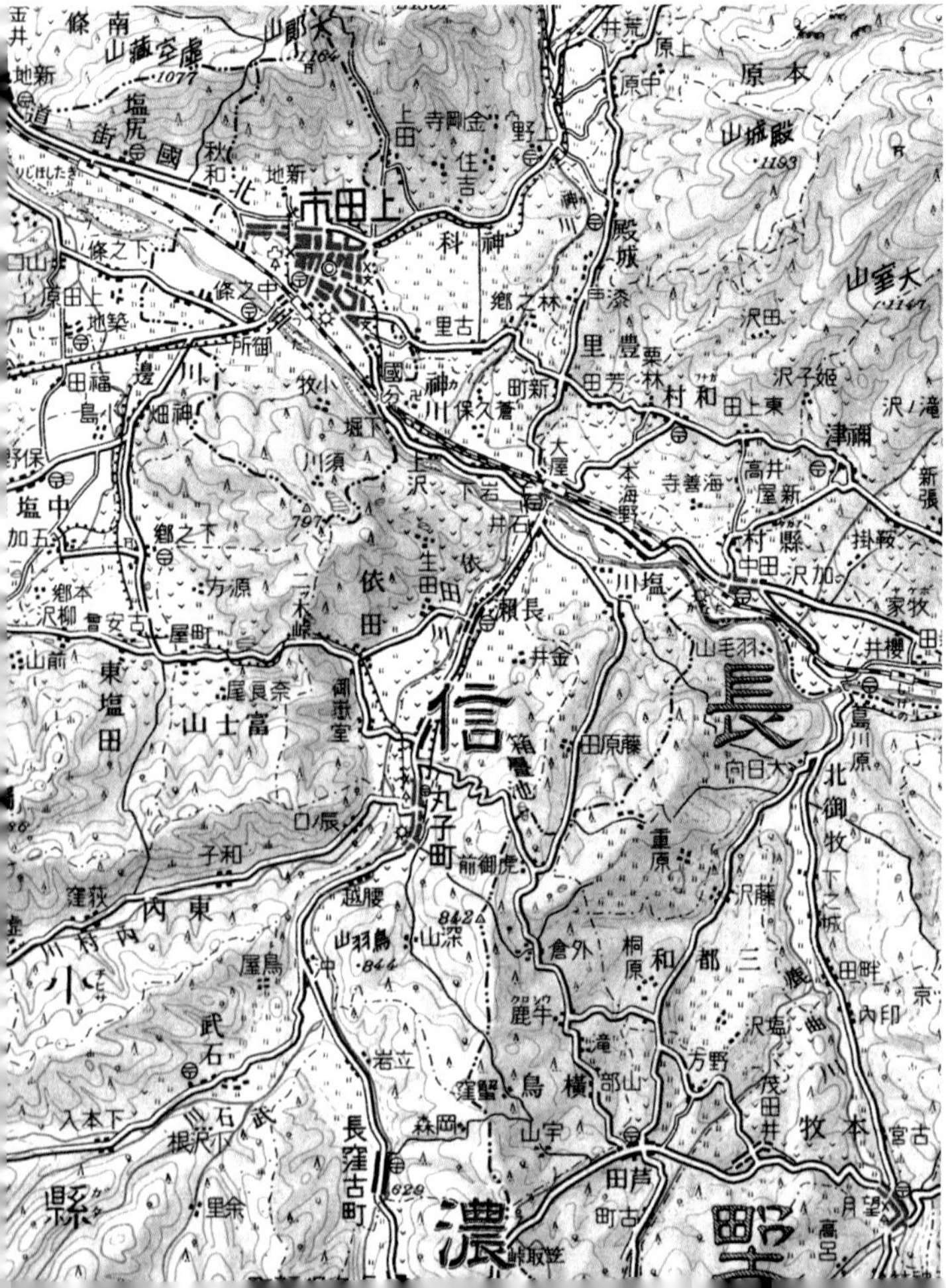

上田市・丸子町と周辺。1:200,000「長野」昭和11年（1936）修正

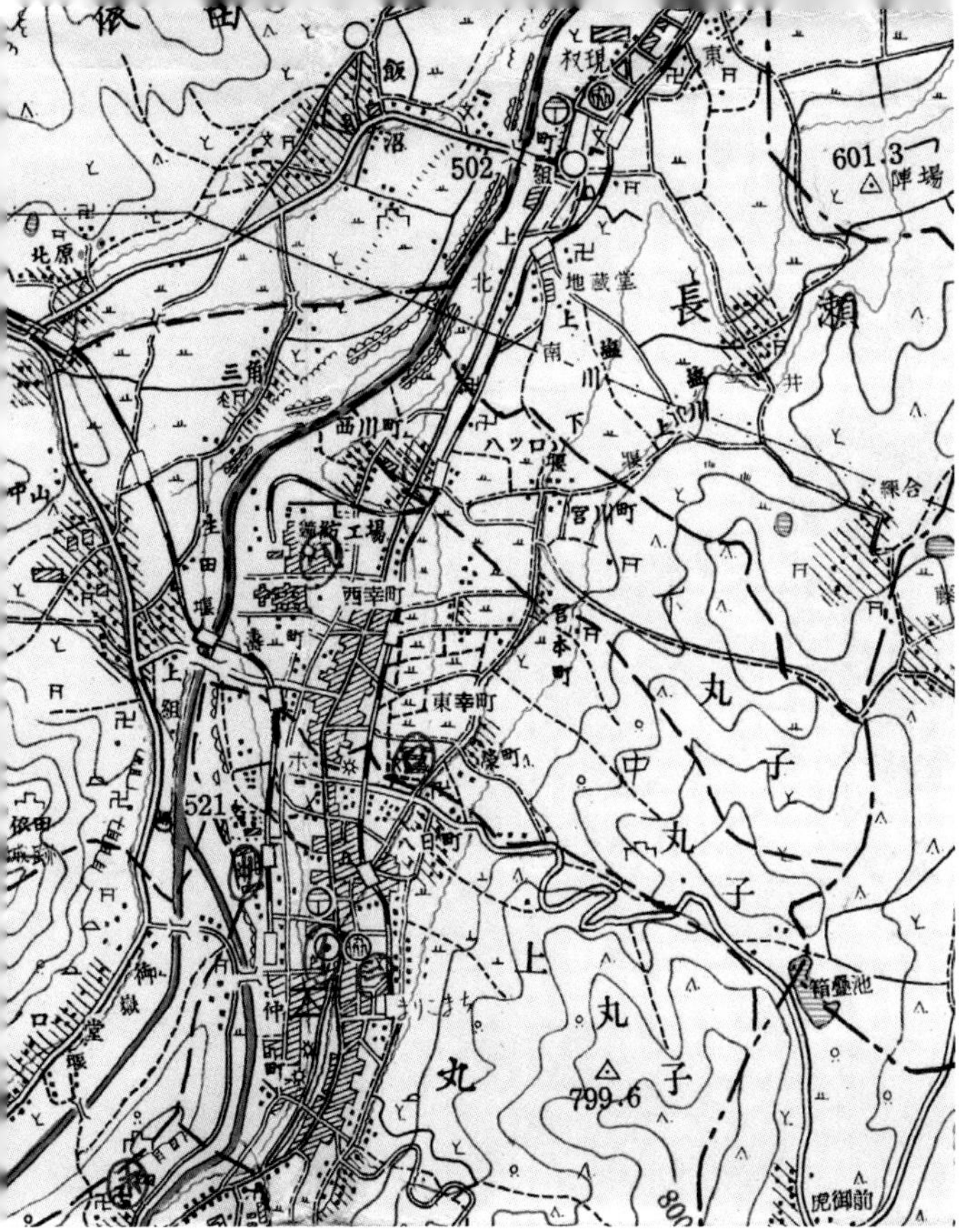

丸子線・西丸子線が健在だった頃の丸子町（赤丸文字は前所有者の書き込み）。1:33,000「丸子町図」丸子町役場、昭和30年（1955）

至るまでは、長らく農家の副業として行われてきたが、輸出が急増するとこのような伝統的な態勢では間に合わず、必然的に機械化が要請されていく。

長野県小県《ちいさがた》郡丸子町は、全国的に知られた生糸の大産地であった。「平成の大合併」がピークに達した平成18年（2006）の合併で上田市内となったが、この地名の読み方には戸惑う。角川日本地名大辞典では「古くは円子とも書き、『マルコ』とも『マリコ』とも発音されてきたが、昭和30年代の後半から『マルコ』に統一された」としているが、地元にお住まい人の中にも発音に揺れがあったらしい。参考までに東海道五十三次の宿場町でとして発達した静岡市駿河区丸子は現在もマリコだ。

長野県内の市町村のルーツを系図のように明示した本『信州ふるさと変遷史―県下81市町村のルーツと現在』[1]では、明治22年（1889）の町村制施行時からの丸子村、丸子町の読みをいずれも「まりこ」としており、昭和31年の「昭和の大合併」で初めて「まるこ」になったことが読めるのだが、後に出された正誤表では、明治初期に遡《さかのぼ》ってすべて「まるこ」と訂正されている。「まりこ」のルビは、県内の地名に詳しい担当者がおそらく自信を持って振ったと思われるが、「正式の表記」が「まるこ」であったことが判明したのだろう。これも読み方の「揺れ」の反映だろうか。

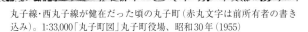

呼称と現地の慣用が異なることはそれほど珍しくないが、これまで私が目にした地形図の駅名表記が戦後まですべて「まりこ」であることを見れば、駅名は慣用を選んだとも考えられる。上田電鉄に存在した5路線のうち最初に開業したのが、この町と信越本線（現しなの鉄道）の大屋駅を結ぶ丸子鉄道なのであるが、その読み方が定まらないと、どうも居心地が悪い。

古書店でたまたま入手した丸子町役場発行の「丸子町全図」（昭和30年12月）[2]でさえ駅名のルビが「まりこ

丸子鐵道

長野縣小縣郡丸子町大字上丸子一九四九

大屋、丸子町間

驛	名		驛間哩	累計哩 從大屋	大貨物哩 從大屋	所在地名	營業開始年月日
			哩分	哩分	哩分		年 月 日
（大屋）			.0	.0			
信濃石井	しなのいしゐ		.7	.7		長野縣小縣郡長瀬村	大正7.11.21.
長瀬	ながせ	Nagase	1.0	1.7	4.3	同 同 同	大正7.11.21.
下丸子	しもまりこ		1.0	2.7		同 同 丸子町（下丸子）	大正7.11.21.
中丸子	なかまりこ		.4	3.1		同 同 同（中丸子）	大正7.11.21.
上丸子	かみまりこ		.5	3.6		同 同 同（上丸子）	大正7.11.21.
丸子町	まりこまち	Marikomachi	.4	4.0	10.0	同 同 同（同）	大正7.11.21.

駅名の読みが「まりこ」の時代（上）。『鉄道停車場一覧』（鉄道院　大正8年3月31日現在）と「まるこ」に変わった後（下）の駅名。『鉄道停車場一覧』（鉄道省昭和9年12月15日現在）

丸子鐵道・草津電氣鐵道

丸子鐵道

長野縣小縣郡丸子町大字上丸子

動力 電氣　軌間 1.067米

（連帶）上田東・丸子町間

驛	名	驛間粁	累計粁 從上田東	貨物粁 從大屋	所在地名	營業開始年月日	記事
						年 月 日	
上田東	うへだひがし	.0	.0	6.0	上田市常入町	大正14. 8. 1	
◎染屋	そめや	.9	.9		長野縣小縣郡神科村染屋	大正14. 8. 1	
◎上堀	うはほり	.9	1.8		上田市常入町	大正14. 8. 1	
八日堂	やうかだう	1.0	2.8	3.0	長野縣小縣郡神川村國分	大正14. 8. 1	
◎岩下	いはした	1.2	4.0		同 同 同 岩下	大正14. 8. 1	
（大屋）	おほや	1.4	5.4				信越本線
◎信濃石井	しなのいしゐ	1.1	6.5		同 同 長瀬村	大正 7.11.21	
長瀬	ながせ	1.6	8.1	7.0	同 同 同	大正 7.11.21	
上長瀬	かみながせ	.7	8.8		同 同 同	昭和 9. 4.15	非連帶
◎下丸子	しもまるこ	.9	9.7		同 同 丸子町下丸子	大正 7.11.21	
◎中丸子	なかまるこ	.7	10.4		同 同 同 中丸子	大正 7.11.21	
上丸子	かみまるこ	.8	11.2	15.0	同 同 同 上丸子	大正 7.11.21	
（丸子町）	まるこまち	.7	11.9	17.0	同 同 同 同	大正 7.11.21	和田峠線自動車

まち」なので、少なくとも社名と駅名は「まりこ」であったと判断する方に傾いてきた。町役場が東京の自治省（現総務省）へ出す正式な書類こそ「まるこ」でも、地元では「まりこ」を常用していたとも考えられる。中央省庁に提出する文書が「よそ行き」になる事例は、全国的に見ても珍しいことではない。

　戦前期の駅名の正しい読みは、難読でない限り市販の時刻表では確認できないので、鉄道省（以前は鉄道院）が刊行した『鉄道停車場一覧』を参照することになるが、手元のいくつかの版によれば大正８年（１９１９）版から昭和５年（１９３０）版[3]までが「まりこ」なのに対して、同９年版[4]以降は「まるこ」に直っている。『なつかしの上田丸子電鉄』[5]に掲載された昭和30年代以降と思われる写真も例外なく「まるこ」の表記であることから、町名の読み方はともかく、少なくとも駅名は昭和初期に変更されたと考えるのが順当だろう。このような細かい変化は地形図の表記には必ずしも反映されないので、戦後の地図の「まりこ」は修正漏れかもしれない。

　そして現地取材に赴いた。上丸子駅があった廃線跡のすぐ近くには、遠くからでも目立つ煉瓦《れんが》の煙突がある。案内板によればこの「カネタの煙突」は大正９年（１９２０）に金太製糸場（のちのカネタ製

西丸子線の終点・西丸子駅。右端の駅名標には「にしまりこ」と表記されている（車両の集電方式がパンタグラフになっていることから昭和20年代の撮影か）

糸場）のボイラーの煙突として建造されたそうで、高さ36メートルの堂々たるものであったのを、今は安全のため3分の1に切り縮めている。同年に丸子町内にあった製糸工場は32で、多数の煙突が林立する独特な風景だったようだが、ほとんどが姿を消した今、この遺構は貴重なものだ。

たまたまその場にいらした関係者の方に伺った話によれば、地名は歴史的に長らく「まりこ」と呼ばれていたという。その後は地元でも「まるこ」と混在していたが、戦後の昭和30年代後半に丸子小学校の校歌を作るために読み方を町議会で「まるこ」に統一したとのことである。

丸子中央病院経営企画課の北澤淳一氏はこの件について丁寧に調べた[6]。公文書の破損がひどく現時点での確認はできていないそうだが、これまでの調べでは昭和36年（1961）頃、町制50周年を機に「まるこ」に統一しようとする機運が高まる一方で、歴史的な根拠からこれに反対する意見も出た。統一する公文書は不明ながら、昭和37年春の選抜高校野球で甲子園に出場した丸子実業高校のユニフォームをMARUKOに変えて読み方が浸透して統一されたのではないか、としている。

いずれにせよ、名実ともに昭和30年代後半に「まるこ」に統一されたのは間違いないらしい。

生糸の輸送手段として軽便鉄道を計画

丸子村では明治22年（1889）に下村亀三郎が足踏み式繰糸器を導入した工場を開設した。当地で洋式機械を導入した嚆矢《こうし》である。上丸子村（のちの丸子町大字上丸子）に生まれた亀三郎は、丸子小学校の教壇で子供たちを教えていたが、同18年（1885）に校長の柴崎虎五郎の支援を得て正規教員を目指すため慶應義塾に入り、福沢諭吉に師事。やがて病気のため帰郷することになるのだが、その際に諭吉から「信州の地に適した産業を興し先駆者となれ」と、将来性ある製糸業を興すことを勧められたという。

丸子の近代的製糸業はこうして始まったが、安定した品質の生糸を大量生産するためには複数の工場が共同で生産販売を行うことが必要であることから、下村が中心となって有志による「依田《よだ》社」を設立、後にアメリカ市場の絶大な信頼を得た[7]。この依田社の工場は戦前の5万分の1地形図（左ページ）にも名前が記載されているが、場所は依田川に近い、現在の丸子文化会館の位置である。

ますます発展する製糸業にとって国際貿易港・横浜へ通じる信越本線までの輸送手段の近代化は喫緊

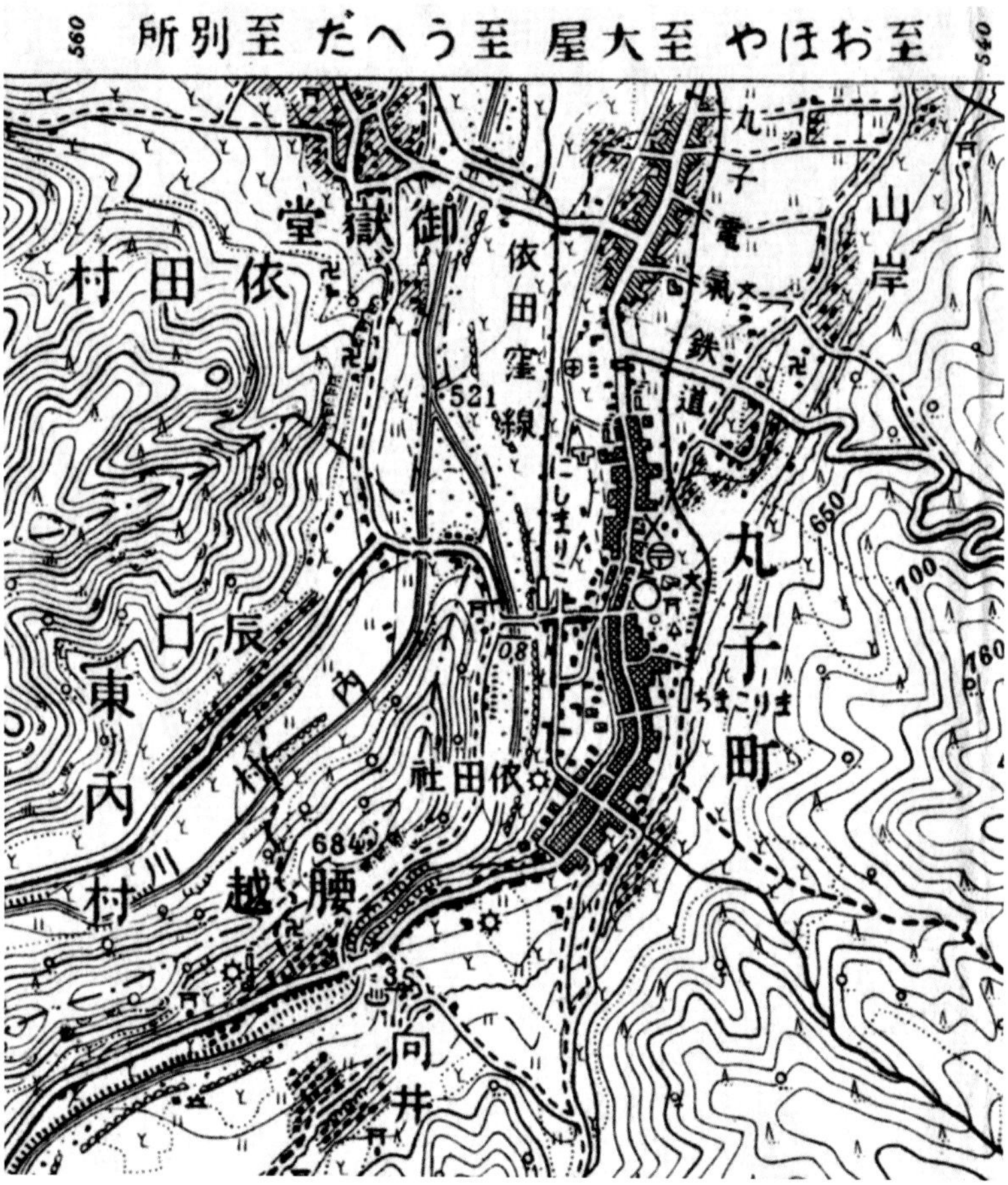

昭和4年（1929）の丸子町付近。「依田社」の工場が記されている。西丸子線は当時「依田窪線」と称した。1:50,000「小諸」昭和４年修正

の課題で、そこで設立されたのが丸子鉄道だ。発起人筆頭は亀三郎で、共に依田社を設立したメンバーである工藤善助（小県郡会議員、後に長野県会議員）[8]、後に丸子町会議員を務めた小林清之助[9]などの名前も見える。

同じく発起人の滝沢寛については、曽孫《ひまご》の方が丸子線の廃線跡に関する記事を書いておられ、貴重な滝沢製糸場の社章を紹介されているが[10]、そこには「信州依田社・滝沢製糸場」の文字が記され、依田社が製糸業組合であったことがうかがわれる。丸子鉄道の発起人8人のうち、現在は長野市内となった吉田村の人を除く7人が地元丸子の住所であった。典型的な地元資本による地方鉄道としてスタートしたのである。以下は敷設

許可申請書[11]であるが、当初は電気鉄道を目指していた。

電気鉄道軌道敷設特許及営業許可申請書

今般拙者共会社ヲ設立シ、小県郡丸子村字上丸子ヨリ仝［同］郡神川《かんがわ》村大屋駅迄《まで》軽便鉄道法ニヨリ電気鉄道軌道敷設致シ運輸営業致度《いたしたく》候間、起業目論見書、工事方法概略並ニ図面線路測図、工費概算書及営業上ノ収支概算書相添へ、此段御許可申請候也。

明治四拾五年二月二十七日

長野県小県郡丸子村四百参番地
下村亀三郎

同県同郡同村弐百九拾七番地
工藤善助

同県上水内《みのち》郡吉田村八百八十六番地
高橋武太郎

長野県小県郡丸子村乙参百六拾参番地
小林清之助

同県同郡同村参百拾番地
土屋条三郎

同県同郡同村四百拾六番地
倉嶋柳太郎

同県同郡同村四百八拾九番地
滝沢　寛

同県同郡同村四百参拾番地
倉嶋滝之助

内閣総理大臣侯爵　西園寺公望殿

起業目論見書

一、商号又ハ名称及主タル事務所設置地
丸子電気鉄道株式会社
小県郡丸子村千九百四十九番地ニ設置ス

二、電気鉄道ノ種類
軌　道

三、電気鉄道線路ノ起点及終点並ニ亘長《こうちょう》
起　点　小県郡丸子村字上丸子
終　点　小県郡神川村大屋駅
亘　長　五哩《マイル》［約8キロ］

四、事業資金ノ総額及其出資方法
資本総額弐拾五万円ニシテ其出資方法ハ株式ニヨリ一般ヨリ募集ス

五、本社定款　別紙ノ通リ

［以下略］

申請はめでたく許可されたが、下村の病気は癒えず元号が変わった大正2年（1913）1月7日に

47歳の若さで急逝した[12]ため、代表者には下村と共に依田社の発起人となった工藤善助の名が記されている。工藤はその後丸子鉄道の社長を務めた。同年5月14日付の官報に掲載された軽便鉄道免許の文面は次の通りである（本書掲載にあたって形式を一部変更）。

○軽便鉄道免許状下付　本月十日軽便鉄道敷設免許状ヲ下付セシ者並ニ起業目論見ノ概要左ノ如シ（鉄道院）　鉄道種別―電気鉄道　軌道幅員―三呎《フィート》六吋《インチ》［1067㍉］　線路両端―長野県小県郡丸子村　同県同郡神川村　延長哩数―五哩［8・05㌔］　資本金―金二十五万円　起業者―丸子電気鉄道株式会社発起人工藤善助外六人

免許は得られたが事業はスムーズには進まなかった。第1次世界大戦の影響である。工事施行認可申請延期申請書[13]には、次のように進捗しない理由を述べていた。

工事施行認可申請延期申請書

明治四十五年二月二十七日付出願、大正二年五月十日御免許ニ相成《あいなり》候丸子電気鉄道株式会社工事施行認可申請ノ義、大正三年三月九日迄ニ提出致スベクノ処、大正三年二月二十五日付ヲ以テ延期申請致シ、大正四年一月九日御許可相成候得共《そうらえども》、欧州戦乱突発ニ伴ヒ財界ニ不振ヲ来《きた》シタル為メ、大正三年十二月二十八日付ヲ以テ更ニ延期申請致シ、大正四年十一月九日迄御許可相成候ニ付、目下株式募集中ニ有之《これあり》候得共、昨年来米価下落シ、加之《しかのみならず》戦局ノ終熄ヲ告ゲザル為メ地方財界振ハズ、未ダ纏《まとま》リ無《なく》候間、事情御洞察被下《くだされ》、右申請書提出ノ義、大正六年三月三十日迄御延期相成度此段《あいなりたくこのだん》申請候也。

大正四年十一月三日

長野県小県郡丸子町

丸子電気鉄道株式会社発起人総代

長野県小県郡丸子町弐百九拾七番地

工藤善助

内閣総理大臣伯爵大隈重信殿

第1次大戦の影響で電化を断念

大正3年（1914）7月末、第1次世界大戦が遠いヨーロッパで始まった。当初の欧州では「クリスマスまでには終わるさ」といった楽観論が支配していたというが、これは見事に裏切られ、戦車や毒ガス、爆撃機といった新兵器の登場もあって戦線は次第に泥沼化。結局は4年の長きにわたる国家間の総力戦となる。

　こうなると世界経済への影響は避けられない。まずは戦時であるから、鉄鋼関係の需要増大で鋼材の価格が大幅に上がった。鉄道建設にこれは痛い。対照的に需要減少したのが絹糸である。前掲「延期申請書」の翌月に提出された「調書」でも、発起人総代の工藤善助は〈欧州戦乱ノ為メ鉄類ノ市場騰貴シテ予算額ヲ以テハ之ヲ支弁スル能ハス。加之《しかのみならず》昨年ノ米価並ニ糸価ノ暴落ハ地方経済界ノ萎縮ヲ来シ〉と記した。

　それでも翌5年には丸子の製糸業も復調が明らかとなっていく。欧州の工業が戦時体制にシフトする中、日本が工業製品の自給に努力するとともにその間隙《かんげき》を縫って急成長を始めたからである。当初は会社設立も困難な状況が続いていたため、2度目の「工事施行認可申請延期申請書」を大正5年（1916）8月17日に提出したが、ここに〈近時漸《ようや》ク財界モ振興シ、事業勃興ノ気運ニ向ヒ、且ツ本鉄道ヲ最モ多ク利用スベキ丸子地方ノ製糸業ハ近年稀ナル好況ヲ呈シタルヲ以テ、此機ヲ逸セズ事務ヲ進捗セシメ〉たとして、翌9月に丸子電気鉄道株式会社は設立された。

　ところがその直後に社名から「電気」の文字が外される。やは

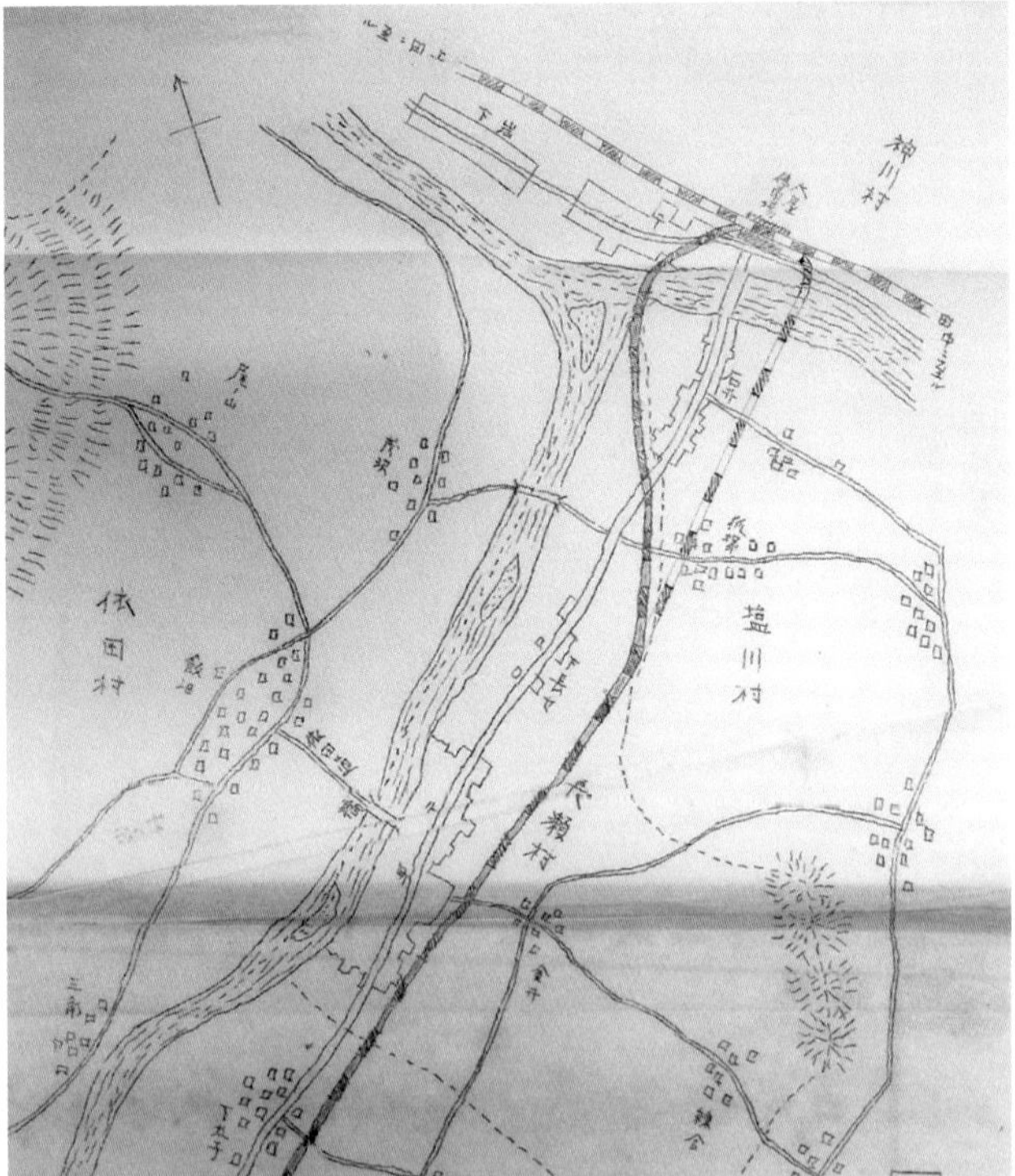

丸子電気鉄道として軽便鉄道法により敷設を申請していた頃の経路変更に関する図面。大屋駅へは当初東側から進入する計画だったらしい。鉄道省文書「丸子電気鉄道　巻1」大正2年～7年（国立公文書館蔵）

り大戦の影響で、9月30日に提出された「社名並動力変更認可申請」[14]には〈現時銅価昂騰シ其装設ニ大額ノ費ヲ要スルヲ以テ、電気動力ヲ廃シ蒸気動力ニ変更致度、又動力ノ変更ト共ニ社名ヲ前記ノ通リ変更仕候間、御認可相成此段申請候也〉とした。銅とは、つまり架線のために大量に必要となる銅の価格が高騰したためである。電化が行われるのは大正13年（1924）まで遅れることになるが、当面は蒸気機関車での牽引に方針転換した。なお、社名は昭和18年（1943）に合併で上田丸子電鉄となるまで「丸子鉄道」のまま変わっていない（地形図に表記された「丸子電気鉄道」は誤り）。

　丸子町から大屋までの区間は最急で20‰の勾配区間はあるものの、地形はおおむね平坦で、最も大変だったのが日本一の長流・千曲川への架橋であった。この時代の地方鉄道の常で、大きな橋梁を架ける際にはしばしば鉄道院（省）からの払い下げを利用したが、丸子鉄道も千曲川の本流を跨ぐ長さ100《フィート》（約30・5《メートル》）のポニートラス（側面のみの低いトラス桁）の4連には、九州の路線で使われていた払い下げ桁を用いている。ただし残りの40《フィート》（約12・2《メートル》）の桁橋5連は購入が困難で、とりあえず10連の木桁を仮設して2年間使用することを許可された。

丸子町駅で行われた丸子鉄道の開通祝賀式。最初は蒸気運転で開通した＝大正7年12月1日（上田市立丸子郷土博物館蔵）

蒸気機関車牽引の軽便鉄道として開業

明治45年（1912）に軽便鉄道の敷設を申請してから6年後の大正7年（1918）11月21日、丸子鉄道はめでたく開業の日を迎えるが、次はその直前に鉄道院が行った竣功《しゅんこう》監査報告[15]である。

大正七年十一月十五日　技手　橋口行彦
技手　鳥居龍雄

丸子鉄道株式会社軽便鉄道
大屋丸子町間線路敷設工事竣功監査報告

竣功線路ハ長野県小県郡神川村所在国有鉄道信越線大屋停車場構内ニ於ケル会社線起点ヨリ仝県仝郡丸子町大屋起点四哩《マイル》一鎖《チェーン》二十節《リンク》［約6・46キロ］ニ至ル延長四哩八鎖［6・60キロ］ニ至ル延長四哩八鎖ニシテ、大屋駅付近ヨリ千曲川橋梁付近ニ至ル築堤工事及千曲川架橋工事稍々《やや》困難ナルモ、其他ハ地勢起伏少ナク工事モ亦《また》容易ナリ。本区間線路ハ大体竣功ヲ告ケ、車両其他ノ運転設備モ概ネ完成セリ。右線路及工事ノ概要ハ別紙図面、工事方法概要書及諸表ノ如シ。

左記各項ノ施設ハ未ダ整備スルニ至ラズ、就中《なかんづく》第一項乃至《ないし》第十三項ハ運輸開始前之ヲ完了シ、其他モ遅滞ナク竣功セシムルヲ要ス。

（請書参照）

大屋丸子町間工事方法概要

鉄道ノ種類	単線蒸気鉄道
軌　間	三呎《フィート》六吋《インチ》［1067ミリ］
軌道ノ間隔	十一呎［3・35メートル］
最小曲線	半径六鎖《チェーン》［約121メートル］
最急勾配	五十分ノ一［20‰］
施工基面ノ幅	築堤　十二呎［3・67メートル］　切取　十二呎（側溝ヲ除キ）
軌条ノ重量	一碼《ヤード》ニ付四十封度《ポンド》［約20キロレール］但シ転轍機轍叉ハ一碼ニ付五十封度［約25キロレール］
枕木ノ配置	軌条長三十呎［約9・1メートル］ニ対シ十三挺［約70センチ間隔］
道床ノ厚	平均一哩［約1・6キロ］ニ付　砂利百五十坪［約902立方メートル］
轍叉ノ番号	八番
線路標識及防備	整備

請書には詳細にわたって個別具体的な改善箇所を指示している。例えば①全線にわたって曲線軌道が滑らかでなく、道床の撞《つ》き固めが不充分。②大屋起点2《マイル》50《チェーン》付近ほか2ヵ所の軌条面が低下しており、認可の勾配を保っていない。④大屋駅構内のプラットホームと軌条中心の寸法が認可より小さいといった具合で、これは車両にも及んでおり、監査が実に念入りに行われていたかがわかる。

　これらの諸問題は19日に行われた再監査[16]で〈孰《いず》レモ適当ニ竣功シ、差当リ営業開始ニ支障ナク、尚第一回監査ノ際ト同様ノ組成列車ニ於テ全線ヲ運転セシメタルニ、線路車両共異状ナク運転安全タリ。依テ本区間使用開始ノ件支障ナシト認ム。〉とし、開業を認めている。15日の竣功監査報告に記された「工事方法概要」は次の通り[17]だが、この用語は現代語の「工事方法」とは異なり、その鉄道の「仕様書」といったところだろうか。

　この後に続く「橋梁表」には用水を跨ぐ1《メートル》未満の開渠も含めてすべて掲載されているが、このうち代表的な二つを掲げる（原文の掲載形式とは異なる）。

○北国《ほっこく》街道橋梁　位置＝大屋起点0哩《マイル》15鎖《チェーン》［0・30《キロ》］
松桁20呎《フィート》［6・1《メートル》］×1連　橋台＝粗石積・中埋混凝土《コンクリート》　基礎＝杭打混凝土

○千曲川橋梁　位置＝大屋起点0哩28鎖［0・56《キロ》］
①鋼構桁94呎10吋《インチ》［28・9《メートル》］×1連、②鉄構桁94呎4吋［28・8《メートル》］×1連、③鉄構桁94呎2吋［28・7《メートル》］×1連、④鉄構桁94呎8吋［28・9《メートル》］×1連、⑤松桁20呎［6・1《メートル》］×10連　橋台＝粗石積・中埋混凝土、橋脚＝粗石積・中埋混凝土および木造［仮橋の部分］　基礎＝橋台は混凝土、橋脚は箱下混凝土及び混凝土

千曲川橋梁は国鉄払い下げのポニートラス

最初の「北国街道橋梁」は橋梁というより架道橋と表記するのが適当であるが、文字通り北国街道（国道18号の旧道）を跨《また》ぐものであった。大屋駅が街道より少し高い位置にあって、ここから千曲川橋梁までは20‰の下り勾配が続くことから、その手前で交差する国道は跨ぐしか選択肢がなかったようだ。

　そのすぐ先が千曲川橋梁で、当初の予定通り国鉄払い下げのポニーワーレントラス（トラスが上を覆わず側面のみのもの）を4連使用している。トラスの桁の長さがそれぞれ微妙に異なるのは、九州時代に別々の現場で適宜調製されたことを物語っている

のだろう。丸子線が昭和44年（１９６９）に廃止された後は道路橋の大石橋に転用されるのだが、木下潔氏の論文「ボーストリングトラスの復元事例の紹介　大石橋からりんどう橋へ」[18]によれば、明治中期に英国で製作・輸入されたこれらのポニーワーレントラスは、大屋側から①１８９６年以降のパテントシャフト社製（鋼鉄）、②１８８５～90年同社製（錬鉄）、③１８８５年（？）英国ハンディサイド社製（錬鉄）、④１８８５～90年パテントシャフト社製としている。どの線で使われていたかの言及はないが、③には「初代荒川橋［日本鉄道＝東北本線］転用か」とあるから、必ずしも九州だけではないらしい。工事方法概要にある最後の「松桁」10連は左岸（南岸）側の仮橋で、これが２年以内に鋼鈑桁に架け替えられるとしたものだ。

次は停車場表[19]で、設備欄の一部を省略した。

その次に掲げられた車両表を要約すれば、機関車は愛知県の尾西《びさい》鉄道（現名古屋鉄道尾西線）から譲り受けた米国ボールドウィン社製（整備重量15・63トン）が１両、客車は各１両で加藤製作所の２・３等合造車（自重５・25トン、定員32人）、３等客車（自重同じ、定員38人）、３等手荷物緩急［乗務員室付］客車（自重同じ、定員８人）、貨車は有蓋貨車（自重４・８トン　荷重７トン）、無蓋貨車（自重４トン、荷重７トン）が各１両という陣容である。この他に予備機関車として信濃鉄道（現大糸線）より第11号機関車を随時

大屋、丸子町間停車場表（停留場ヲ含ム）

名称	所在地	位置［キロ換算］
大屋停車場	長野県小県郡神川村	○哩《マイル》○鎖《チェーン》○節《リンク》［０・00］
信濃石井停留場	仝《同》県仝郡長瀬村	○哩五五鎖二○節［１・11］
長瀬停車場	仝県仝郡仝村	一哩五三鎖二○節［２・68］
下丸子停留場	仝県仝郡丸子町	二哩五二鎖七○節［４・28］
中丸子停留場	仝県仝郡仝町	三哩一○鎖二○節［５・03］
上丸子停留場	仝県仝郡仝町	三哩四七鎖七○節［５・79］
丸子町停車場	仝県仝郡仝町	四哩一鎖二○節［６・46］

大屋、長瀬、丸子町間ニ電話通信ノ設備アリ
列車保安法ハ票券式ニ依ル

借り受けるものとした。いずれも「軽便鉄道」ならではの小型車両である。

千曲川の仮橋部分は大正10年（1921）5月31日付で提出された「千曲川橋梁工事竣功届」[20]の通り、鉄道省から材料の払い下げを受け、めでたく期限内に鋼鈑桁（ガーダー橋）に架け替えを終えた。せっかく新品になったのであるが、この鈑桁部分は昭和3年（1928）の洪水で流されてしまう。その後架けられたのが「ボーストリング・トラス」という文字通り弓なりになった古いタイプの曲弦トラスであった。これは前述の論文[18]によれば、明治期に九州鉄道（後に国有化）が採用したドイツ・ハーコート社（デュースブルク）製の「低開発国」向けの輸出用だそうで、同鉄道の技師であったドイツ人ヘルマン・ルームシェッテル Hermann Rumschöttel（1844〜1918）が設計した100フィートのボーストリング・トラスが九州鉄道における「標準桁」となり、明治22年（1889）から同30年の間に63連が架設されたとルームシェッテルが書き留めているという。これらは九州鉄道が国有化された後に輸送力増強に伴う車両重量の増加でまとまった数にのぼる架け替えが行われ、相対的に車両の軽い地方鉄道に多数払い下げられた。丸子に来た桁もそのひとつ

丸子鉄道最大の難所は千曲川の渡河。2連の曲弦トラスを架けるこの写真の工事は、昭和3年の豪雨で一部流失した橋梁の修復する様子（『なつかしの上田丸子電鉄』より）

であろう。
開業直後のダイヤは大正10年（1921）8月の時刻表『汽車汽船旅行案内』[21]によれば、大屋―丸子町間（4・0マイル＝6・4キロ）に1日7往復の旅客列車が運転され（貨物は掲載なし）、全線の所要時間は上下とも22分であった。

ワラ屋根に火がつかないよう減速

ただ、必ずしも時刻表通りには走らなかったようで、昭和28年（1953）刊行の『合併創立十周年記念　上田丸子電鉄小誌』の巻末に掲載されている「座談会　永年勤続者が語る思出の数々」[22]で、上田東駅長（当時）の岩崎晋治氏（開通翌年の大正8年入社）は「蒸気機関車は丸子町大屋間を定時なら二十五分で走るところ、三十五分か四十分もかかり、それでスピードを出せば長瀬付近のワラ屋根の家が火事になるというので、長瀬で五分、下丸子で四分づつ遅延させていました」と貴重な証言を残している。このあたりの区間は最急20‰が連続するため、火力を上げることで火の粉による火災が起きないよう警戒したようだ。

このスピードは時刻表通りなら時速17・5キロだが、40分かかったとすれば時速わずか9・6キロと、自転車と競争する程度にしかならない。大正13年（1924）の電化後は14分と大幅に短縮され、本数も倍増以上となる。

上田東方面への延伸はその後7年の歳月が経過するため、その前に青木・別所線の前身たる上田温泉電軌の話に移りたい。

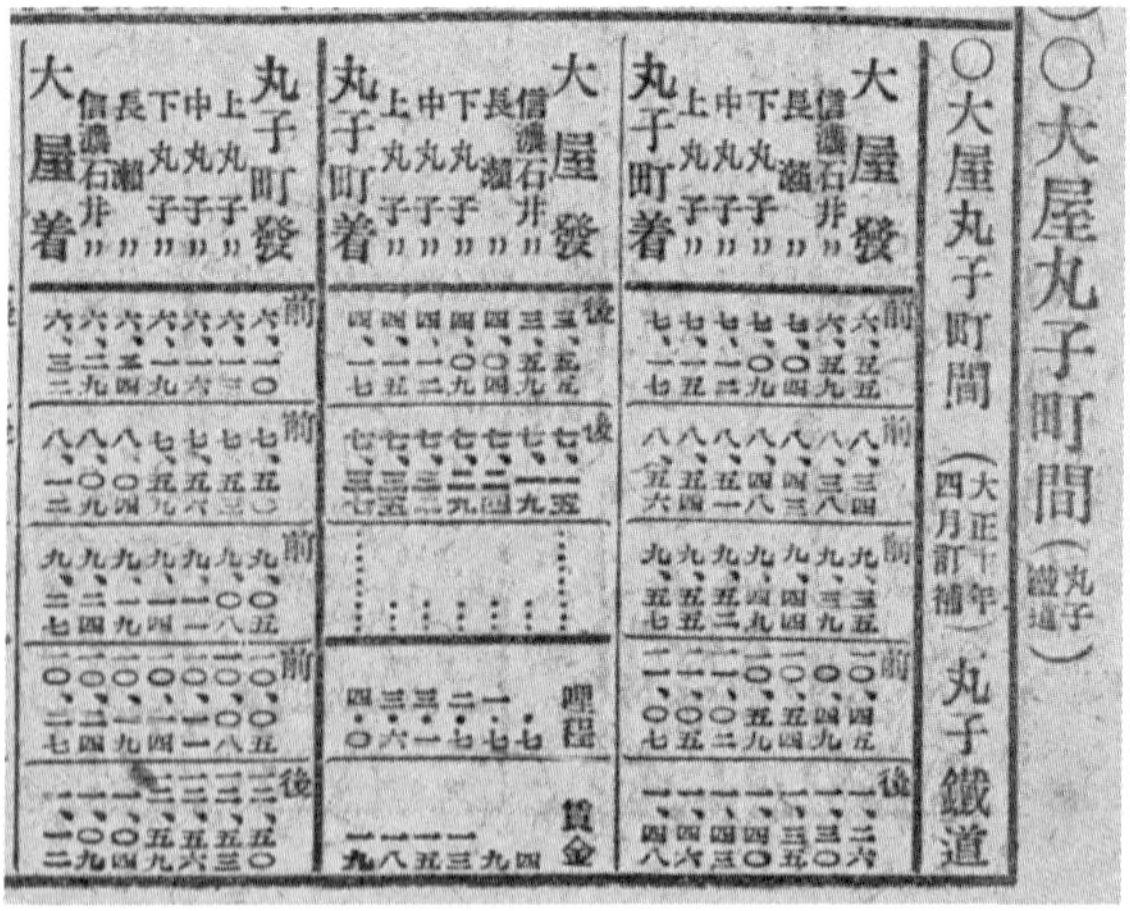

○大屋丸子町間（丸子鐵道）

○大屋丸子町間（大正十年四月訂補）丸子鐵道

	前	前	前	前	後	後	後		哩程	賃金
大屋發	六、五五	八、三四	九、三五	一〇、四五	一、二六	三、五五	七、一五	…		
信濃石井〃	六、五九	八、三八	九、三九	一〇、四九	一、三〇	三、五九	七、一九	…	・七	四
長瀬〃	七、〇四	八、四三	九、四四	一〇、五四	一、三五	四、〇四	七、二四	…	一・七	九
下丸子〃	七、〇九	八、四八	九、四九	一〇、五九	一、四〇	四、〇九	七、二九	…	二・七	一三
中丸子〃	七、一二	八、五一	九、五二	一一、〇二	一、四三	四、一二	七、三二	…	三・一	一五
上丸子〃	七、一五	八、五四	九、五五	一一、〇五	一、四六	四、一五	七、三五	…	三・六	一八
丸子町着	七、一七	八、五六	九、五七	一一、〇七	一、四八	四、一七	七、三七	…	四・〇	一九

	前	前	前	前	後
丸子町發	六、一〇	七、五〇	九、〇五	一〇、〇五	二、五〇
上丸子〃	六、一三	七、五三	九、〇八	一〇、〇八	二、五三
中丸子〃	六、一六	七、五六	九、一一	一〇、一一	二、五六
下丸子〃	六、一九	七、五九	九、一四	一〇、一四	二、五九
長瀬〃	六、二四	八、〇四	九、一九	一〇、一九	三、〇四
信濃石井〃	六、二九	八、〇九	九、二四	一〇、二四	三、〇九
大屋着	六、三二	八、一二	九、二七	一〇、二七	三、一二

開業3年後、大正10年（1921）時点の時刻表。大屋と丸子町を21～22分で結んでいた（駸々堂旅行案内部『ポケット汽車汽船旅行案内』大正10年8月号より）

温電が川西へ軌道を敷設

松本藩の参勤交代が通った松本街道に電車

松本の城下を出た参勤交代の行列は、江戸へ出るのに北へ向かった。ＪＲの新宿行き特急「あずさ」が南の塩尻へ向かうのとまるで正反対だが、これは保福寺《ほふくじ》峠（１３４５メートル）を越えて上田へ出た方が近かったからである。古代の寺院名に由来するこの峠道の歴史は非常に古く、信濃国府のあった松本から山を越え、同じく古代に国分寺が置かれた上田方面へ向かう東山道《とうさんどう》のルートでもあった。全体としては国道１４３号に近いものの、この道が青木峠を経由するのに対して、東山道は南側の保福寺峠を経由する。この峠は青木峠より標高こそ２７０メートルほど高いが、近道であるという。近世には峠の名を採って「保福寺道」とも呼ばれていた。

さて、戦後しばらくまで「村」といえば基礎自治体数の大半を占めていた。「昭和の大合併」直前の昭和28年（１９５３）９月末日には２８５市１９７０町７６４０村（計９８９５）[23]と、数でいえば村が77％を占めていたが、その後の昭和・平成の大合併で全国的に激減、現在では７９２市７４３町１８３村（計１７１８）と、市町村の中で「村」が11％と最も少なくなった。ところが、村があまり減らなかったのが長野県で、今では全国の村数の２割弱を占めている。保福寺道の通る青木村もその一つで、昭和32年に現上田市域の一部を編入したほかは町村制が施行されて以来、一度も合併を経験していない。

この村のまん中を東西にまっすぐ貫いているのが国道１４３号、松本街道である。千曲川を上田橋で渡って青木村まで、ほとんど直線区間が占める２車線なのでついスピードが出そうだが、ガードレールのない狭い歩道が付いただけの古いタイプの道路なので事故は怖い。そこで誰が設置したのか「美人多し　わき見注意」の看板が立てられている。

このまっすぐな道は県内で明治20年代に行われた「七道開鑿《かいさく》（開削）事業」で全面的に改良された保福寺道の姿だ。旧道は、新道とは対照的に屈曲しながら北側の山沿いを並行しているが、上田と青木の中間に位置する浦野宿は江戸期に定期市が立つ賑《にぎ》わいがあり、寛政５年（１７９３）には１０７軒が道沿いに櫛比《しっぴ》していた[24]。今では古代に京都と東国を結んだ「東山道」をこの道に比定したようで、道標も整備されている。

上田市と川西地方。上田温泉電軌は「第二線路」のまっすぐな松本街道の上に敷設された。左下に保福寺峠が見える。別所線は全線が新設（専用）軌道。1:200,000 帝国図「長野」昭和11年（1936）修正

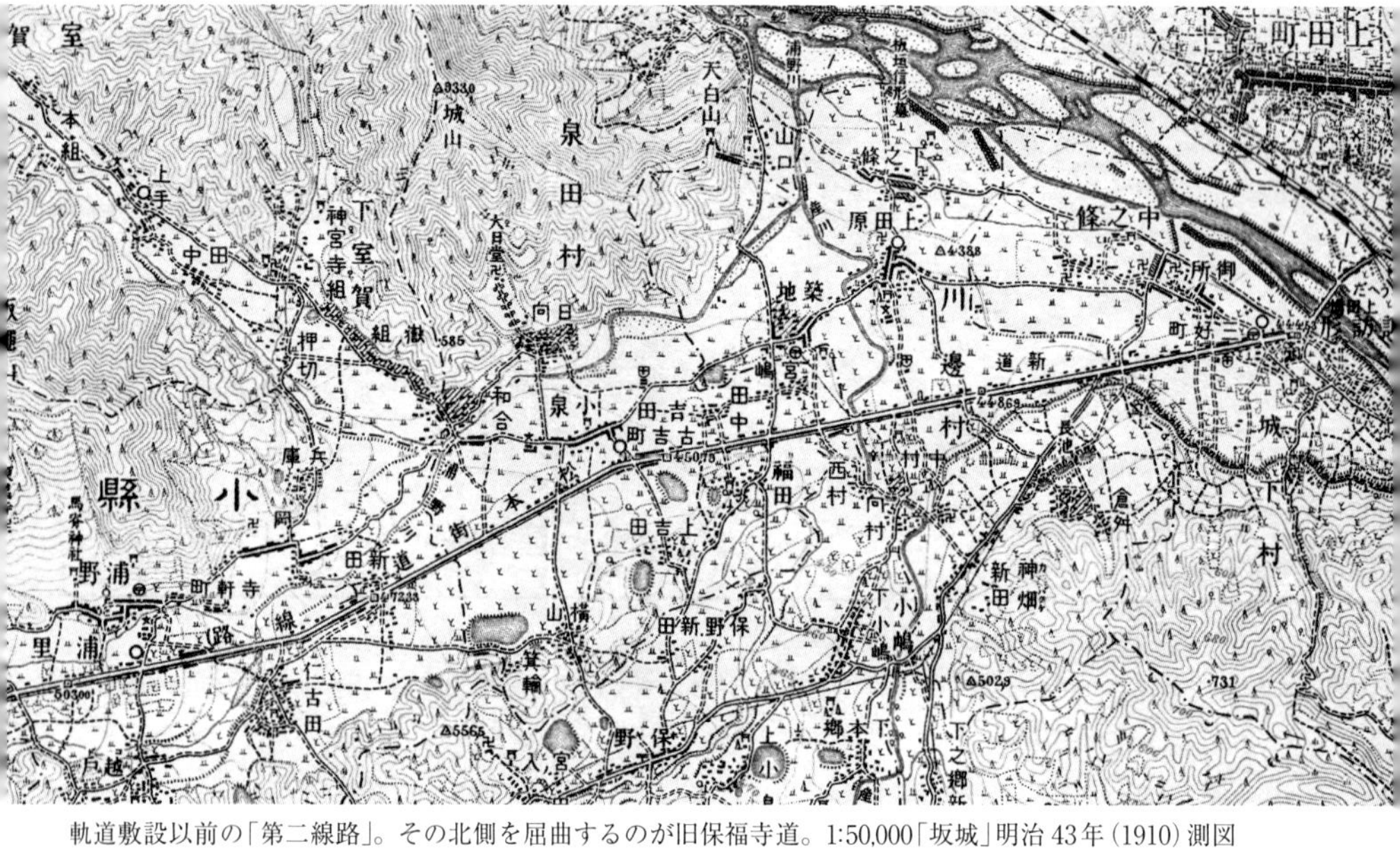

軌道敷設以前の「第二線路」。その北側を屈曲するのが旧保福寺道。1:50,000「坂城」明治43年（1910）測図

そもそも山地の多い信州では屈曲した細い山道が多く、明治期に入って急務とされたのが道路の整備であった。鉄道もほとんど通じていない時期に、少しでも近代的な交通手段であった馬車を通せるよう道幅を拡張し、勾配を緩和して改良を行ったのである。

「道路県令」と呼ばれるほどこの道路改良を熱心に推進したのが元越後新発田《しばた》藩士の長野県令・大野誠だ。維新後には工部省を振り出しに鉄道局などを経て明治14年（1881）に県令に就任している。指定された七つの路線の工事費は合計で86万7474円に上ったが、このうち上田から松本を結ぶ「第二線路」は距離が最長で、建設費も最大の29万9934円（約35％）をかけている。トンネル2本を含む険しい峠道のため、1メートル《メートル》あたりの単価も5円10銭と最も高価な道となった[25]。

電車の線路が敷設されたのは、このうち上田から青木村までの直線が多い区間で、こちらを走るのが本線（青木線）、途中の上田原《うえだはら》で南へ分岐して別所温泉に至るのが支線であった。後者が現存する別所線である。青木線は大半が道路の片側に寄せて線路が敷かれ、別所線は全線が新設軌道（専用軌道）として建設された。次はこの電気軌道線の敷設を願い出た特許申請書[26]である。

電気軌道敷設特許申請書

今般長野県小県郡城下《しろした》村ヲ起点トシ、同郡青木村ニ至ル本線及同郡川辺《かわべ》村大字上田原《うえだはら》付近ニ於テ本線ヨリ分岐シ、同郡別所村ニ至ル支線ノ軌道ヲ敷設シ、一般旅客及貨物ノ運輸営業致度《いたしたく》候間、特別ノ御詮議ヲ以テ御許可被成下度《なしくだされたく》、起業目論見書 並《ならびに》 関係図書相《あい》添《そえ》、此段及申請《しんせいにおよび》候也。

大正八年六月三日

上田温泉電気軌道株式会社発起人

長野県上田市弐百五拾五番地

小島大治郎

［この間23人の住所氏名省略］

内閣総理大臣　原　敬殿

内務大臣　床次《とこなみ》竹二郎殿

発起人惣代で初代社長となった小島大治郎は安政6年（1859）、代々神社仏閣の御用を務めた勅許鋳物師《いもじ》の家に生まれ、父の急死により17歳で家督を継いでいる[27]。のちに事業家となってからは電力事業などに関わり、大正5年（1916）には丸子鉄道の役員に就任、急逝する昭和4年（1929）まで務めた[28]。

電気軌道の敷設は5カ月後の大正8年11月10日に無事許可され、翌9年1月5日には会社の創立総会が開かれた。その決議録には敷設目的が書かれているのでその部分を引用する。なお社名はこの時点では「電気」を削除して上田温泉軌道株式会社となった。

創立ニ関スル報告[29]

一、時代ノ要求ニ促サレ、上田駅ヨリ川西方面ニ達スル電車鉄道ヲ敷設シ、貨《マ》物客運輸ノ便ヲ開キ、依テ以テ該地方ノ発展ヲ画策スルハ極メテ急務ナルコトヲ感シ、高野沖太郎、松井庄作率先之レガ主唱者トナリ、同志ヲ糾合シ本事業ノ発起ヲ企ツ。大正八年三月二十八日上田市冨喜世亭ニ

青木線・別所線開通の翌年で、上田～三好町間は未開通。信濃教育会小県部会「小県郡地図」大正11年

於テ第一回ノ発起人会ヲ招集シ、出願手続其ノ他諸般ノ方針ヲ協議ス。当時発起人ハ弐拾四名ナリキ。

　大正八年三月二十日長野県庁へ対シ小県郡城下村ヲ起点トシ青木、別所両村ヘ達スル軌道条例ニ依ル電気鉄道敷設願書ヲ提出ス。大正八年五月二十九日発起人会ヲ開キ、高野沖太郎、松井庄作ヲ発起人惣代ニ挙ゲ、当該官庁へ其旨ヲ届出ス。仝［同］年六月四日、図面并《ならび》ニ目論見書ノ具備シタル正式願書ヲ提出ス。

　曩《さき》ニ小県郡長ヨリ、本出願ハ小県自動車株式会社ノ現営業ニ対シ不利ノ影響ヲ与フルモノナレバ、何等乎《か》ノ妥協条件ヲ案出スヘキ旨懇諭アリタルヲ以テ、仝年七月二十日付ヲ以テ之レニ対シ発起人代表者小島大治郎、高野沖太郎、松井庄作ノ名義ヲ以テ答申書ヲ提出ス。尚仝郡長ヨリ現小県自動車株式会社ノ重役者若干名ヲ此際発起人ニ加ヘタル方得策ナラントノ内諭ヲ受ケタルヲ以テ、其意ヲ体シ大正八年十月一日ヲ以テ発起人弐名ノ追加申請ヲ為ス。

　大正八年十一月十日付ヲ以テ内閣総理大臣ヨリ上田温泉軌道株式会社発起人小島大治郎外二十五名ヘ対シ電気軌道敷設ヲ特許シ、命令書ヲ遵守シ一般運輸ノ業ヲ営ムコトヲ許可セラル。［以下略］

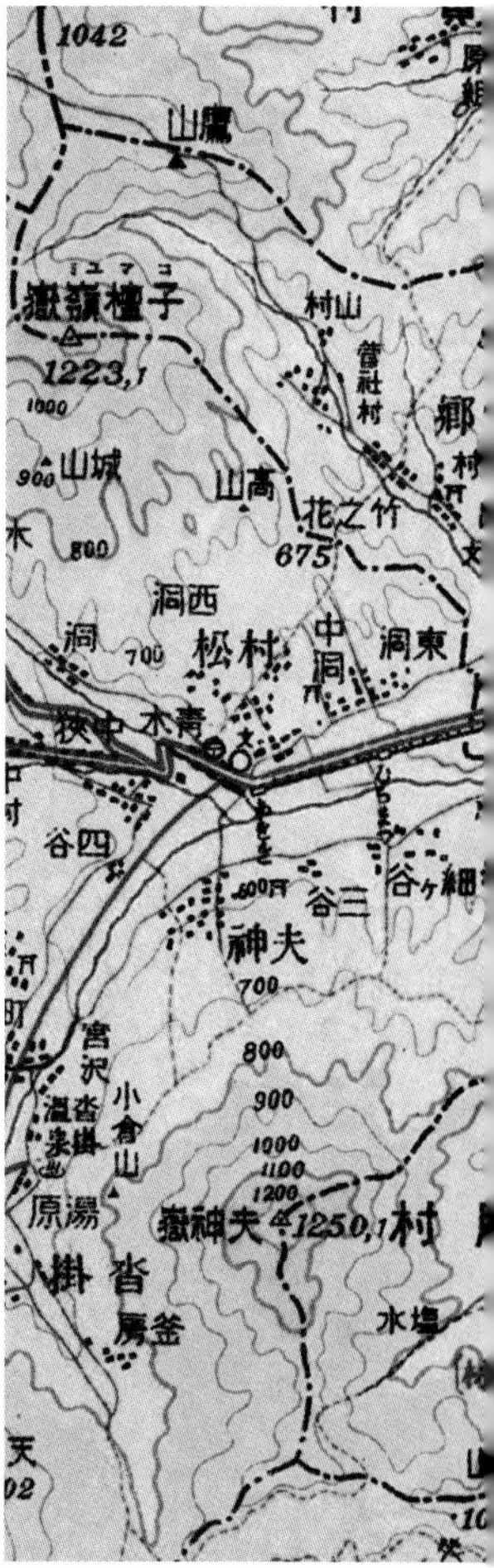

東急の総帥─五島慶太の故郷

　この青木村から上田の中学校（旧制）まで、片道2時間かけて歩いて通ったのが小林慶太少年である。明治15年（1882）生まれの彼がちょうど中学校に入った頃の同28年（1895）といえば京都市から伏見を結ぶ日本初の電車、京都電気鉄道が営業運転を始めたばかりだ。信州に電車が初めてお目見えするのはずっと後で、明治42年（1909）に開通した伊那電車軌道（のちの伊那電気鉄道、現JR飯田線）であるが、少年が幼い頃に「第二線路」の工事現場を見ていたのは間違いないだろう。

　苦学しながら彼は東京の帝国大学を卒業、農商務省の官吏になった。結婚した際に妻の祖母の実家であった旧上州沼田藩士の家、五島家を再興すべく五島姓を名乗る[30]。五島慶太――つまり東急グループの総帥だ。のちに鉄道院に移り、監督局にも籍を置いている。監督局は民間の鉄道・軌道の敷設等に関する許認可に関わる部門であるから、まさに故郷・青木村と上田を結ぶ電気軌道が敷設される段になって、地元には頼もしい存在だったようだ。

電気軌道の特許が下りたのはちょうど監督局総務課長に就任する年である[31]が、前出の『上田丸子電鉄小誌』には「五島慶太氏（青木村出身）が当初より絶大な指導と援助を与えられたことでありまして、或《あるい》は技師を派遣され、或は企《ママ》業計画を検討され、実に熱意ある指導をつくされました」と記されている。

なお、同書の少し後の段には「由来川西の地は十一ケ村五万余の人口を有する上に、別所、田沢、沓掛の名湯をひかへ、都人士《とじんし》の来遊も多いのに、馬車の外《ほか》小県自動車株式会社が若干の乗合自動車を経営してゐたのみでありますため、電車による交通開発の要望頗《すこぶ》る強きものがあつたのでありまして、この電車発企は期せずして川西全住民の異常な熱意を呼びおこしました」とある。

乗合自動車については、創立の経緯を記した先の文書にも「小県自動車株式会社ノ現営業ニ対シ不利ノ影響ヲ与フル」とあるが、あるべき交通機関としては物足りない存在だったのだろう。軌道会社は資本金60万円、1万2千株のところ、地元からは1万8545株の申し込みがあってその割り当てに苦労したというエピソード[32]が、地元の期待を物語っている。

上田から青木村までの「第二線路」が千曲川を越えるのは木橋であったため、この上に線路は敷けない。後年、独自の鉄橋を架けることになるのだが、ローカル私鉄にとっては一大事業のため後回しにし、左岸に位置する城下村の三好町を起点とした。現城下駅近くの三好町一丁目交差点の南側、諏訪形《すわがた》1098番地[33]）を暫定的な起点としている。次は、その工事施行認可申請書および軌道工事方法書[34]である。

工事施行認可申請書

土第二号ノ二

電車軌道工事施行認可申請書

大正八年十一月十日監第一九四一号ヲ以テ御許可相成候長野県小県郡城下村大字諏訪形《すわがた》字新井一〇九六番ノ一地先ヨリ、仝郡青木村大字田沢字小

山下一三番ノ一地先ニ至ル県道并《ならび》ニ、仝県仝郡川辺村大字上田原字赤口六八一番ノイ地先ヨリ仝郡別所村字横捲《よこまくり》一八五三番ノ一ニ至ル新設軌道敷設工事施行仕度《つかまつりたく》、別紙関係書類及図面相添ヒ《ママ》此段申請仕候也

大正九年七月十日

長野県上田市天神町二八五番地
上田温泉軌道株式会社
取締役社長　小島大治郎

軌道工事方法書

第一　線　路

一、本線起点終点及延長（自三好町　至青木間　青木線）

一、本線ハ長野県小県郡城下村大字諏訪形字新井千九十六番ノ一（三好町停車場）ヲ起点トシ、仝郡川辺村、泉田《いずみだ》村、浦里《うらさと》村ヲ経テ終点仝郡青木村大字田沢字小山下十三番ノ一（青木停車場）ニ至ル県道（松本街道）ニ敷設スル軌道ニシテ、此延長六哩《マイル》四十八鎖《チェーン》三十六節《リンク》四分［10・63キロ］ニシテ、別紙図面第一号三好町青木間線路実測平面図并ニ仝上第二号線路実測縦断面［図］ノ通リトス。

二、支線ノ起点終点及延長（自上田原停車場　至別所停車場　別所線）

一、支線ハ前記本線一哩二十四鎖五十五節四分［数字抹消の痕跡あり不明瞭＝引用者注、この通りであれば2・10キロ］（三好町起点）長野県小県郡川辺村大字上田原字赤口六百八十一番ノイ号ヲ起点トシテ分岐シ、仝郡東塩田村、中塩田村ヲ経テ終点仝郡別所村字横捲千八百五十三番ノ一ニ至ル新設軌道、此延長五哩三十五鎖［8・75キロ］別紙図面第三号上田原別所間線路実測平面図并ニ第四号図仝区間線路実測縦断面図ノ通リトス。

三、本線及支線ノ総延長

一、本線及支線ノ総延長ハ十二哩一鎖三十六節四分［19・34キロ］、此内《このうち》新設軌道敷ハ六哩二十七鎖四十節三分［10・21キロ］、県道へ敷設ノ分五哩五十三鎖九十五節一分［9・13キロ］ナリ。

第二　動　力

一、動力ハ電気トス。

第三　軌間及単複線ノ別并ニ軌道ノ中心間隔

一、軌間ハ三呎《フィート》六吋《インチ》［1067ミリ］ニシテ全部単線トシ、停車場ニ於ケル待避線ノ中心間隔ハ八呎［2・44メートル］トス。

第四［建築定規及車両定規＝全部×線にて抹消］

第五　最小曲線半径及最急勾配

一、勾配ハ二十五分ノ一［40‰］ヲ最急トシ、曲線

半径ハ一鎖［20・1メートル］トス。別表第七号勾配表及第八号曲線表ニ示ス通リ。

　このあたりの線路条件は現在もほぼ同じで、最急の40‰は別所線の終点一つ手前の八木沢駅から別所温泉駅までの間に640メートルの連続勾配[35]が目立つ程度だ。最急曲線は交差点を曲がる路面電車並みに急な20メートルとなっているが、大半はそれよりはるかに緩い。

（前の文書の続き）

第六　土工定規

一、線路施工基面ノ幅ハ新設軌道敷ハ十二呎六吋［3・81メートル］ニシテ、築堤及切取斜面ノ勾配并ニ用地限界等ハ第□号土工定規図ノ通リトス。

第七　橋梁及溝渠

一、橋台ハ総テ混凝土工《コンクリート》、橋脚ハ木造杭打トシ、基礎ハ橋台ニアリテハ杭打混凝土工トス。

一、桁ハ松材ヲ使用シ、所定動荷重及桁ノ最大応力ハ別表第十号橋桁耐力計算表ニ示ス通リトス。

一、県道ニ於ケルモノハ、径間ハ在来ニ倣ヒ、改拡築ヲ要スル部分ハ地質ニ応シ適当ノ基礎工ヲ施シ、橋台ハ総テ混凝土工、木材ハ松ヲ使用シ、工事中ハ交通ニ支障ナキヤウ相当ノ設備ヲナス。

一、線路ヲ横断スル重ナル架橋河川ノ平水位、最高水位及其水位ト桁下端トノ距離ハ各設計図ニ示ス通リトス。

第八　軌条、転轍器、轍叉《てつさ》及枕木

一、軌条ハ工字形鋼鉄製、其重量ハ一碼《ヤード》ニ付キ四十五封度《ポンド》［22・5キロレール］トシ、付属品ハ総テ鋼製ニシテ其形状ハ別紙第十一号図軌道付属品図ニ示ス通リトス。

一、転轍器ハ重錘取柄式及自動弾機式［スプリングポイントと思われる］ノ二種トシ、轍叉ハ二番半及四番半ヲ使用シ、護輪軌条ノ間隔及転轍器尖端軌条ノ開キ其他各部ノ構造寸法ハ別紙図面［この間各図面番号等の記述は略］ノ通リトス。但シ自動弾機式転轍器ハ当分使用セス。

一、転轍器ニハ尖端軌条ノ尖端ヨリ約一尺《ママ》［30・3センチメートル］ノ個所ニ別紙第十一号図ニ示ス「ゲージタイ」ヲ使用ス。

一、並枕木ハ長約七呎［約2・1メートル］巾八吋［約20・3センチ］厚五吋［12・7センチ］ニシテ、材種ハ主トシテ栗ヲ用ヒ檜《ひば》其他ノ雑材ヲ混用シ、其敷列間隔ハ第十七号図軌道枕木配列図ノ通リトス。

［橋梁枕木・転轍器轍叉用枕木の項は略］

第九　停車場及停留所

停車場ハ本線（青木線）ニアリテハ三好町、上田原、福田町、小泉町、白銀町、出浦町、青木ノ七ケ所トシ、支線（別所線）ニアリテハ下ノ郷［現下之郷］、五和［現中塩田］、中野、八木沢、別所ノ五ケ所トス。

一、停留所ハ本線ニアリテハ三好町三丁目、古吉町、殿戸ノ三ケ所、支線ハ神畑《かばたけ》一ケ所トス。但シ新設軌道ナル神畑停留所ニハ乗降場ヲ設クルモ、他ハ県道上ナルヲ以テ何等ノ設備ヲ施サス。

一、停車場ニ於ケル建造物、配線、用地境界及中心哩程其他ハ別紙別紙《ママ》停車場平面図ニ示ス通リトス。

［以下略］

※□は不明

五島「指導」の下、開業へ

冒頭に大正8年（1919）に敷設特許を得たとあるが、鉄道省文書「上田温泉電軌　巻1」（大正8〜12年・国立公文書館蔵）の簿冊の最初の方に綴《と》じられた「上田温泉軌道敷設特許ノ件」には、よく見れば総務課長の欄に「五嶋」の印鑑が捺《お》されている（矢印）。先に『上田丸子電鉄小誌』から引用した通り、本省の課長の座にあった地元の出世頭、五島慶太にアドバイスを受けたとされる頃の文書だ。

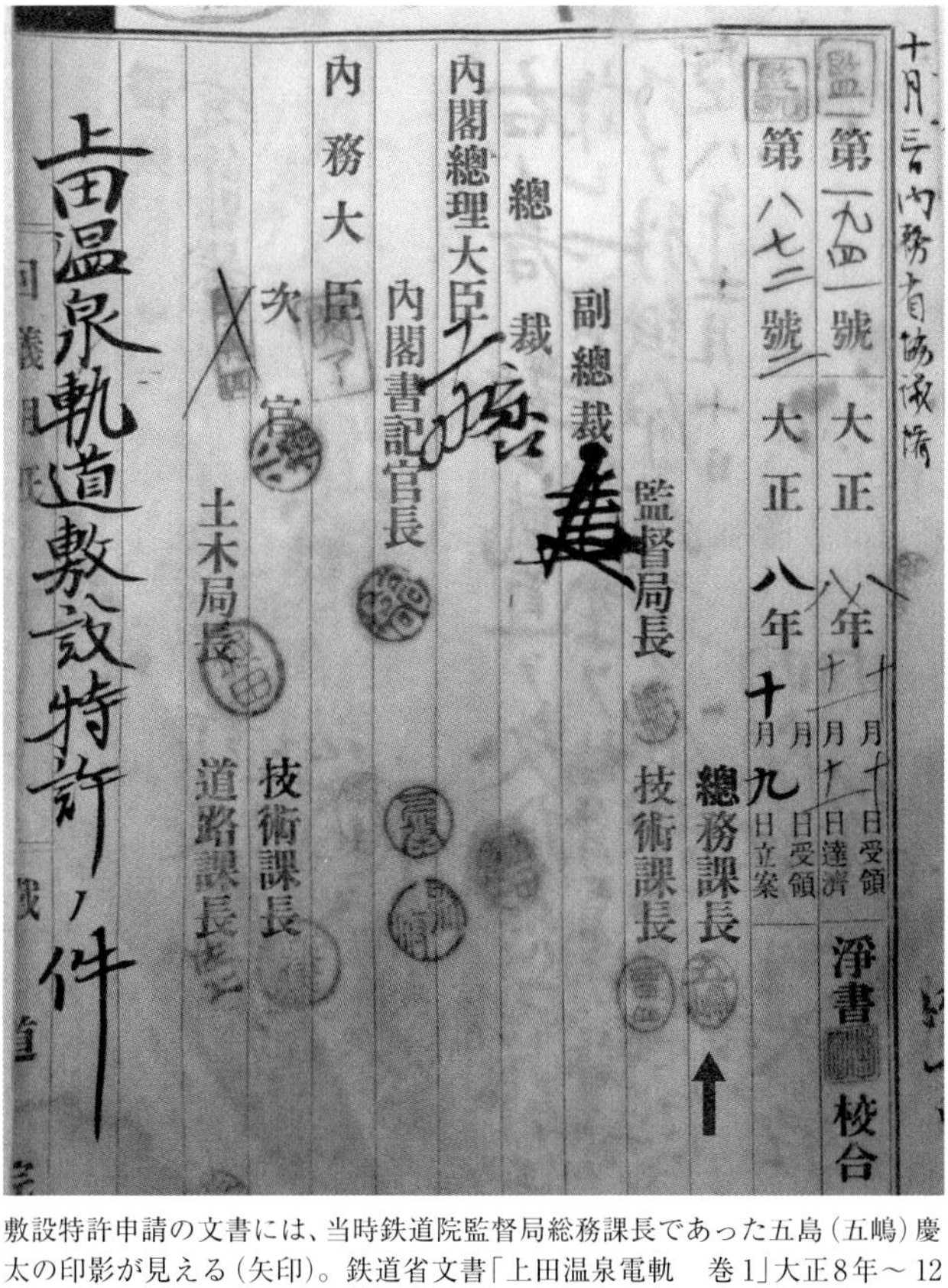

敷設特許申請の文書には、当時鉄道院監督局総務課長であった五島（五嶋）慶太の印影が見える（矢印）。鉄道省文書「上田温泉電軌　巻1」大正8年～12年（国立公文書館蔵）

ついでながら、その隣の監督局長に捺された印影の「佐竹」は佐竹三吾で、後に大阪市電気局（現大阪市交通局）長、法制局長官などを歴任、戦後は阪急バスの社長などを務めた[36]。さらに鉄道院総裁の床次《とこなみ》竹二郎は略字のような墨書、副総裁の石丸重美[37]と内閣総理大臣の原敬などは墨痕鮮やかな堂々たる花押をしたためている。印鑑ではなく花押が見られるのはせいぜいこの時代までだ。

設立総会の時点で上田温泉軌道と称していた社名は、大正9年11月15日の株主総会で上田温泉電軌（通称「温電」）と改めた[38]。別所温泉への浴客輸送を意識したものだろう。そして同10年6月17日、青木線6マイル46チェーン（10・58キロ）と別所線5マイル35チェーン（8・75キロ）、合計12マイル1チェーン（19・33キロ）[39]はめでたく同時開業した。軌道線には珍しく文書に停車場と停留場（この文書では「停留所」）が具体的に全部列記されているので、これらを起点方から順番に並べれば次の通り。

青木線＝三好町・△三好町三丁目・上田原・福田町・△古吉町・小泉町・白銀町・出浦町・△殿戸・青木。別所線＝上田原・△神畑・下ノ郷［現下之郷］・五加・中野・八木沢・別所（△は停留場）。

ちなみに開業直後の大正10年（1921）8月号の時刻表『汽車汽船旅行案内』によれば、このうち古吉町停留場のみ掲載されていない。細かいことを言えば、この停留場は開業時に何らかの理由で設けられなかったようで、後年改めて新設の申請が出されている。（昭和10年12月26日申請）

この時刻表によれば運転時間は朝5時から夜11時半までで、運転間隔は載っていないが、同12年7月号では30分間隔であることが明記されている。なお、三好町の起点と信越本線上田駅の間は徒歩では1キロ以上と遠かったため、小県自動車が連絡自動車を運転することになった。

運賃は大正10年の時点で1区4銭（全線で何区あるかの情報はない）、その他に「税1銭」とあるのは通行税だ。日露戦争の際、日清戦争の10倍にあたる20億円に及んだ膨大な戦費[40]がかかったが、それを調達するため設けられた税で、第1次世界大戦で国庫が大いに潤った結果、大正13年（1924）に廃止された。

千曲川に5連の新品トラス橋を奮発

さて、三好町の起点から信越本線の上田停車場まで、上田橋を経て1キロほどの乗合自動車や徒歩による連絡を強いられるのは交通機関として不十分なので、いよいよ橋梁を架けることとなった。「上田駅連絡線軌道敷設特許並運輸営業許可申請書」では〈起点ト上田駅トハ上田橋ヲ隔テ連絡甚敷《はなはだしく》不便ニシテ、交通上充分ノ効果ヲ挙ケ難キニヨリ、一般乗客ノ利便ヲ計リ度《たく》、且《かつ》会社基礎ヲ堅実ナラシメ度〉としている。

千曲川の橋梁を含む上田駅連絡線について、工事方法書[41]では次のように記述した。

上田温泉電軌上田駅連絡線工事方法書

一　線路

長野県上田市大字諏訪形《すわがた》字新井千九十六番ノ一（既特許営業線起点零哩零鎖）ヨリ延長シ、千曲川ニ専用橋ヲ架シ、同県同市大字常入《ときいり》字西天神千九百九十五番（省線上田駅ニ達ス）ニ至ル延長零哩四拾五鎖零節［約９０５メートル］トス。

［参照図面の記載は省略］

一　線路ノ区別

線路延長　零哩四拾五鎖零節　内単線参拾八鎖［約７６４メートル］、複線七鎖［約１４１メートル］

［中略］

一　橋梁

橋梁ハ其位置及径間　左表ノ通リ

［以下同表を箇条書きに直した］

位置　自〇哩一一鎖一九・七節［２２５・25メートル］至〇哩二二鎖三四・一節［４４９・43メートル］。正味２２４・18メートル］

直角径間　百四十四呎［43・89メートル］

連数　五［桁の長さの合計は２１９・46メートル］

記事　橋台基礎ハ杭打「コンクリート」、躯体ハ「コンクリート」造、橋脚基礎ハ鉄筋「コンクリート」井筒トシテ、躯体ハ「コンクリート」造トシ、桁ハ鋼製「トラッス」トス。

［表の内容は以上］

橋台基礎工ハ現在地盤面ヨリ計画ノ深ニ根堀ヲナシ、生松丸太長十呎［３・05メートル］末口［丸太の細い方＝梢の方］五寸ノモノヲ各杭心々距離三呎［０・91メートル］以下、即チ図面ニ示ス間隔ニ重量八拾貫［３００キログラム］以上ノ真矢又ハ其他ノ杭打器ヲ以テ打込ミ、一呎ノ厚サニ捨栗石ヲ充分搗《つ》キ込ミ、二呎［０・61メートル］ノ厚サニ「コンクリート」（セメント一、砂二、礫又ハ砕石四ノ割合トス）工ヲ施スモノトス。

橋脚基礎工ハ鉄筋「コンクリート」（セメント一、砂二、礫又ハ砕石四ノ割合トス）造井筒ニシテ、其形状ハ長径二拾七呎六吋［8・38メートル］、短径拾一呎［3・35メートル］ノ楕円形ニシテ、厚サ二呎三吋［0・69メートル］トシ、計画ノ深ニ沈下セシメ、井筒中空ハ混凝土（セメント一、砂四、礫又ハ砕石八ノ割合トス）ヲ填充スルモノトス。

躯体《くたい》ハ橋台、橋脚何レモ混凝土（セメント一、砂二、礫又ハ砕石四ノ割合トス）ヲ以テ築造シ、桁座ハ一呎六吋［0・46《メートル》］ノ厚サニ設計通リ鉄筋ヲ挿入補強ヲ施シ、鎮ハ桿植込ミ、構桁［トラス］ノ接続ニ供ス。

桁ハ鋼材ヲ以テ加工シタルモノヲ架ス。

袖石垣ハ玉石練積《ねりづみ》ニシテ玉石控長［奥行き］一尺［約30《センチ》］以上トス。基礎ハ「コンクリート」（セメント一、砂二、礫又ハ砕石四ノ割合トス）、厚一尺トシ、充分ニ搗固《つきかた》メ施工ス。［以下動荷重表など略］

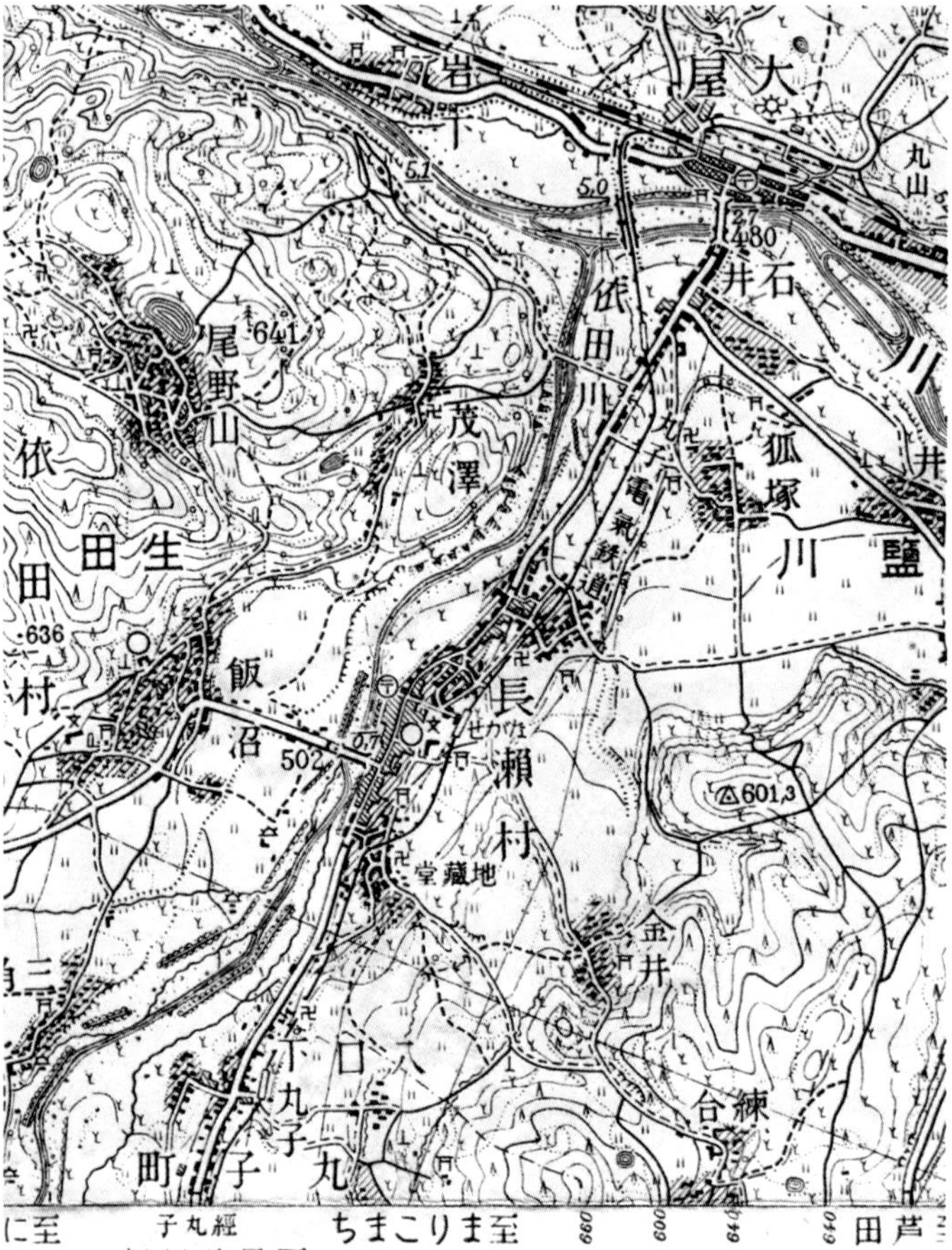

上田東まで延伸後の丸子鉄道（「丸子電気鉄道」は誤り）は大屋駅でスイッチバック。1:50,000「上田」昭和4年（1929）修正

日本一の長流に架す千曲川橋梁は、以上のように径間144《フィート》（約44《メートル》）の下路プラットトラス（コリジョンストラット＝補強材付）が5連という、堂々たるものとなった。この時代であれば地方私鉄の多くが鉄道省（院）の払い下げ桁を使用するところ、思い

切って横河橋梁に新品を発注したものである[42]。これを機に新車両も発注することとしたため、大正11年（1922）4月には「軌道財団」を設定した。これを担保として日本勧業銀行から25万円を借り入れ、併せて借入金の返済にも充てている[43]。

軌道財団とは工場財団などと同様、日露戦争前後から急成長を遂げつつあった産業界への政府の振興政策によって分野ごとに制度化されたもので、軌道の場合は事業を行うために必要な施設や車両、装置など一式をまるごと抵当権として設定する仕組みだ。軌道財団は明治38年（1905）に「軌道ノ抵当ニ関スル法律」として公布されている。

千曲川を渡る区間は大正13年（1924）8月15日に開通、青木線と別所線の利便性は大いに高まった。JTB『時刻表』の遠い前身にあたる『汽車時間表』の創刊号、大正14年4月号[44]によれば、「同年2月現行」として運転の概要が記されているが、上田～青木間7・1マイル［11・4キロ］を所要時間45分で30分間隔（夜間は40分間隔）、別所線も上田～信濃別所間7・1マイル［同前］を同じ45分で結んでいる。両者とも停車時分も含んだ平均速度である「表定時速」は15・2キロであった。ついでながら現在はだいぶスピードアップして11・6キロを28分で走るので表定時速24・9キロである。それでも大正14年の運転間隔30分は、現在よりはるかに多い。なお別所停留場は大正13年11月22日に信濃別所と改称しており[45]、その後は昭和5年（1930）1月19日に別所温泉の現駅名に変わっている[46]。

城下―上田原は専用軌道で複線化

三好町起点の時代は上田原まで2キロほど松本街道上の併用軌道であったが、上田駅に乗り入れた3年後の昭和2年（1927）12月にはこの区間を専用軌道に移設した。これに伴って三好町停車場も南側の専用軌道側の現在地に移して城下と改称、三好町三丁目停留場も専用軌道側で三好町（2代目＝現在）と改めている[46]。この路線変更の背景の事情については前年の大正15年に提出された次の「工事方法変更認可申請書」[47]に詳述された。

上電発第八五三号
大正十五年九月四日
長野県上田市［通称天神町］[48]二百八十五番地
上田温泉電軌株式会社
取締役社長　小島大治郎
鉄道大臣　子爵井上匡《ただ》四《し》郎《ろう》殿
内務大臣　浜口雄幸殿

青木線工事方法変更認可申請書

大正九年十二月十四日付長野県指令土甲収第一〇七七号及大正十二年八月十六日付長野県指令土甲収第三〇五〇号ヲ以テ長野県知事ノ御認可ヲ得候青木線工事方法書中、別紙ノ通リ一部変更致候間、特別ノ御詮議ヲ以テ至急御認可被成下度《なしくだされたく》、関係図書類相添へ此段及申請候也

変更理由書

当会社青木線中、上田市大字諏訪形ヨリ小県郡青木村大字田沢ニ至ル間ハ府県道ニ之ヲ敷設シタルニ、該府県道ノ幅員ハ狭隘ニシテ軌道建設規程ニ適合セサル為メ右道路拡築ノ義、本年三月二十九日付内務省一四、長土第五八号ヲ以テ本年十二月末日迄延期御許可相蒙居《あいこうむりおり》候処、該区間全部ヲ一時ニ拡築又ハ敷設替ヲ為スコトハ多額ノ費用ヲ要シ、実施困難ノ事情有之候間、差当リ往来最モ頻繁ナル上田市大字諏訪形ヨリ小県郡川辺村大字上田原迄ノ間ヲ改良スルコトトシ、本申請ヲ為シタル次第ニ有之。尚右区間ヲ最初ノ計画通リ道路拡築ト為ストキハ、稠密ナル人家ノ移転ヲ要シ、且多額ノ費用ヲ要スルノミナラス、青木線ハ最近ニ於テ全部之ヲ新設軌道ト為ス計画ニ有之候間、今回申請シタル線路モ其ノ前提トシ、新設軌道ト為シタル次第ニ有之候。

尚上田駅連絡線中路線ヲ変更シタルハ、曲線半径ヲ緩ナラシムル為メニ有之候。

右ノ次第ニ付、特別ノ御詮議ヲ以テ至急御認可被成下候、奉懇願候。

変更工事方法書

一　動力

動力ハ電気トス

二　軌間

軌間ハ三呎《フィート》六吋《インチ》［１０６７ミリ］トス

三　単線、複線等ノ別

（イ）零哩《マイル》零鎖《チェーン》（旧城下停留場起点ヨリ上田駅へ零哩三十九鎖六十節［約７９７メートル］ヨリ零哩十鎖［約２０１メートル］マデ（上田駅ヨリ上田原方向へ千曲川ヲ横断シ城下停留場付近）ヲ単線トス（亘長三十八鎖九十四節七［約７８３メートル］）。

（ロ）零哩十鎖［約２０１メートル］ヨリ一哩三十一鎖七十五節一六［約２２４８メートル］マデヲ複線トス（亘長一哩二十二鎖四十節三六［約２０６０メートル］）。

起点が第１期で開業した城下停留場となっているため複雑だが、要するに上田から千曲川橋梁を渡っ

て城下までの約0・8キロが単線、そこから上田原までの間は人家が櫛比《しっぴ》し、道路拡幅が難しいため約2キロの間を複線の新設（専用）軌道にする、ということである。

（前の文書から続く）

四　軌道中心間隔

　軌道中心間隔ハ十一呎［3・35メートル］トシ、曲線ノ場合ハ十一呎六吋［3・51メートル］トス。

五　最小曲線半径及最急［勾］配

　最小曲線半径ハ六鎖［120・7メートル］トシ、最急勾配ハ五十分ノ一［20‰］トス。

六　土工定規

　（イ）線施工基面幅ハ築堤及切取（側溝ヲ除キ）

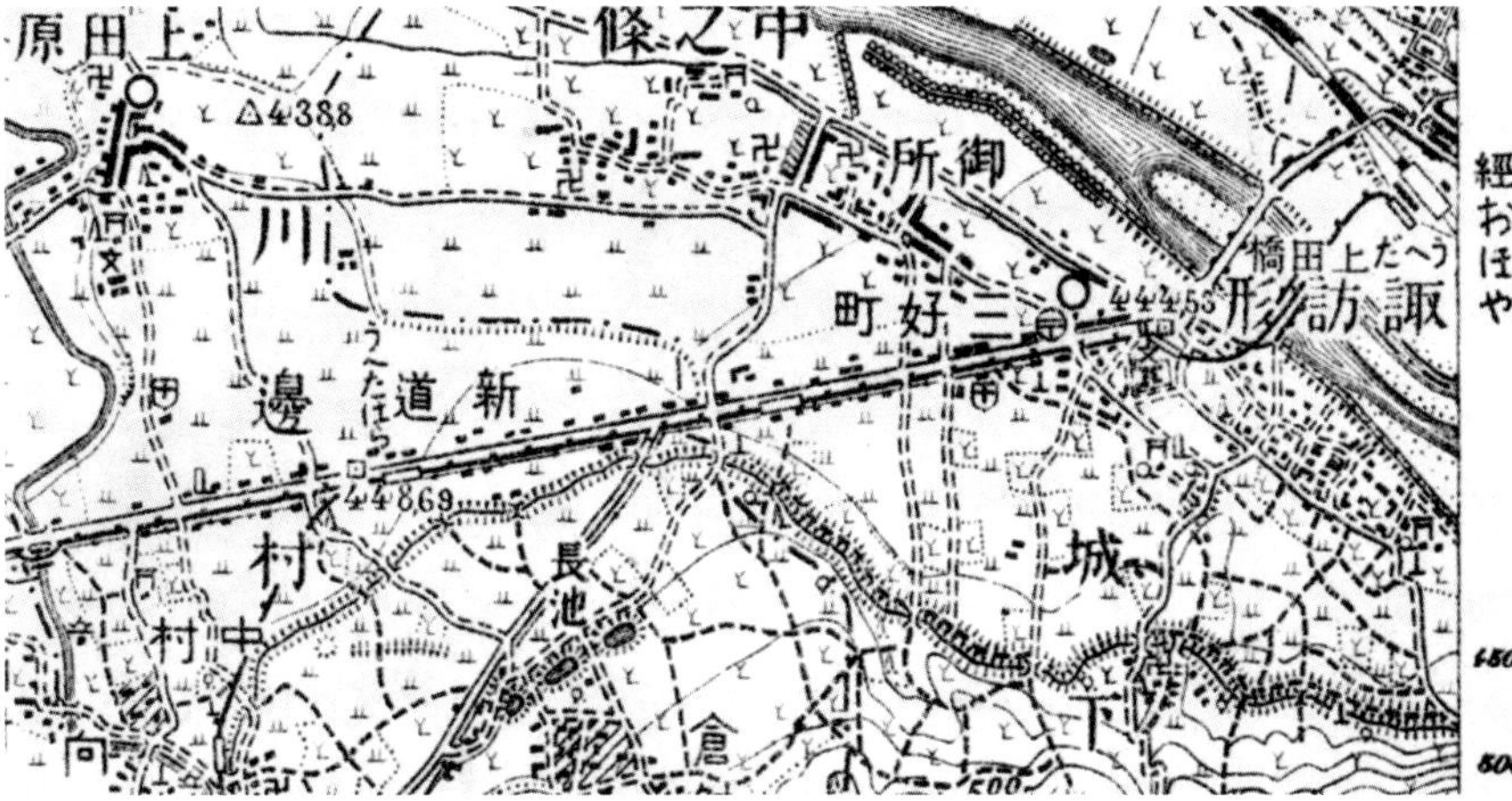

千曲川橋梁を渡った先が併用軌道であった頃の線路。沿線には水田が目立つ。上田橋は図の年に架け替えられるが、まだ木橋の記号になっている。1:50,000「坂城」大正14年（1925）鉄道補入

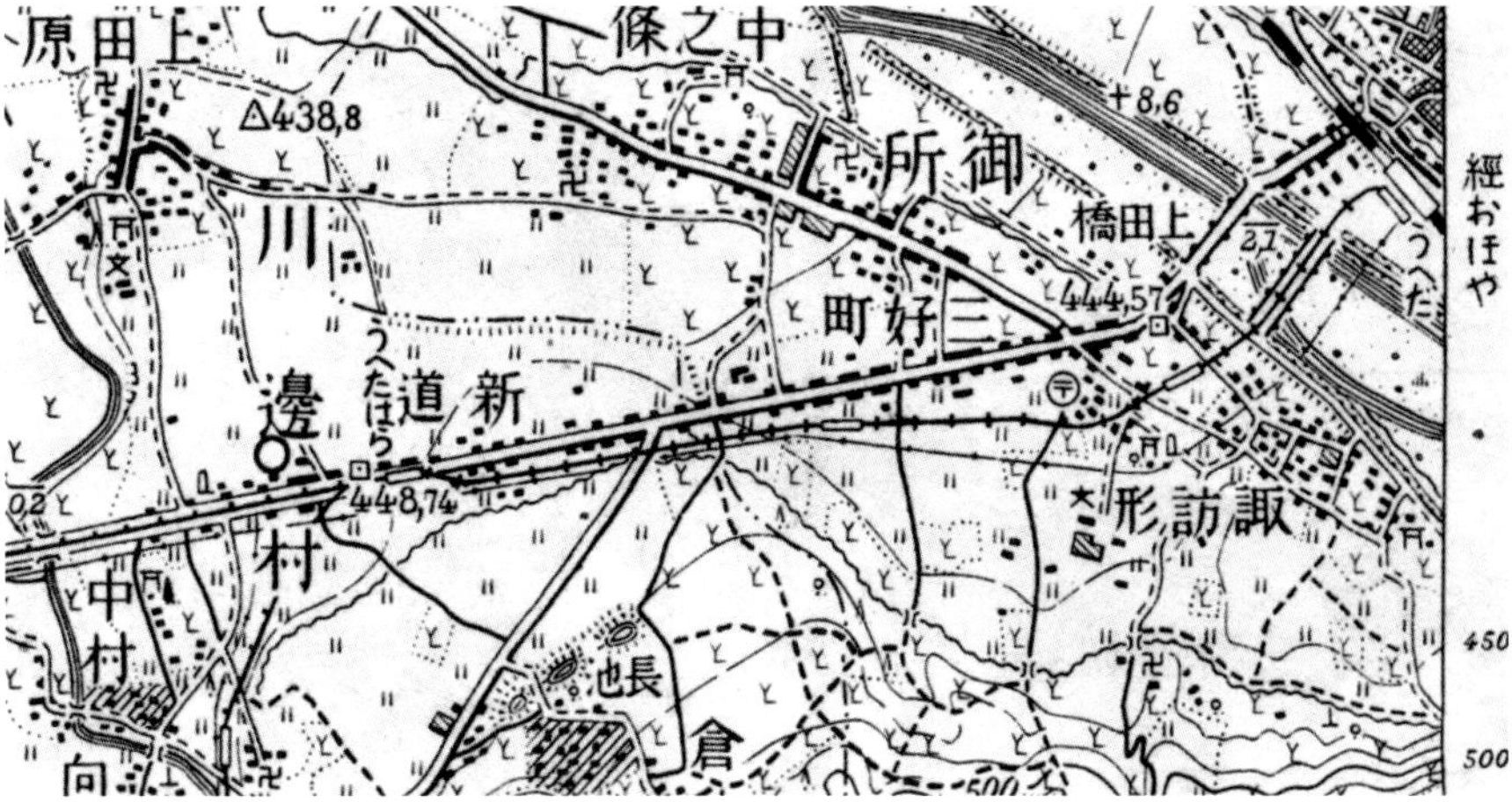

城下付近から上田原までが新設（専用）軌道になった。複線区間は城下〜上田原間である。図では勢い余って上田駅まで「複線化」してしまったが、これは誤り。1:50,000「坂城」昭和4年（1929）修正

共十二呎［3・66メートル］トス。
（ロ）築堤斜面勾配ハ一割五分トシ、切取斜面勾配ハ七分乃至一割トス。
（ハ）用地ノ限界ハ別紙土工定規ニ明示ス。

七　溝橋［略］

八　軌条、転轍器、轍叉及枕木

（イ）軌条ハ鋼製工字型平底軌条毎一碼《ヤード》ノ重量ヲ六十封度《ポンド》［約30キロレール］トス。但シ上田駅ヨリ城下停留場ニ至ル間ハ既ニ六十封度軌条ナルヲ以テ、今回軌条重量ノ変更ヲ為スハ城下停留場ヨリ上田原停留場迄トス。
（ロ）軌条付属品ハ鋼製ニシテ、其ノ形状寸法ハ別紙図面ノ通リトス。
（ハ）転轍器、轍叉ハ重錘取柄式トシ、轍叉ハ八番ヲ使用シ、其ノ詳細寸法ハ別紙図面ニ明示ス。
（ニ）枕木ノ寸法ハ長七呎［約2・13メートル］、幅八吋［約20・3センチ］、厚五吋二分ノ一［約14・0センチ］ノ栗材ヲ使用シ、敷設最大中心間隔ハ二呎五吋［約73・7センチ］トス。

九　停留場

停留場ハ特別ニ乗降用構造物ヲ設備スルモノニシテ、長五尺［約151・5センチ］、末口四寸［約12・1センチ］ノ松丸ヲ打込ミ、四寸［約12・1センチ］五寸［約15・2センチ］ノ松挽材二ツ割ヲ笠木トシ、軌条面ヨリ九吋［約22・9センチ］ノ高ニ「ホーム」ヲ建造スルモノトス。

十　踏切ノ構造

軌道ノ道路ヲ横断スル場所ハ道路面ト軌条面ト一致スル様《よう》砂利ヲ敷詰メ、厚二吋半［約6・4センチ］ノ板張ヲ為シ、以テ車馬ノ通行ニ便ナラシム。

十一　閉塞信号機

通票式ニ依ルモノトス。

［以下十二（車両＝既認可のもの使用につき記載なし）、その後に続く「電気ニ関スル工事方法」は省略］

上田—丸子間の二つの路線

塩田平から依田窪へ抜ける鉄道

城下—上田原間が専用軌道化される前年、大正15年（１９２６）の８月12日に、別所線の途中にある下ノ郷（現下之郷）で分岐して西丸子に至る丸子支線——依田窪線（のちの西丸子線）が開通している。これは丸子鉄道がまだ大屋止まりで、上田方面へは信越本線への乗り換えを要した時期に計画されたものだ。丸子から上田へ乗り換えなしで直通できるメリットを生かしての計画である。路線は大正11年（１９２２）８月20日に「延長線」として出願[49]、翌12年には特許を与えられた[50]。

ところが、当時は大屋止まりであった丸子鉄道も、上田市街東端に位置する上田東駅までの路線延伸を計画した。こちらは上田温泉電軌丸子支線を出願してわずか２週間あまり後の９月５日に出願して認可されているのだが、鉄道省監督局としては〈丸子鉄道上田延長線ト併行ノ状態ナルモ、右両者トハ相当ノ距離ヲ有

塩田平から依田窪の盆地に抜けるルートの難所は二ツ木峠と依田川の渡河。写真は二ツ木峠のトンネル建設工事＝大正14年頃（『なつかしの上田丸子電鉄』より）

シ、地形上鉄道ノ利用地域モ亦《また》自ラ異ニスルヲ以テ、別段悪影響ナキモノト認ム〉[51]と両者の共存を容認している。

当時の鉄道・軌道の監督官庁（軌道は内務省も管轄）であった鉄道省は、たとえ私鉄の事業であっても「公共交通インフラ」としての側面を重視し、既存、既免許（軌道の場合は特許）の国鉄または私鉄線との「並行線」は認めないのが原則であった。ただし「並行線」の範囲をどこまでにするかの明確な基準を定めるのは難しく、それがしばしば政治にからみ、大臣によって並行線に対する解釈が異なるなど恣意《しい》的な行政指導との批判もあった。次の敷設特許申請書には上田温泉電軌による丸子支線建設の意義が述べられている。

上電第四四号

丸子支線軌道敷設特許並
運輸営業許可申請書[52]

今般当会社上田駅連絡線敷設特許相受候ニ付テハ、直チニ施工ノ手続相運ヒ申候ヘ共、該線路ハ多額ノ費用ヲ要シ、現在ノ青木線別所線ノミヲ以テシテハ会社経営上至難ニ有之候。執《つい》テハ小県郡内交通機関完備ノ目的ヲ達スル為メ、川西地方ト交渉最モ多キ丸子町ニ丸子支線軌道敷設仕リ、上田駅連絡ヲ有意義ニシ、一層会社ノ基礎ヲ堅実ナラシメ度候間、御許可被成下度《なしくだされたく》別紙起業目論見書、工事方法概略書、工事費予算書、線路予測平面図、線路予測縦断面図相添へ此段及申請候也。

長野県上田市［天神町］弐百八拾五番地
大正十一年八月二十日　上田温泉電軌株式会社
取締役社長　小島大治郎

鉄道大臣　伯爵大木達吉殿
内務大臣　水野錬太郎殿

経由地が異なるとはいえ、起点と終点が上田と丸子という同じ市街地であるから「競願」であることは間違いない。それでも地元とすれば、自家用車がほとんど存在しなかった当時、誠に歓迎すべきことであった。長野県知事も大正11年（1922）11月15日に提出した「地方鉄道敷設免許申請ニ関スル件」[53]では両者の免許・特許を認めるよう、鉄道大臣に対して〈大体併行スルコト、ナルモ、右ハ何レモ其区間、経過地、目的等全然異ニシ、地方ニ於ケル是等鉄道及軌道ノ利用範囲モ自ラ相違スルニヨリ、是亦利害関係ナキモノト認メラル、ニヨリ、右トハ分離御処分相成度〉などと積極的に働きかけている。

上田から丸子まで二つの経路で鉄道・軌道が通っていた頃。青木線はすでに戦前の昭和13年（1938）に廃止されている。1:200,000 地勢図「長野」昭和29年（1954）編集

上田市街にひと足先に達した丸子鉄道

丸子鉄道では開業当初から電車を走らせる予定であったのだが、不運にも第1次世界大戦の資材高騰のあおりを受け、やむなく蒸気機関車による運転を行っていた。それでも蒸気運転は不経済で、スピードアップのためにも早期の電化が望まれたのである。会社は大正11年に25万円の増資を行って50万円とし、電化工事を完了して同13年3月15日から電車の運転を開始した。従前の40ポンド軌条（20キロレール）を60ポンド軌条に交換し、従前のレールは電車の架線柱に再利用したという[54]。

そして翌大正14年（1925）8月1日には大屋—上田東間を開業した。大正16年1月号の『汽車汽船旅行案内』（大正天皇の崩御が12月25日であったため印刷が改元前であったらしい）[55]には開通翌年にあたる大正15年8月15日改正ダイヤが掲載されているが、これによれば丸子町〜大屋間の所要時間は14分、上田東までの全線は27分であった。ちなみに丸子町—大屋間もだいぶスピードアップしており、蒸気機関車時代の大正12年（1923）に22分だったのが、電化直後の同14年には17

丸子鉄道は念願の上田市街地へ乗り入れ。「終点」は中心街・海野町の東側の外れにできた上田東駅で、1面1線ホームで電車は折り返した。構内には留置線や機回線もあった＝昭和42年頃（奥村栄邦さん撮影）

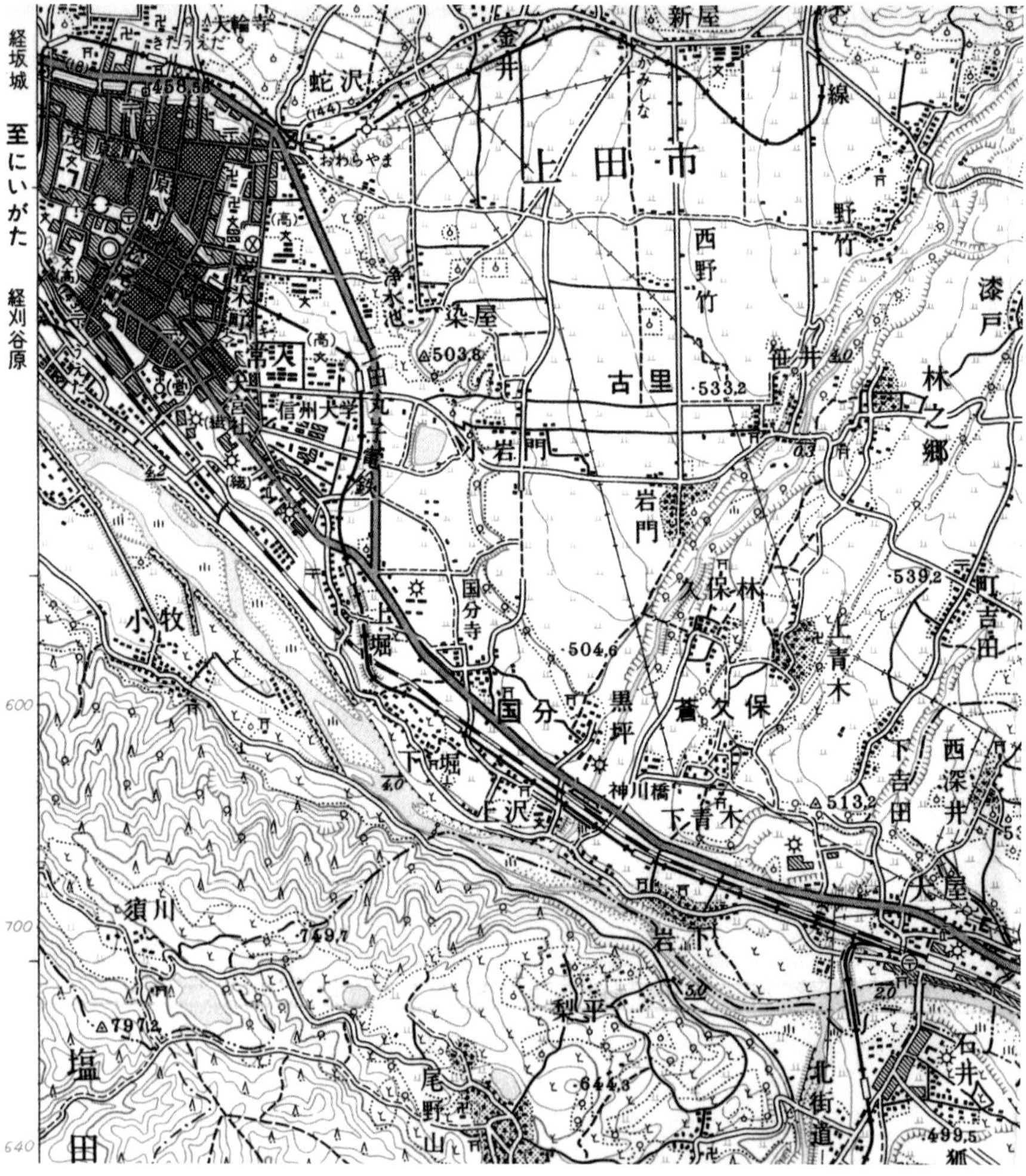

大屋～上田東間の線路。信越本線との併走区間は廃止後に同線の複線化用地となっている。上田東駅は海野町の商店街や上田染谷丘高校（当時）の最寄り駅だった。1:50,000「上田」昭和37年（1962）修正

分に短縮、さらに14分と速くなっている。
なお、丸子町方面から大屋駅へは東向きで進入するため、上田東方面へはスイッチバックの必要があった。時刻表によれば停車時間は2分計上されている。プラットホームは1面のみであったが、上下の列車が「縦列駐車」のように1線に縦に並んで停車したため、この設備だけで列車の行き違いが可能であった。
次は開業直前の7月27日に鉄道省監督局長に提出されたこの区間の竣功監査報告[56]である。

大正拾四年七月弐拾七日

技手　伊達重雄

技師　佐橋信一

監督局長　筧《かけい》正太郎殿

丸子鉄道株式会社大屋上田東間線路敷設工事

竣功監査報告

竣功線路ハ既設大屋停車場（長野県小県郡神川《かんがわ》村所在、零哩零鎖零節［0・00キロ］）ヨリ上田東停車場（同県上田市、大屋起点三哩二十七鎖六十節［5・38キロ］）ニ至ル延長三哩二十七鎖六十節［同］ニシテ地勢平夷《へいい》、工事モ神川《かんがわ》橋梁（四十呎［約12・2メートル］九連　十八呎［約5・5メートル］一連）［鋼鈑桁（プレートガーダー）計10連で、桁の合計は約115・2メートル］ノ外、著キモノナシ。

右線路工事ハ概ネ竣功シ、車両ハ既成線ニ運転セルモノノ外二両ヲ増備シ、電気工事、運輸設備モ概《おおむね》完成シ、之等ノ概況ハ別紙工事方法概要書及諸表ノ如シ。

電動客車二百一号ニ定員ニ相当スル荷重ヲ積載シテ所定速度（最大一時間平均二十八哩［約45・1キロ］）ヲ以テ本区間ヲ走行セシメタルニ、線路、車両、電気設備共異状ナク運転セリ。

依テ別紙請書事項中、運輸開始前ニ整備ヲ要スルモノ整理済ノ上ハ、本区間ノ運輸開始支障ナシト認ム。

大屋上田東間工事方法概要書

一、鉄道ノ種類　単線電気鉄道
一、軌　間　参呎《フィート》六吋《インチ》［1067ミリ］
一、曲線最小半径　八鎖《チェーン》［約160・9メートル］
一、最急勾配　五拾分一［20‰］
一、施工基面幅　拾四呎［約4・3メートル］
一、軌道中心間隔　拾壱呎［約3・4メートル］
一、軌条重量　六拾封度［約30キロレール］
一、枕木配置　三拾三呎［約10・1メートル］軌条ニ《に》拾四挺
一、道床ノ量　一哩平均約弐百参拾坪

［約1382立方メートル＝1キロあたり約859立方メートル］

一、轍叉ノ番号　八番

一、線路諸標及防備　整備

［橋梁表＝略］

西丸子線も遅れて丸子の町へ

上田から丸子への直結は丸子鉄道に先を越された上田温泉電軌であるが、ほぼ1年後の大正15年（1926）8月12日に別所線の途中駅、下之郷―西丸子間を開業している。当初、丸子のターミナルは大正11年8月の特許申請書[57]の時点では上丸子1449番地となっていた。これは依田社（現丸子文化会館）のすぐ目の前で、丸子町の400メートルほど南西に位置しているが、同13年4月28日の「工事施行認可申請書」[58]の段階では実際に建設された西丸子駅の地番、丸子橋東詰に近い上丸子1600番地に変更されている。丸子鉄道の丸子町駅から近く、歩いても7分程の距離だ。この間の公文書を調べてみると、「一部工事施行認可申請遅延理由書」[59]に詳細が記されている。

一部工事施行認可申請遅延理由書

特許区間中、長野県小県郡丸子町大字上丸子字川原千六百番イ号ヨリ同郡同町同大字［同］字千四百四十九番ニ至ル区間ハ人家稠密ニシテ、家屋其他ノ移転ヲ要スル物件多ク、種々地元ト交渉ノ都合モ有之、通過線路確定致シ難ク、従テ未ダ工事施行認可ヲ申請スル見込相立チ不申《もうさず》候間、

大屋上田東間停車場表［設備は略］

名称	位置（哩《マイル》・鎖《チェーン》・節《リンク》）［キロ換算］	所在地
大屋停車場	〇・〇〇・〇〇［0・00］	長野県小県郡神川村
岩下停留場	〇・七二・〇〇［1・45］	同
八日堂《ようかどう》停車場	一・四八・六〇［2・59］	同
上堀《うわぼり》停留場	二・一八・二五［3・59］	長野県上田市
染屋停留場	二・六四・六〇［4・52］	長野県小県郡神科村
上田東停車場	三・二七・六〇［5・38］	長野県上田市

各停車場ニ電話機ノ設備アリ。列車運転保安法ハ票券［タブレット］式ニヨル。

［以下「電気工事方法ノ概要」など略］

之ガ決定ニ至ル迄御猶予相願《あいねがいたく》度、依テ急速ニ工事ヲ施行シ得ラルル部分ノミ認可申請致候次第ニ付、此段特ニ事由開陳候也

大正十三年五月十五日

長野県上田市二百八十五番地

上田温泉電軌株式会社

取締役社長　小島大治郎

一帯の有力産品である生糸をとりまとめて輸出する依田社のすぐ目の前にターミナルを設置する計画ではあったが、実際に用地買収の段になって市街地の家屋移転がスムーズには進まなかったようだ。結局この末端区間は最後まで建設されていない。図らずも終点となった西丸子駅は、目の前の丸子橋を渡ってすぐの安良居《あらい》神社（八幡宮）に近いため、駅名を「丸子八幡前」とする予定であったが、開業前に「西丸《にしまり》子《こ》」と改称されている[60]。電車の行き先は人目に触れるため、乗客数にもかかわってくるから、しばらく「暫定終点」が続いた場合のことも考えたのだろうか。

軌道の場合は、鉄道のような「竣功監査報告」が行われず、停留場の詳細は掲載されない。このため開業時の実態はつかみにくいのだが、昭和7年（1932）に他の停留場が新設された際に全線全駅のキロ程情報が掲載されているので、西丸子線について下之郷起点の数値を次に掲げておこう。△印は停留場、無印は停車場である。線名は依田川の流域に広がる盆地の呼び名をとって「依田窪線」と称した。

なお鉄道省では昭和5年（1930）4月1日より在来のマイルからメートル法表示に変更しているので単位はキロメートルである。なお最初の開業以降に設置された停留場は▲印を付した。読みは『鉄道停車場一覧』の昭和21年版[61]に従っている。

停車場・停留場名	下之郷起点の距離
下之郷《しものごう》	0.0
▲宮　前　＊昭和13年2月10日設置	0.4
△石　神	1.4
鈴　子　＊昭和28年7月15日に東塩田と改称	1.9
△富士山《ふじやま》　＊資料により「冨士山」の表記あり	2.6
△馬　場《ばっぱ》	3.0
△依　田	5.7
御岳堂《みたけどう》	6.4

△上　組　6・8
△川　端　7・1
△寿　町《ことぶきちょう》　7・5
▲河原町《かわらちょう》　7・9
＊全線開通翌日の大正15年8月13日開業[62]。
読みは「かわらまち」とする資料もある[63]。
西丸子《にしまりこ》　8・6
＊読みは丸子線と同様「にしまるこ」と改称されたと思われるが時期は不明

軌道法による路線であったとはいえ全線が専用軌道で、集落の点在する典型的な地方路線にもかかわらず、8・6キロの間に10カ所の停留場がひしめいていた。駅間距離は人口密度の割には短く、特に御岳堂―西丸子間は平均460メートルと路面電車並みである。この線を走る電車も戦後の昭和24年（1949）に半鋼製ボギー車が導入されるまではポール集電の単車（2軸）が活躍しており[64]、レールも他線より軽い22・5キロレールであった。

　昭和5年（1930）10月号『汽車時間表』によれば、上田―西丸子間の所要時間は約50分とあり、丸子町―上田東間を27分で走破する丸子鉄道にはまったく及ばなかった。廃止直前にあたる昭和36年の時刻表でも43分かかっている。当初の申請書に「経由地が違うので問題ない」としたこの路線も、上田―丸子間の直通客に選択されないのでは苦しい状況が続くのは当然で、戦前の昭和10年代から既に廃止の話が持ち上がっていたという[65]。

　依田窪《よだくぼ》線改め西丸子線に最後のとどめを刺したのが昭和36年（1961）6月の梅雨前線がもたらした豪雨で、全線唯一の存在であった二ツ木隧道（110メートル）[66]が破損、これに加えて最大の橋梁・依田川橋梁が被災したことを機に廃止の話が具体化し、結局は復旧することなく昭和38年の廃止を迎えている。

　西丸子線より先に廃止されたのが青木線だ。こちらは当初の本線という位置づけで、一時は松本まで延伸する構想さえ示されたが、並行するバス路線の利便性に勝つことができず、昭和13年（1938）に廃止された。バスとの競争については、元青木村長の宮原栄吉さんが『なつかしの上田丸子電鉄』に次のような思い出話を披露している[67]。

「片山さんという人がバスを営業してましてね。ダイヤを無視して早く客を集めて発車したり、途中で「電車と」追いつ追われつもしました。往復乗れば片道は半額に割引くとか、手ぬぐいをくれるとか、サービスも競争でした。バスの方は家族経営だったから、融通がきいたんですね。客がそこで降ろしてくれっていえば、どこでも降りられましたし」

戦前にはよくあった風景だろうが、もともと馬車鉄道や路面電車の黎明期にあっては、乗客の求めに応じて停車することは珍しくなかった。昭和13年7月25日に青木線が廃止された後は、城下―上田原間の複線区間を残しておく意味もなくなり、単線化されている。これにより道路上を走る併用軌道が消滅した上田温泉電軌では、それまで軌道であった別所線と西丸子線について翌14年3月19日付で軌道から鉄道に変更した[68]。

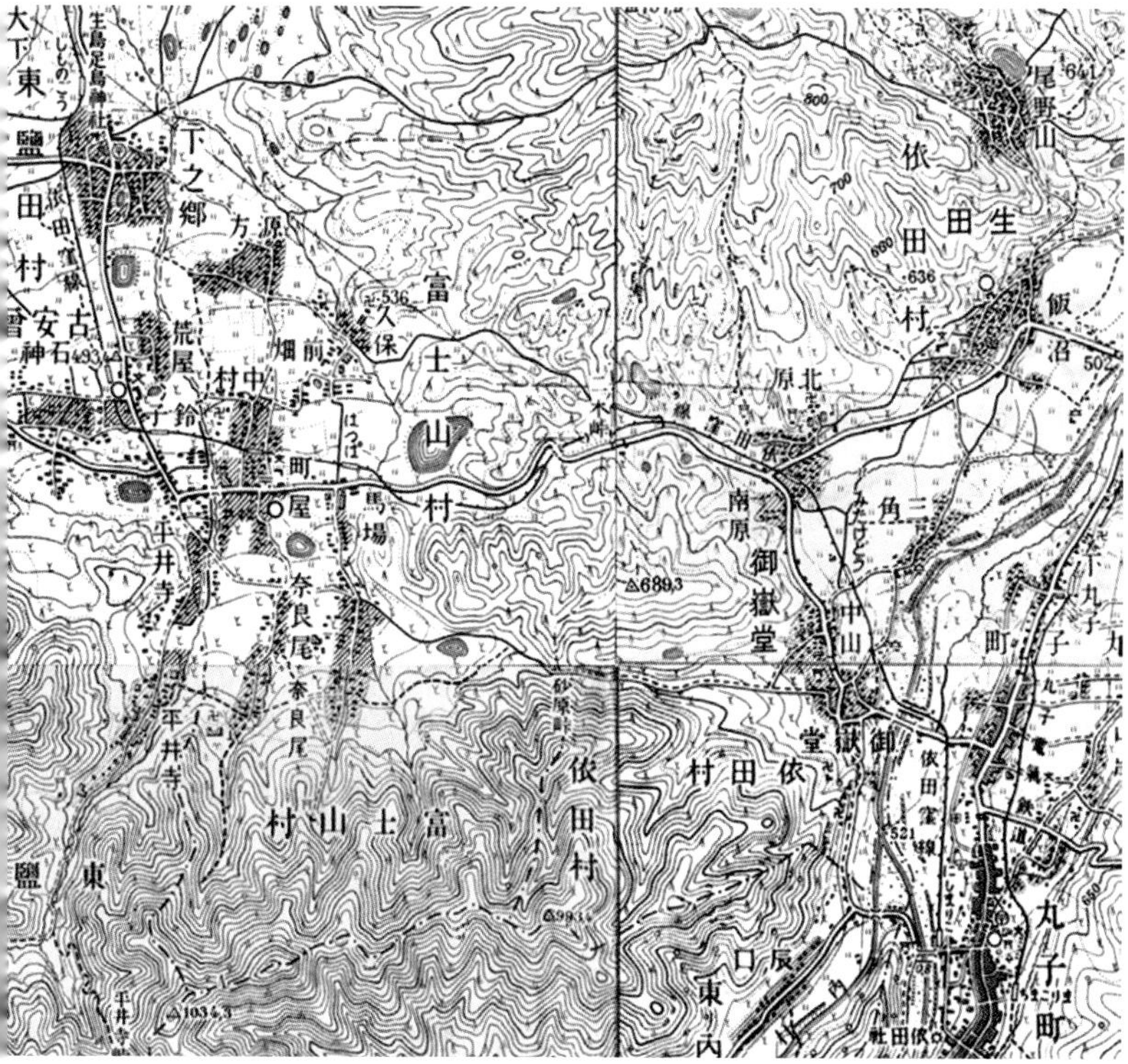

依田窪線（のちの西丸子線）の全線。分水界には線内唯一の二ツ木トンネルが見える。1:50,000「坂城」昭和4年（1929）修正＋「上田」昭和4年修正＋「和田」昭和6年（1931）要部修正＋「小諸」昭和4年修正

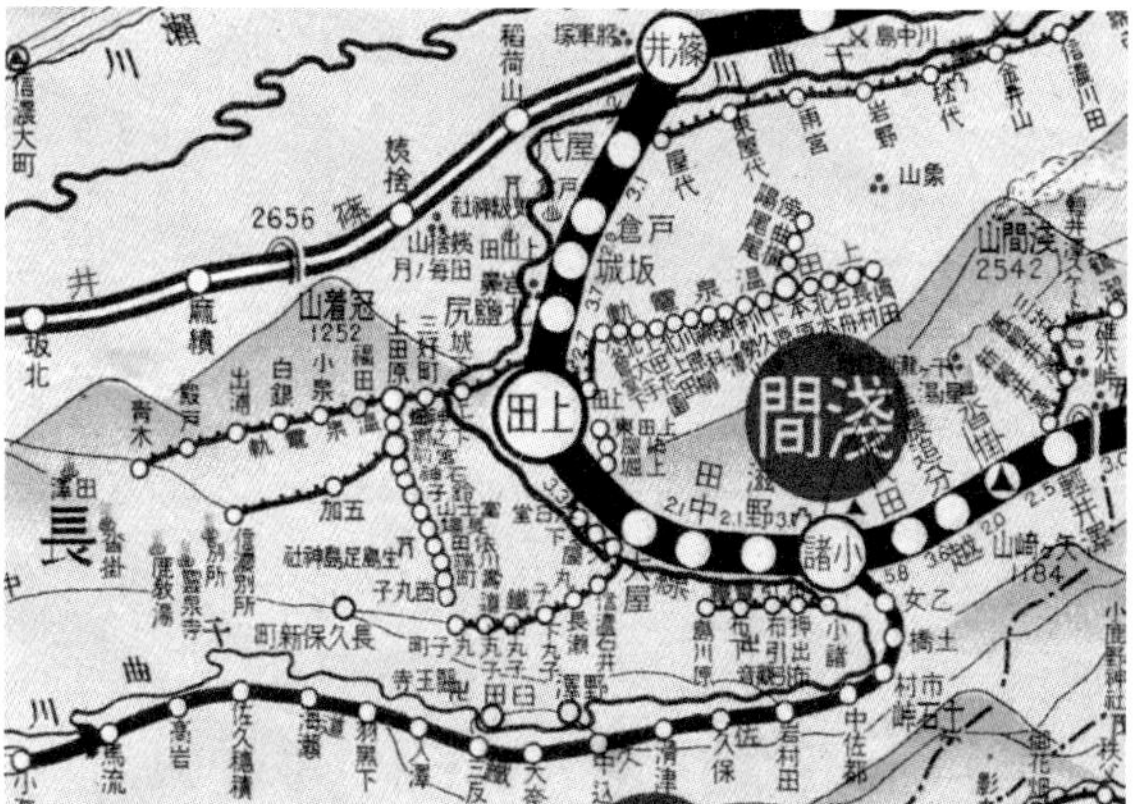

上田周辺の鉄道・軌道網が最大限に広がった状態の路線図（駅名は一部省略）。『新鉄道地図』三省堂旅行案内部、昭和4年（1929）発行

小県郡東北部への温電路線敷設

北東線→菅平鹿沢線→真田傍陽線

真田傍陽線《さなだそえひ》が廃止された昭和47年（1972）2月20日は、米国ニクソン大統領が電撃的に中国を訪問して世界を驚かせる前日であった。当時の日本国内といえば第1次オイルショックの前年だから、まさに高度経済成長の絶頂期で、モータリゼーションの波が急速に押し寄せていた。自家用車を持つ人の数は飛躍的に増え、ローカル私鉄が受難の季節を迎えていた頃である。

真田傍陽線という名称は二つの終点名を採ったものだが、この路線は上田駅から真田までの12・8キロの本線と、途中の本原《もとはら》から分岐して傍陽を結ぶ3・1キロの支線から成っていた。昭和35年（1960）までは「菅平鹿沢線《すがだいらかざわ》」と呼ばれていたが、スキー場で知られる菅平高原や群馬県嬬恋村《つまごい》の鹿沢温泉へ直行する路線があったわけではない。そちらへの観光輸送を強く意識した路線名であったということである。

さらに昭和14年（1939）以前は北東線と称した。当時の上田温泉電軌がこの年に別所線、依田窪線を軌道線から地方鉄道に変更するまでの呼称である。依田窪線は地方鉄道変更とともに西丸子線と改称された。北東線は上田から見た方角であり、地域名称で特に違和感はないが、伝統的な日本語は主に東西を先にしていたため、沿線は東北地方とも呼ばれていた。実際の敷設申請にあたっては「上田東北線」としているが、鉄道省から国鉄東北本線と紛らわしいとして注意を受けて[69]北東線としたらしい。

のちに菅平鹿沢線と名乗るので、観光開発・輸送を主目的とする路線と誤解されるかもしれないが、それだけで収支が成り立つほどの需要は存在せず、沿線住民の熱心な誘致活動が実を結んだというのが実態である。ただし、上田市を除く沿線町村の人口を建設前夜である大正14年（1925）10月1日時点の資料[70]で見れば、神科《かみしな》村が5312人、殿城村1903人、本原村2423人、長《おさ》村3871人、傍陽村3988人（いずれも現在は上田市内）で合計1万7497人と決して多くはなく、しかも終点近くに主要な都市が存在するわけでもない。鉄道路線としては典型的な「先細り」タイプだ。自家用車が普及していない当時ではあったが、鉄道・軌道の事業を手がけるのはかなり冒険だったのではないだろうか。

そんな背景から、前掲の地元5村が「建設費を負担する」との条件で事業を行うこととなった。昭和28年（1953）に発行された『上田丸子電鉄小誌』の巻末に収められている座談会では、その経緯が記されているが、元取締役の清水実氏による次の証言[71]がわかりやすい。

「大正十二年の末頃当時の傍陽村長三井繁作さんと本原村長神林政芳さん等が主唱して、長《おさ》、神科村長さんと相談して殿城村も加え、東北部五ケ村で電車を敷設する話がまとまり、温電会社の小島社長さんに御願した事に初《ママ》まりますが、当時小島さんも東北の山間に電車を敷設して、之が経営をすると言う事には、余り自信を持たれなかつたのだろうとも思いますが、とに角山に植林したつもりでやつて見ようと言う訳で、快諾され官庁関係の事務的の事や、測量等

北東線（真田・傍陽線）とその沿線。真田から当初計画の終点であった大日向を過ぎ、さらに右上端の鳥居峠を東へたどれば群馬県・長野原方面へ通じる。1:200,000 地勢図「長野」昭和29年（1954）編集

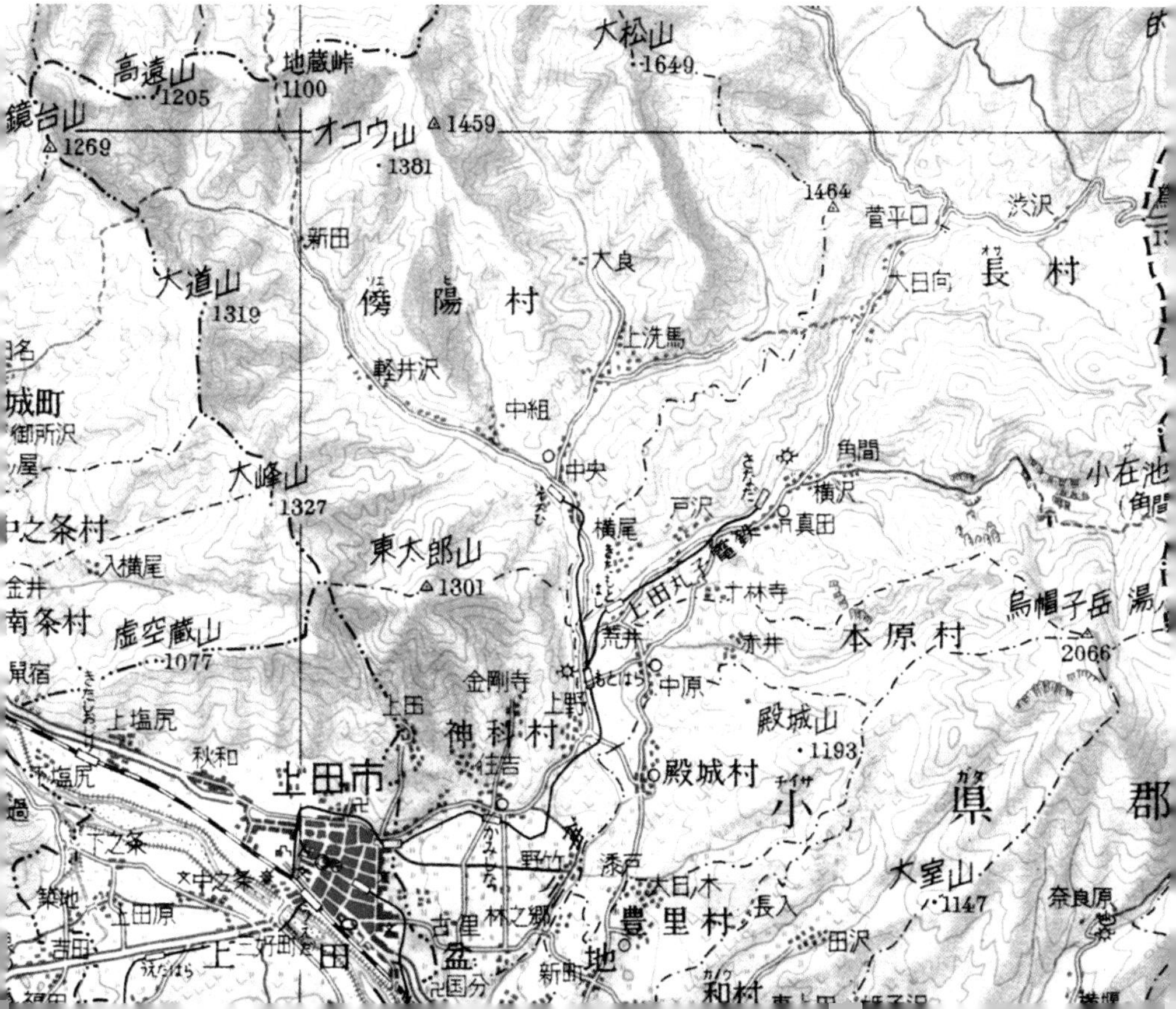

の事は会社で引受けてやるが、之に要する増資株の全額は地元で引受ける事、土地や支障物の買収等は一切関係村でやること、その他五項目を示され、之を実行する事を条件としてまあ温電の仲間入りを承知して貰つた様な訳です」

「山に植林したようなつもり」でというのは、短期的には利益が出ないかもしれないが、長い目で見て交通需要を育てていこうとする覚悟があったのだろう。昨今ではあまり聞かない大局観がうかがわれる。ところが、のちに殿城村が脱落、他の4村も農村不況がたたって資金の集まりは芳しくなかった[72]。順風満帆とはほど遠い船出であったようだが、次の申請書[73]にもその4村による資金提供の件が記されている。

上電第五号
上田東北線電気軌道敷設特許並ニ
運輸営業許可申請書

丸子鉄道の上田延長線（赤破線）関連文書に掲載された図には上田温泉電軌の計画線が賑やかに図を彩る。右上の真田へ向う線と途中の伊勢山止まりの両線を統合したのが北東線だが、東へ向かう県線、西への塩尻線は実現しなかった。鉄道省文書「丸子鉄道　巻3」大正10年～14年（国立公文書館蔵）

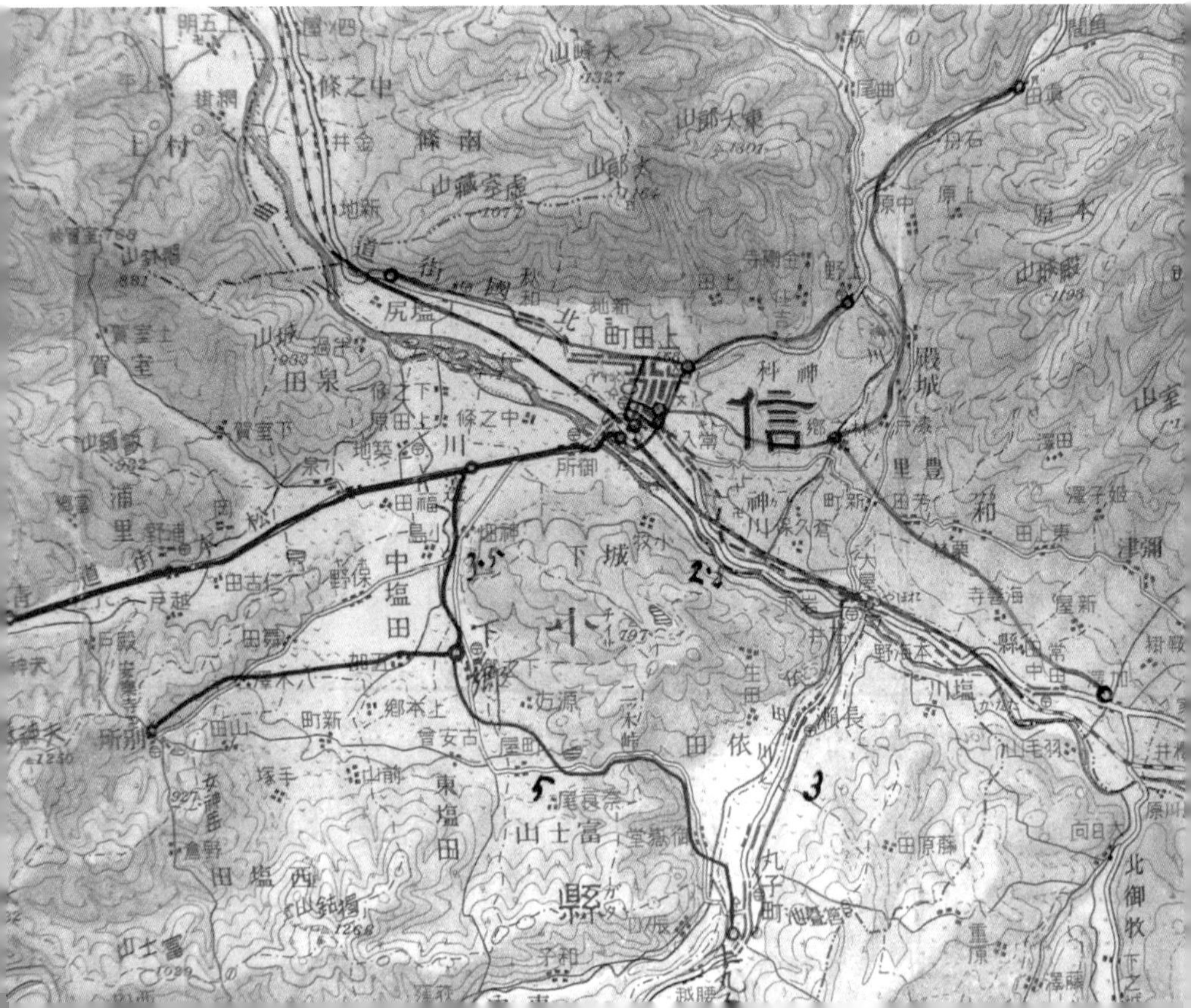

大正拾参年弐月七日付上電第四号ヲ以テ長村延長《おさ》線並ニ塩尻支線、県支線《あがた》、上田市内線［当時は塩尻（現西上田駅）方面、県（現東御市県《とうみ》、しなの鉄道田中駅付近）その他の支線を申請していたが、いずれも未成＝引用者注］敷設特許並ニ運輸営業許可申請ニ対スル再申請書提出仕リ置候処、今般上田市外東北各部落［集落の意］中、北上州《じょうしゅう》［群馬県北部］山間部ニ接シ交通最モ不便ニシテ諸物資ノ集散ハ一ニ上田市ニ拠リ、交通上ニ於テ上田市ノ咽喉トスル神科、本原《もとはら》、長、傍陽ノ四ヶ村ヨリ代表タル委員ヲ選任シ、該四ヶ村ヲ貫通スル上田東北線ヲ前記再申請書中ヨリ切放《きりはな》シ、急速ニ敷設相成度旨《あいなりたき》度々懇願有之《これあり》。

村民一般之レガ達成ニ対シ必要ナル労資一切ノ提供ヲ辞セザル申出モ付帯シ、当会社トシテモ事業遂行ノ順序上最モ適切ナル次第ト信ジ候間、沿道ノ此希望ニ基キ、別紙起業目論見書、工事方法書、工事費概算書及事業上ノ収支概算書記載ノ通リ再申請書中ヨリ切放シ、最先ニ此電気軌道ヲ敷設シ、運輸営業開始仕リ度候間、特別ノ御詮議ニヨリ御許可被成下度《なしくだされたく》、此段申請候也。

大正拾参年弐月拾四日

長野県上田市弐百八拾五番地

上田温泉電軌株式会社

取締役社長　小島大治郎

内務大臣　水野錬太郎殿

鉄道大臣　小松謙次郎殿

沿線4村が敷設を強力に後押し

すでに大正10年（1921）に青木・別所の両線を開業した実績のある上田温泉電軌が手がけたこの路線は当初、この申請書にあるように軌道法によって建設する意向で実際に特許申請を行ったが、原則として路面に線路を敷設すべきとされる軌道にもかかわらず、その条件に見合う道路が見当たらず、かつ急勾配区間が存在するため、途中で「地方鉄道」に変更している。もっとも、路面に敷設云々《うんぬん》については、当時は軌道で出願したとはいっても、その大半を新設軌道で建設する「事実上の鉄道」が各地に登場しており、有名無実化が進んでいたのだが。

「労資一切ノ提供ヲ辞セザル申出」というのは特別な思い入れを感じさせる一節だ。停車場の用地を提供する話はよく耳にするが、労力奉仕も資金拠出も引き受けるとする思いの強さは伝わってくる。当時すでに大屋から丸子町間を結ぶ丸子鉄道が依田窪地方に開通、さらに川西地方には青木・別所線が一足先に開通し、いずれも目に見えて発展していく様子を間近で見ていたはずだ。そんな状況の中で東北各村だけが置き去りにされたくない焦燥感があったのは想像に難くない。次の文書は、この路線の建設意義を強調した県知事による鉄道省監督局長と内務省土木局長宛てのものである。

土甲収第壱〇一四号[73]

大正十三年三月廿《にじゅう》四日

長　野　県　知　事

鉄道省監督局長　殿

内務省土木局長　殿

上田市長《おさ》村間軌道敷設ノ件

本県上田市上田温泉電軌株式会社ヨリ申請ニ係ル上田市内及其ノ付近軌道敷設ノ件ニ関シテハ、土甲収第七六七一号ヲ以テ具申致候処、右申請路線ノ内長村線並神科線ノ沿道村ニ於テハ之カ速成ノ希望、切ナルニ依リ、会社ハ今回之カ要請ニ応スル為、神科線ヲ延長シテ長村線ノ中途ニ連絡セシメ、以テ上田駅ヨリ長村線ノ終点タル長村字真田ニ至ル六哩六十五鎖［約11・0キロ］ヲ一路線トナシ、且此ノ中途ヨリ分岐シテ傍陽村字中村ニ至ル一哩三十五鎖［約2・3キロ］ノ小支線ヲ設クルコトニ一部変更ノ上、先以テ以上ノ八哩二十鎖［13・3キロ］ヲ該申請中ヨリ分離シテ急速特許ヲ受ケ、工事ヲ施工致度《いたしたき》旨別紙ノ通申請有之候ニ付調査ノ処、神科線ノ敷設区間カ最初計画ノ如ク伊勢山ヲ以テ終点トスル部分的ノモノナルニ於テハ、之カ利用地域モ亦極メテ一少部分ニ過キス。従テ其ノ効用モ大ナラスト雖モ、本申請ノ如ク長村線ヲ通シテ一路線トナスニ至ラハ、多数ノ戸口ヲ包擁スル東北村落ト上田市トノ交通上最モ捷径ノ線路トナリ、沿道地方ニ齎《もたら》ス利便ハ洵《まこと》ニ大ナルモノニ有之、殊ニ右変更線路ハ出願ノ市外路線中最モ須要《しゅよう》ノモノニシテ、関係村ノ速成希望ト援助ノ尠《すくな》カラサルモノニ有之候間、出願ノ通速《すみやか》ニ御詮議相成候様《よう》御取計ヲ得度《えたく》、此段申進候也。

「長村線」と「神科線」の統合新線

ここで言う「長村線」は上田から長村の真田を目指す路線であるが、当初ルートは実現したものとは大幅に異なった。その経路は、たまたま丸子鉄道の申請文書（上田東駅への延伸関連）に綴《と》じ込まれていた地図（68ページ）[74]を参照すると一目瞭然であるが、ここで言う「長村線」は上田市街東部を起点に真東へ進んで神川を渡って林之郷に至り、そこから川沿いに北上して殿城村役場の置かれていた矢沢を経て、本原で実際の開業ルートに合流する形であっ

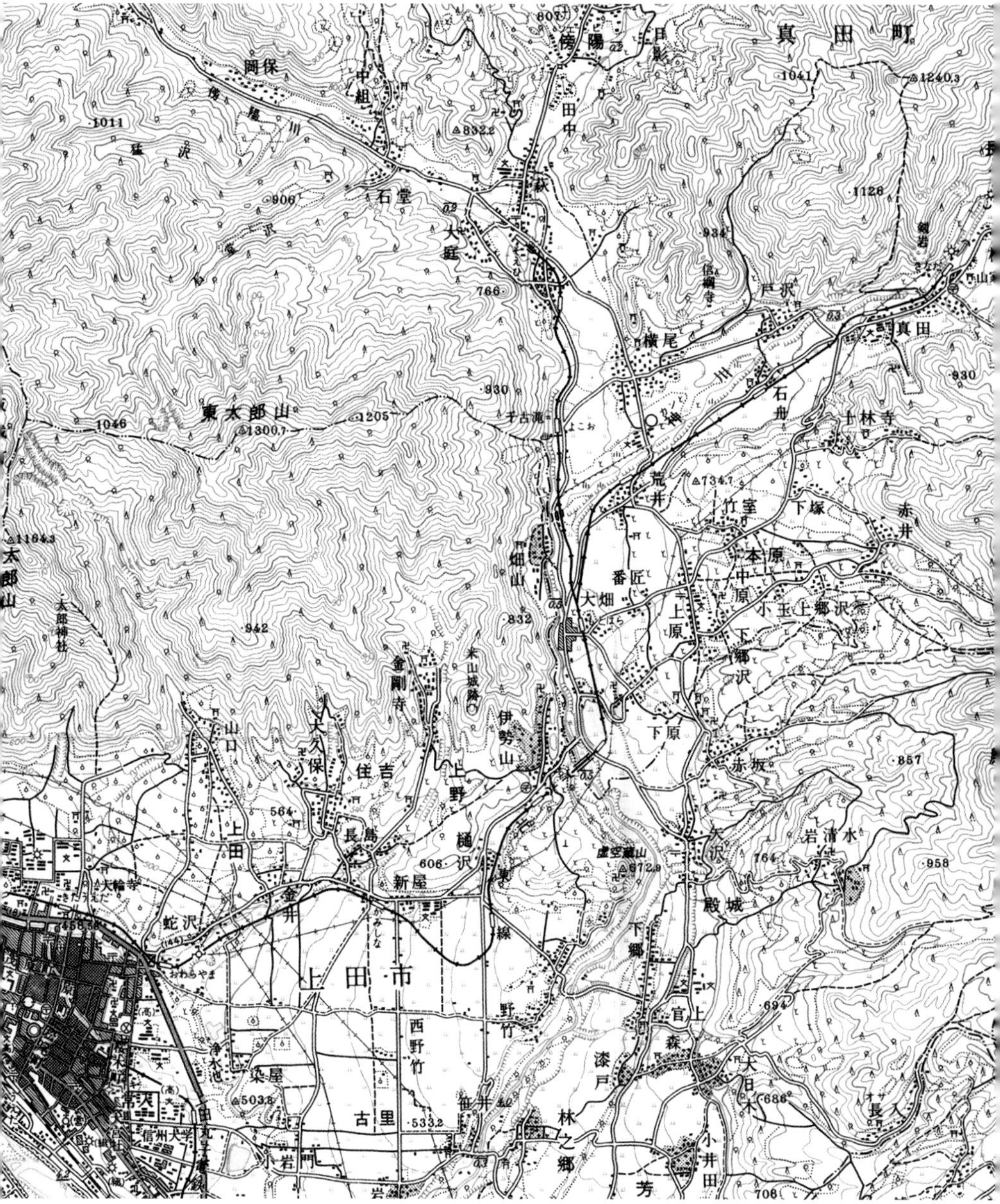

真田傍陽線。中央付近で神川を渡るのが有名な川久保鉄橋こと神川第一橋梁で、すぐ西側が上野山隧道（224.3m）。川原柳駅を「おわらやま」としているのは原因不明。1:50,000「上田」昭和37年（1962）修正

た。この図には林之郷から東へ分岐する計画であった「県《あがた》線」も見える。

同時に言及されている「神科線」は、文字通り神科村内の伊勢山までの短い区間で、上田市街北部からその後の開業ルートをほぼたどるものであった。しかし知事の文書が指摘するように、伊勢山までの短いルートが利用できるのは「極メテ一少部分ニ過キス」であり、「其ノ効用モ大ナラス」である。そこで神科線と長村線を一体化することで効用を最大化させてはどうかというものだ。

前出『上田丸子電鉄小誌』で言及したこの経緯については、殿城村の脱落を受けて他の4村で協議した結果、県知事の文書にあるように神科線を統合する形で伊勢山の先に穴を開け、神川を渡って川久保に出るルートが決まった。

菅平に近い大日向まで延伸を計画

その後は真田の終点から2マイル（約3・2キロ）ほど菅平の方へ谷を遡《さかのぼ》った大日向《おおひなた》まで建設区間を延伸する免許申請も行っている。終点とされたこの集落は鳥居峠の西約5キロの位置にあり、その上流側の渋沢集落は須坂へ通じる大笹街道と上州街道の分岐点にもあたり、江戸時代から明治期にかけて交通の要衝として賑《にぎ》わった。そのため、下流側の真田では交通の要衝の役割を果たせないとして延伸を要望したようだ。

もちろん目と鼻の先となる菅平の観光開発の将来性にも期待した。さらにこの大日向付近が、以前から構想のあった上田から群馬県中之条に至る「上信鉄道」の経由地となるべきことから、適切な投資であることを説いている。結局、この大日向延長線は実現していないが、その敷設を認めるよう上田温泉電軌が鉄道大臣に提出した次の陳情書[75]には当時の物資の流れや観光の状況が反映されていて興味深いので引用してみよう。

陳情書

大正十五年三月三十一日付ヲ以テ既免許線終点長野県小県郡長村大字真田ヨリ同郡同村大字大日向迄延長線敷設免許方申請致候処、更ニ爰《ここ》ニ該延長線敷設ニ伴フ収支概算ノ基礎並ニ本鉄道ノ沿線各部落ニ及ボス効用及影響ニ付、左ニ概略陳述仕候間、何卒事情御斟酌《しんしゃく》ノ上速《すみやか》ニ御免許被成下度奉懇願《こんがんたてまつり》候。

長野県ヨリ群馬県ニ通スル交通機関トシテハ、現在碓氷峠ノ天険ヲ超ユル省線［国有鉄道］信越線在リト雖《いえど》モ、長野県ヨリ群馬県ノ中央部ニシテ農産物及林産物ノ最モ豊富ナル同県吾妻《あがつま》郡ニ達スル道路ハ上田市ヨリ小県郡長村ヲ経テ鳥居峠ヲ超《ママ》ユル、所《いわ》謂《ゆる》府県道上田中之条線ヲ以テ唯一ノ適路トスルヲ以テ、曩《さき》ニ長野県当局ハ莫大ナル費用ヲ投シ、右道路ノ改修ヲ決行シタルモ、人力或ハ馬力ノ如キ運輸機関ニテハ豊富無限ナル農産物、林産物ヲ市場へ搬出シ、同時ニ一般日用品ヲ移入シ、以テ有無相通スル交通機関ノ職能ヲ充分且多量ニ発揮スルヲ得サル恨ミ有之。

　爰《ここ》ヲ以テ沿道各部落民ヨリ熱烈ナル希

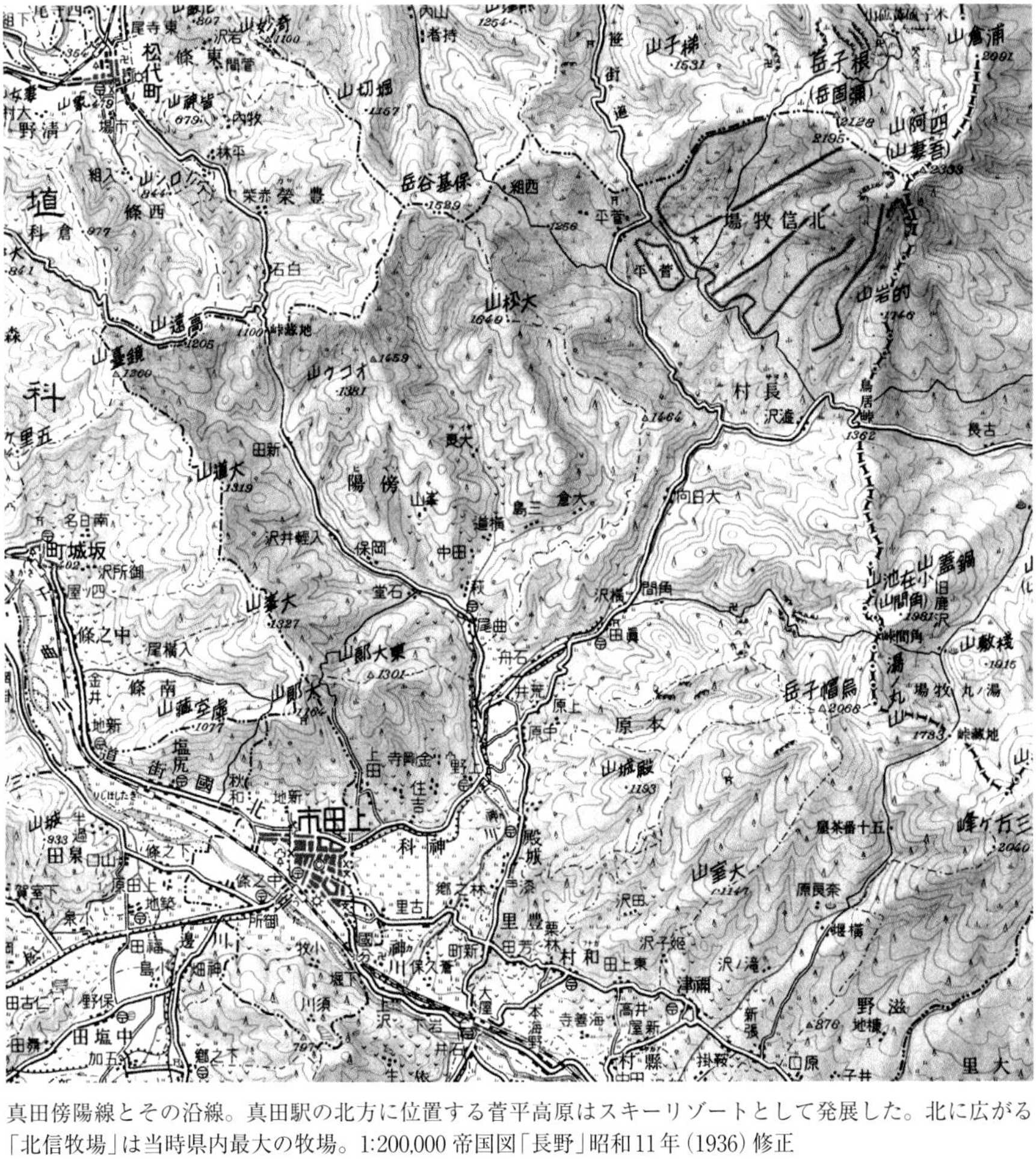

真田傍陽線とその沿線。真田駅の北方に位置する菅平高原はスキーリゾートとして発展した。北に広がる「北信牧場」は当時県内最大の牧場。1:200,000 帝国図「長野」昭和11年（1936）修正

望ト小県郡一円交通機関完備ヲ以テ職責トスル弊社鉄道敷設ヲ計画シ、幸ニ上田市ヨリ小県郡長村大字真田ニ達スル敷設免許相受ケ、目下之カ達成ニ折角尽力中ニ有之候。

然ル処、右府県道上田中之条《なかのじょう》線ノ内、貨物中継場所ハ免許相受候既定終点タル真田地籍ニ非スシテ、実ニ今回延長方申請致候大日向地籍ニ有之。若《も》シ真田地籍ヲ以テ終点トセハ、現ニ運転中ナル自動車ニ其大部分ノ貨物及旅客ヲ奪レ、弊社曩《さき》ニ予算中ニ加ヘタル運輸収入ニ一大減少ヲ来シ、殆ント収支相償ハサル非運ニ遭遇可致《いたすべき》ノミナラス、前述致候如キ無尽蔵ナル富源開発ノ職責ヲ全フスルコトヲ得不申《えもうさず》。従テ弊社長村線敷設ノ価値ノ大半ハ失ハレ可申《もうすべく》候。然ルニ終点ヲ大日向迄延長セハ前記ノ如キ不利益、不都合ハ毫末《ごうまつ》［毛の先ほどの僅かなこと］モ惹起《じゃっき》セス、且後段詳記致候如キ交通上ノ一大利便ト弊社収益上ニ多大ノ利益ヲ来シ可申候。要之《ようするに》終点ヲ真田ニ止《とど》メンカ、画竜点睛ヲ欠クノ恨ミ可有之ト存候。

真田までは無事免許をもらったのだが、線路がその真田で止まっていたのでは、菅平や群馬県方面からの旅客・貨物が鉄道を利用せず自動車で素通りしてしまうおそれがあるから、その中継地点である大日向までぜひ延伸させてほしい――と言っている。地図で見る限り、真田でも、大日向であっても、大した差はなさそうに思えるが、2マイル先の大日向であっても、前述の江戸時代からの物の流れが続いていた当時としては現実的な感覚だったのかもしれない。

（前の文書から続く）

一、今、大日向迄延長セシ結果得ル間接ノ利益ヲ掲ゲ候ハバ左ノ如キモノ有之候。

大日向ヨリ約一里ノ地籍ニ菅平ノ高原アリ、避暑地並ニ「スキー」場トシテ絶好ノ地ニ有之、未ダ天下其名ヲ喧伝《けんでん》セラレサルモ、近年漸次其存在ヲ知ラルルニ至リ、夏季及冬季之ヲ訪《おとな》フ者次第ニ増加ノ傾向有之候。従而《したがって》弊社計画ノ鉄道完成ノ暁ニハ、蓋《けだ》シ天下ノ避暑地並「スキー」場トシテ軽井沢ヲ凌《しの》ギ、遙カニ殷盛ヲ来シ可申《もうすべく》、尚最近該地ニ一大寺院建設ノ計画決定致候ニ付、之ヲ利用シテ夏季大学ノ計画モ目下進捗セラレツツアル次第ニ御座候ヘバ、茲《ここ》数年ヲ出テスシテ別荘ノ建設、避暑客ノ殺到ヲ期シテ待ツヘク、大日向延長線ノ結果ハ軈《やが》テ該地開発発展ノ原因ト相成、該地ノ殷賑ハ軈テ又弊社延長線ノ収支ニ多大ノ好影響ヲ招来可致《いたすべき》原因ト相成可申候。

二、次ニ大日向地籍ニハ幾多水力利用ノ地点有之、現ニ大正十四年度中ニ於テ信濃電気株式会社ハ出力三千「キロ」ノ水利権ヲ得、弊社延長線ノ完成ヲ待テ変電所建設起工ヲ可致準備ヲ急キツツ有之候。其他群馬県吾妻《あがつま》郡嬬恋《つまごい》村ニ於テハ吾妻川電力株式会社ニ於テ四千「キロ」、三千「キロ」並ニ一万六千「キロ」ノ三大変電所ハ目下工事中ニ有之。之等ニ要スル諸材料及人夫等全部上田市ヲ経由シツツ有之候間、本鉄道ノ利用推シテ知ルベキモノト有之候。

世界的スキーヤーを菅平に招聘

大日向まで延伸すれば、菅平までかなり近いところまで電車が通じることとなり、まだ知られていない優良なスキー場として、また避暑地として別荘の適地である菅平は軽井沢をしのぐほどの賑わいのあるリゾートになること請け合い、という主張だ。

開通後の昭和5年（1930）、上田温泉電軌ではオーストリアから成城学園の招聘で来日していた世界的に著名なオーストリアのスキーヤー、ハンネス・シュナイダーを菅平に呼んでいる[76]。当時新しいスキー場として売り出し中の菅平をアピールするには大きな効果があったようだ。長野県では野沢温泉をはじめ、日本各地で講座や講習を精力的にこなしたシュナイダーだが、菅平について「ここは（スイスの）ダボスに似ている」と口にしたことから「日本ダボス」の異名とともに知られるようになり、また現在に至るまで「菅平シュナイダー記念スキー大会」が毎年開催されるなど知名度は高い。ドイツ南西端に位置する山地名になぞらえて「日本のシュワルツワルト」と表現したとも同様に伝えられている。

ちなみにシュナイダーはその後、出身地ティロル州のサンクト・アントンにスキー学校を設置するなど後進の指導に尽力したが、1938年にナチス・ドイツがオーストリアを「合邦《アンシュルス》」した後に「反ナチ的行為」を咎められて弾圧され、翌年にアメリカへ亡命している[77]。

（前の文書から続く）

右記述ノ外、直接大日向延長線敷設ノ結果、貨物並ニ旅客ノ獲得シ得ル数字ハ其後沿道村長等ノ手ニ依リ調査致候処ニ依レハ左ノ如キモノ有之候。

一、沿道部落ノ主要農産物

［1行ごとに産物を列挙した原文をまとめた（単位トン）。米267、大麦826、小麦39、蕎麦69、燕麦78、大豆30、小豆10、馬鈴薯131、春蚕繭95、夏秋蚕繭113、木材3000、薪材370、木炭380］

二、上田市ヨリ群馬県へ移出スル物資
［米387、塩181、醤油13、味噌65、肥料538、石油8、清酒7、藁113、其他雑貨555］
三、群馬県ヨリ上田市方面へ移入スル物資
［木炭3596、板類5852、木材3300、大豆・小豆31、燕麦39、馬鈴薯55、葭《よし》203、藺258、湯ノ花13］
四、長野県、群馬県境界鳥居峠ヲ通過スル旅客
一ヶ年ヲ四季ニ分別シテ毎日平均ノ旅客［以下原文を略記。1～3月200人、4～6月300人、7～9月150人、10～12月300人］
備考
以上ノ貨物、旅客ノ数量ハ現在ノモノヲ記載シタルモノナルヲ以テ、大日向線開通ノ暁ニ其貨物、旅客ノ激増スルハ蓋シ予想以上ナラン。
右ノ如キ事情ニ有之候へバ、何卒既免許線ヲシテ一層其機能ヲ発揮シ、且ツ収支計算ヲ安全ナラシムルニハ大日向延長線ハ絶対的必要ニ候間、特別ノ御詮議ヲ以テ速ニ御免許被成下度《なしくだされたく》、重テ奉懇願候。
以上

大正十五年十月十日
長野県上田市二百八十五番地
上田温泉電軌株式会社
取締役社長　小島大治郎
鉄道大臣子爵井上匡四郎殿

規程以上──最大40‰の急勾配で申請

北東線のルート選定は、前述のように殿城村が脱落したことから当初の予定であった経由地から同村を外し、また上田駅との接続ルートも市街北側の住民からの誘致運動もあって当初予定だった東側からのアプローチをやめ、旧市街の北から西を迂回する経路に変更した。

地形的には全線が千曲川の支流である神川《かんがわ》の流域にあたり、谷そのものが全体として35‰前後の急勾配となっている。その数値がすでに鉄道の建設規程の限界であるから、もし駅を設けるために水平ないし5‰までの「平坦地」を確保したとすれば、すぐ制限を超過してしまう。これではルート選択の自由度が極めて制限されてしまうため、上田温泉電軌は「地方鉄道建設規程」[78]の第13条で定められた最大30分の1勾配（33・3‰）より急な「制限外勾配」の設置、具体的には最大25分の1勾配（40‰）の特認を申請した。

さらに上田市街地を通過する区間では「制限内曲

線半径」ではルート選定に無理があるとして、同じく8《チェーン》以上（約160・9《メートル》）となっている曲線半径の制限[79]を、特別に6《チェーン》（約120・7《メートル》）を認めるよう申請している。

このようにして昭和と改元された11月20日、信越本線上田駅の北に隣接したホームを起点に、まずは途中の伊勢山までの第1期開業にこぎ着けた。次はこの区間の開業の前日に提出された竣功監査報告書[80]である。

昭和二年十一月十九日

技師　佐土原　勲
属　塚越梅三郎
技手　竹田　茂
仝　白石文治
雇　福田六右衛門

上田温泉電軌株式会社地方鉄道
上田伊勢山間線路敷設工事竣功監査報告書

竣功線路ハ長野県上田市川原柳《かわらやぎ》起点一哩六十鎖三節五［2・82《キロ》］ニ於ケル省線上田停車場ヨリ同県小県郡神科村同［川原柳］起点二哩四十六鎖九十節［4・16《キロ》］ニ於ケル伊勢山停留場ニ至ル延長四哩二十六鎖九十三節五［6・98《キロ》］ニシテ、地勢起伏甚シキモ左シタル難工事ト認ムルモノナシ。本区間線路ハ大体竣功ヲ告ゲ、運輸諸設備モ概ネ完成セリ。右線路及工事方法ノ概要ハ別紙諸表ノ如シ。

電動客車二両ヲ連結シテ所定最大速度ヲ以テ本区間ヲ走行セシメタルニ、線路、電気、車両共異状ナク運転セリ。

依テ本区間運輸開始支障ナシト認ム［以下略］

上田伊勢山間工事方法概要

鉄道ノ種類	単線電気鉄道
軌　間	三呎六吋［1067《ミリ》］
軌道ノ間隔	十一呎［3・35《メートル》］以上
最小半径	六鎖［120・7《メートル》］
最急勾配	二十五分ノ一［40‰］
施工基面幅	築堤切取共十二呎［3・66《メートル》］
軌条ノ重量	一碼ニ付六十封度《ポンド》［30《キロ》レール］
枕木最大間隔	二呎五吋［73・7《センチ》］
道床ノ厚	二百二十坪［約1322立方《メートル》］
	但シ平均一哩ニ付
轍叉番号	八番、六番
線路ノ標識及防備	整備

に加え、それを抜けた先には、まるで断崖から空へ放り出されるかのような高さのある上路トラス橋、神川第一橋梁（通称川久保鉄橋）が架けられた。この橋梁は竣功監査報告の「橋梁表」[81]などによれば150フィート（約45・7メートル）の鋼構桁（トラス）が4連に加えて両側に41フィート（約12・5メートル）の鈑桁（ガーダー）が一つずつという配置で、トラスの長さの合計は207・8メートルに及んだ。

伊勢山開業の翌々月の昭和3年1月10日、本原までの2・6キロを延伸開業した。その前日付の竣功監査報告から停車場表[82]を抜粋する。なお「工事方法」は前回とほぼ変わらない。なお、川久保駅は戦後の昭和28年（1953）に殿城口と改称されている。かつて鉄道誘致から離脱した旧殿城村の住民がよく利用する駅であったためだろう。

［中略］

上田伊勢山間停車場表　［設備欄は省略した。△は停留場。以下の表も同様］

名称	所在地	位置（川原柳起点）［キロ換算／上田起点］
上田	長野県上田市	一哩《マイル》六〇鎖《チェーン》〇三・五節《リンク》［2・82／0・00］
△公会堂下	仝県仝市	一哩二一鎖〇三・五節［2・03／0・79］
△北大手	仝県仝市	一哩〇六鎖〇三・五節［1・73／1・09］
△上田花園	仝県仝市	〇哩六七鎖一三・五節［1・35／1・47］
北上田	仝県仝市	〇哩三六鎖八二・五節［0・74／2・08］
［川原柳起点］		〇哩〇〇鎖〇〇節［0・00／2・82］*
川原柳	仝県仝市	〇哩〇六鎖四〇節［0・13／2・95］
△神科	仝県小県郡神科村	一哩一二鎖五三節［1・86／4・68］
△樋ノ沢	仝県仝郡仝村	二哩〇〇鎖四四・五［3・23／6・05］
△伊勢山	仝県仝郡仝村	二哩四六鎖九〇節［4・16／6・98］

各停車場停留場□［1字不明］ニ電話通信ノ設備アリ

列車保安法　通票式及票券式ニ依ル　［電気工事方法概要以下略］

*引用者注＝免許の関係で2路線を接続した形となっているため、川原柳から上田方向、川原柳から伊勢山方向へマイル程が増している。このため原文にない0マイル地点の「川原柳起点」を目安として追加し、さらに上田起点の数値も参考までに併記した。

北東線唯一のトンネルと高いトラス橋

その先の区間は伊勢山を出てすぐの沿線唯一のトンネルとなる上野山隧道（736フィート＝224・3メートル）

名称	所在地	位置（川原柳起点）	［キロ換算／上田起点］
△伊勢山	長野県小県郡神科村	二哩四六鎖九〇節	［4・16／6・98］
△川久保	仝県仝郡本原村	二哩七八鎖八二節	［4・80／7・62］
△下原下	仝県仝郡仝村	三哩一五鎖〇五節	［5・13／7・95］
本原（仮）	仝県仝郡仝村	三哩四六鎖三五節	［5・76／8・58］

その先は本原開業の3か月後の昭和3年（1928）4月2日に本原〜傍陽（仮）までを開業した。以下は竣功監査報告に掲載された停車場表である。

名称	所在地	位置（川原柳起点）	［キロ換算／上田起点］
本原	長野県小県郡本原村	三哩四六鎖三五・〇	［5・76／8・58］
△横尾	仝県仝郡長村	四哩四一鎖六八・六	［7・28／10・10］
△曲尾	仝県仝郡傍陽村	五哩〇三鎖四八・〇	［8・12／10・94］
傍陽（仮）	仝県仝郡仝村	五哩三八鎖〇七・八	［8・81／11・63］

なお、この開業当時は傍陽駅に長村線（真田線）の線路に撒布すべき砂利が大量に集積されていたため、おそらく少し本原寄りにあったと思われる仮停車場で開業した。この区間の主な橋梁としては、神川第二橋梁（本原—横尾間）と洗馬川橋梁（曲尾—傍陽間）でそれぞれ70《フィート》（約21・3《メートル》）鋼鈑桁（プレートガーダー）を3連ずつ架したが、これらは廃止後も現在に至るまで橋台は残っており、貴重な遺構となっている。

真田まで開業

傍陽開業の翌月の昭和3年（1928）5月1日、大日向までの延伸区間だけを残して上田から真田までの全線が開通した。

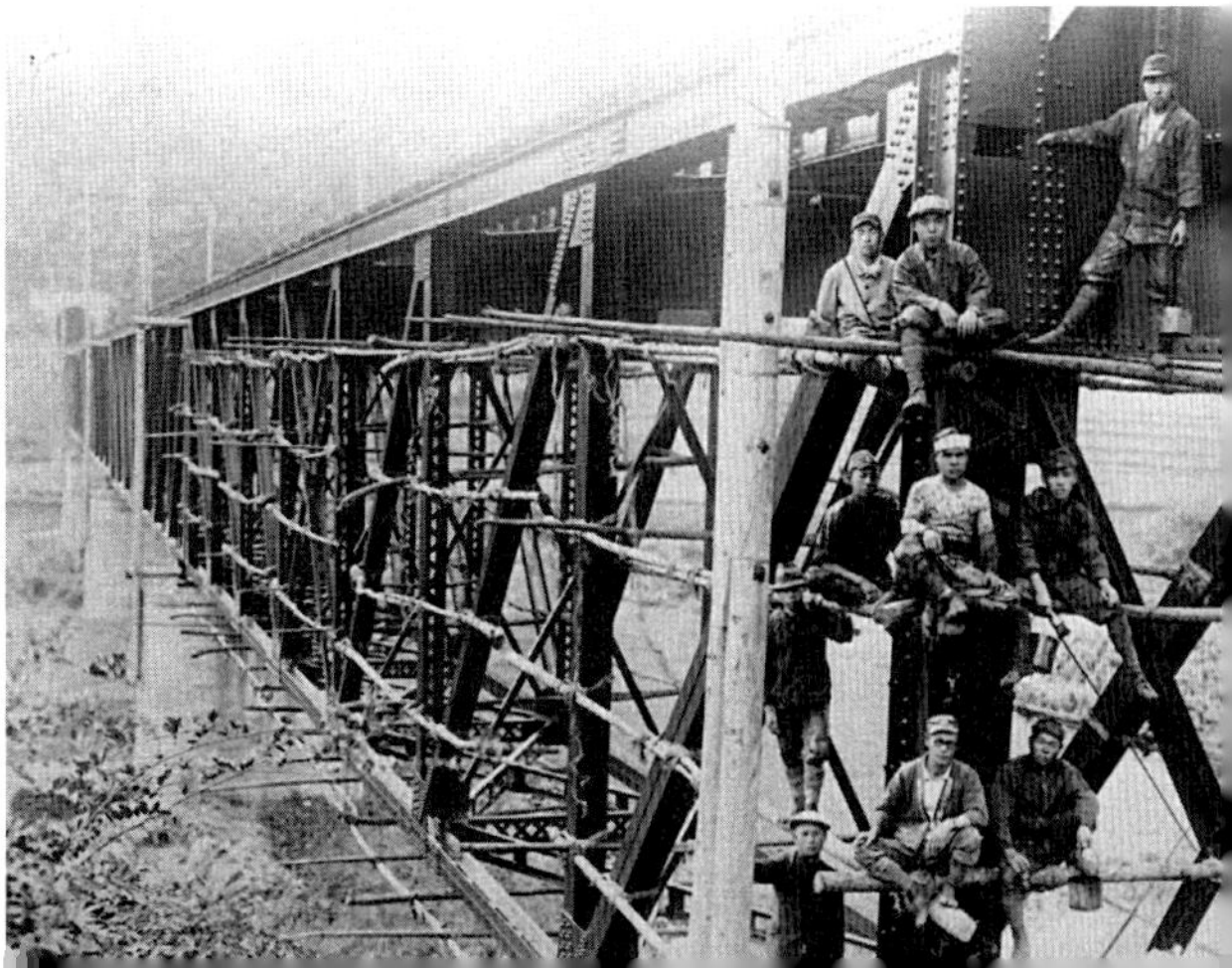

真田傍陽線は連続急勾配にトンネル、長大橋梁という過酷な路線。写真は神川の谷に架ける神川第一橋梁（通称「川久保鉄橋」）の工事の様子＝大正15年頃（『なつかしの上田丸子電鉄』より）

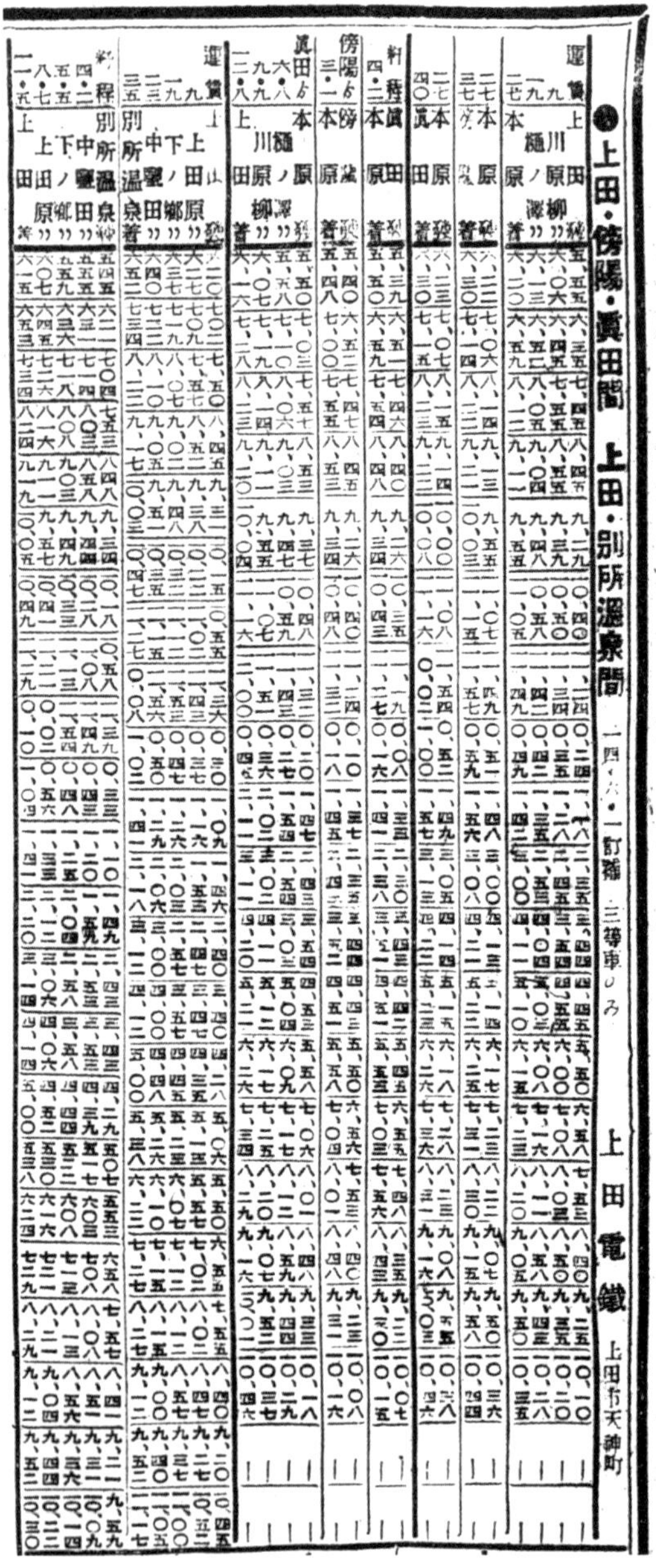

社名を上田電鉄に改めた年の時刻表。北東線は「菅平鹿沢線」と変更された。『汽車汽船旅行案内』昭和14年（1939）12月号

名称	所在地	位置（川原柳起点）［キロ換算／上田起点］
本原	長野県小県郡本原村	三哩二〇鎖四〇・〇［5・24／8・06］
△北本原	仝県仝郡長村	四哩〇二鎖八五・〇［6・49／9・31］
△石舟	仝県仝郡仝村	四哩六一鎖四〇・〇［7・67／10・49］
長村	仝県仝郡仝村	五哩三一鎖五〇・〇［8・68／11・50］
真田	仝県仝郡仝村	五哩六九鎖六〇・〇［9・45／12・27］

以下に停車場表[83]を掲げる。砂利置き場となっていた傍陽停車場は仮停車場であったが、同じ日に正式に停車場として開業を遂げている。

なお、本原駅のマイル程が前回開業までの3《マイル》46《チェーン》35《リンク》が、今回は3《マイル》20《チェーン》40《リンク》と

５２０メートルも上田寄りになっているのは解せない。この時の他の文書とは整合性がとれているので単なる誤記ではないようだが、ここから真田方面の駅の営業キロが当時の他の資料よりすべて０・５キロ短くなっているので、やはり何らかの誤りと判断しておく。

　この開通により上田―真田間は43分前後、上田―傍陽間は40分前後で結ばれることとなった。昭和４年５月号の時刻表『汽車汽船旅行案内』[84]によれば上田―本原間には15往復が運転され、このうち真田へ直通するのが10本、傍陽行き直通は５本。各列車は本原で反対側の区間列車に必ず接続する仕組みになっていたので、両線とも同数の列車が走っていた。その10年後の昭和14年12月号[85]を見れば17往復（真田・傍陽方面とも）に増えており、所要時間も上田―真田間が36〜38分とスピードアップしている。戦後はモータリゼーションの中で苦戦を強いられながらも、観光ブームによる菅平方面への旅客も増えたためか、昭和38年には27往復とさらに増えている[86]。このあたりが乗客数のピークだったのではないだろうか。

鉄道省営バスを真田で止めた話

　真田に達した温電の北東線から菅平のスキー場へ向かうには、昭和初期までは大日向までバスに乗り、そこからは馬そりを使う前時代的な光景もあったというが[87]、昭和10年（１９３５）12月11日には国鉄バスの前身である鉄道省営自動車の吾妻《あがつま》本線が群馬県の長野原を経て渋川に至る85キロの路線を開業して年間を通して運行が始まった[88]。

　運転系統としては、渋川から長野原を経て草津温泉（上州草津線。上州大津―上州草津間10・0キロ）へ行く便と、長野原から上州三原、田代発電所、新鹿沢温泉口、鳥居峠、大日向を経て真田までを結ぶ２系統であった[89]。前出『汽車汽船旅行案内』昭和14年（１９３９）12月号によれば渋川―上州草津間が２時間53分で８往復（ほかに区間運転あり）、長野原―真田間は２時間５分で１日５往復が運転されている。ちなみに現在のＪＲ吾妻線が開通するのは渋川―長野原間が戦争末期の昭和20年（当初は鉄鉱石搬出目的）、長野原―大前間が同46年（１９７１）のことだ。

　温電の大日向延伸線の建設意義を述べた文書でも、渋川から長野原を経て上田方面に至る「上信鉄道」に言及されているが、省営バスは国有鉄道の空白地で鉄道を補完する機能が期待されていたこともあり、古くからまとまった貨客の往来があった上信間の街道に運転されることになったと考えられる。

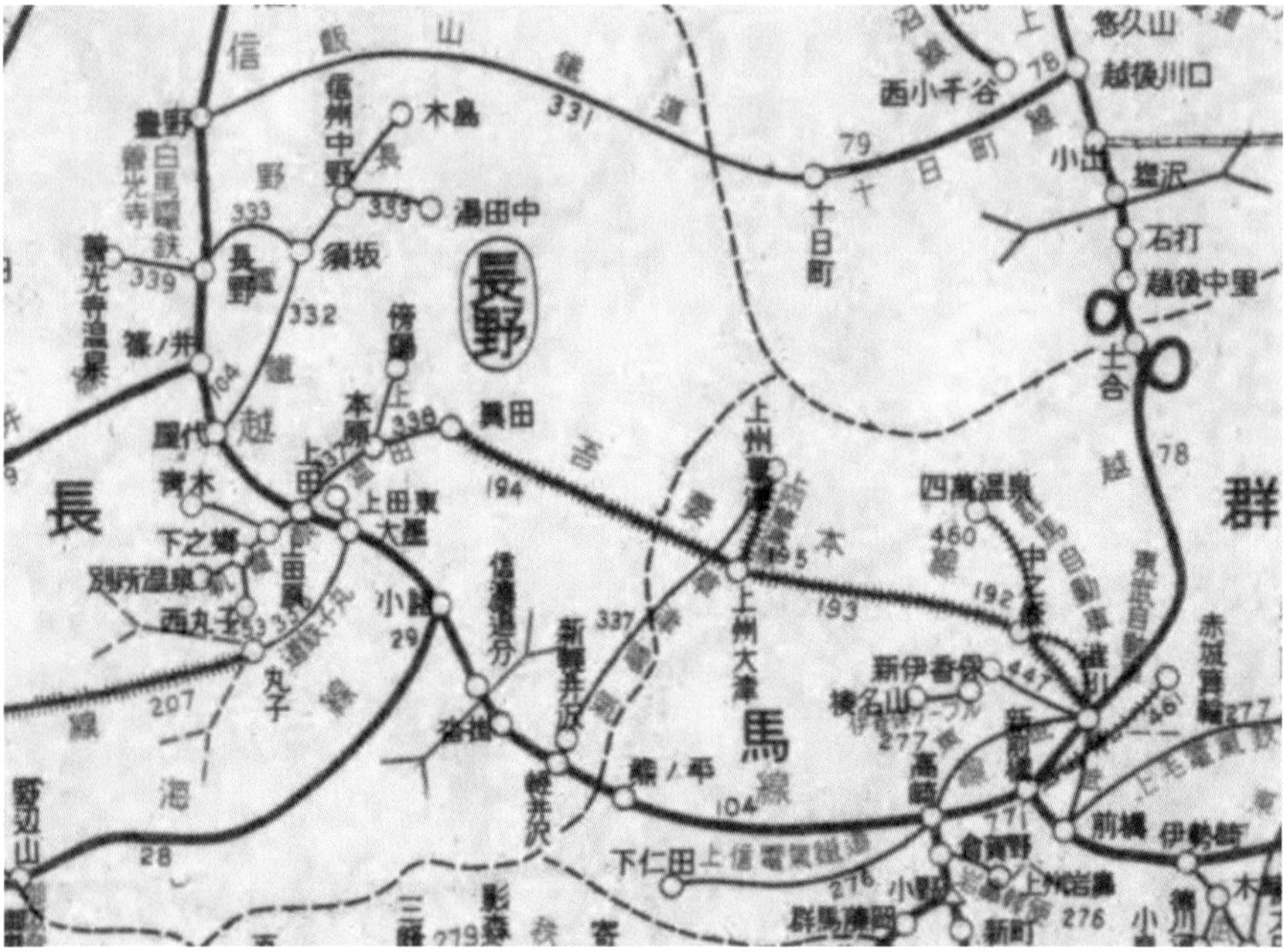

上	大　　前	おほまへ	2.0	61.0	24.0	同　同　同　大前	昭和10.12.11
	◎千　俣　口	ほしまたぐち	1.0	62.0	23.0	同　同　同　同	昭和10.12.11
	◎大　　笹	おほざさ	1.0	63.0	22.0	同　同　同　大笹	昭和10.12.11
	◎長井川原	ながゐかはら	1.0	64.0	21.0	同　同　同　同	昭和12. 6. 1
野	◎田代發電所	たしろはつでんしよ	1.0	65.0	20.0	同　同　同　同	昭和10.12.11
	田　代　湖	たしろこ	2.0	67.0	18.0	同　同　同　田代	昭和10.12.11
	吾妻田代	あがつまたしろ	1.0	68.0	17.0	同　同　同　同	昭和10.12.11
	◎新鹿澤溫泉口	しんかざはをんせんぐち	1.0	69.0	16.0	同　同　同　同	昭和12. 6. 1
運	◎古　永　井	こながゐ	1.0	70.0	15.0	同　同　同　同	昭和10.12.11
	◎鳥　居　峠	とりゐたうげ	4.0	74.0	11.0	同　同　同　同	昭和10.12.11
	◎上　澁　澤	かみしぶさは	3.0	77.0	8.0	長野縣小縣郡長村澁澤	昭和10.12.11
	◎下　澁　澤	しもしぶさは	1.0	78.0	7.0	同　同　同　同	昭和10.12.11
事	◎菅　平　口	すがたひらぐち	1.0	79.0	6.0	同　同　同　土合	昭和10.12.11
	◎上大日向	かみおほひなた	1.0	80.0	5.0	同　同　同　大日向	昭和12. 6. 1
	◎大　日　向	おほひなた	1.0	81.0	4.0	同　同　同　同	昭和10.12.11
	◎横　　澤	よこざは	3.0	84.0	1.0	同　同　同　横澤	昭和10.12.11
	(眞　田)	さなた	1.0	85.0	.0		上田

昭和10年(1935)に開通した鉄道省営吾妻本線(渋川〜真田)のバス路線が掲載された『鉄道停車場一覧』(鉄道省・昭和12年10月1日現在)の索引図(上)とその停留所一覧の一部

省営自動車は、当初は群馬県から真田を経て上田までの路線を計画していたという。ところがそんなことを実行されれば真田から上田で完全に並走する北東線沿線の客をごっそり奪われてしまうため、温電としてはなんとかバスを「真田止まり」にしてもらい、そこで接続客を取り込もうと考えていた。前出の『上田丸子電鉄小誌』の座談会では元社長の柳沢健太郎氏が次のように真田止まりを実現した経緯を語っている[90]。

「省営バスが上田まで来るということがあったので、これはどうしても真田で止めてもらわねばならないというので、陳情に行きましたが、向うはどうしても会つてくれませんでした結局、審議会では佐々木侯爵が引くり返してくれて、陳情は成功しましたが、その時は皆んな駅へ出迎えに来てくれて、これで電鉄も助かりましたと言われた覚えがあります」

決定をひっくり返した佐々木侯爵というのはどんな人物だろうか。侯爵だから大名家だろうが。鉄道省営自動車は戦後「国鉄バス」としてしばらくの間、貨物輸送も行っていた。ここ吾妻本線でも菅平から出荷するキャベツやレタスなどの高原野菜を昭和30年代まで国鉄トラックで運んでいたようだ。真田駅からは上田丸子電鉄の貨車である。昭和2年の部分開業時には竣功監査報告る[91]にも荷重13トンの「有蓋緩急貨車」（緩急＝車掌室付）が2両、無蓋貨車が3両掲げられているので、これで運んだのだろう。昭和35年（1960）には、真田で押しとどめていたバスがついに上田まで直通運転を始めてしまうが、日本のローカル私鉄の輸送量がピークを迎えたのはこのあたりであった。

◇

さて、スイスという国は九州ほどの面積ながら、観光地でもない地域を走る行き止まりのローカル電車が元気に走っている。彼の国でも第1次世界大戦の際にはドイツからの石炭がストップして往生し、次々と水力発電所を作って電化を急ぐなど、日本とは別の形ではあるがモータリゼーションの波を含めて共通の艱難が訪れた。それでも公共交通の「採算性」を幅広く捉える思想が日本とは違ったのである。

真田と傍陽でバス路線との段差のないバリアフリーの接続が行われ、真田傍陽線の車内が菅平への観光客で賑わっている風景などを〝来たかもしれなかった現在〟として夢想してしまうが、その一方で、建設当時にだいぶ〝思い切った買い物〟であった千曲川橋梁は、その約100年後に濁流に流されながらも、沿線の乗客たちの強い思いと関係者の努力で復活させることができた。遅ればせながら電車への追い風も感じられる今日、別所温泉行きの電車が次の100年後もきっと元気な姿を見せてくれる――。そんな強いメッセージに違いない。

第1章 出典

※鉄道省文書は全て国立公文書館蔵

●丸子線

1『信州ふるさと変遷史―県下 81 市町村のルーツと現在』長野県図書館協会編、松橋好文原編／一草舎出版／ 2006 年
2「丸子町全図」1:33,000　丸子町役場／昭和 30 年 12 月 1 日発行
3『鉄道停車場一覧　昭和五年七月一日現在』p198 ／鉄道省編纂、鉄道教育会翻刻／ 1931 年
4『鉄道停車場一覧　昭和九年十二月十五日現在』p278 ／鉄道省
5『なつかしの上田丸子電鉄』唐沢昌弘、金子万平／銀河書房／ 1987 年
6「丸子はまりこ ?!　昭和 36 年～ 37 年に『まるこ』という読み方に統一された経緯」丸子中央病院経営企画課・北澤淳一　http://d-commons.net/uedagaku/upoad/314/004121?c=&p4121
7 上田市立丸子郷土博物館 Hp「丸子地区の養蚕業」http://museum.umic.jpmaruko/kindai-seishi/story1.html
8 上田市マルチメディア情報センター「上田を支えた人々～上田人物伝～」http://museum.umic.jpjinbutu/data/038.html
9 上田市公文書館 HP「明治維新から東京オリンピックへ」のうち丸子軽便鉄道への寄附関係文書「資料写真 4」丸子軽便鉄道への寄附関係文書　http://www.city.ueda.nagano.jpsoshiki/kobunshokan/1111.html
10「我が家の近所の鉄道廃線跡　上田丸子電鉄丸子線」http//www.asahi-net.or.jp~uk9o-tkzw/hsmk.html
11 鉄道省文書「丸子鉄道」巻 1　大正 2 年～ 7 年
12『上田丸子電鉄小誌』p73 ／上田丸子電鉄／ 1953 年
13 鉄道省文書「丸子鉄道」巻 1　大正 2 年～ 7 年
14 鉄道省文書「丸子鉄道」巻 1　大正 2 年～ 7 年「社名並動力変更認可申請」
15 ～ 16 鉄道省文書「丸子鉄道」巻 2　大正 7 年～ 9 年
17 鉄道省文書「丸子鉄道」巻 2　大正 7 年～ 9 年「工事方法概要」
18 土木史研究講演集 Vol.28「ボーストリングトラスの復元事例の紹介　大石橋からりんどう橋へ」木下潔／ 2008 年
19 鉄道省文書「丸子鉄道」巻 2　大正 7 年～ 9 年
20 鉄道省文書「丸子鉄道」巻 3　大正 10 年～ 14 年「千曲川橋梁工事竣功届」
21『汽車汽船旅行案内』大正 10 年 8 月号 p167 ／旅行案内社
22『上田丸子電鉄小誌』p90

●青木・別所・西丸子線

23『全訂　全国市町村名変遷総覧』巻末 p2 ／日本加除出版／ 2006 年
24 上田市誌歴史編 (8)『近世の交通と上田宿』p20 ／上田市誌編さん委員会編／上田市・上田市誌刊行会／ 2003 年
25 土木史研究論文集 Vol.26「明治時代における長野県の道路行政　七道開鑿事業にみる道路技術について」山浦直人、小西純一／ 2007 年
26 鉄道省文書「上田温泉電軌」巻 1（大正 8 年～ 12 年）国立公文書館蔵
27 上田市マルチメディア情報センター「上田を支えた人々～上田人物伝～」小島大治郎 http://museum.umic.jpjinbutu/data/012.html
28『上田丸子電鉄小誌』p4
29 鉄道省文書「上田温泉電軌」巻 1　大正 8 年～ 12 年
30 青木村 HP「五島慶太翁記念公園と五島慶太」http://www.vill.aoki.nagano.jpassoc/see/keita/keita.html
31 ウィキペディア「五島慶太」
32『上田丸子電鉄小誌』p6
33 ～ 34 鉄道省文書「上田温泉電軌」巻 1　大正 8 年～ 12 年
35「別所線　動力車操縦訓練用運転曲線」上田丸子電鉄／昭和 41 年 10 月一部修正
36 ウィキペディア「佐竹三吾」
37『鉄道年表』p364 ／鉄道教育会／ 1939 年
38『上田丸子電鉄小誌』p6
39『私鉄史ハンドブック』p48 ／和久田康雄／電気車研究会／ 1993 年
40 国税庁 HP「日露戦争後の増税『名案』」http://www.nta.go.jpabout/organization/ntc/sozei/network/143.htm
41 鉄道省文書「上田温泉電軌」巻 2　大正 13 年～ 15 年

42 土木学会鋼構造委員会歴史的鋼橋調査小委員会「歴史的鋼橋集覧」より「千曲川橋梁（上田交通／別所線）」小西純一／ 1997 年
43『上田丸子電鉄小誌』p6
44『汽車時間表』大正 14 年 4 月 1 日発行　第 1 巻第 1 号　p119 ／日本旅行文化協会
45『日本鉄道旅行地図帳』6 号「北信越」p41 ／今尾恵介監修／ 2008 年
46『上田丸子電鉄小誌』p26、p28
47 鉄道省文書「上田温泉電軌」巻 3　昭和 2 年～ 14 年
48『帝国鉄道年鑑』p507 ／社団法人帝国鉄道協会／ 1928 年
49 鉄道省文書「上田温泉電軌」巻 1　大正 8 年～ 12 年
50『なつかしの上田丸子電鉄』p140
51 ～ 52 鉄道省文書「上田温泉電軌」巻 1　大正 8 年～ 12 年
53 鉄道省文書「丸子鉄道」巻 3　大正 10 年～ 14 年
54『上田丸子電鉄小誌』p3
55『汽車汽船旅行案内』大正 16 年 1 月号　p170 ／旅行案内社
56 鉄道省文書「丸子鉄道」巻 3　大正 10 年～ 14 年
57 鉄道省文書「上田温泉電軌」巻 1　大正 8 年～ 12 年
58 ～ 60 鉄道省文書「上田温泉電軌」巻 2　大正 13 年～ 15 年
61『鉄道停車場一覧　昭和 21 年 3 月 31 日現在』運輸省鉄道総局
62『上田丸子電鉄小誌』p27
63『なつかしの上田丸子電鉄』p140
64『上田丸子電鉄小誌』p27
65 同 p9
66 同 p22
67『なつかしの上田丸子電鉄』p138
68『私鉄史ハンドブック』p47 ／和久田康雄／電気車研究会／ 1993 年

●真田傍陽線

69『夢と暮らしを乗せて走る別所線』p34 ／上田小県近現代史研究会／ 2006 年
70『大正十四年国勢調査報告』第 3 巻「市町村別世帯及人口」p69 ／内閣統計局編／大正 15 年（国立国会図書館デジタルコレクション）
71『上田丸子電鉄小誌』p80
72『なつかしの上田丸子電鉄』p89
73 鉄道省文書「上田温泉電軌（鉄道）」巻 1　大正 14 年～昭和 2 年
74 鉄道省文書「丸子鉄道」巻 3 ／大正 10 年～ 14 年
75 鉄道省文書「上田温泉電軌（鉄道）」巻 1 ／大正 14 年～昭和 2 年
76『上田丸子電鉄小誌』p84
77 ウィキペディア「Hannes　Schneider」（ドイツ語版）
78 ～ 79「地方鉄道建設規程」大正 8 年 8 月 13 日閣令第 11 号／『官報』第 2107 号掲載
80 鉄道省文書「上田温泉電軌」（地方鉄道）巻 1　大正 14 年～昭和 2 年
81 ～ 82 鉄道省文書「上田温泉電軌」（地方鉄道）巻 2　昭和 3 年～ 4 年
83 鉄道省文書「上田温泉電軌」（地方鉄道）巻 2　昭和 3 年～ 4 年
84『汽車汽船旅行案内』昭和 4 年 5 月号　p171 ／旅行案内社
85『汽車汽船旅行案内』昭和 14 年 12 月号　p212 ／旅行案内社
86『時刻表』昭和 38 年 10 月号　p476 ／日本交通公社
87『なつかしの上田丸子電鉄』p121
88「群馬県におけるバス路線網の変遷」大島登志彦「新地理」31-2（p7）1983 年 9 月
http://www.jstage.jst.go.jparticle/newgeo1952/31/2/31_2_1/_pf
89『鉄道停車場一覧　昭和 12 年 10 月 1 日現在』p192 ～ 195 ／鉄道省編（国立国会図書館デジタルコレクション）
90『上田丸子電鉄小誌』p85
91 鉄道省文書「上田温泉電軌」（地方鉄道）巻 1　大正 14 年～昭和 2 年

第 1－1 仕業　　乗務粁 182.7 粁

運転士時刻表

昭和50年3月10日改正
上田原電車区

混 5	混 25	客 621	混 19	客 615	運転時分	最高速度	指導票	駅名	最高速度	運転時分	混 2	客 618	混 22	混 24	混 28
別所温泉行列車					分秒	km/h					上田行列車				
13.50	12.23	10.19	8.31	6.25				上田		21.30	6.23	8.12^{4}	9.34^{4}	11.36^{1}	13.34
51.4 52.1	24.4 25	20.4 21.1	32.4 33.3	26.4 27	1.40	45	1種 薄黄	城下	45	1.40	21.2 21.1	× 11 10	× 33 31	× 34.3 34	32.2 32
53.3 53.4	26.2 26.3	22.3 22.4	34.5 35.1	28.2 28.3	1.20	50	2種	三好町	50	1.20	19.5 19.4	08.4 08.2	29.4 29.3	32.4 32.3	30.4 30.3
54.5 55.1	27.4 28	23.5 24.1	36.2 37.3	29.4 30	1.10	55	薄赤	赤坂上		1.10	18.3 18.2	07.1 06.2	28.2 27.5	31.2 30.5	29.2 28.5
13.56^{4}	× 29.3 31	× 25.4 27.3	× 39 40.3	31.3 32	1.30	50		上田原	55	1.20	● 6.17	× 05 04	26.3 25.3	× 29.3 27.3	× 27.3 26.3
	32.3 32.4	29 29.1	42 42.1	33.3 33.4	1.30	55	3種	寺下		1.40		02.2 01.3	23.5 23.4	25.5 25.4	24.5 24.4
	34 34.3	30.3 30.4	43.3 43.4	35 35.1	1.20	50		神畑		1.20		8.00.1 59.1	22.2 22.1	24.2 24	23.2 23
	35.5 36	32 32.3	45 45.3	36.3 36.4	1.20			大学前	45	1.30		57.4 56.5	20.4 20.2	22.3 22.2	21.3 21.2
	37.4 38.1	34.1 34.4	47.1 47.4	38.2 38.4	1.40	55	薄青	下之郷	60	1.30		55.2 54.2	18.5 18.2	20.5 20.2	19.5 19.2
	40.3 41	37 37.3	50 50.3	× 41 41.3	2.20	50		中塩田	50	2.20		× 52 50	16 15.3	18 17.3	17 16.3
	42.3 43	39 39.5	52 52.5	43 44	1.30	40	2種	塩田町	45	1.20		48.4 47.4	14.1 13.5	16.1 15.5	15.1 14.5
	44.1 44.2	41 41.1	54 54.1	45.1 45.2	1.10	45		中野	50	1.00		46.4 46.1	12.5 12.4	14.5 14.4	13.5 13.4
	45.5 46	42.4 42.5	55.4 55.5	46.5 47	1.30	60		舞田	60	1.30		44.4 44.2	11.1 11	13.1 13	12.1 12
	47.2 47.3	44.1 44.3	57.1 57.3	48.2 48.4	1.20	50	薄赤	八木沢	55	1.20		43 42.3	09.4 09.3	11.4 11.3	10.4 10.3
	12.50^{3}	10.47^{3}	9.00^{3}	6.51^{4}	3.00 22.20	40		別所温泉	50 km/h	2.30 分秒		7.40	9.07	11.09	13.08

注）×印は列車行違いを示す。
●印は日曜日、祭日運休列車を示す。
「客」普通旅客列車、「混」普通客貨混合列車を示す。

備考

第 5－1 仕業　　乗務粁 156.6 粁

運転士時刻表

昭和50年3月10日改正
上田原電車区

混 27	混 23	混 21	客 617	便乗列車 615	運転時分	最高速度	指導票	駅名	最高速度	運転時分	客 616	客 620	客 622	混 26	客 630
別所温泉行列車					分秒	km/h					上田行列車				
13.19	11.22	9.30						上田		21.30		8.48	10.34^{4}	12.38	14.20^{4}
20.4 21	23.4 24	× 31.4 32.3			1.40	45	1種 薄黄	城下	45	1.40		46.2 46	33 32.4	36.2 36	19 18.3
22.2 22.3	25.2 25.3	33.5 34			1.20	50	2種	三好町	50	1.20		44.4 44.2	31.2 31	34.4 34.3	17.1 17
23.4 24	26.4 27	35.1 35.3			1.10	55	薄赤	赤坂上		1.10		43.1 42.2	29.5 29.2	33.2 32.5	15.5 15.2
× 25.3 27	× 28.3 29	37 37.3	× 7.41^{3}	● 6.32	1.30	50		上田原	55	1.20	× 7.34	× 41 40	× 28 26.3	× 31.3 30.3	14 13.3
28.3 28.4	30.3 30.4	39 39.1	43 43.1	勤	1.30	55	3種	寺下		1.40	32.2 31.3	38.2 38	24.5 24.4	28.5 28.4	11.5 11.4
30 30.2	32 32.2	40.3 40.4	44.3 44.5	務	1.20	50		神畑		1.20	30.1 29.1	36.4 36.1	23.2 23.1	27.2 27	10.2 10.1
31.4 31.5	33.4 34	42 42.3	46.1 46.2	の	1.20			大学前	45	1.30	27.4 26.5	34.4 34.2	21.4 21.2	25.3 25.2	08.4 08.2
33.3 34.1	35.4 36.1	44.1 44.4	48 48.4	為	1.40	55	薄青	下之郷	60	1.30	25.2 24.2	32.5 32.2	19.5 19.2	23.5 23.2	06.5 06.2
36.3 37	38.3 39	47 47.3	× 51 52.3	の	2.20	50		中塩田	50	2.20	22 21	× 30 27.3	17 16.3	21 20.3	04 03.3
38.3 39	40.3 40.4	49 49.5	54 55	便	1.30	40	2種	塩田町	45	1.20	19.4 18.4	26.1 24.4	15.1 14.5	19.1 18.5	02.1 01.5
40.1 40.2	41.5 42	51 51.1	56.1 56.2	乗	1.10	45		中野	50	1.00	17.4 17.1	23.4 23.1	13.5 13.4	17.5 17.4	00.5 14.00
41.5 42	43.3 43.4	52.4 52.5	57.5 58	列	1.30	60		舞田	60	1.30	15.4 15.2	21.4 21.2	12.1 12	16.1 16	59.1 59
43.2 43.3	45 45.1	54.1 54.3	59.2 59.3	車	1.20	50	薄赤	八木沢	55	1.20	14 13.3	20 19.3	10.4 10.3	14.4 14.3	57.4 57.3
13.46^{3}	11.48^{1}	9.57^{3}	8.02^{3}	6.51^{4}	3.00 22.20	40		別所温泉	50 km/h	2.30 分秒	7.11	8.17	10.08	12.12	13.55

注）×印は列車行違いを示す。
●印は日曜日、祭日運休列車を示す。
「客」普通旅客列車、「混」普通客貨混合列車を示す。

備考

●別所線運転士時刻表

仕業（担当する勤務ダイヤ）ごとに作成されており、詳細な所用時間や停車時間を秒単位で記入してある。貨客混合列車が運転されていたことも分かる。昭和50年3月改正ダイヤのもの（上田電鉄提供）

第2章

信濃毎日新聞の記事でたどる 別所線と上田の鉄道の百年

信濃毎日新聞社出版部 編

中塩田駅前の踏切を行く丸窓電車。かつては駅周辺には商店が並び、にぎやかだった＝昭和48年頃（奥村栄邦さん撮影）

製糸業のさらなる発展を期して誕生した丸子鉄道と、千曲川西部地域の発展を目論んだ上田温泉電軌。東北部への路線延伸、両社の合併、大企業グループの傘下入り、相次いだ路線の廃止、そして今も続く別所線存続に向けた模索……。上田駅を中心に伸びた鉄道の100年は、路線や会社を守るための地域を交えた闘いの歴史だったとも言える。新聞はどう見つめ、伝えてきたのか。当時の紙面に節目の出来事を追っていきたい。

▷朝刊・夕刊の区別、掲載面は省略した▷本文中の引用部は、見出しは《　》＝緑文字、本文は〈　〉＝黄土色文字とした▷路線名は記事掲載当時の呼称とした▷古い記事の表現はそのままとしたが、引用部は現代の仮名遣い・漢字に書き換えた。数字は算用数字とし、適宜改行や句読点を加えた▷キャプション末尾の年月日は紙面掲載日▷紙面のレイアウトは改変・調整した場合がある

製糸隆盛の町・丸子起点の鉄道誕生

製糸の町から省線大屋へつなげる

〈信越線大屋駅丸子町間　来る二十一日より一般運輸業務を開始す　丸子鉄道株式会社〉

大正7年（1918）11月20日の1面掲載の広告は小さな枠だが、太いインパクトのある文字が目立っている。翌日に迫った丸子鉄道・丸子町―大屋間6・5キロの開業の告知だ。

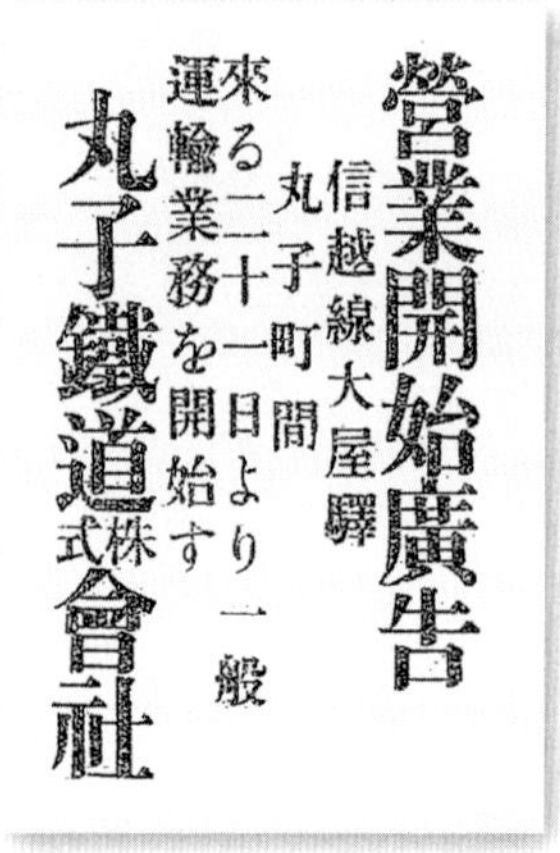

営業開始廣告
信越線大屋驛
丸子町間
來る二十一日より一般運輸業務を開始す
丸子鐵道株式會社

丸子町―大屋間の翌日からの運行を知らせる丸子鉄道の営業開始広告＝大正7年11月20日

蚕糸業が栄え、専門の教育機関も設けられた上田小県地域。中でも丸子地域は、明治22年（1889）に創業した依田社を筆頭に、県内を代表する製糸業地域となった。官設「信越線」の上田―田中間に、開業当初はなかった大屋駅が「全国初の請願駅」として実現したのも、同社など丸子地域の働きかけが大きい。そして、玄関口となる大屋駅に、原料繭や製品生糸を運ぶ鉄道を敷設する機運が高まり、大正5年（1916）9月17日に「丸子鉄道株式会社」

大屋停車塲開塲式

官設鉄道（のちの信越線）大屋駅開業を伝える。上田―田中間に当初駅ができなかったため、丸子の製糸業者らが強く請願して誕生した＝明治29年4月22日

丸鐵創立總會

工藤善助ら取締役を選出した丸子鉄道（丸鉄）創立総会の内容を伝える＝大正5年9月19日

が創設された。

翌々日19日、創立総会の記事が載る。〈丸子鉄道株式会社創立総会は既記の如く17日午後3時より丸子小学校講堂に於《お》いて開会。創立委員長工藤善助氏会長席に着き、株主524名に対する委任状共340名、即《すなわ》ち過半数の出席ありと総会成立報告を為《な》し、夫《そ》れより発起人会開会以後に於ける創立事務報告あり、満場承認をなし、次《つい》で取締役及《および》監査役の選挙に入り…〉

難工事、そして経費の膨張

開業日の大正7年11月21日。千曲川に架かる大屋橋梁を渡る蒸気機関車の写真と共に解説付きの記事《本日開通の丸子軽便鉄道》が載った。脇見出しは《やがては信州中枢の交通を支配する》。

依田窪開発の使命を負い、更に進んでは和田、若《も》しくは大門の峻嶺《しゅんれい》を突破して諏訪郡に入り、中央線に連絡して南北信の連鎖となり、一方なる篠ノ井線に対抗して信州中枢の交通を支配す可《べ》き至大の運命を有する丸子軽便鉄道は、其の第1期工事とも云うべ可き大屋、丸子間の建設全く終りを告げ、今《こん》21日

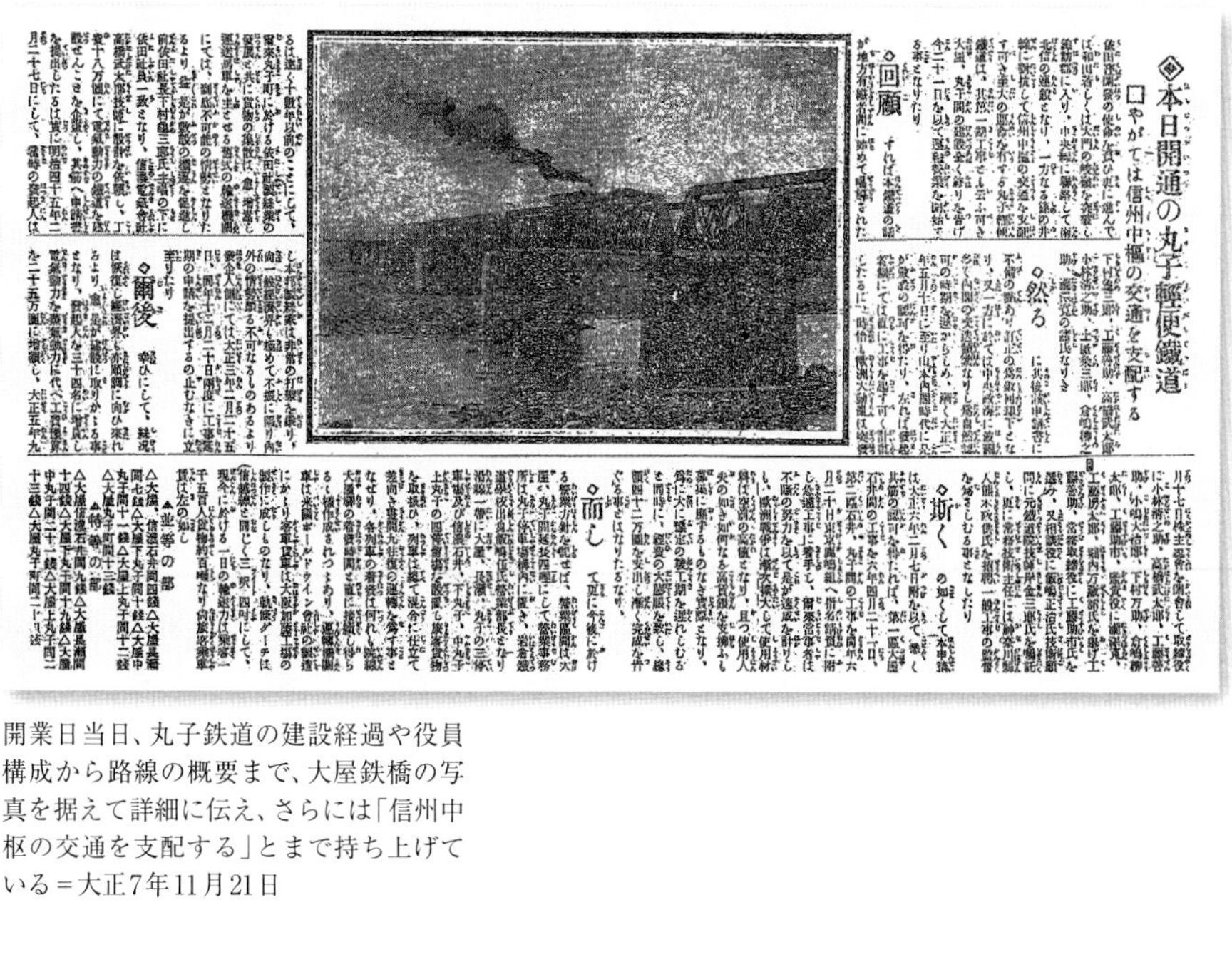
◇本日開通の丸子軽便鐵道

□やがては信州中樞の交通を支配する

開業日当日、丸子鉄道の建設経過や役員構成から路線の概要まで、大屋鉄橋の写真を据えて詳細に伝え、さらには「信州中枢の交通を支配する」とまで持ち上げている＝大正7年11月21日

を以て運輸営業を開始する事となりけり。

回顧すれば、本鉄道の議が地方有識者間に始《ママ》めて唱道されたるは遠く十数年以前のことにして、爾来《じらい》丸子町に於ける依田社製糸業の発展と共に貨物の集散は愈《いよいよ》増嵩《ぞうすう》し、運送馬車を主とせる旧式の輸送機関にては、到底不可能の情勢となりたるより、益《ますます》是《これ》が敷設の機運を促進し、前依田社社長下村亀三郎主唱の下に依田社員一致となり、信濃電気会社高田武太郎技師に設計を依頼し、工費18万円にて電気動力の鉄道を建設せんことを企画し、其《その》筋へ申請書を提出したるは実に明治45年2月27日にして、当時の発起人は（名前列記は略）。

（略）直《ただち》に工事を起す可く計画したるに、時恰《あたか》も欧州大動乱は突発し、本邦製糸家は非常の打撃を被り、尚、一般経済界も極めて不振に陥り、内外の情勢頗《すこぶ》る不可なるものあるより。発起人側にては大正3年2月25日、同年12月20日両度に工事延期の申請を提出するの止むなきに立至りたり。

爾後幸いにして、糸況は恢復《かいふく》し経済界も亦《また》向い来れるより愈是が建設に取り掛かる事となり、発起人を34名に増員し、電気動力を蒸気動力に代え、工費予算を25万円に増額し、大正5年9月17日株主総会を開会して取締役に（役員名は略）。

斯《か》くの如くして本申請は大正6年2月7日付を以て、悉《ことごと》く其筋の認可を得たれば、第1区大屋石井間の工事を6年4月21日、第2区石井丸子間の工事を同年6月20日東京鹿島組へ指名請負に附し急遽工事に着手し、爾来当事者は不断の努力を以て是が速成を計りも、欧州戦争は漸次拡大して使用材料は空前の高値となり、且つ使用人夫の如き如何なる高賃銀を支払うも募集に応ずるものなき実際となり。為に大《おおい》に予定の竣工期を遅れしむると同時に、経費の大膨張を致し、総額42万円を支出し、漸く完成を告ぐる事とはなりたるけり。（以下略）

要は▽丸子鉄道は信州の北と南をつなぐ役割がある▽製糸業の関連輸送のための鉄道である▽国内外の政治経済の混乱や不況で工事が遅れた▽経済が回復し着工したが、工費が膨らんだ……といった内容である。特に「第１区」の千曲川架橋（大屋橋梁）は苦労し、実際完成に1年1ヵ月を要している。

開業日は人々のみならず、物の移動もにぎわったようだ。翌11月22日記事《丸鉄の開通》は〈同日丸子停車場に於ける乗降客は２００名、全線に於ける乗降客は１０００人以上に上りたるなるべし〉〈隅田川駅へ送るべき木材を主なるものとして、丸子駅構内には約１００噸《トン》の貨物あり〉〈猶《なお》列車開通に就《つい》ては

丸子鉄道開通祝賀式の様子を伝える。写真は丸子町駅。あいさつに立った誰もが「殖産興業の発展は交通機関整備にある」旨を唱えたとある＝大正7年12月2日

依田窪空前の盛時なれば、付近各村落は何れも驚喜を以て之を迎え、態々《わざわざ》遠方より汽車見物に出掛しものもあり、沿道人垣を造り、停留場停車場等は何れも人に埋められたり〉と伝えている。

さらに、開業半年後（翌8年5月13日）掲載の近況では〈依田社他各製糸場の操業期に入りたる為《た》め、昨今に至り貨物旅客の輸送益《ますます》頻繁となり、特に客車にありては著しく不足を感ずるを以て〉鉄道院から客車2両の払い下げを受けることや丸子町の駅舎、貨物ホーム増築に着手するとある。

念願の電化と上田への延伸

人と物を大屋に運ぶため、蒸気で走り始めた丸子鉄道だが、当初計画通り電気動力に切り替えると共に、上田への乗り入れ計画が進んだ。

まず電化工事。大正13年（1924）3月15日には丸子町―大屋間の600V工事が完了。約1ヵ月前の《丸子鉄の電化工事進捗《しんちょく》》の記事には〈大屋に於ける変電所は、機械は全部到

約5年半の蒸気運転を経て、待望の丸子町―大屋間の電化が完成。電車の写真を掲載＝大正13年3月16日

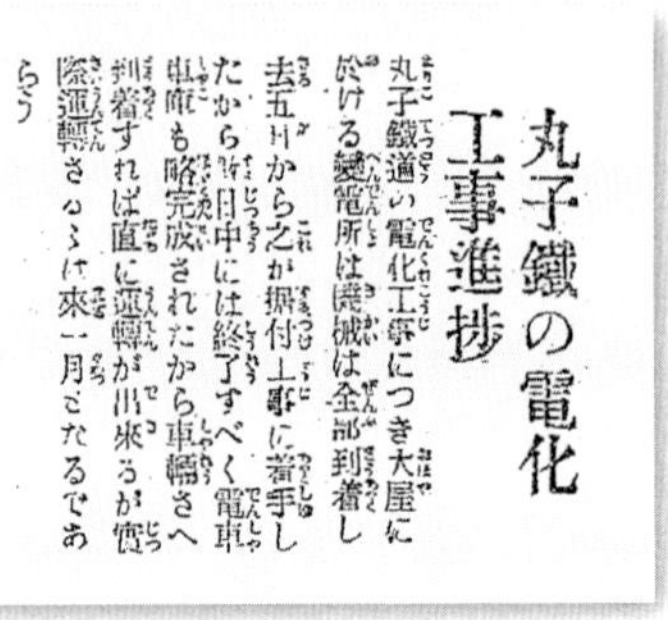

丸子鐵の電化
工事進捗

丸子鐵道の電化工事につき大屋に於ける變電所は機械は全部到着し去る五日から之が据付工事に着手したから數日中には終了すべく電車車庫も略完成されたから車輛さへ到着すれば直に運轉が出來るが實際運轉さるゝは來一月となるであらう

丸子町—大屋間の電化工事の進み具合を伝える。「電車さえ到着すればすぐに運転できる」＝大正12年12月6日

着し去る5日から之据え付け工事に着手したから、数日中には終了すべく。電車車庫も略《ほぼ》完成されたから、車両さえ到着すれば直《ただち》に運転が出来るが、実際運転さるるは来《きたる》1月となるであろう〉とあり、3月16日紙面には真新しい電車の写真が掲載されている。

延伸開通は翌14年（1925）5月7日記事で「8月1日」の期日が報じられた。〈大屋、上田市上田東停車場間工事は既にレールの引き延ばしや電柱立ても終る程に進捗したが、名古屋の日本車輌会社に於て建造すべき客車の電動機を例の高田商会の手に依って米国ウエスチングハウスへ注文した処《ところ》、例の高田商会破綻問題から懸念もされ延引もしたが、漸くにしてウエスチングハウスの直接問題となり、到着の上、日本車輌会社へ引き渡し済みとなり、愈々《いよいよ》組たてにかかったので、茲《ここ》に8月1日開通の見込みがたつ事になった〉。どうやら発注先のトラブルがあったようだ。

延伸開業5日前（7月27日）には、レールが敷かれた上田東駅付近の写真付き記事《8月1日より運転開始》が載った。〈運転する電車2台は最新式100人乗りの大型物であって、黒塗りのものである〉〈大屋上田間は延長3マイル4分、賃金は省線の11銭に対して13銭であるが、運転15回往復の頻発であるから、小県郡東部並《ならび》に依田窪地方と上田市との交通は非常に便益を得る事である〉などと書き、2日間限定で運賃を半額にするサービスも行うと伝えた。1週間後には県道「第二線路」（松本街道）の上田橋開通式と合わせた大祝賀会が盛大に行われた。

丸子—大屋—上田東間の

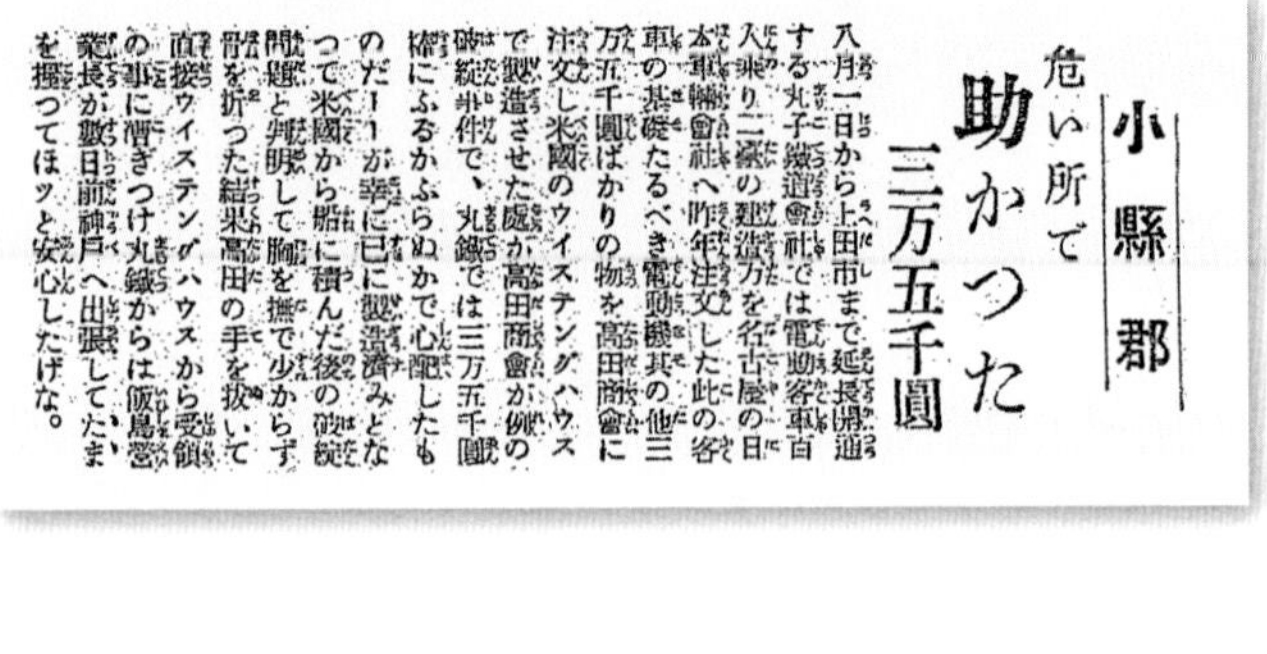

小縣郡
危い所で
助かつた
三万五千圓

八月一日から上田市まで延長開通する丸子鐵道會社では電動客車百人乘り二臺の製造方を名古屋の日本車輛會社へ昨年注文した此の客車の基礎たるべき電動機其の他三万五千圓ばかりの物を高田商會に注文し米國のウイステングハウスで製造させた處が高田商會が例の破綻事件で、丸鐵では三万五千圓棒にふるかふらぬかで心配したものだ—が幸に已に製造濟みとなつて米國から船に積んだ後の破綻問題と判明して胸を撫で少からず骨を折つた結果高田の手を抜いて直接ウイステングハウスから受領の事に漕ぎつけ丸鐵からは飯島營業課長が數日前神戸へ出張してたまを握つてほツと安心したげな。

大屋—上田東間の延伸で車両を発注するも、モーターの発注先（高田商会）が破綻。モーターは既に製造済みだったため「危ないところで難を免れ」たとある＝大正14年5月10日丸子鉄道はこうして完成した。丸子町を発祥とする鉄道のため、丸子鉄道は丸子町へ向かうのが「上り」、上田東へ向かうのが「下り」となった。

八月一日より 運轉開始

丸鐵上田延長線

丸子鐵道の上田延長線は鐵道省及び遞信局の檢査も二十六日無事終了したので豫て豫定通り八月一日營業開始と決定し二日午前十時より大屋驛の[illegible]綜會社に於て會社では二百餘名の來賓を招いて開業祝賀式を擧行する又大屋商業組合特殊組合にては之に協贊して晝夜煙火打揚げ特別大賣出等をなして景氣を添へる祝宴會場は丸子大屋兩町の藝妓總出である、一日より運轉する電車二臺は最新式百人乘の大型物であつて無類のものである大屋上田間の延長三マイル四分賃金は省線の十一錢に對して十三錢であるが運轉十五回往復の豫定であるから小縣郡東部並に依田窪地方と上田市との交通は非常な便益を得る事である尚會社では一、二兩日間全線の賃金五割引を行ふと因に延長線を加へて上

田丸子間は七マイル四分となり全線の賃金は三十二錢である（寫眞は開通を待つ丸鐵上田の新驛）

丸子鉄道待望の上田市街地乗り入れと「当日は丸子、大屋の芸者総出でお祝い」「開業2日間は運賃半額サービス」などを伝える。写真は上田東駅＝大正14年7月27日

丸鐵延長祝賀會

【大屋電話】丸子鐵道會社の大屋驛より上田市に至る電車延長線の祝賀式を二日午前十一時より大屋驛依田社製絲會社内に於て開かれた場の正面には工藤鐵道部長の『尺寸千里』の大額を揭げ場内は涼風颯くが如き意匠の下に裝飾された社長工藤鐵助氏の開會の辭に對し縣知事代理淺見土木課長の祝辭ありて立食宴に移つた午後一時散會上田市長の發聲にて乾杯丸子鐵道會社の萬歲を三唱した因に同電車は一日より開業したが其第一日に於ける上田東驛の乘降客は乘車三百十八人降車四百四十一人であつた省線上田驛より大屋驛に至る往復切符は每日六七十枚より百枚内外であつたので丸子電車開通の當日の省線往復切符は僅に二枚に激減した

上田東までの延伸翌日に開かれた祝賀会の様子。開通の影響で大屋―上田間の省線往復切符は、2枚しか売れなかったとある＝大正14年8月3日

丸鐵女工輸送

列車增發

小縣郡丸子町依田社各製糸工場は二十一日閉業三日間に亘つて約六千人の製糸女工がお國へ送り出されたので丸子電鐵では丸子、大屋兩驛間を二往復增發輸送につとめてゐる

製糸工場で働く女性たちの輸送も丸子鉄道の役割。年末の帰省のため2往復増発したとある＝昭和2年12月29日

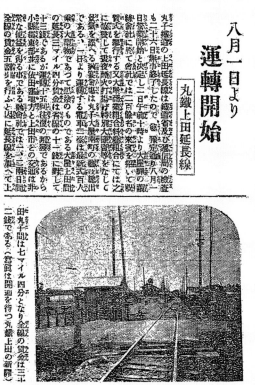

南信をつないだ丸子町駅

前項の大正7年（1918）11月21日記事にも触れた通り、丸子鉄道と、その起点の丸子町駅は、和田峠を越えて上田小県、諏訪両地方をつなぐ役割も担った。

丸子町から依田窪を抜け、下諏訪を結ぶ最初のバスは、和田峠自動車会社が昭和2年（1927）5月20日に運行を始めた。まだ峠にトンネルがない時代、未舗装の山道を長時間かけて行く路線だが、前年（大正15年）11月14日記事は〈丸子町から諏訪まで汽車で行くと約7時間の長時間を要するのだが、和田峠越えの乗合自動車は僅《わずか》に2時間半で、賃銀も汽車より安く、諏訪から和田まで2円10銭で運転されるので、南北信の連絡を図る唯一の運輸機関として重宝される模様〉とし、劇的な時間短縮に期待している。

和田峠には昭和7年（1932）9月に最初のトンネルが完成し、丸子町―岡谷間には国（省線＝国鉄）がバス路線を開設した。開通は翌8年3月23日。先立つ2月2日の記事〈岡谷丸子間の省営バスは鉄道省で予算の関係上、本年度内に事業開始をなすべくバス用路線改

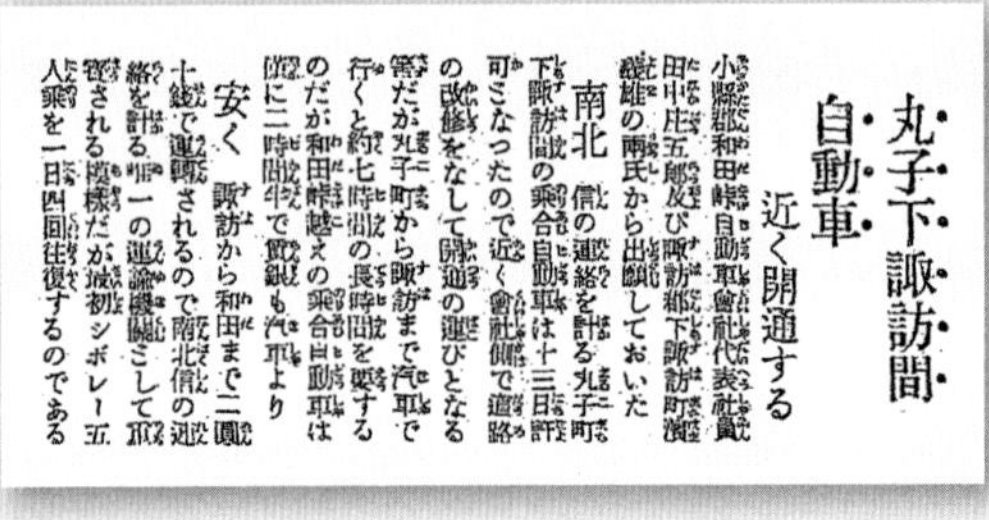
丸子下諏訪間 自動車 近く開通する

小県郡和田峠自動車会社代表社員田中庄五郎及び諏訪郡下諏訪町[illegible]雄の両氏から出願しておいた

南北信の連絡を計る丸子町下諏訪間の乗合自動車は十三日許可となつたので近く会社側で道路の改修をなして開通の運びとなる筈だが丸子町から諏訪まで汽車で行くと約七時間の長時間を要するのだが和田峠越えの乗合自動車は僅に二時間半で賃銀も汽車より

安く 諏訪から和田まで二円十銭で運転されるので南北信の連絡を計る唯一の運輸機関として重宝される模様だが最初シボレー五人乗を一日四回往復するのである

和田峠にトンネルが開通する前の丸子町―下諏訪間のバス運行を告知。和田峠自動車会社が走らせた＝大正15年11月14日

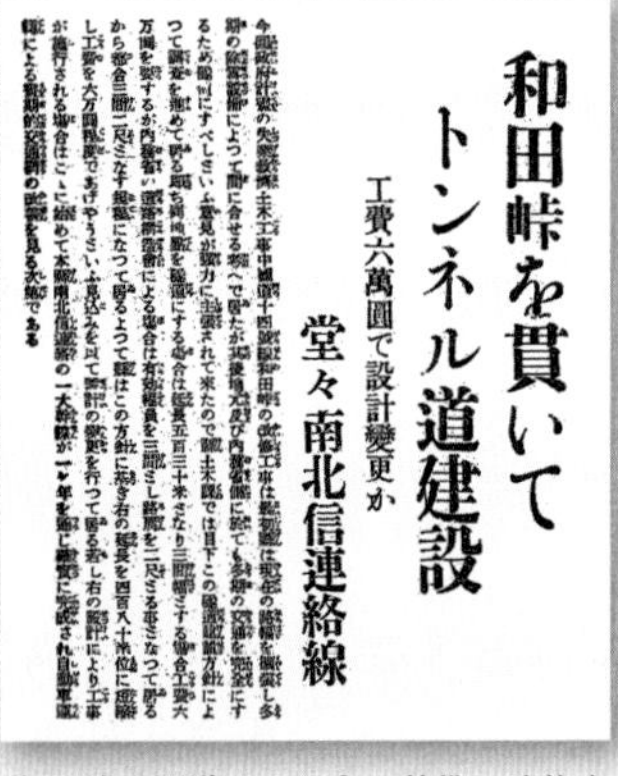
和田峠を貫いて トンネル道建設

工費六万円で設計変更か

堂々南北信連絡線

和田峠の国道はトンネル整備で改修する―との方針が決まったことを伝える。県の北と南の一大幹線が年間通じて確保され交通網が画期的に改善される、とある＝昭和6年1月27日

丸子和田間

待望の省営バス

今日開通式

地元で盛大な祝賀会

省営バス丸子町―和田間のバス開通当日。丸子町駅前には巨大な祝賀アーチがつくられた＝昭和8年3月23日

丸子町駅にはバスが電車に横付けできる環状ホームが設置された（『なつかしの上田丸子電鉄』より）

修を急いでいる。3月23日までに開通の予定であって、県ではこれがために道路カーブ、橋梁補強等の工事に着手すべく目下調査中で…〉

予定通り開業となるが、3月23日時点では丸子側の和田峠北線（丸子町―上和田間17・1㎞）と岡谷側の和田峠南線（下諏訪―岡谷間5・1㎞）が、それぞれ別に開業となった。この時期、和田峠は積雪のため不通だったようだ。全線の開通は同年10月14日。直前の11日には記者の試乗記を掲載し〈東海道箱根に勝る険阻の道〉を〈僅《わずか》1時間強で、ガソリン瓦斯《ガス》を吐きながら〉〈五千尺も何のその、夢のように乗越《のりこ》してしまうのだから、時勢というよりは「科学文明」は有難いものだ〉と書いている。運行開始前日には丸子町駅前に掲げられた祝賀アーチの写真を掲載。同駅には乗り換えを円滑にするため、バスが列車に横付けできる環状ホームが設けられた。

和田峠線のバスは、丸子線廃止後には上田にも乗り入れたが、峠越えは廃止に。JRバスとして北線、南線それぞれで続いてきたが、下諏訪町内の南線は平成20年（2008）3月末で廃止された。北線の上田―丸子―和田間は現在も走っている。

90年前にもあった千曲川の橋の受難

千曲川の増水による橋梁の被害では、令和元年（2019）10月の台風19号による別所線千曲川橋梁の崩落が記憶に新しいが、約90年前、やはり千曲川に架かる丸子鉄道の「大屋鉄橋」も、豪雨で打撃を受けた歴史がある。

昭和3年（1928）8月1日記事《暗を突く昨夜の豪雨》には〈丸子鉄道千曲川鉄橋　水に浸されてしまった為《た》め電車不通、開通の見込み立たず〉とある。ちなみに上田駅付近は〈上田瓦斯《ガス》裏手堤防がもう6尺の増水で崩れそう。これが崩れれば上田駅大危険〉とあり、別所線の橋梁にもピンチが迫っていたが、このときは難を逃れたようだ。

そして、翌2日の写真が衝撃的だ。大屋橋梁の橋脚が洪水に洗われて正体を崩し、その上を渡る橋桁が波を打っている4段抜きの写真が掲載されている。相当な被害に見えるが、このときは、10日余の運休を余儀なくされた。

この年の大屋橋梁の受難はこれで終わらなかった。10月8日の豪雨では橋脚が完全に流失。10日記事の写真では、橋脚がなくなって線路が宙づりになっている。記事も〈現場は工夫《こうふ》多数出勤し復旧工事につとめて居《い》るが、又々2～3週間は駄目らしく〉とある一方、〈目下木脚を作りつつあ

豪雨による増水で橋脚が傾いた丸子鉄道の千曲川橋梁（大屋鉄橋、信濃石井—大屋間）＝昭和3年8月2日

大屋鐵橋橋脚流失す（温電）

二三週間は復舊不能

【上田電話】大屋鐵橋危險のため八日夜は丸子鐵道上田東、大屋間信濃石井、丸子間は一時間毎發の折かへし

現場 自動車連絡をして居たが同夜十時五十分前回流失したピーヤの北側のピーヤが遂に破壊流失したのでガードが激浪中に落下し線路がクニヤ／＼につり下つた之ご共に

送電 線も故障を生じ全線全く運轉不能に陥つた現場は工夫多數出動し復舊工事につとめて居るが又々二三週間は駄目らしくその間自動車連絡による事となつたが九日は午前七時まで運轉

休止 八時より前記の一時間毎折返し運轉に至つたが鐵橋破損による損害は五六千圓以上であらうご（寫眞落橋せる大屋鐵橋）

またぞろ この御難

全橋脚の修理は來年一月後

【上田電話】丸子鐵道大屋鐵橋の復舊工事は目下木脚を作りつゝあるが二十日までには應急修理し電車運轉可能ならしむる豫定である此前に破損した箇所が工費二万八千圓で明年一月までに竣工豫定で着工の矢先今度の出水で接續のピーヤ一臺ごガート四十間余を失つてしまつたので之だけで復舊工事費

2カ月後の豪雨による増水では、とうとう橋脚が流されて線路が宙づりに。この被災を機に、弓形曲弦2連トラスが導入された＝昭和3年10月10日

るが、20日までには応急修理し電車運転可能ならしむる予定である〉ともあり、実際5日間運休（大屋、信濃石井で折り返し運転）の後、再開できたようだ。

写真を見る限り、両方とも復旧に相当な時間を要しそうだが、短期間で復旧しており、驚かされる。

この昭和3年の被災を受け、大屋橋梁には鉄道省から払い下げの2連の弓形トラスが架けられた。廃線後の大屋橋梁は丸子町に移管され、交互通行の車道「大石橋」として活用されてきたが、平成13年（2001）年に橋脚に空洞が見つかった後、同年の台風で崩落寸前まで傾いたため、いよいよ撤去。新橋は上田市と丸子町が共同で架け替えた。なお、千曲川で撤去された弓形トラスは、町内運動公園の内村川に架かる橋に1連が移され、「りんどう橋」として近代土木遺産になっている。

曲弦トラスの1連は旧丸子町内・内村川の総合運動公園の人道橋に再利用され「りんどう橋」と命名された＝平成19年8月2日

川西にも鉄道を—

「温電」誕生

「本線」青木線と「支線」別所線

〈小県郡別所温泉と云《い》えば、温泉として名高きのみならず、厄除観音の霊験に於《おい》ても世人の知る所也《ところなり》〉。120年余前明治32年（1899）7月16日の連載記事《温泉案内》の冒頭である。〝信州最古の温泉〟と伝えられる別所温泉だが、当時開通していた信越線からの道筋については〈上田よりは□車《くるま》若しくは徒歩にてもよし、千曲河に架せる上田橋を渡り凡《およ》そ10町余も赴るば、左に折れて別所を目指し、村落点在の間を縫い行けば、僅か3里許《ばかり》にして此の地に達する也〉。約12キロの道のりだ。

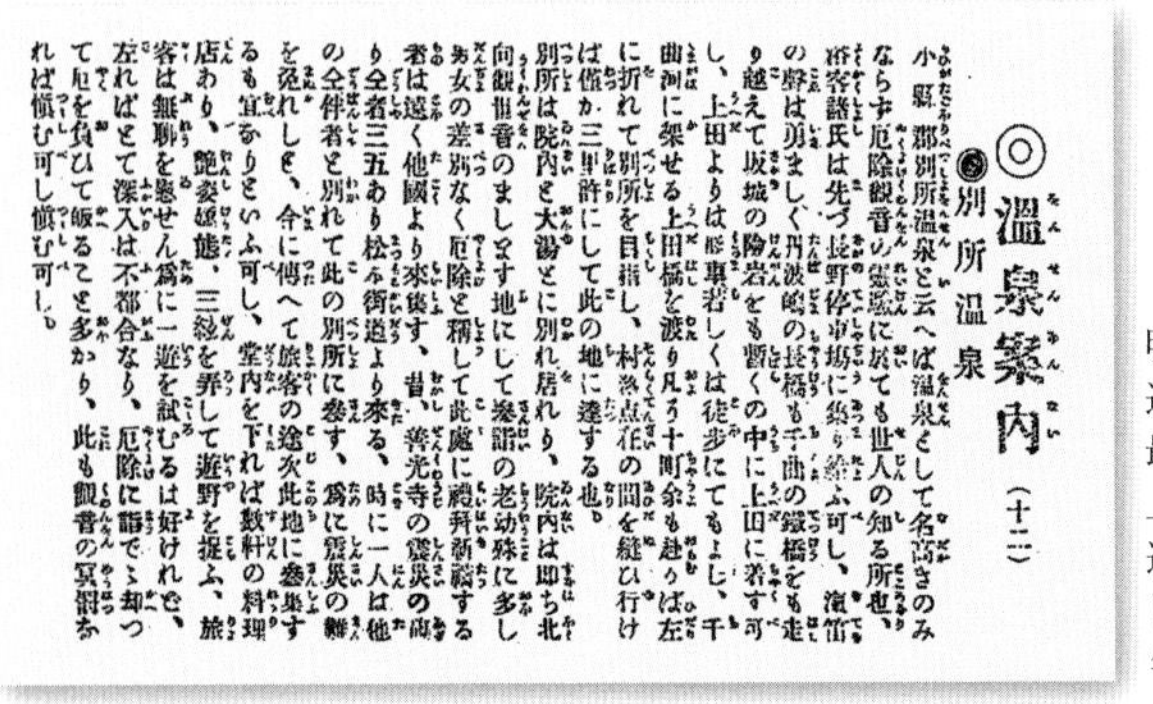

◎温泉案内（十二）

◉別所温泉

小縣郡別所温泉と云へば温泉として名高きのみならず厄除觀音の靈驗に於ても世人の知る所也、滊客諸氏は先づ長野停車場に參らる可し、滊笛の聲は勇ましく丹波嶋の長橋も千曲の鐵橋をも走り越えて坂城の險岩をも暫くの中に上田に着す可し、上田よりは腕車若しくは徒歩にてもよし、千曲河に架せる上田橋を渡り凡そ十町余も赴りば左に折れて別所を目指し、村落点在の間を縫ひ行けば僅か三里許にして此の地に達する也。別所は院内と大湯とに別れ居れり、院内は即ち北向觀世音のましませす地にして參詣の老幼殊に多し男女の差別なく厄除と稱して此處に禮拜祈禱する者は遠く他國より來集す、昔、善光寺の靈災の砌り全者三五あり松本街道より來る、時に一人は他の全伴者と別れて此の別所に參す、爲に靈災の難を逃れしと、今に傳へて旅客の途次此地に參集するも宜なりといふ可し、堂内を下れば數軒の料理店あり、艶姿媚態、三絃を弄して遊野を捉ふ、旅客は無聊を慰せん爲に一遊を試むるは好けれど、左ればとて深入は不都合なり、厄除に詣でゝ却つて厄を負ひて皈ること多かり、此も觀音の冥罰なれば愼む可し愼む可し。

明治の紙面に載った連載記事「温泉案内」。最終回が別所温泉で、上田駅からは3里の道のりを「徒歩でもよし」とある＝明治32年7月16日

別所以外にも千曲川左岸の川西地域には田沢、沓掛といった温泉があり、待望されたのが鉄道による誘客。加えて蚕糸業も盛んになり、大正7年（1918）に川西に電気が引き込まれたことも重なって「川西にも鉄道を」の機運が高まった。

上田温泉軌道株式会社の発起人会は大正8年（1919）5月29日、16人が出席して開かれた。翌30日記事は〈其《その》範囲は上田市外《ほか》塩田平11ヶ村に亘《わた》れり、即《すなわ》ち小県郡城下《しろした》村より同郡青木村に至る本線と、川辺村より分岐して別所温泉に至る区間に軌道を設

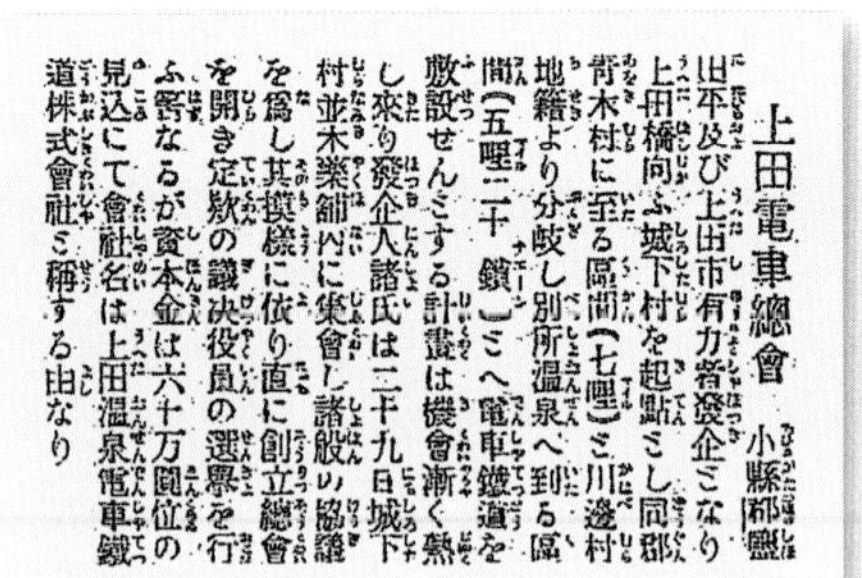

上田電車總會

小縣郡鹽田平及び上田市有力者發企となり上田橋向ふ城下村を起點とし同郡青木村に至る區間（七哩）と川邊村地籍より分岐し別所温泉へ到る區間（五哩二十鎖）とへ電車鐵道を敷設せんとする計畫は機會漸く熟し來り發企人諸氏は二十九日城下村並木藥舗内に集會し諸般の協議を爲し其模樣に依り直に創立總會を開き定款の議決役員の選擧を行ふ筈なるが資本金は六十万圓位の見込にて會社名は上田温泉電車鐵道株式會社と稱する由なり

「上田電車総会」と題する温電創立総会。城下村を起点に本線は青木へ、途中川辺村で分かれて別所に向かう計画が明記＝大正8年5月29日

け電車を運転し、旅客貨物の輸送を営業とする件を可決し…〉。免許を取得してすぐに株式募集を始めるが、その記事（同年11月19日）には〈第2期線路を延長し、地蔵峠を超へ中央線明科駅に連絡せしむる見込みなり。此《この》区間10余哩《マイル》あり〉との〃野望〃も。

大正9年11月に上田温泉電軌（温電）と改称。翌10年（1921）6月17日には三好町（現城下駅付近）から青木までの「本線」10・5キロと、途中上田原から分岐する「支線」川西線（のちに別所線と改称）8・8キロが開業した。青木線は松本と上田を結ぶ県道第二線路（現国道144号）上にレールを敷いた併用軌道（路面電車）のため工事は捗ったが、一方の川西線は専用軌道のため用地確保が必要だった。

念願の開業と起点・三好町の発展

開通当日の様子は……。大々的なお祝い記事があると思ったら拍子抜け。写真もないどころか短いベタ記事が1本のみだった。17日記事《上田電鉄開通》〈上田温泉電気《マ》鉄《マ》道は16日午後3時を以て車体電線路其他《そのほか》一切の検査を了し、直ちに本県に向け営業認可を申請したれば、認可有り次第17日より愈々《いよいよ》運転営業を開始することとなれり〉とあり、最後に一文。〈発起人側にては目下農繁期なれば開通式は見合せ置き、秋期に於て盛大に挙行する由〉。祝賀行事は先送りしたらしい。それでも翌18日に何らかの記事があるだろうと探したところ、載っていたのは次の記事だった。

〈川西電車故障　17日を以て愈《いよいよ》営業を開始したる上田温泉電気鉄道皮切《かわきり》第一の電車は同日午前5時半頃、城下村三好町の起点を放《はな》れ青木方面へ向け旅客5名を風を切って発信したるが、途中浦里村字仁古田停留場付近にさしかかるや、線路の凹凸の為め脱線し運転不能となりしが、暫くにして復旧したり。然し乗客には何らの故障もなかりき〉

一番列車の脱線……。そもそも前日まで検査し、試運転もそこそこに開業。以降、脱線の記事はしばしば登場するが、この程度の事故はよくあることだったのかもしれない。

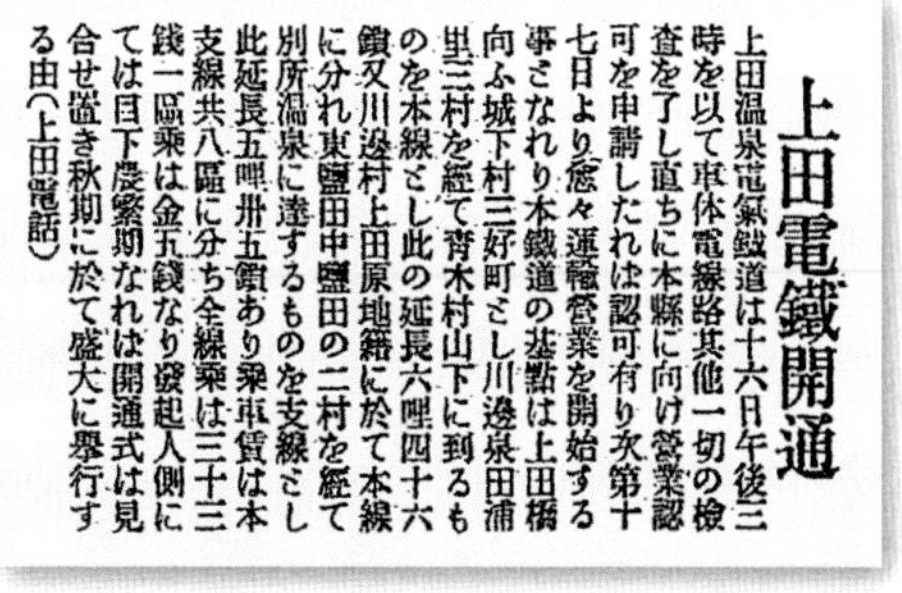

上田電鐵開通

上田温泉電氣鐵道は十六日午後三時を以て車体電線路其他一切の檢査を了し直ちに本縣に向け營業認可を申請したれば認可有り次第十七日より愈々運輸營業を開始する事となれり本鐵道の基點は上田橋向ふ城下村三好町とし川邊泉田浦里三村を經て靑木村山下に到るものを本線とし此の延長六哩四十六鎖又川邊村上田原地籍に於て本線に分れ東鹽田中鹽田の二村を經て別所温泉に達するものを支線とし此延長五哩卅五鎖あり乘車賃は本支線共八區に分ち全線乘車は三十三錢一區乘は金五錢なり發起人側にては目下農繁期なれば開通式は見合せ置き秋期に於て盛大に擧行する由（上田電話）

温電青木線、川西線の開通当日。地味な扱いだが記事の末尾には「農繁期のため、開通式は秋にあらためて盛大に開く」旨が書かれている＝大正10年6月17日

開業から約2年。大正12年（1923）3月10日には《上田市街　今と昔》と題して、路面を行く電車の写真と共に、起点の三好町駅付近を紹介している。

〈上田の新開地、三好町通りの発展は素晴らしいものである。殊に上田に併合電車の開通以来は一層其観《そのかん》がある。明治23年に二線路開通の当時には、三好町には藁葺《わらぶき》の民家が16戸で、而《しか》もそれは松本方面へ通う運搬夫の馬の糧や草鞋《わらじ》なんぞを売ったささやかの小店のみであった〉。この当時はまだ千曲川に鉄道橋はなく〈上田の中心地に赴くには千曲川に架したる上田橋を渡らねばならぬが、此の橋毎日渡る人は少くも1日に7、8千に達している〉と、背景に電車利用者の往来があることも伝えている。

自慢の独自橋梁—念願の上田乗り入れ

千曲川の架橋が実現するのは前記事の翌年、大正13年（1924）8月15日。開業から3年。《上田温泉軌道　電車連絡》の記事で立派なトラス橋を渡る一番電車の写真がひときわ目立つ。〈これ迄《まで》は上田橋を渡って千曲川対岸の旧城下（三好町）から発車したのであったが、会社では金23万円の工費を奮発して千曲川架橋工事を企てて落式し、上田駅の跨線橋も亦《また》延長され、茲《ここ》に上田ステーショ

上田市街　今と昔

三万石の咽喉　三好町通り　元は藁屋の所

上田の新開地、三好町通りの發展は素晴らしいものである。殊に上田に併合電車の開通以來は一層其觀がある。明治二十三年に二線路開通の當時には、三好町には藁葺の民家が十六戸で而もそれは

松本方面

へ通ふ運搬夫の馬の糧や草鞋なんぞを賣つたささやかの小店のみであつた、[illegible]のれんを揭げての商店が出來[illegible]で並木藥店、生糸商の[illegible]が出來た、それからだん〱發展の氣運に向つて三十五六年頃からめき〱と盛んになつて町らしくなつた、現在では戸數

百二十六

戸それも殘らず商店である、三好町から上田の中心地に赴くには千曲川に架したる上田橋を渡らねばならぬが此の橋を毎日渡る人は少くも一日に七八千に達してゐる三好町は[illegible]三万石地へ赴く咽喉部であるのである或る人が二拾年前に上田で商賣を始めやうとして

上田橋側

と大屋橋側と洗馬口に一週間立つて根氣よく通行人を調べた、大屋洗馬口は一日平均二千人位であつたが上田橋側は四千五六百人あつたので三好町が將來有望の地として茲に店を開いた、それが今の株式會社の

並木藥店

であつた、[illegible]三万石を占め、[illegible]その三万石の領地の咽喉部を扼してゐる三好町は更に上田溫泉電車の開通で起點地となつたので更に

繁華を來

し、[illegible]の繁華街を始めるのである、上田市の[illegible]地として千曲川の流れに沿つた三好町が此の利便によつて一層の發展を見るであらう（續く）

三好町（現・城下駅付近）が起点・終点となり、上田に向かう人の乗り降りが多くにぎわうようになった様子を伝える。県道「第二線路」を電車が走る写真も＝大正12年3月10日

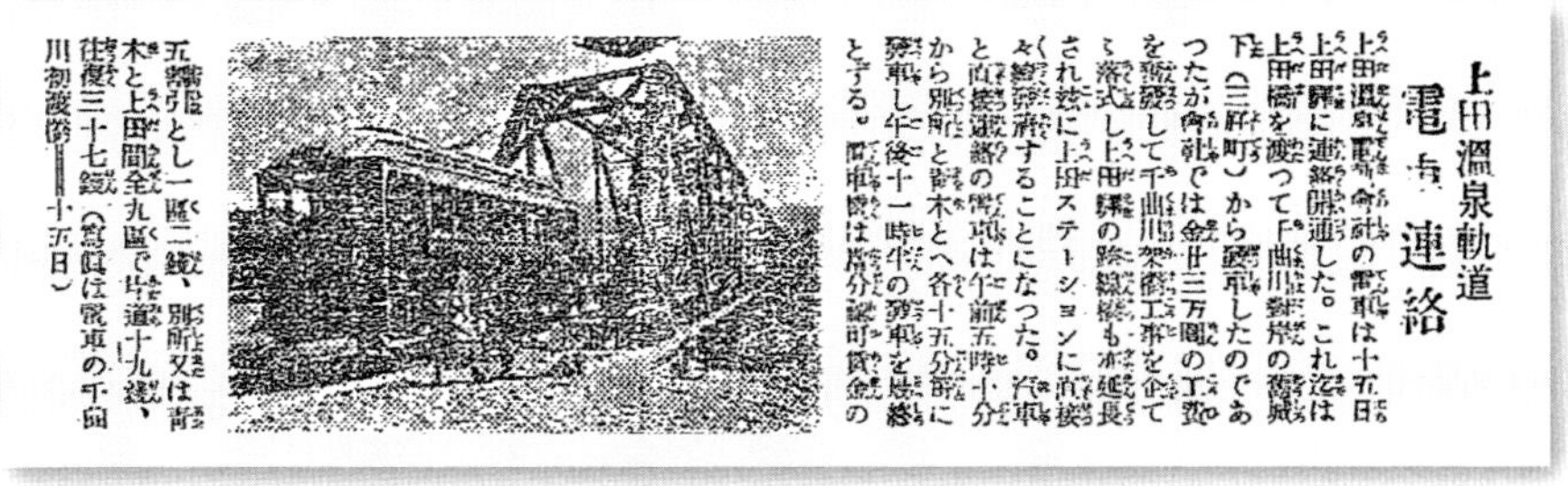

上田温泉軌道
電車連絡
上田温泉電軌会社の電車は十五日上田駅に連絡開通した。これ迄は上田橋を渡って千曲川対岸の城下（三好町）から発車したのであつたが会社では金廿三万円の工費を投じて千曲川架橋工事を企て落成し上田駅の路線線路も延長され茲に上田ステーションに直接接続発着することになつた。汽車と直接連絡の電車は午前五時十分から別所と青木とへ各十五分毎に発車し午後十一時半の発車を最終とする。尚運賃は当分認可賃銀の五割引とし一区二銭、別所又は青木と上田間全九区で片道十九銭、往復三十七銭（写真は電車の千曲川初渡橋＝十五日）

最初の開通から3年、待望の上田駅乗り入れ。写真は「電車の千曲川初渡橋＝15日」とある（拡大写真も）＝大正13年8月16日（写真は上田市立博物館蔵）

ンに直接接続発着することになった。汽車と直接連絡の電車は午前5時10分から別所と青木とへ各15分毎に発車し、午後11時半の発車を最終とする〉

橋梁は長さ224《メートル》。国からの払い下げ橋桁に頼るのが主流だった時代、温電は新品トラス桁を独自設計で発注した。以来、この姿を保ち続けることになる。

ところで架橋に当たっては、第二線路（県道）の上田橋を併用することも検討されたフシがある。大正11年9月6日記事《上田橋の架換《かけかえ》に電車線敷設か　上田温泉電軌より出願す》。もともと道路改良に合わせた橋の架け替えは予定されていたようだが、これとは別に温電が〈電車道を敷設し得る丈《だけ》の設計に改めて、早く架換られたしとの希望を申出た〉ので、県の土木課長が実地調査した、との内容である。

こうした話が出たのは、当時青木線が併用軌道だった事情もあるのだろうが〈電車を敷設するに就《つい》ては無論、其の幅も拡張せねばならぬ。重量を支える点に於てもそれ相当に電車の通過に耐ゆる丈《だけ》の工事にせねばならぬ〉。これが実現していたら、その後の別所線はどうなったのか、気になるところだ。

戦時統制を乗り切る

日中戦争に端を発した戦局の激化に伴い、昭和10年代の人や物資の往来は激増する。上田丸子電鉄小誌（昭和28年刊）に載る昭和18年（1943）の2社合併までの運輸実績によると、上田電鉄（昭和14年、上田温泉電軌から社名変更）は昭和12年の旅客人員96万2千人に対し、同17年は235％増の226万人。丸子鉄道も75万2千人から161万7千人と215％増。貨物輸送も急増している。

この一方で、鉄道会社を悩ませたのが、燃料の節約や人・物資の不足。昭和15年2月10日発動の電力調整令で「長野県は除外された」が（2月8日記事）、当時の上田電鉄は《節電へ協力》するため2月12日から〈電車運行を全線にわたり8往復を減ずる事になった〉。内容は〈丸子線《ママ》9往復を5往復、鹿沢及び傍陽線は午前5時余分、別所線は午前5時より3往復各々《おのおの》廃止、これに代って午前6時8分、同7時、午後3時3往復を新《あらた》に運転〉＝2月8日記事。数が合わない気もするが、ともあれ自ら〈電力調整の国策に順応〉する姿勢を見せていた。

燃料不足対策では同年10月17日にこんな記事も。〈冬季を控えた保温燃料の代用品とすれば、さしづめ湯タンポが筆頭であろうと、上田電鉄では従来各駅踏切等に配置したストーブ、火鉢の代りにこの冬は大型代用品湯タンポで間に合す事になり、15日、1個50銭で買える焼物製を50数個購入に及び配る事になった。これなら火災の心配もなくなる一石二鳥の考案〉

増える旅客輸送には《ボギー車を改造》と昭和18年5月16日記事。〈収容定員を増すため傷病軍人、老人のための10人分の座席をのぞいては全部吊り革。従来より3倍は乗れるという。〉。都市のロングシートの発想を採り入れ、別所線と北東線に走らせた。

燃料が乏しい冬を乗り切るために、当時の上田電鉄がストーブの代わりに各駅や踏切警手に用意した湯タンポ＝昭和15年10月17日

限られた車両で少しでも多くの人を輸送するためボギー車を改造。座席は軍人向けなど必要最小限とし、あとはつり革に＝昭和18年5月16日

西丸子線の開通と青木線の廃止

川西経由で上田―丸子を結ぶ目論見

別所線下之郷駅に今も古いホームの跡が残る。昭和36年（1961）まで丸子町方面との間を結んでいた上田丸子電鉄西丸子線のものだ。廃線跡の痕跡が少ない西丸子線では貴重な遺構の一つだ。

西丸子線は上田温泉電軌（温電）による下之郷駅―西丸子間8・6キロの路線。開業は大正15年（1926）8月12日。開業当初は「依田窪線」と呼んだ（本項は「西丸子線」で統一）。

丸子の谷と塩田平の狭間にある、東塩田の住民が鉄道を強く求めたことも背景もあるが、人口が少なく、本来なら勝算小さなこのエリアにあえて線路を敷くことには、温電にも目論見があった。この頃、既に丸子鉄道が丸子町―大屋間に開通していたが、上田に行くには大屋で省線に乗り換える上、当時はまだ蒸気運転。温電は千曲川架橋も見据え「丸子のお客を温電経由で上田へ運ぶ」需要を見込んだのだ。

施工認可は大正13年末。12月24日記事〈未完了の用地買収を極力進捗して新年早々工事を請負入札に附するはずであるが、土工事《どこうじ》は極めて平易であるので、明年5月頃には東塩田丸子間に電車の運転を見るであろう〉。実に楽観的だが、実際の着工は翌春の14年4月27日に。29日記事《塩田丸子間電車　盛大なる起工式》には〈小県郡東塩田、富士山《ふじやま》、依田の諸村が地方交通産業開発のため、多年来熱心に運動の結果、茲《ここ》に漸く起工することになった「下の郷丸子間」電車の起工式は27日午前11時、東塩田村鈴子において挙行された〉。全線5マイル半を2工区（東塩田―富士山間、富士山―丸子間）で建設する、としている。

進捗状況は時折小さな記事で伝えられている。同年10月29日記事は《東塩田丸子間　来春開通》は〈丸子別所間直通電車敷設工事はすでに切盛《きりもり》を終了し、全線の道形《みちがた》土工事が終った。依田川鉄橋工事もピーアは竣

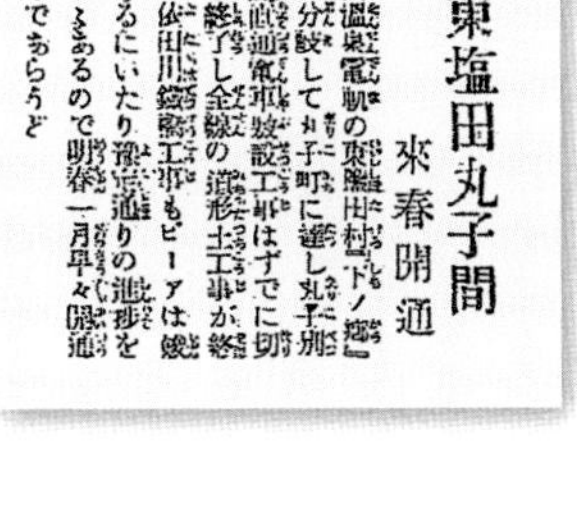
東塩田丸子間
來春開通
上田溫泉電軌の東鹽田村下ノ郷より分岐して丸子町に達し丸子別所間直通電車敷設工事はすでに切盛を終了し全線の道形土工事が終つた依田川鐵橋工事もピーアは竣工するにいたり豫定通りの進捗を見つゝあるので明春一月早々開通するであらうと

下之郷―丸子間の建設が、路盤も橋脚も順調に進んでいることを伝えるが、こうした楽観見通しが多い。記事中では「丸子別所直通電車」と呼んでいる＝大正14年10月29日

工するにいたり、予定通りの進捗を見つつあるので明春1月早々、開通するであろうと〉。翌15年3月3日記事は〈すでに全線路面工事は竣工し、隧道60間のうち48間はコンクリート巻《まき》にかかり、依田川鉄橋工事はいよいよ足場工事を開始し、丸子町終点より依田川迄《まで》は線路敷設を終った〉。

順調そうだが「架橋と隧道」はやはり甘くなく、沿線の依田村では〝駅の争奪戦〟も。3月29日記事は〈来る5月下旬全部竣工、6月上旬開通の筈《はず》である〉とするが、実際の開通は8月にずれ込んだ。

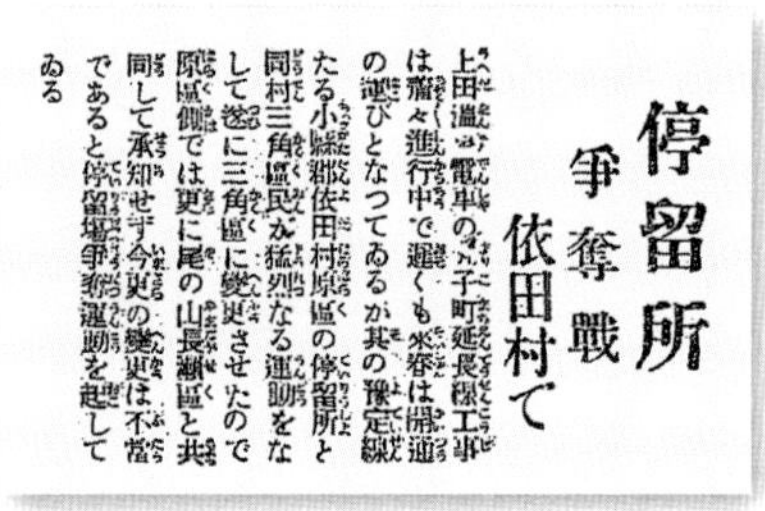
停留所 争奪戦 依田村で

上田温泉電車の丸子町延長線工事は着々進行中で遅くも来春は開通の運びとなつてゐるが其の予定線たる小県郡依田村原區の停留所と同村三角區民が猛烈なる運動をなして遂に三角區に変更させたので原區側では更に尾の山長瀬區と共同して承知せず今更の変更は不当であると停留場争奪運動を起してゐる

鉄道の建設が決まると、比較的どこでも起きる駅設置場所の引っ張り合い。村同士のいさかいに発展することも＝大正14年10月1日

開通するもアテが外れた

開通日翌日、大正15年8月13日記事《きのう開通した依田窪線》。脇の見出しには《喜びの富士山では遊園地を計画》とあり、トロリーポールの1両のチンチン電車が客を乗せてトンネル付近を通る写真を載せている。〈小県郡富士山村を中心として依田村及び東塩田村等の全く交通文明に恵まれなんだ地方が、此の交通問題

きのふ開通した 依田窪線
喜びの富士山では 遊園地を計劃

上田温泉電気会社の依田窪線電車は十二日初めて開通した小県郡富士山村を中心として依田村及び東塩田村等の全く交通文明に恵まれなんだ地方が此の交通問題について奮起して株式の融通引受をなしたのは大正十一年である斯て温電会社を組織し漸く昨年四月起工し今や漸く竣工開通を見るに至った
◇
上田別所間東塩田村下ノ郷の国幣中社生島足島神社附近より分岐し丸子町に至る五哩二十五鎖工事費は東京の常盤商会工費金五十二万七千七百円である
◇
工事中の難所は富士山村地籍の『二木トンネル』と丸子町に入る依田川の鉄橋である此の鉄橋長さ五百八十三ヒイト総工費五万一千円であるが『二木トンネル』附近は遊覧に値する地点もあるので富士山村では名所として紹介しようと計画してゐる。
電車の停車及び停留所は下ノ郷宮前、石神、鈴子富士山、馬場依田御嶽堂上組、川辺、赤坂町河原町西丸子等であり全線六区一区四銭づゝであるが当分割引ひとして上田丸子間三十三銭（写真は富士山村二木トンネル）

依田窪線の開通を伝える。写真は1両のチンチン電車と奥に二ツ木トンネル。この周辺を観光地にしたいとの思いもあったようだ＝大正15年8月13日

に奮起して株式の割当引受をなしたのは大正11年である。斯《かくし》て温電会社を刺戟《しげき》し、漸く昨年4月起工し、今や漸く竣工開通を見るに至った〉〈工事中の難所は富士山村地籍の「二木トンネル」と丸子町に入る依田川の鉄橋である。この鉄橋の長さ583フィート、総工費5万1千円であるが、「二木トンネル」付近は遊覧に値する地点でもあるので、富士山では名所として紹介しようと計画している〉

同16日記事は同日、町道の完成も兼ねた祝賀会が開かれることを伝えているが、依田川鉄橋に向かってカーブし、橋の手前に川端駅がある様子を伝える併用の写真が秀逸だ。〈丸子町の中心点から依田川を渡りて公園に至る付近、河原町一円は、この新道路の開通にあわせて上田及別所温泉に直通する温電会社の新電車が開通して、この処《ところ》に終点「西丸子」駅を新設したので、一時に恵まれた交通関係から俄《にわか》に奇蹟的発展を見るであろう事になった〉

西丸子線による上田直通を喜んではいるが、この間、ライバルの丸子鉄道は電化され、14年8月1日には大屋—上田東間5・4キロを既に延伸していた。もたもたと工事している間に、温電の「丸子から上田へ」の目論見は、外れてしまっていた。

丸子鉄道は15年3月には大屋—上田間で大増発を

依田窪線開通の祝賀会が丸子町で行われることを伝える記事では、依田川橋梁に向かってカーブしていく写真を併用した＝大正15年8月16日

行い、計24往復44便の頻発を実現。大屋での省線乗り換えより便利なことをアピールしている。所要時間は丸子町―上田東間が乗り換えなしの29分。一方の温電は町中心部から離れた西丸子駅から下之郷駅乗り換えで約50分（昭和5年10月汽車時刻表による）。山越え迂回の西丸子線は相手にならなかった。北向観音と温泉に行くのに便利なだけのローカル線は、温電の重荷になっていく。

温電「更生」―青木線の廃止

青木線開通から15年、西丸子線開通から11年。この間、北東線（真田傍陽線）が昭和2年（1927）が開業したが、千曲川架橋や新路線建設の借金は温電に重くのしかかり、常に赤字経営となる。

〈160余万円の負債に喘《あえ》ぐ上田温電会社の救命に起ちあがった「上田温電更生会」は……〉。昭和11年3月20日記事の書き出しである。沿線の首長、議会議長らが「更生会」なる組織を発足させた。6日後に開かれた会議では、大口債権者の勧業銀行と折衝を進めていくことなどを確認した、と記事にはある。

そして、いよいよ廃線が現実に。昭和12年12月18日記事《借金で首が廻らず　遂に2幹線を廃止　上田温電悲鳴揚ぐ》は〈去る13日の重役会を最後に開設15年の歴史を持つ両線を愈々《いよいよ》年度内を以って廃止断行する事に略《ほぼ》決定、17日諸般の具体案が完了した〉と伝えている。

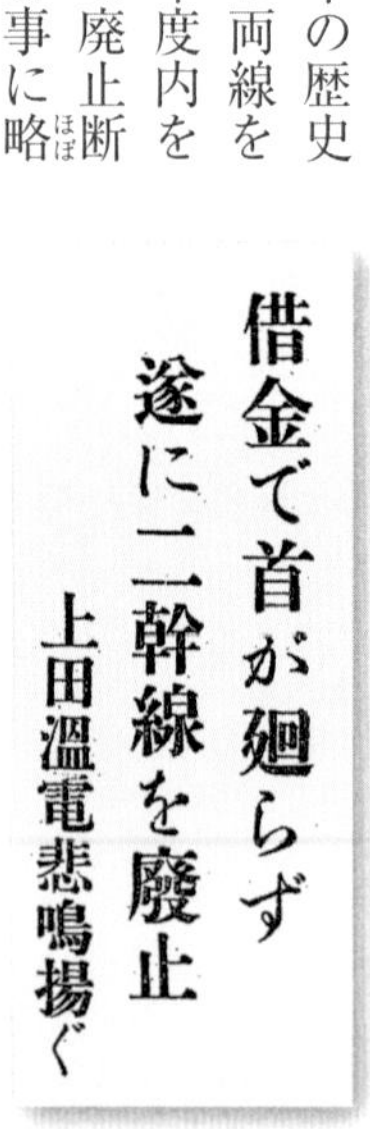
借金で首が廻らず
遂に二幹線を廃止
上田温電悲鳴揚ぐ
千曲川橋梁や北東線の建設といった大きな投資に対して輸送実績が伴わず、この頃の温電の経営は苦しくなっていた。青木、依田窪2路線廃止の方向を伝える記事の見出し部分＝昭和12年12月18日

経過は〈青木、西丸子線共、数年来路線の損傷著しく、最近逓信省より改修督励に接していたもので、西丸子2万50円、青木4万5千円の改修費問題から、一転急速に廃止断をたどるに至った訳である〉と説明。なお、青木線については、並走するバスとの競争激化や、県道「第二線路」と併用する使用期限を迎えたことも理由とされる。

翌13年2月末の株主総会で廃止が決定。3月1日記事には〈廃止に対する地元青木、浦里、泉田、室賀等の態度が注目されている〉とあり、地元の了承はまだのようだったが〈殆《ほとん》ど異議なく可決〉した。7月15日記事《今月限り廃止　青木上田電車線》の末尾には〈早くも鉄の好況に乗じて、ブローカー連が軌材買収に運動を開始している〉とのオチも。

一方、共に廃止対象に上がった西丸子線は――。結論としては〝やめるのをやめた〟。青木線廃止から1年半後の14年12月14日記事《西丸子線撤収　地元も反対はどうなる？》によると、温電は沿線各村への窮状を訴えたが、路線建設の際の〈地元が多大な犠牲を払った事をどうして呉《く》れるか〉を持ち出される始末。燃料統制で青木線の廃止代替バスが思うように走れていないこともあり、温電は沿線の主張を受け入れた。15年1月31日記事は《下ノ郷丸子線廃止　反対のため取止め》。ただし節電のため電車は半分の9往復とし、バスで補完することになった。

今月限り廢止
青木上田間電車線

【上田電話】上田温泉電軌會社から鐵道省へ許可申請中の青木―上田間八キロ四の電車軌道廢止は十四日主務省大臣の認可を得たので大體七月一杯で廢止する事に決定これがため従來十二往復の併行バス路線は電車廢止とゝもに廿往復程度に増發する計畫である
又廢止に決定した電車線は大正九年營業開始以來十九年を經たものだが早くも鐵の好況に乘じてブローカー連が軌材買收に運動を開始してゐる

県道「第二線路」を併用していた路面電車の青木線は廃止が決定し、バス輸送となることに＝昭和13年7月15日

下ノ郷丸子線廢止
反對のため取止め

【上田】上田温泉電軌會社では八十萬圓の負債整理による經營合理化實現のため下之郷、丸子間電車路線の撤收を斷行三十五萬圓程度をうかせる計畫で進めたところ丸子富士山その他地元關係町村の反對猛烈となり地方交通機關の立場から徒らに地元民の感情を刺戟することを避けねばならぬとの際右の實現を斷念するに決し二十九日富岡社長安原吹山三重役は地元關係村役場を訪れ右の聲明を行つた
尚電力統制により二月一日より丸子線現在の十八往復を九往復とするの已むなきに至つたがこのため先に買收した丸子自動車によつて下之郷丸子間三往復下之郷馬場間二往復のバスを運轉地方の便宜をはかることになつた

見出しが分かりにくいが、西丸子線は「地元の反対のため、廃止するのを取り止めた」と伝えている＝昭和15年1月31日

西丸子線の撤收
地元の反對はどうなる？

上田電鐵が昨年七月青木線を撤收經營合理化を圖つて一年余、既報の如く又復下之郷―丸子間西丸子線の撤收を發表するや地元富士山村其他猛然反對を唱へ會社側では福澤社長、重役龍澤一郎、笠原壽吉諸氏が同村へ出張會社の窮状を訴へて

撤收 實施の諒解を求めた

結局反對側では

會社が事業經營上飽迄も撤收を實施すると云ふならやむを得ぬが敷設當時地元が多大の犠牲を拂つた事をどうして呉れるかと言ふ事になり會社側では線路撤收後の路線を使用してバスの運轉を行ふ事、其他地元の犠牲に對しては及ぶ限り意に副ふと言ふ事になつたが

青木撤收當時も地元はバスの繁多運轉によつて聊も支障ないと思つてゐたところ現在は深刻なガソリン統制によつてバス運轉回數は極度に減少し且つ青木方面から

物資 の移出にはトラック飢饉時代でもあり思ふ樣にならずその打撃は極めて絶大の爲め今更の如く電車のなくなつた事に悲鳴をあげてゐる

向西丸子線撤收によつて打撃を受ける生島足島神社でも有賀宮司は實現することになれば相當の打撃であり署名改變などについても神社として意見をもつてゐるので重役會の席上へでも邪魔していろ〳〵お願ひしたいと思つてゐる次第です

と語つてゐる兎に角西丸子線の撤收は會社側としては背に腹はかへられぬが地元としては實に手痛い事とされてゐる【寫眞は撤收される西丸子線の一部】

青木線と共に廃止の俎上に上がった西丸子線。会社が地元に理解を求めるも「敷設当時に払った犠牲をどうしてくれるか」との反対に遭う＝昭和14年12月14日

貴重な「チンチン電車」

《〃6千両〃の舶来品！　人気呼ぶチンチン電車》。昭和28年（1953）1月9日、上田温泉電軌の創業から活躍する車両がコラムで紹介されている。

〈車体をきしめかせながら突っ走るこの電車は上田丸子電鉄線にあり、珍奇な目を集めているが、明治40年に米国ブリル会社が製作、やせても枯れても舶来というシロモノ。上田温泉電気軌道会社が東京玉川電鉄会社を経て、1両6155円で8両を購入、大正10年春開通した城下・別所線と上田原・青木線に運転させたというのがそもそもの始まりだ〉。玉川電鉄は東急電鉄の前身の一つ。

写真には車体の前と側面に「1112」とある。型番はモハ1112。車両に詳しい本によると、記事の通り玉電から「デ8」として購入、青木線廃止後は西丸子線を中心に走り、昭和20年にトロリーポールからパンタグラフに改造された。この2軸単車は10両以上を導入したが、温電で生き残ったのは3両のみで、ボギー車両の台頭で予備車に回った後、昭和36年までに廃車になった。

〈最大時速16キロのこの電車、カーブにさしかかればグンと総力を落とすため、飛乗り、飛降りがたやすく〉無賃乗車が横行した、とも。地元民は〈温電の電車はボロ電車、乗ってもお客は終始2人〈車掌と運転手〉などと酷評したようだが、どの時代にも古い車両にひかれるファンはいるものだ。

南北自慢くらべ

北

〃六千両〃の舶來品！

上田・丸子電鉄　人気呼ぶチンチン電車

青木線などで活躍した後、西丸子線でも比較的長く活躍した「チンチン電車」。廃車後は寺下駅などの待合室に使われたことも書いてある＝昭和28年1月9日

「東北」にも鉄道を―
真田傍陽線

5ヵ村の熱意、温電を動かす

ＪＲ小海線の前身・佐久鉄道は大正4年（1915）8月の小諸―中込間の開業以降、順次路線を南に延長させたが、根底には列島縦断の〝野望〟があった。同8年には河東線・屋代―須坂間の路線免許を申請（のちに河東鉄道に譲渡）したが、小諸―屋代間の「上田線」線も計画し、路線免許を申請している。

同9年1月5日に出た記事《山手を廻る上田線 佐久鉄の出願》は〈昔時《せきじ》の祢津《ねつ》街道を鉄路とする計画にして、東上田一帯を縫うて本原村に達し、交通圏外に忘れられたる小県郡長《おさ》村、殿城、傍陽《そえひ》方面の為に便するを以て、小県山の手線とも称す可《べ》く電気鉄道と為して（中略）北は例の新計画に成る河東線を結び、南は佐久鉄道延長線を通じ、甲州地籍に於《おい》て中央線に連絡を取り、茲《ここ》に東海道より新潟に至る甲信越大連絡の使命を達成せんとするもの由也《よしなり》〉

この路線計画は許可されなかったが、交通の便に

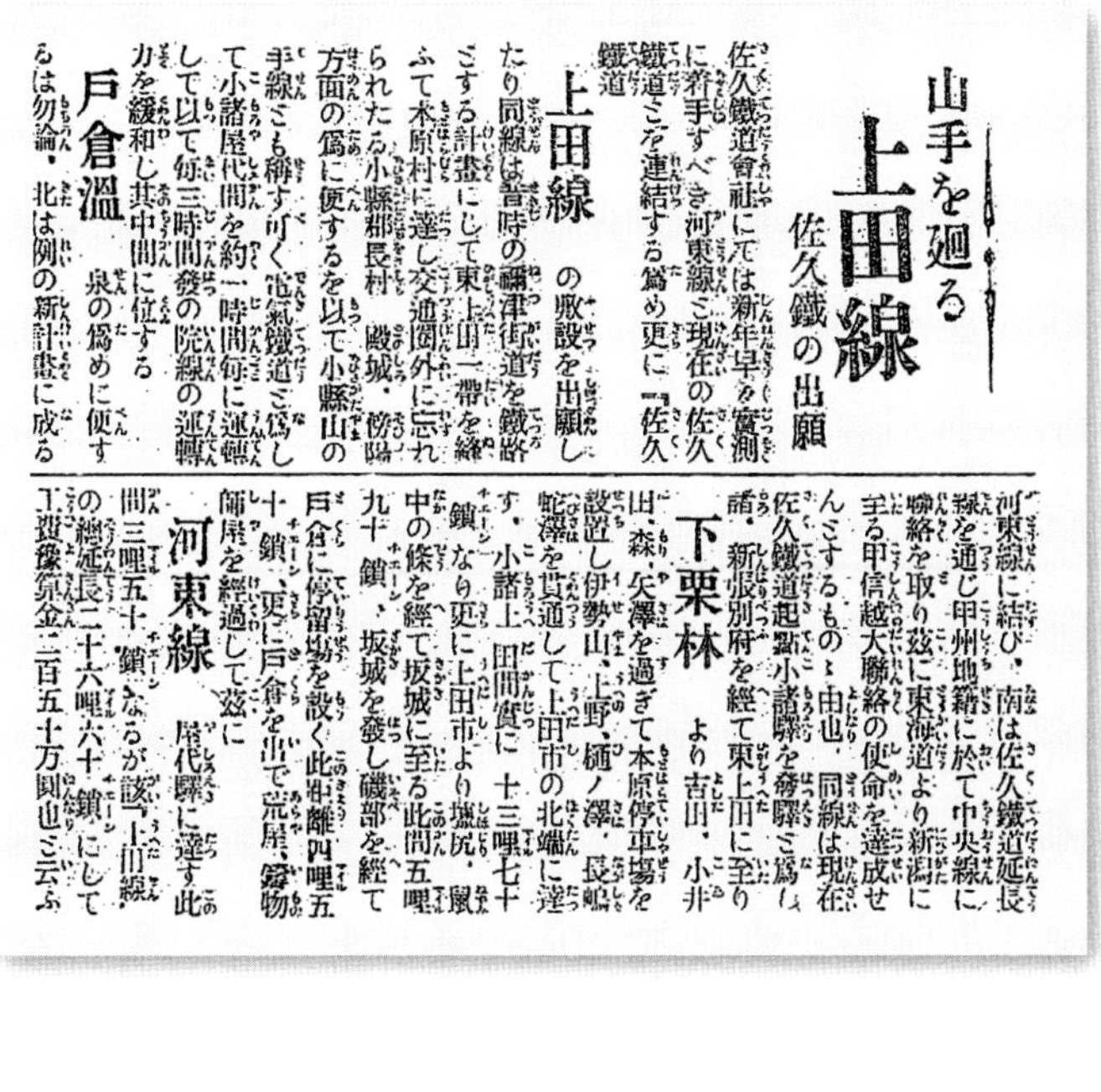

山手を廻る 上田線 佐久鐵の出願

佐久鐵道會社にては新年早々實測に着手すべき河東線と現在の佐久鐵道とを連結する爲め更に「佐久鐵道上田線」の敷設を出願したり同線は昔時の禰津街道を鐵路とする計畫にして東上田一帯を縫ふて本原村に達し交通圏外に忘られたる小縣郡長村 殿城・傍陽方面の爲に便するを以て小縣山の手線とも稱す可く電氣鐵道と爲して小諸屋代間を約一時間毎に運轉して以て毎三時間發の院線の運轉力を緩和し其中間に位する戸倉温泉の爲めに便するは勿論・北は例の新計畫に成る河東線に結び・南は佐久鐵道延長線を通じ甲州地籍に於て中央線に聯絡を取り茲に東海道より新潟に至る甲信越大聯絡の使命を達成せんとするものゝ由也・同線は現在佐久鐵道起點小諸驛を發驛と爲し小諸・新張別府を經て東上田に至り下栗林より吉田・小井田・森・矢澤を過ぎて本原停車場を設置し伊勢山・上野・樋ノ澤・長嶋蛇澤を貫通して上田市の北端に達す・小諸上田間實に十三哩七十鎖なり更に上田市より塩尻・鼠中の條を經て坂城に至る此間五哩九十鎖・坂城を發し磯部を經て戸倉に停留場を設く此距離四哩五十鎖・更に戸倉を出で荒屋・鋳物師屋を經過して茲に河東線屋代驛に達す此間三哩五十鎖なるが該「上田線」の總延長二十六哩六十鎖にして工費豫算金二百五十万圓也と云ふ

佐久鉄道が出願した上田線の概要を伝える。信越線東側の山側を通り、真田傍陽線のルートとなる長や本原、傍陽などの各村も経由する構想だった＝大正9年1月5日

恵まれなかった上田小県地方「東北部」の村々を大きく刺激したことであろう。上田温泉電軌が大正10年以降、「川西」に青木線と川西線（別所線）を開業したことからも、「東北」の鉄道への渇望は一層高まる。五つの村（神科、殿城、本原、長、傍陽）が共同し、温電に対して大正12年頃から建設を求める運動を展開。既に苦しい経営を強いられていた温電は難色を示すが、その猛烈さに折れ、東北部への鉄道建設を決断した。

小縣郡

小縣東北電車

溫電愈九拾万圓で着手

小縣郡長村、傍陽、本原、神科等の大村落を包擁する東北地方の交通問題は多年の懸案となつてゐたが同地方の熱心なる要望は遂に上田溫泉電軌株式會社を動かしていよ〳〵實現する機會に到達した同會社では來る廿六日午後一時臨時株主總會を開き東北線電軌敷設のため金五十萬圓を增資し資本金を百九十萬圓とすべく提議する事に決定した同電車は上田市川原柳に停車場を設け先づ長村の眞田、傍陽村の田中へ向け運轉せんとするものにて延長九マイル工費金九十萬圓を要する設計であつて上田と群馬縣とを連絡すべき例の上信鐵道の母体線とも稱すべきものである

小県東北地域の各村の熱意に押され、温電がいよいよ鉄道建設に着手することを伝える。常に群馬側との交流の役割が期待される路線に＝大正14年4月17日

大正14年4月17日記事《小県東北電車　温電愈《いよいよ》90万円で着手》は、のちの構想にも踏み込んでいる。〈東北地方の交通問題は、多年の懸案となっていたが、同地方の熱心なる要望は遂に上田温泉電軌株式会社を動かして、いよいよ実現する機会に到達した。同会社では来る26日午後1時、臨時株主総会を開き、東北線電軌敷設のため金50万円を増資し、資本金を190万円とすべく提議する事に決定した。同電車

會社

溫電臨時總會

上田溫泉電軌株式會社臨時株主總會は廿六日午後一時開會し資本金を五拾萬圓を增加して百九拾萬圓と爲し定款一部變更の件を異議なく決定した因に資本金增加は上田市川原柳より小縣郡長村傍陽村へ電車を敷設せんとするものであつて今回增資の大部分は電車敷設關係の東北五個村において公募し拂込は一年五圓づゝ二ケ年に金拾五圓を拂込ませる豫定である

温電の臨時総会。北東線建設のため資本金を50万円に増やし、その大部分は沿線5カ村に株式購入を求めることに＝大正14年4月28日

溫電延長新株

關係村引受け額

小縣郡東北五ヶ村に於ける溫電の電車延長に對し新たに募集すべき五十萬圓の一万株引受けについては各村において左の如く割合を決定し專任委員が各村につき極力募集することに決定した

二千二百株長村、一千八百株傍陽村、一千二百株本原村、一千二百株神科村、六百株殿城村計七千株三千株北上州地方及上田市

上の記事の総会で決定した増資分の50万円1万株について、温電は早速5カ村に担当分を割り当てた＝大正14年5月10日

は上田市川原柳《かわらやなぎ》に停車場を置き、先《ま》ず長村の真田、傍陽村の田中へ向け運転せんとするものにて、延長9マイル、工費金90万円を要する設計であって、上田と群馬県とを連絡すべき例の上信鉄道の母体線とも称すべきものである〉。記事中の「増資分50万円」を第1期（川原柳―真田、傍陽間）の建設費に充てることにし、地元5ヵ村が株式募集することになった。その各村ごとの配分も後日、細かく伝えている。

「もめ事」多く… 工事は難航

温電東北線の着工は半年後の大正14年秋。起工式は10月29日、第1期工事起点の川原柳で行われた。翌30日記事。〈30日より起工する上田市、傍陽、長村間の東北電車は、将来群馬県に延長して上越《ママ》鉄道中之条駅に連絡すべき鉄道の母体線と称されるが（中略）橋梁は神川《かんがわ》の第1鉄橋80尺6連、第2鉄橋70尺3連、洗馬《せば》川にも亦《また》70尺3連のものを架し、トンネルは川久保に121間のもの一つ、盛土は神川第1鉄橋付近に80尺《しゃく》の処もあるも、そう大したる難工事ではないので、明年7、8月には必ず竣工する予定である〉

依田窪線と同様に楽観的だが、上田駅と終点真田の標高差は約300メートル。ひたすら上り続ける〞登山電

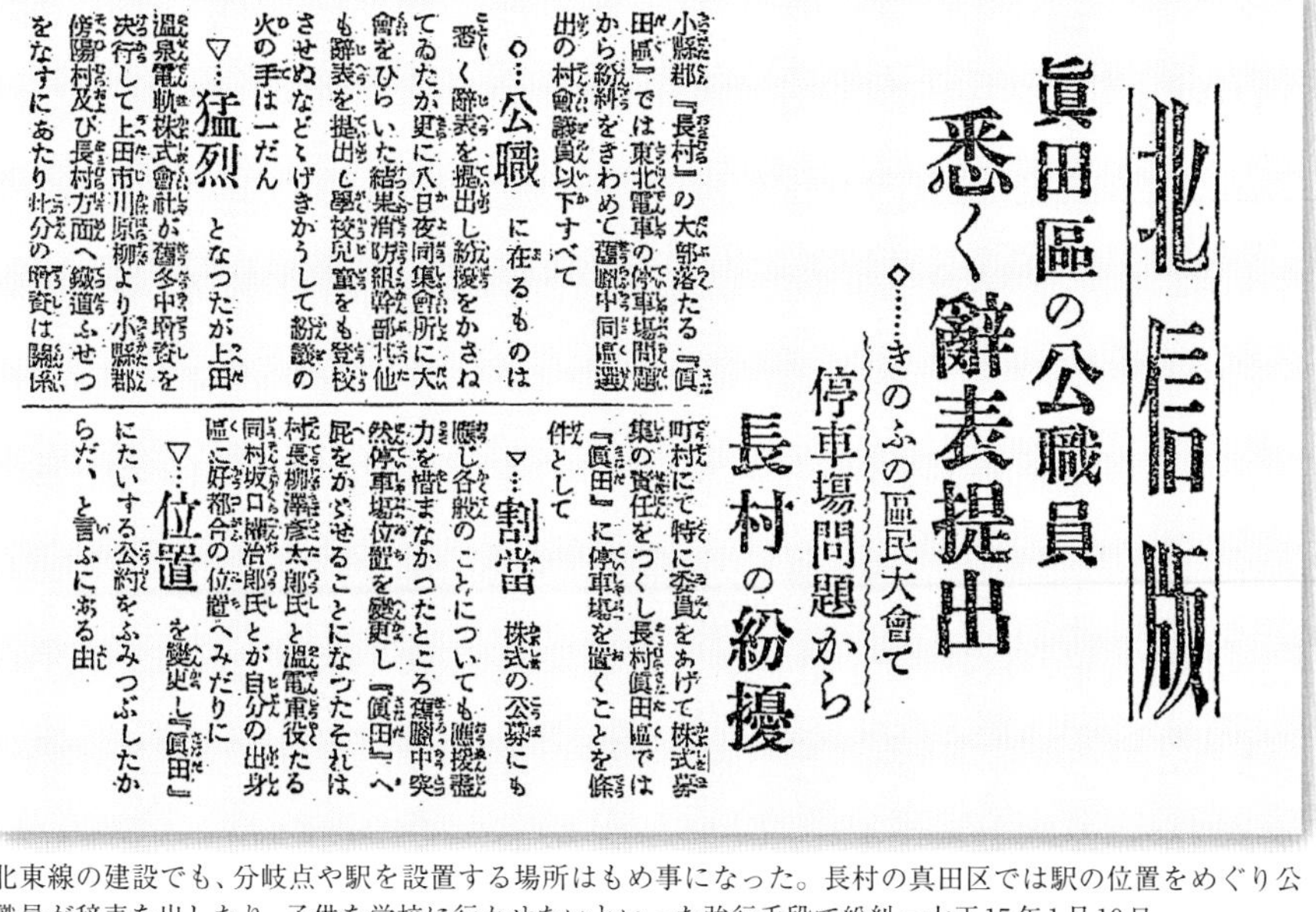

北信版

眞田區の公職員
悉く辭表提出
◇…きのふの區民大會て
停車場問題から
長村の紛擾

小縣郡『長村』の大部落たる『眞田區』では東北電車の停車場問題から紛糾をきわめて蠶闘中同區選出の村會議員以下すべて

○…公職 に在るものは悉く辭表を提出し紛擾をかさねてゐたが更に八日夜同集會所に大會をひらいた結果消防組幹部其他も辭表を提出し學校兒童をも登校させぬなどとげきかうして紛議の火の手は一だん

▽…猛烈 となつたが上田温泉電軌株式會社が繁多中増資を決行して上田市川原柳より小縣郡傍陽村及び長村方面へ鐵道ふせつをなすにあたり村分の増資は關係町村にて特に委員をあげて株式募集の責任をつくし長村眞田區では『眞田』に停車場を置くことを條件として

▽…割當 株式の公募にも應じ各般のことについても應援團力を惜まなかつたところ蠶闘中突然停車場位置を變更し『眞田』へ尻をかぶせることになつたそれは村長柳澤彦太郎氏と温電重役たる同村坂口權治郎氏とが自分の出身區に好都合の位置へみだりに

▽…位置 を變更し『眞田』にたいする公約をふみつぶしたからだ、と言ふにある由

北東線の建設でも、分岐点や駅を設置する場所はもめ事になった。長村の真田区では駅の位置をめぐり公職員が辞表を出したり、子供を学校に行かせないといった強行手段で紛糾＝大正15年1月10日

車〃の工事が容易であるわけがなかった。難航の原因は主に五つ。①農村不況で株式公募が思うように進まず、殿城村が脱落。②殿城村の脱落でルート変更。そのため神川第一橋梁は当初計画「80尺（24メートル）」の橋から、約200メートルの大橋梁に設計変更。③真田・傍陽への分岐点で長、傍陽、本原3村が対立し、2村が脱退の騒ぎ。④第2工区（上田—川原柳）の市街地東側迂回ルートに対し、反発勢力が西側を主張——。

そして⑤長村内の駅位置問題。《真田区の公職員、悉《ことごと》く辞表提出　停車場問題で長村の紛擾《ふんじょう》》と題する大正15年1月10日記事が詳しく伝える。〈「真田区」では、東北電車の停車場問題から紛糾をきわめて旧《きゅう》臘《ろう》中同区選出の村会議員以下すべて公職に在るものは悉《ことごと》く辞表を提出し、紛擾を重ねていたが、更に8日夜、同集会所に大会をひらいた結果、消防組幹部其他《そのた》も辞表を提出し、学校児童をも登校させぬなど、げきこうして紛議の火の手は一だん猛烈となったが、上田温泉電軌株式会社が旧冬中増資を……〉

背景は「真田区は『真田』駅設置を条件に株式公募にも協力も惜しまなかったのに、村長と温電重役が自分の出身区に好都合の位置に勝手に変更した」ことらしい。結局、村内2駅（長村、真田）で決着した。

「県下随一の私鉄網」が完成するが…

もめ事が続くも3年を掛け、東北線は上田側から順次、短期間に少しずつ開通していく。昭和2年（1927）11月20日に上田—伊勢山間。3年1月10日本原、4月2日傍陽、そして5月1日に本原—真田間が全通した。なお、2番目の区間は当初、昭和2年末には開業予定だったが延期となった。〈伊勢山から本原に至る延長線は28日開通の予定であったが、

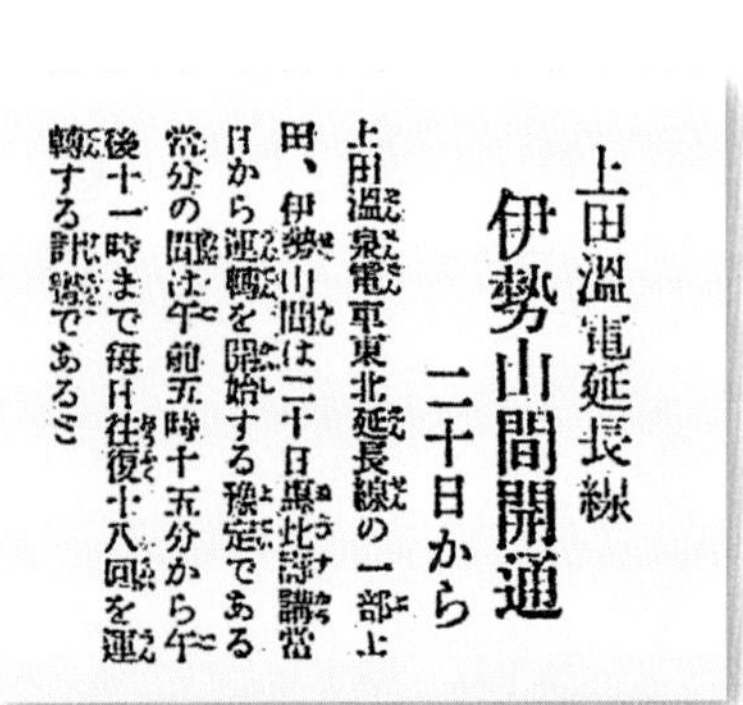

上田溫電延長線
伊勢山間開通
二十日から
上田溫泉電車東北延長線の一部上田、伊勢山間は二十日縣北部講習當日から運轉を開始する豫定である當分の間は午前五時十五分から午後十一時まで每日往復十八回運轉する計畫である

北東線は伊勢山、本原、傍陽、真田…と細切れに延伸して完成する。この記事は上田—伊勢山までの開通を伝える＝昭和2年11月27日

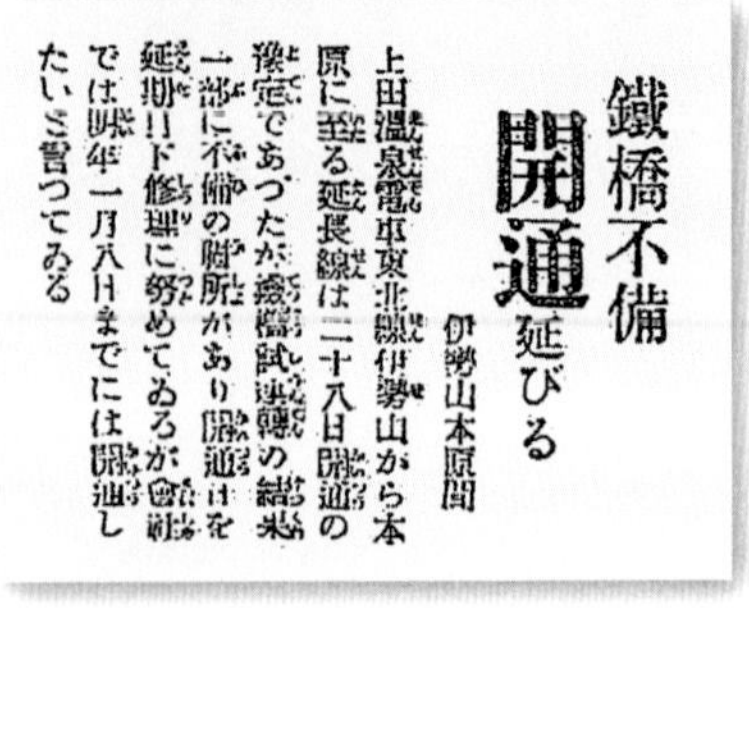

鐵橋不備
開通延びる
伊勢山本原間
上田溫泉電車東北線伊勢山から本原に至る延長線は二十八日開通の豫定であつたが鐵橋試運轉の結果一部に不備の個所があり開通は延期目下修理に努めてゐるが會社では明年一月八日までには開通したいと言つてゐる

伊勢山—本原間の開通は「鉄橋の不備」で年を越すことになってしまった。ここには大きな神川第一橋梁があった＝昭和2年12月28日

鉄橋試運転の結果、一部に不備の個所があり開通日を延期。目下修理に努めているが、会社では明年1月8日までには開通したいと言っている〉＝12月28日記事。この間わずか1・6キロだが、大規模な神川第一橋梁がある。

全線開業の様子を伝える当日や翌日の紙面は祝賀ムードを伝えている。昭和3年5月2日記事《二つの祝賀に上田の賑《にぎわ》い》には、「葉桜の上田公園に2千人余」「東京朝日新聞の飛行機が立川から飛来してビラまき」「踊りなどの余興や花火の打ち上げ」などで〈市中及び公園付近は数万の見物人で賑った〉。この1〜2両日には、花電車の運行と乗車券3割引が行われた。

こうして上田・丸子を中心とした私鉄網が出来上がった。1日の記事は〈交通機関の点では、上田市は県下随一の恵まれた都市であるといっても過言ではなく、鉄道線路のみに見ても省線の外《ほか》丸子鉄道、上田温泉電車と市域を環状連絡をしている〉と評する。

東北線はその後、北東線となった〈省線「東北線」と混同するとの理由〉のち、菅平鹿沢線、真田傍陽線と名前を変えた。菅平の観光開発や群馬県との交流の柱として期待され、高原野菜の輸送でも活躍するが、もともと沿線人口が少ないため経営は厳しく、上田—群馬間のバス路線問題では枷《かせ》にもなる。この頃の温電は昭和3年3月末時点で借入金が180万円に達していた。目論見が外れた西丸子線もあり、温電は苦戦の種がさらに増えることになった。

伊勢山までの部分開通から全線の開通までは約半年。上田市街地ではセスナによるビラまきや踊りの余興、花火打ち上げなど祝賀行事が行われた＝昭和3年5月1日

〝王様〟激賞　菅平の観光開発

《どっと流込むスキーヤーの群れ　菅平目指して…》。昭和10年（1935）12月23日記事は、多くの学生スキー客が夜行列車から上田温泉電軌北東線に乗り換え、菅平に向かう様子を、上田駅の写真付きで伝えている。

大正初めに日本に伝わり、昭和初期にかけて発展したスキー観光。県内の鉄道会社では、長野電鉄が湯田中まで開通した昭和2年、志賀高原の開発に着手しているが、温電も北東線の終点・真田駅の奥に広がる上信国境・菅平高原に着目し、宣伝や開発を進めた。昭和5年3月には、当時「スキーの王様」と呼ばれ、東京・成城学園の招きで来日したオーストリアのハンネス・シュナイダーを招請。温電経由で訪れた菅平のゲレンデを〈地形からすれば、スキー発祥の地である有名なスイスのシュワルツワルプによく似ています〉と〝褒めさせる〟のにも成功している。

温電はホテル建設にも着手。同年6月3日記事は〈菅平へスキー客吸収のため設立する資金5万円株式組織のホテル経営は非常に具体化し、敷地もお宮のスロープ前と決定し近く工事着手、今シーズンには完成。銀界菅平に美観を添えると共に、夏のスポーツ、ゴルフリンクについても計画を進め、ホテルは大

昭和初期には県内のスキー観光も発展。夜行列車から温電北東線に乗り換え、菅平に向かうスキー客も増えた＝昭和10年12月23日

残んの処女雪に微笑つ
雪の王様滑り舞ふ
神業だ、あの足は鐵の足だ…
従ふ天狗連の度膽を抜いて

「スキーの王様」と呼ばれたオーストリアのシュナイダー氏を招き、菅平で滑ってもらったことを伝える。観光開発にハクを付けた＝昭和5年3月20日

浴場と大衆的食堂を作る事になっている〉。この菅平ホテルは同年末に開業。温電と信濃毎日新聞社がタイアップし、温電に乗って同ホテルにも泊まるスキーツアー「菅平スキー団」も翌6年1月に計画され、その募集社告が紙面に何度も載った。さらに温電は、更埴地方南部からの菅平スキー場視察団も募集。昭和7年2月25日記事には〈菅平開墾者の中には更埴出身の移住民が多いので、この移住民の開墾状況を郷土の人々に視察して貰《もら》う一方、国際的大スキー場とその完備した施設状況を知らせて、お国自慢にして貰いたいというのが主眼〉としている。

「菅平」の立役者となったシュナイダーは昭和30年死去。追悼記事で、招請に出向いた当時の上田丸子電鉄常務・柳沢健太郎氏は〈スキー場に着く早々発した言葉は「展望が広く、スロープも多種多様でよいところだ」との感嘆の声だった〉〈一見山男を思わせる風情で、また性格はリンゴを丸かじりにして〃うまいうまい〃を連発するほど素朴だった〉と偲んだ。

菅平ホテル 着々具體化す

上田温泉電軌會社の斡旋による菅平へスキー客吸收のため設立する資金五万圓株式組織のホテル經營は非常に具體化し敷地もお宮のスロープ前と決定し近く工事著手今シーズンには完成銀界菅平に美觀を添へると共に夏のスポーツゴルフリンクについても計畫を進めホテルは大浴場と大衆的食堂を作る事になつて居る

温電が直営の菅平ホテルを建設。スキー客のほかゴルフ、大浴場など、通年観光の拠点を目指した＝昭和5年6月23日

菅平スキー團募集

長野地方 會費 三圓 期日 ▽一月十日午後一時四十九分長野驛發同夜菅平ホテルに一泊▽十一日午後六時廿一分上田驛歸着上田から温電で眞田まで、自動車で土合までそれから徒歩約一里半

上田地方 十一日朝上田川原柳驛より出發即日歸田、會費中食付一圓二十錢

人員は制限せず申込は一月六日迄に本社運動部スキー係宛(長野地方)及び温電(上田地方)へ御申込下さい

主催 信濃毎日新聞社

温電は信濃毎日新聞社と組んだスキーツアーも企画。現在の菅平口からは徒歩で1時間半＝昭和5年12月15日

〃菅平スキー場の恩人〃

肉とは思えぬ強固な太モモ

「シュナイダーの想い出」語る柳沢氏

菅平スキー場開発の恩人として、わが国にも知られるハンネス・シュナイダー氏(六四)＝オーストリア人＝は心臓マヒで二十六日、米国ニューハンプシャー州ノース・コンウェイの自宅で死去したが、生前同氏と親交のあった上田市海野町田沢会館社長柳沢健太郎氏は、シュナイダー氏の想い出をつぎのように語った。

シュナイダー氏が菅平を訪れたのは昭和五年三月だった。当時私は上田丸子電鉄常務と上田スキークラブの初代会長をつとめ、東京まで出迎えに行った。シュナイダー氏は愛用のスキーをかつぎ、単身上田から菅平、ヘイヤーと馬ソリにのり菅平に向った。スキー場に着く早々発した言葉は「展望が広く、スロープも多種多様でよいところだ」との感嘆の声だった。そして菅平が南ドイツのシュワルツワルド(黒い森)地方と似ているところから「日本のシュワルツワルドと命名したい」と語った いまふりかえってみてシュナイダー氏こそ菅平スキー場の開発の先覚者だといえる。菅平で一緒に一夜を明かした時、彼の苦心談を聞いたが、小さい時からスキーを夜中まで練習し、文字通り努力の結果、一流の天才になったという感じであった。菅平で披露した彼のフォームの美しさと両足の強ジンさはただ〳〵驚くばかりで、これらは映画フィルム二本に納められた。彼は六尺近くの長身で、体格がよく、太モモはたたいても肉とは思えないほど固かった。一見山男を思わせる風情で、また性格はリンゴを丸かじりにして〃うまい〳〵〃と連発するほど素朴だった。

柳沢氏

なお柳沢氏宅には「私は昔日本へ来て菅平を訪れた。菅平はスロープ、雪質などスキー場としてはじめての名選 条件が完備し、シュワルツワルドに似ているので、菅平を日本のシュワルツワルドと命名したい」とシュナイダー氏が書いた感想文が残されている。

写真は ㊤菅平を訪れた時のシュナイダー氏 ㊦柳沢氏宅に残された感想文

シュナイダー氏は菅平に訪れた25年後に死去。当時氏を迎えに行った温電の役員が、人となりを振り返っている＝昭和30年4月28日

戦時〝強制〟合併で会社は一つに

《上田丸子鉄道《ママ》創立　10月1日から営業開始》。昭和18年（1943）9月15日の記事である。

〈上田電鉄と丸子鉄道両会社は、交通統制の国策によって合併と決定、すでに両会社とも解散合併の手続きを完了、鉄道省に認可申請中のところ近く認可の指令があることになったので、28日上田商工会議所に創立総会を開くことになった。新会社の名称は上田丸子電鉄株式会社で資本金295万円、営業キロ48キロ。丸子鉄道は24年、上田電鉄21年の歴史に一応終止符をうって10月1日から新《あらた》な使命の下に発足する〉。ちなみに「上田電鉄」とは、青木線廃止の翌14年8月、軌道法下だった川西線（別所線）を地方鉄道法に切り替えたのを機に、上田温泉電軌から改称した社名で、現社名とは無関係だ。

上田丸子鐵道創立
十月一日から營業開始

【上田】上田電鐵と丸子鐵道兩會社は交通統制の國策によって合併と決定、すでに兩會社とも解散合併の手續きを完了鐵道省に認可申請中のところ近く認可の指令があることになったので廿八日上田商工會議所に創立總會を開くことに決定した

新會社の名稱は上田丸子電鐵株式會社で資本金二百九十五萬圓營業キロ四十八キロ丸子鐵道は二十四年上田電鐵二十一年の歴史に一應終止符をうって十月一日から新な使命の下に發足するなほ本社は上田驛前の現上田電鐵本社に置くことに決定した

丸子鉄道、上田電鉄が合併し「上田丸子電鉄」が発足することを伝える。国策であることにも触れている＝昭和18年9月15日

記事中出てくる「国策」とは、昭和13年8月に施行された陸上交通事業調整法に基づく。日中戦争が拡大して戦時体制が色濃くなる中で、国が乱立する交通事業者を整理統合できる法律だ。

実は先述「合併」記事の4年前、昭和14年9月1日に既に《丸子、上田両電軌合併か》の記事がある。〈鉄道省の地方鉄道調整法に依《よ》る上田温泉電気鉄道《ママ》と丸子電気鉄道《ママ》の合併問題は愈々《いよいよ》具体的な交渉に入り、羽田代議士の斡旋によって近く両者重役の会合が行われる模様である〉。同法の施行直後から既に合併は浮上し、政治の力が及んでいたようだが、実際の合併までには4年を要した。なぜか。

上田丸子電鉄小誌（昭和28年発行）には「事情立場を異にする両社は、必ずしも賛意を表するには至りませんでした」とある。また、前述の記事末尾にはこうある。〈温電の債務90万円無配に対して、丸鉄は債務30万円2分配当を続けているので、合併至難説も有力である〉。製糸業の発展を期した丸子鉄道と、観光重視で始まった温電。丸子―上田間の競合路線を持つ一方、経営状態も差異があり、特に丸子側が難色を示していたことは想像に難くない。が、戦況が厳しくなる中、国は調整法に続き、同16年には陸運統制令をかぶせてきた。合併直前には温電も配当可能に好転していたようだが、国の指導はさらに強まり、合併に〝追い込まれる〟形になった。
この時期には、五島慶太の「大東急」が、小田急や京王も併合。長野県内では、伊那電気鉄道など4私鉄が国の買収で「国鉄飯田線」に〝格上げ〟した一方、善光寺白馬電鉄は「不要不急路線」の烙印《らくいん》を押されるなど整理が進んだ。
上田丸子電鉄はその後、丸子線の廃止を経て「上田交通」となり、現在は鉄道部門を分離した上田電鉄が別所線の運行を担っている。歴史の中に七つの会社名が登場する。

「上田交通」で再スタート
上田丸子電鉄
食品販売なども業種に

上田丸子電鉄株式会社（本社上田市・資本金一億六千万円）は三十一日の株主総会で、社名を「上田交通」に改めることを提案、承認された。さる四月、懸案の丸子線廃止が本決まりになって一段落、新体制で再スタートしようとのねらい。昭和十八年以来なじまれてきた「上田丸子電鉄」の社名変更には郷愁を持つ向きもあるが、多くの住民は〝時の流れ〟と受けとめている。

「上田交通」の新社名は、登記がすみしだい一般にも公示、六月中には切りかえを終える予定。これにともない、社長、専務が交代、定款の一部改正も決まった。とくに定款の改正では、これまでの▽電鉄、バス、タクシー▽不動産▽学園経営ーなどの事業に▽建設業請け負い▽燃料供給▽総合食品販売ーなどの新業種が加えられた。食品販売、燃料供給などは、廃止された丸子線の駅や線路が利用される見通しが強く、すでにウワサにのぼっている場所もある。

「上田丸子電鉄」の社名は昭和十八年、丸子線を持つ「丸子鉄道」と真田線、別所線などを持つ「上田軌道」が合併して生まれた。電車線の上田ー丸子線は昭和三十五年ごろまで〝ドル箱路線〟として地域住民の〝足〟の役割を果たし、「上田丸子」の名に恥じないものだった。ところが、道路拡張や自動車ブームで利用者が減り、三十五年に年間四百万人だった乗客が、四十二年には二百六十万人となった。このため年々赤字がかさみ、さる五月十九日ついに廃止となった。社名変更も、丸子線と〝運命をともにした〟といえそう。

丸子鉄道の廃止で社名は「上田交通」に。「社名変更も、丸子線と〝運命をともにした〟といえそう」＝昭和44年6月1日

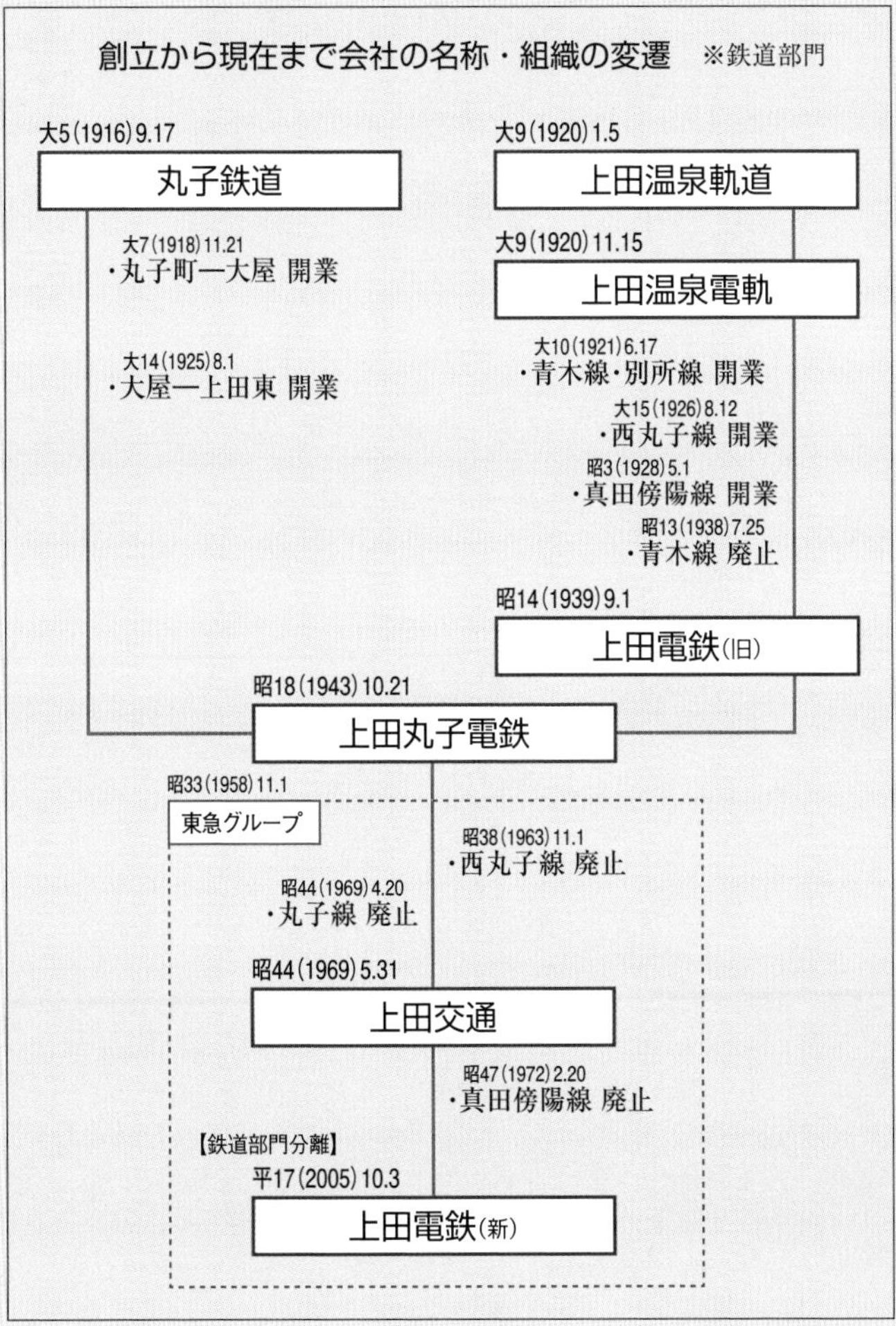

※鉄道部門以外の「上田交通」は現在も存続

あわや大事故に—急勾配の〝列車暴走〟

《無人電車が暴走、脱線転覆》。事故は昭和43年（1968）2月29日午後7時頃、真田傍陽線の終点、真田駅で起きた。〈上田発午後6時15分の電車が真田駅に到着、乗客が降りたところで同駅助役ら3人が傍陽行きの電車と入れ替え作業をはじめた。このとき、カラになった電車1両が動きだし、あわててブレーキをかけたが下り坂のため止まらず、乗務員は約50メートル走ったところで飛び降りた。このため電車は無人のまま約3キロ暴走した。この間、各駅に緊急連絡し、途中に歯止め用の鉄棒などをおいたが効果がなく、一部脱輪したまま北本原駅付近のカーブで右側の坂の下に転落。架線用鉄柱2本を折りまげてとまった。この反対側には民家もあり、けが人のなかったのは〝奇跡的〟と関係者はいっている〉。以上3月1日記事（個人名は略した）。

北本原—真田間はちょうど3キロで約100メートルの高低差があり、30～40‰の急勾配が続く。途中には長村《おさむら》、石舟の2駅があった。真田傍陽線は上田から真田まで、市街地も農村部も〝登山電車〟さながらに勾配が続く。カーブが多い市街地に対し、廃線後に転換された国道144号を見れば分かる通り、暴走した区間はほぼ一直線。暗闇の中、下り坂を勢いを付けて暴走する鉄の塊、立ち向かって脱線を試みる途中駅の駅員……。まだ通常運行がある時間帯でもあり、正面衝突や住宅、駅への突っ込みなど惨事も予想できた事故だけに、何もないところに転覆したのは奇跡と言えた。

事故そのものもだが、記事は警察への事故の届け出が発生から3時間後だったことも問題視。さらにサイド記事では安全管理にも踏み込んでいる。電車は2両編成で真田駅に到着し、先頭モーター車を切り離した直後、2両目が滑り始めた。事故はこの〈20数年前にも二度ほど起きている〉といい、沿線住民の〈下り坂であることはわかっているのだから、電動機の付いた電車を切り離すさい、残った電車に歯止めをかうぐらいの注意をしてもよいのではないか〉という、もっともな声を載せている。

これだけの事故でありながら、影響は〈同夜の同線の電車6本が運休、1日朝復旧した〉のみ。ただ、原因調査には警察のほか新潟陸運局も入り、2週間後には駅長ら3人が業務上過失往来危険罪で書類送検、電鉄は同陸運局から異例の警告を受けた。こうした事故も車両や設置の近代化に伴い、全国的に減っていった。

真田駅から3kmの下り坂を暴走、北本原駅近くに断線転覆した車両。途中の駅も突破したが、幸いけが人は出なかった＝昭和43年3月1日

暴走現場、調査始める

新潟陸運局 上田丸子電鉄事故で

上田丸子電鉄の電車暴走転覆事故にたいする新潟陸運局鉄道部の特別保安監察は、五日午前九時から電車が暴走を始めた同電鉄真田駅を中心に始められた。現場には山崎左門主任監察官ら四人の係り官と、会社関係者らあわせて二十数人が立ち会い、路線、保安施設、運転取り扱いの手順などについて点検や計測がおこなわれた。午後は、ここから約三㌔離れた転覆現場の北本原駅構内で転覆車両の調査を始め、真田線全線について監察がおこなわれた。このあと、六、七の両日は丸子線、別所線など上田丸子電鉄の鉄道部門全般にわたって調査する。結論は、新潟陸運局へ帰って調査結果を検討して出す予定という。

この日の調査は、路線のこう配、間隔、引き込み線の構造、ポイント装置などについて計測、点検。さらに、入れ替え作業を実際にやって人員配置の問題、ブレーキその他の操作手順などを検討した。また、転覆現場では路線のカーブの度合い、歯止め、通信施設、踏み切り付近の状況、転覆した電車の構造などについて調べた。山崎主任監察官は「車両、土木、運転取り扱い、電気と、それぞれの担当部門を徹底的に調べている。すぐに結論を出すわけにはいかないが、総合的見地から事故の再発が防止できるよう指導したい」と話していた。

真田駅の暴走現場で調査をすすめる新潟陸運局鉄道部の係り官ら一行

暴走事故の５日後には、新潟陸運局鉄道部が入った。現場のみならず、真田傍陽線全線のほか、丸子線、別所線の鉄道全体の安全対策が調査対象になった＝昭和43年３月５日

五島構想と東急グループ入り

別所線は東急グループの一員

〈長野県はグループにとって拠点の一つであり、創始者五島慶太《ごとうけいた》が青木村出身という強いつながりがある。過去に別所線の廃止方針を決めたということもあり、直接的な財政支援は難しい面はあるものの、地域に根付かせていきたい路線だと思っている〉

令和元年（２０１９）10月の台風19号で被災した別所線千曲川橋梁が復旧する前日の同3年3月27日のインタビュー記事で、上田電鉄の山本修社長は地域の支援に対する感謝と併せ、東急グループにおける別所線の位置づけをこう話した。

青木村の北村政治村長も令和2年1月31日のインタビュー記事で〈多くの企業や社員らを抱える東急グループは創始者出身地として村を重視してくれており、（都市部に住みながら地方と交流する）「関係人口」の拡大につながると期待している〉と語った。

東急グループは、東横線、田園都市線など、首都圏に鉄道路線１０５キロを持つ東急電鉄を筆頭に２３０社５法人で構成、観光リゾート、建設、不動産、住宅、流通、教育・文化など、あらゆる領域に及ぶ。長野県内だと上田電鉄と上田交通、東急ＲＥＩホテル、ながの東急百貨店など。東京都市大学塩尻高校（塩尻市）も、学校法人五島育英会が運営する一員である。

上田交通の社章は東急と同じデザインで、車体にも入っていた。グループ企業であることが一目瞭然だった＝平成16年

上田交通、上田電鉄の歴代社長も東急電鉄の出身。現在の上田電鉄は昭和14年に発足した旧上田電鉄の社章を使っているが、親会社の上田交通は東急と同じデザインで、上田交通時代の車両には一目で東急と分かるマークが付いていた。直接的な財政支援はしないものの、車両の導入や点検、技術者の派遣など、東急の後ろ盾で支えられている。橋梁の被災でも東急はいち早く技術者を派遣、復旧の道筋を付けた。

では、なぜ上田電鉄が東急グループなのか。詳細は意外と知られていない。キーパーソンは青木村出身の五島慶太である。

五島慶太の支援申し出と五島構想

昭和33年（1958）10月14日記事。《資本の過半数、東急へ　倍額増資を決定》。当時の上田丸子電鉄（以下「電鉄」）の東急傘下入りが決まった〝瞬間〟だ。〈上田丸子電鉄株式会社（山浦国久社長）は13日午後2時から本社会議室で臨時株主総会をひらき、8千万円の倍額増資をきめた。これによって同社の総資本金は1億6千万円となるが、増資8千万円は一括東京急行がもつことにきまっており、東京急行の持株は32万株中17万1千株になる（中略）。上田丸子電鉄は、東京急行の県内進出の拠点としてこんごの動きが注目される〉

資本の過半数、東急へ

上田丸子電鉄　倍額増資を決定

上田丸子電鉄株式会社（山浦国久社長）は、十三日午後二時から本社会議室で臨時株主総会をひらき、八千万円の倍額増資をきめた。これによって同社の総資本金は一億六千万円となるが、増資八千万円は一括東京急行がもつことにきまっており、東京急行の持株は三十二万株中十七万一千株になる。なお、さる五月三十日の定時株主総会で東京急行常務田中勇氏、東急車両の下請をしている三葉製作所社長堀内猪之助氏（上田市上川原柳町）が取締役に選任されており、上田丸子電鉄は、東京急行の県内進出の拠点としてこんごの動きが注目される。

同電鉄のこんどの増資分は▽電車増備三両分千二百万円、同鋼体化三百五十万円▽バス増備十台分三千万円▽車庫新設一千万円▽ブルドーザー購入四百五十万円▽ハイヤー増備分五百万円▽別所（小県塩田町）遊園地新設分五百万円▽菅平観光施設充実分五百万円▽道路整備分五百万円といままでにないおおがかりな拡充策に使うことになっている。

山浦社長は東京急行が増資分を一括してもつことについて「五島東急会長＝小県青木村出身＝としては郷土のことだからできるだけ援助するといってくれている」と語っている。

資本金の倍増と、その半分を東急が持つことになった臨時株主総会の内容。東急の傘下に入ったことを伝えている＝昭和33年10月14日

ここに至るには電鉄、労働組合、市議会、県、そして東京急行電鉄（令和元年「東急電鉄」に商号変更）と五島の思惑が交錯する。残念ながら内々の動きを伝える記事は乏しいのだが、当時、従業員組合と東急をつなぎ、前述の株主総会で取締役に就いた三葉製作所社長・堀内猪之助氏（故人）の著書『東急と上田交通』（昭和53年刊）に、当時の動きが詳しい。これを基に経過を整理すると――。

①昭和31年、当時東急会長だった五島慶太が故郷の鉄道支援のため「2億円ぐらい支援してもいい」と申し出、併せて上田市を中心とした交通網の整備構想を提示した。②電鉄内部では、従業員組合が厳しい経営状態からの脱却、会社の安定のため五島の申し出に飛び付いた。一方経営陣は企業買収で名をはせる五島の動きを警戒。③市議会は交通特別委員会を設置。地域全体の発展のために、五島の構想には協力する姿勢。④組合、電鉄、市議会、東急、五島本人の間で何度も話し合いが持たれたが、結局経営陣は警戒を解かず、五島の支援を拒否。その一方で自社内の課題解決には東急側の支援を求めた。

そして――。⑤「メンツを潰された」五島が、従業員組合などと協同して電鉄の株式取得に動いた。過半数の株式取得にめどを付けて資金を投じ、取締

役2人の送り込んだのが前述の臨時総会である。

このうち①で五島慶太本人から示された構想が、電鉄のみならず、地域を浮き足立たせた、いわゆる「五島構想」である。とはいえ、五島構想という文書があるわけではなく、五島自身が語った時期によっても内容に差異があるようだが、故郷信州の発展を心から願った、概ね以下のような内容になる。

▽養蚕立国で成り立ってきたが、今後は観光立国に依って生きるほかに道はない▽観光立国を実現するために必要なことは小藩分立の思想を捨て、信州の谷と盆地を鉄道と自動車道でつなぐしかない▽上田丸子電鉄は北は屋代に至って長野電鉄とつなげる▽東は小諸、真田から自動車道で長野原に至らせる▽西は三才山峠を越えて松本電鉄につなげる▽南は国有鉄道の電化を進める――。

五島慶太・東急会長が示した、資金含みの構想には電鉄のみならず、行政も色めき立った。市議会は歓迎し「協力」の姿勢を示した＝昭和32年4月26日

電鉄が五島構想の拒否を決めた昭和32年7月13日の役員会、大株主懇談会を伝える記事（翌14日）。〈東京急行会長五島慶太氏の「上小地方の交通網充実構想」に伴う上田丸子電鉄の電車軌道、バス路線の拡充問題について協議した結果、東京急行の資本受入れを拒否し、3千万円を自力増資してバス路線の拡充、電車の増備をおこなうことをきめた。（中略）いわゆる〝五島構想〟による同電鉄と東京急行との関係は、10ヵ月ぶりで終止符をうつことになった〉。結果として終止符にならず、取り込まれたのは先述の通り。上小地方の会社が東京の大企業グループの傘下に入る初のケースになった。

電鉄の労組は五島構想に経営状況の改善を期待する一方、経営陣は警戒して結局拒否。これを気に五島は電鉄株取得に動く＝昭和32年7月14日

実現しなかった五島構想

「五島構想」の登場まで、県内の鉄道史に表立って五島の名前が出てくることはあまりないが、実は当初から深く関わったとされる。上田丸子電鉄小誌（昭和28年刊）の「上田電鉄株式会社」の項には上田温泉電軌発足時の出来事として「鉄道院総務課長参事五島慶太氏（青木村出身）が当初より絶大な指導と援助を与えられたことでありまして、或《あるい》は技師を派遣され、或は企業計画を検討され、実に熱意のある指導をつくされました」とある。また、JR飯山駅前に「五島慶太翁碑」が立っているのは、五島が鉄道院時代、前身の飯山鉄道建設に尽力したとされるためである。

　五島は、電鉄の東急グループ入り翌年に亡くなり、構想も実現しなかった。電鉄の経営もさらに冬の時代を迎え、その後15年で3路線を一気に廃止。最大48キロを誇っていた路線網は4分の1となり、その別所線も存続の危機を幾度も迎えることになる。

　とはいえ小誌に基づけば、上小の鉄道網は五島なしでは実現できず、東急傘下だったからこそ走り続けて来られたとも言える。青木村は令和2年4月、五島の歩みや業績をたたえる「五島慶太未来創造館」を開館させた。国道144号沿いには「五島慶太生誕の地」の大看板が立ち、顕彰に力を入れている。

五島の出身地・青木村では近年、顕彰の動きが活発。村の入り口の国道144号沿いには「生誕の地」の大看板を設置＝平成31年2月

五島慶太略年譜

明治15（1882）	0歳	小県郡殿戸村（現青木村）に生まれる
33（1900）	18歳	松本中学卒業、青木村代用教員に就く
40（1907）	25歳	東京帝大入学
44（1911）	29歳	帝大卒業、農商務省へ
大正 2（1913）	31歳	鉄道院勤務に
9（1920）	38歳	鉄道省退官し武蔵電気鉄道常務取締役に就任
11（1922）	40歳	目黒蒲田電鉄設立（大正13東京横浜電鉄に変更）
昭和 4（1929）	47歳	武蔵高等工科学校（東京都市大の前身）
9（1934）	52歳	東横百貨店開業
11（1936）	54歳	玉川電気鉄道買収し社長就任
17（1942）	60歳	東京急行電鉄に商号変更
19（1944）	62歳	運輸通信大臣就任
27（1952）	70歳	東京急行電鉄取締役会長就任
28（1953）	71歳	東急不動産設立し取締役会長就任
30（1955）	73歳	学校法人五島育英会設立し理事長就任
33（1958）	76歳	白馬観光開発設立／白木屋を東横百貨店に吸収
34（1959）	77歳	伊豆急行の敷設免許取得／逝去（8月14日）

実現しなかった「路線の夢」

上田丸子電鉄が東京急行会長・五島慶太が提示した「五島構想」に向き合っている時、電鉄側が計画していたのが丸子線・八日堂—上田間の延伸だった。上田東駅が国鉄上田駅と離れていたため、八日堂から信越線に沿って上田駅に入り、別所線とつなげて塩田、丸子を環状運転させる目論見だった。

この区間の延伸は実際、昭和30年（1955）5月には取締役会で敷設申請を決めた区間だった。資金調達に苦慮していた折、五島構想が浮上。電鉄は五島構想の受け入れは拒否した一方、なんらかの支援を取り付けることは画策し、八日堂—上田間および真田—菅平口間のへの全額負担による支援を東急側に求めた。〝虫のいい要求〟は東急に突っぱねられ、両区間の建設も未完に終わった。

ここまで触れてきたように、丸子鉄道、上田温泉電軌とも実現した各路線には、そこだけで終わらせず、将来的にもっと先に延ばしていく計画……とまで行かずとも、構想や〝夢〟があった。丸子鉄道には鹿教湯、保福寺峠を越えて松

北鹽尻延長線の
實地踏査

小縣郡丸子鐵道會社專務取締役工藤助一氏は三十一日土屋技師を從へて上田市に來り同鐵道期成同盟會委員成澤伍一郎・瀧澤一郎の兩氏と共に北鹽尻驛延長豫定線の實地踏査を行つた

丸子鉄道の専務と技術者が北塩尻（現・西上田）延長に向けて実地調査したことを伝える＝大正13年11月2日

東北電地鎭祭

東北電車の起工地鎭祭は廿九日午前十時上田市川原柳町の起點たる愛宕下において擧行した上田溫電會社長代理成澤伍一郎氏の式辭につぎ神官の祭事あり來賓勝俣上田市長神科村長瀧澤喜三郎氏の祝辭あり參列者百五十餘名であつた

將來は—
群馬まで延長

卅日より起工する上田市、傍陽、長村間の東北電車は將來群馬縣に延長して上越鐵道中之條驛に連絡すべき鐵道の母体線と稱さるゝが工事請負は代議士大島要三氏の大島組にして延長七マイル五分であるが同組工事主任加藤沖太郎氏の談に依ると橋梁は神川の第一鐵橋八十尺六聯、第二鐵橋七十尺三聯、洗馬川にも亦七十尺三聯のものを架しトンネルは川久保に百廿一間のもの一ツ、盛土は神川第一鐵橋附近に八十尺の處あるもさう大したる難工事はないので明年七八月には必ず竣工する豫定であると

上田温泉電軌北東線の着工時。将来は群馬県側に延長して中之条まで達する構想に踏み込んでいる＝大正14年10月30日

本・浅間温泉に至る構想があったほか、上田側も北上させて北塩尻（西上田）に達する考えがあったようだ。大正13年（1924）11月2日記事は、丸子鉄道の社長が技師を従え、期成同盟会と共に「北塩尻延長線」の実地調査を行ったことを伝えている。

温電は北東線（真田傍陽線）の終点・真田からさらに先の大日向集落まで、同線開通前の大正15年に路線免許を取得した。同線は県境を越えて長野原、中之条方面まで延ばす野望もあった。上田丸子電鉄になった後の昭和26年（1951）には西丸子線が、丸子町内の寿町から丸子線・上丸子をつなぐ免許を得た。が、いずれも断念、免許は失効した。

五島構想を含め、上小の私鉄網はどんな〝絵〟を描いたのか、大まかな地図を作ってみた。小私鉄が当時の技術でどう実現するつもりだったのか、どこまで本気だったのか―。株式を売る（資金集め）ために将来性を大きくうたった面もあるだろうが、夢路線の空想も楽しい。

上田地域の私鉄を中心に描かれた路線計画・構想

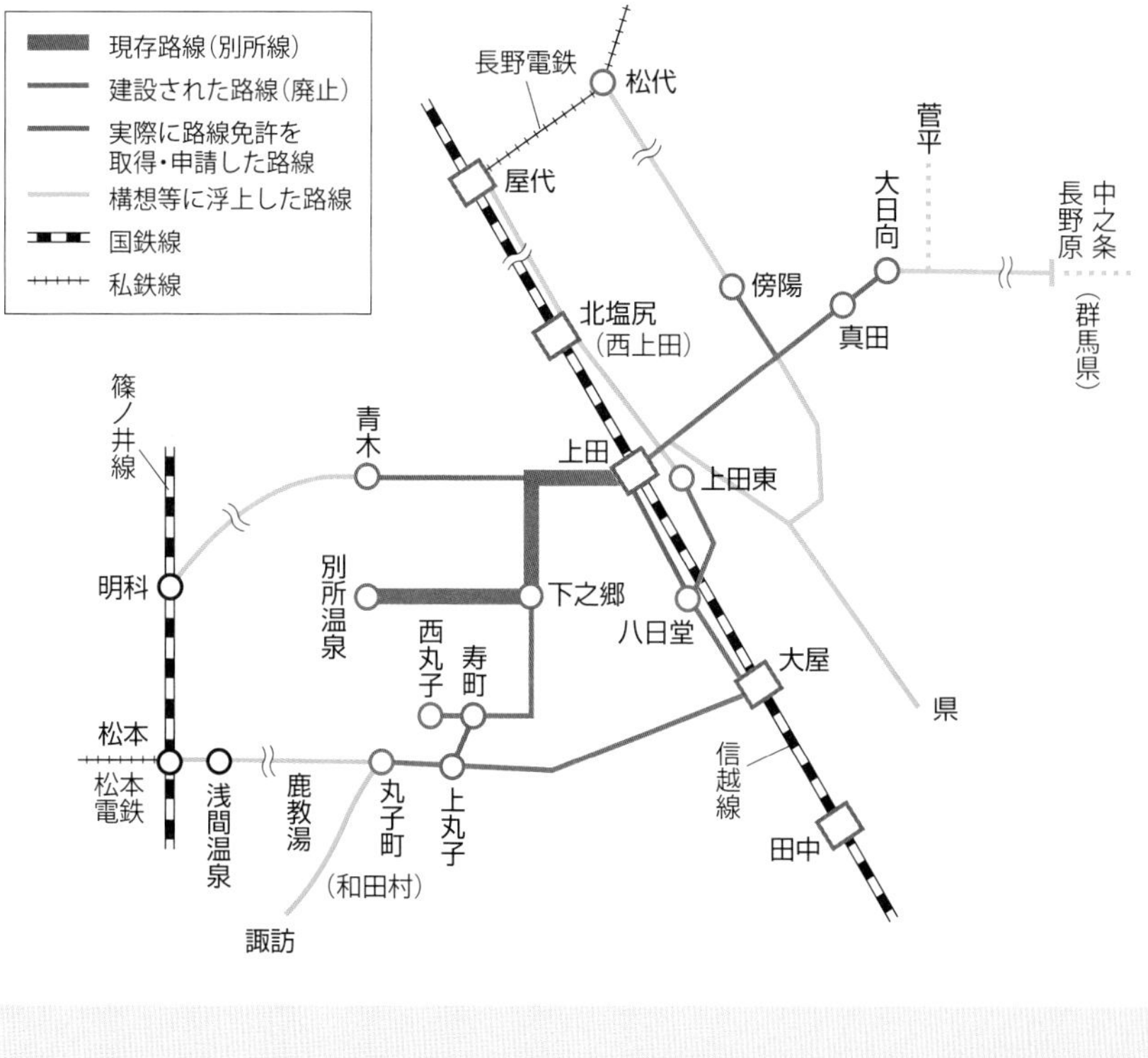

上州バス路線　真田―上田間の攻防

上田丸子電鉄の株式の過半数を東京急行電鉄が取得するとの報道から約20日後の昭和33年11月4日、《国鉄バスの上田乗入れ　年内に解決しそう》との記事が載った。〈32年春以来、未解決のまま上小地区住民の注目を集めている国鉄バス上田乗入れ問題は、このところしばらく途絶えているが、地元上田丸子電鉄では、このほど東京急行の資本による資本金倍額増資がおこなわれ、国鉄バス上田乗入れにたいする電鉄の草津乗入れの態勢をととのえたところから…〉。

国鉄バスの上田乗入れ
年内に解決しそう
近く最終的な話合い
上田丸子電鉄　草津乗入れ態勢も整う

三十二年春以来、未解決のまま上小地区住民の注目を集めている国鉄バス上田乗入れ問題は、このところしばらく途絶えているが、地元上田丸子電鉄では、このほど東京急行の資本による資本金倍額増資がおこなわれ、国鉄バス上田乗入れにたいする電鉄の草津乗入れの態勢をととのえたところから、あと一、二回の話合いによってまとまり、年内には解決されるのではないかとみられるにいたった。またこの問題の早期解決については、菅平冬の観光宣伝対策などとあいまって、地元からの要望も強く、国鉄、上田丸子電鉄両者の第四回話合いの早期開催を望む声が強い。

昭和初期からくすぶる国鉄（省営）バスの上田乗り入れ問題。30年代に入って再燃したが、東急傘下入りで変化が…＝昭和33年11月4日

懸案解決の見通しが見えてきた――とのことだが、国鉄バスの上田乗り入れ問題とは何か。

上田温泉電軌北東線（真田傍陽線）は路線延長も含め、群馬県北部、吾妻川流域をつなぐ役割も期待された。鳥居峠を越えて真田と群馬県渋川までの約85㌔を結ぶ省営バス路線は昭和10年（1935）12月に誕生したが、上田側起点は真田駅。実はこのときも、省営バスは上田までの乗り入れを望んだが、上田温泉電軌

が抵抗し、真田で〝食い止め〟ていた（81ページ参照）。
冒頭の記事は、20年来の問題の再来だった。両県の沿線住民から声が高まったのが発端で、この当時は国鉄長野原線（現JR吾妻線）が開業しており、群馬側起点は長野原（現・長野原草津口）。真田駅での乗り換えなしで上田まで行くことを求める国鉄バスと沿線世論に対し、電鉄は真田傍陽線とバス路線、さらには会社全体の死活問題だとして再び強く抵抗した。打開を求めて嬬恋や長《おさ》など沿線4村から陳情された上田市議会は〈上田市の発展、住民の福祉増進のために国鉄バス乗入れはぜひ必要〉（昭和32年7月5日記事）と結論づけた。このとき電鉄の役員でもあった永野県蔵市長は「乗り入れは困るが市長としては反対できない」という苦しい立場だったようだ（堀内猪之助著『東急と上田交通』より）。

行政も沿線も味方にならず、電鉄にとっては四面楚歌。東北部の強い求めに応え、経営が厳しい中で人口が希薄な山村に鉄道を敷いたのに……。なんだか電鉄が気の毒にもなってくる。

省營バスに
溫電反對

【上田電話】上田温泉會社では上田と北上州とを結ぶ省營上信バスの成否は死活問題であるとして群馬自動車會社と呼應して實現反對の猛運動を起すこととなり温電柳澤常務は五日の上高地ホテル開館式済み次第歸社直に上京することとなつた現在では上田鳥居峠間は温泉峠長野原間は吾妻自動車株式會社長野原澁川間群馬自動車會社にて連絡を取り乗合を運行して居るが吾妻會社は既得權を賣却の意向で關係市町村當局に合流して省營バスに賛成して居るが温電及び群馬自動車會社では折角開拓した路線であるからこれを死守せねばならぬと絶對反對を表明して居るもので茲に賛否對立となり成行は非常に注視されて來た

戦前の省営バス乗り入れ問題を伝える。鳥居峠までの県内区間の路線を持つ温電にとっては死活問題だとする＝昭和8年10月5日

電鉄は対抗策として、自社バスを草津温泉に突っ込む「相互乗り入れ」を交換条件に提示。国鉄の〝ドル箱〟に挑む強気の奇襲に出た。冒頭の記事では、東急傘下に入った電鉄が〈最初のころと打ってかわって、かなりの強腰で話合いにのぞんでいるようだ〉とも。話し合いは繰り返され、さらには軽井沢の西武バスも絡んで調整は難航したが、昭和35年6月1日、電鉄、国鉄両バスの上田―草津間の相互乗り入れが始まった。なお県境越えのJRバス路線は平成2年（1990）4月に廃止されたが、上田交通から独立した上田バスが令和2年（2020）12月から、上田―草津間の路線バス運行を開始した。

あすから相互乗り入れ
国鉄と上田丸子電鉄バス
上田―草津
上田―菅平

上小地方待望の国鉄バス、上田丸子電鉄バスの上田―草津間、上田―菅平間相互乗り入れは、あす一日から実施する。とくに国鉄バスの上田乗り入れは昭和十年、国鉄バスが小県真田町へ乗り入れていらい二十五年ぶりに関係地区住民の念願がかなうわけで、上田市、上田商工会議所、小県真田町は祝賀の横断幕、懸垂幕をかけたりしてお祝いの準備を進めている。
この相互乗り入れは三十二年春、二級国道上田―長野原線沿線の上小地区市町村、群馬県吾妻郡町村民の間から「国鉄バスを上田まで乗り入れる運動をしよう」という声が出たのが発端。同年八月には国鉄バス上田乗り入れ連合協議会が発足、上田市議会交通特別委員会がさきに立って関係機関へ何回も陳情した。
これにたいし上田丸子電鉄の反対があったが、その後国鉄バス乗り入れの条件として上田丸子電鉄の草津町乗り入れへと話が進み、昨年七月ようやく国鉄・上田丸子電鉄間で相互乗り入れの話し合いがつき、このほど運輸省の認可もおりて、実現することになった。

相互乗り入れを祝う懸垂幕＝上田商工会議所前

電鉄は、国鉄の“ドル箱”草津温泉への自社バス乗り入れを条件に掲げ、長年の問題を決着させた＝昭和35年5月31日

車両は東急からやって来る

現在別所線を走るのは全て東急電鉄から譲り受けた車両だ。現役車両は平成20年（2008）年に来た1000系と、平成27年の6000系。東急池上線（五反田―蒲田間）を走っていた車両で、別所線への移籍に当たって運転席のワンマン対応やパンタグラフ改良、車内暖房の強化など、東急車輌（横浜市）で改造されて運ばれた。そして「まるまどりーむ号」「さなだどりーむ号」など、別所線独自の塗装、ラッピングで走っている。

東急グループ入り以降、車両は東急からの譲渡を受けているが、古くは五島慶太が鉄道省総務課長だった大正期から、前身の玉川電気鉄道の車両の融通を受けるなど、縁は深い。特に最近の別所線車両は、趣向を凝らしたラッピングで、片田舎を走る中古車両とは思えない洗練されたデザインになっている。東急から来た近年の車両を並べてみた。

●クハ290形
1983年11月登場。東急5000系（1958年製）の改造車両。中間車を先頭車にしたため「平面がえる」とも呼ばれた。紺とクリームの車体色でモハ5250形「丸窓電車」との連結運転もしたが、1986年の1500V昇圧で引退。活躍3年の短命だった

●5000系／5200系
1986年10月、1500V昇圧で登場。1954年製5000系は「青がえる」として親しまれた車両で、別所線では薄緑に濃緑ラインの車体色で4編成8両が運用された。5200系は1957年製「日本初のステンレスカー」で1編成2両を導入。共に7200系に置き換わるまで活躍した

● 7200系
1993年5月、5000系と5200系の完全置き換えで5編成10両導入。県内私鉄初の「冷房率 100%」を達成、別所線の近代化に貢献した。正面のダイヤモンドカットが特徴で、うち2編成は戸袋窓に楕円シールを貼って「丸窓電車」を再現した「まるまどりーむ号」として運行。2008年から離脱が始まるも、最後の1編成は2018年まで走り続けた

● 1000系
7200系導入から15年ぶりの更新でやってきた車両。1991年製で、2008年8月から運行を始め、4編成8両を持つ現在の主力。同年から各1編成が原田泰治さんデザインの「自然と友だち」1号、2号に。さらに1編成が後継の「まるまどりーむ号」、また大河ドラマ『真田丸』放映時にはタイトルロゴをあしらうなど、ラッピングで楽しさを演出している

● 6000系
元は1000系と同型車両の中間車改造型で、1編成2両を2015年3月に導入した。戦国武将・真田幸村の甲冑「赤備え」をイメージし、六文銭もあしらったラッピング車両は愛称公募で「さなだどりーむ号」と命名。なお1000系と合わせラッピングフィルムはミマキエンジニアリング（東御市）が制作した

3路線の相次ぐ廃止

東京急行電鉄の傘下となって安泰――と考えられたのも束の間、上田丸子電鉄の鉄道事業は一気にしぼんでいく。昭和38年（1963）から10年足らずの間に、最大で総延長56キロを誇った路線の相次ぐ廃止が始まった。

西丸子線――災害を機に「即刻廃線」

昭和36年6月下旬から7月初めにかけて発生した集中豪雨「三六災害《さんろく》」。県内では伊那谷の被害が甚大だったが、西丸子線は上小地域の爪痕の〝代表格〟となってしまった。

7月5日記事《西丸子線電車廃止か　復旧ほとんど不可能》は内部が崩落した二ツ木トンネル入り口の写真を載せている。〈ここ数日の豪雨で馬場《ばっぱ》―依田間のトンネル内の崩壊が激しく、1日から運休している。会社では6日ごろ重役会を開いて処置をきめるが、年間600万円の赤字路線のうえ復旧には数億円かかるので、ほとんど復旧の見込みはないといっている〉。懸案だった老朽化にほとんど対策を打って

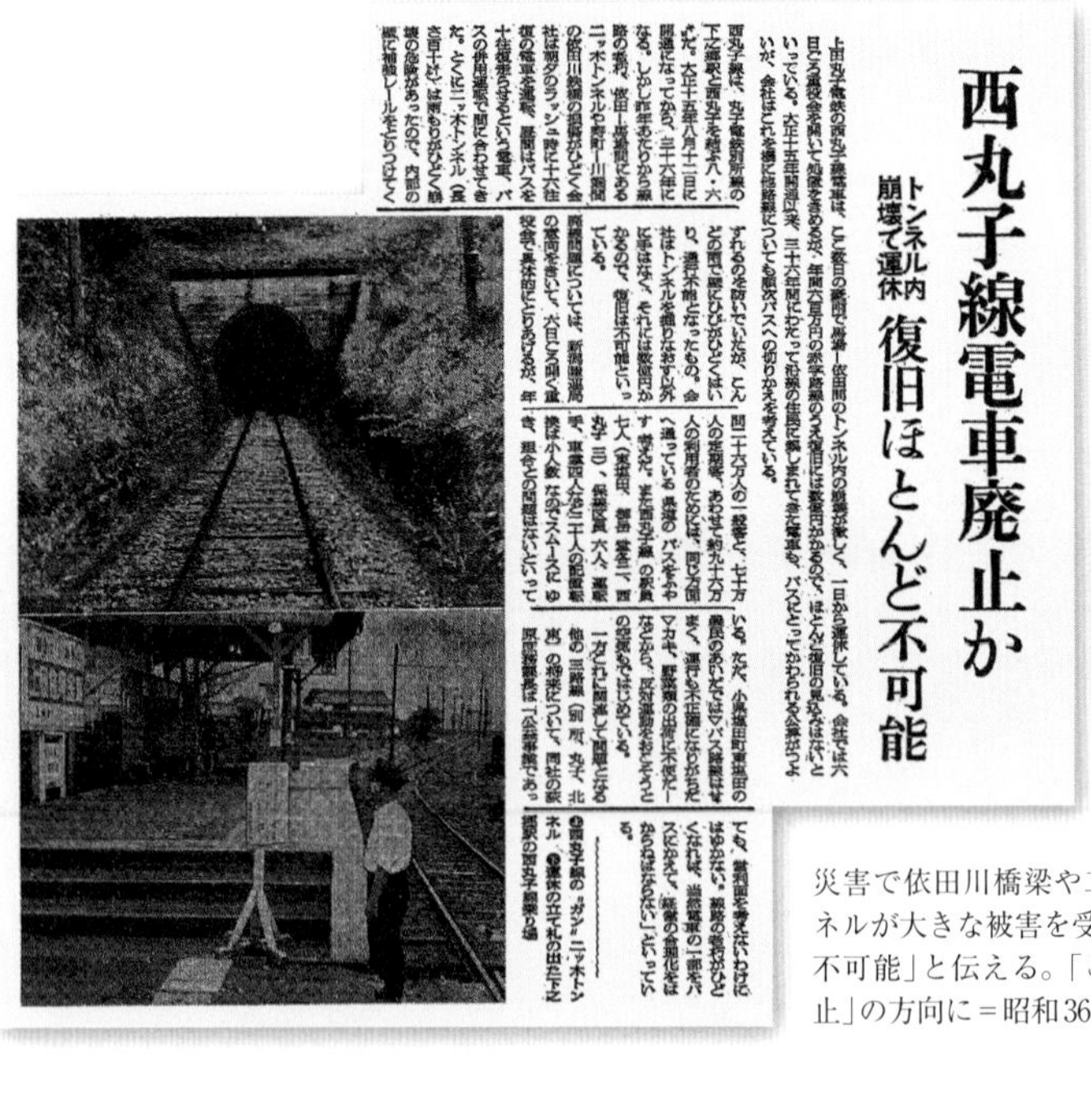
西丸子線電車廃止か
トンネル内崩壊で運休　復旧ほとんど不可能

災害で依田川橋梁や二ツ木トンネルが大きな被害を受け「復旧は不可能」と伝える。「このまま廃止」の方向に＝昭和36年7月5日

こなかった同線は、災害がなくとも前年頃から〈二ツ木トンネルや寿町―川端間の依田川橋梁の損傷がひどく会社は朝夕のラッシュ時に16往復の電車を運転、昼間はバスを10往復走らせるという電車、バス併用運転で間に合わせてきた〉。

　重役会はあっさり廃線を決め、国へ手続き。7月7日記事で山浦国久社長は〈乗客の安全も保証できない状態なので、廃線もやむをえない〉とコメント。代替バスの運行は〈地元の意見をきいてめいわくがすくないよう善処したい〉とし、本数増も約束したが、地元は猛反発。狭い道をバスが行き交って危ない、時間が不正確、朝夕のラッシュがひどい……など、お決まりの不満が高まることになる。この事情は8月7日記事《西丸子線廃止にわく》にまとまっている【紙面参照】。

町の話題⑧
小県塩田
西丸子線廃止にわく
復旧陳情くり返す住民

○…上田丸子電鉄西丸子線の廃止―梅雨前線豪雨で直接の被害はさしてなかった小県地方だが塩田町のひとびとにとっては、これは洪水にもまさる〝寝耳に水〟の驚きだった。大正十五年開通以来、三十六年間にわたって沿線の住民に親しまれてきた西丸子線電車が運休したのは七月一日。局地的な豪雨で、丸子町依田―塩田町馬場間にある二ツ木トンネル（長さ百十㍍）の雨もりがひどくなり、崩壊の危険があること、寿町―川端間の依田川鉄橋にも大きな損傷ができたこと、などが運休の原因だった。上田丸子電鉄は、運休してまもない七月六日、重役会を開いて▽路線の復旧には最低一億八百万円はかかる▽年間六百万円以上の赤字路線なので復旧やこんごの経営がむずかしい▽老朽がひどく危険だ―というわけであっさり廃線をきめ、即日運輸省へ廃線手続きをとった。電車のかわりに、同線に並行している県道に一日三十四往復のバスを運転するという条件で―

○…しかし、おさまらないのは、これまで西丸子線を利用してきた塩田町東塩田の七千人のひとたちだ。バスを運転するという県道は、幅もせまく危険だし、順調な運行も期待できない。また、花や果物の出荷に不便だという声が、まず東塩田、富士山などの農協関係者からおこった。それに「西丸子線を敷くときは、敷地の提供や労力奉仕などの協力をさせておいて、廃線のさいは、地元になんの話もないのは、あまりに勝手ではないか」というのだ。会社側は西丸子線が老朽して危険なことも強調し、地元に廃線への協力を求めてきたが、「会社は水害をいい機会として赤字路線の整理に乗り出した」というのが地元の大方の見方。塩田町の三分の一を占める東塩田地区住民の問題は、当然町全体の問題として、以来、会社にたいし、なんとか大がかりな陳情をくりかえしている。

○…バスが電車にとってかわって一ヵ月。やはり、電車のように正確にはゆかないようだ。しかし、さいきんは、しょせん復旧する意思のない会社にたいし▽道路を整備する▽果物輸送には会社のトラックを提供する―などで妥協しようとの意見も一部にある。だが、農協関係者は、せめてトンネル入り口の馬場駅までも電車を運転してほしいと主張する。地元の賛成意見がえられないときは、運輸省の廃線許可も手間どりそうだが、武田塩田町長は「三十六年間親しんできた電車を急にやめられるのは、さびしくてなんとももやりきれないというのが町民の真の気持ちでしょう」と語っていた。（塩田町）

バスのりかえの立て札の出た別所線と西丸子線分岐駅下之郷

西丸子線復旧の意思がない電鉄と、建設の際の協力を持ち出して廃止反対する沿線住民の思惑を伝える＝昭和36年８月７日

　昭和10年代に廃止が決まりかけたものの、持ちこたえた西丸子線。近代化に乗り遅れ、電鉄側も被災を機に廃止を即断した格好だ。年を越し昭和37年1月11日記事では、依然地元が猛反対を続けるも、児童が通学に使う東塩田小学校の校長は〈廃線、反対どちらでもよい。現在の段階で、一刻もはやく児童が安全に通えるように―というのがねがいです〉と話している。決意の固い電鉄側の翻意はありえず、西丸子線はさらに1年半後の38年11月1日、沿線のお別れもなく、手続きだけで消えた。

丸子線の廃止が検討されていることが表面化した記事。信越線の複線化に丸子線の軌道敷を活用する話は、かなり大きな要素だったようだ＝昭和41年12月14日

姿消すか丸子線 上田丸子電鉄

赤字を理由に検討

地元 町をあげ反対運動へ

上田丸子電鉄は、上田市と小県丸子町を結ぶ電車丸子線の廃止を検討している。二十一日の取締役会で廃止か存続かを決めるが、大勢は廃止の方向という。上田と丸子地方を結ぶ重要な交通機関だけに住民の関心が高い。

丸子線は上田市の上田東駅―丸子駅を結ぶ約十二キロ。大正七年から営業している。会社側がこの線を廃止しようという計画は、①運賃値上げにもかかわらず昨年から大幅な赤字になった②人件費の急増でこれ以上赤字額をふやしたくない③県道上田―丸子線のうち上田市と丸子町間が舗装道路になり、バス輸送に問題がない④国鉄信越線複線化にとって丸子線の一部がガンになる―などの理由から出ている。

社の説明だと、三十五年は年間三百九十四万人の利用者だったのが昨年は二百九十六万人に減った。利用者は定期客が八割を占め、昨年の運賃値上げでも丸子線は三百万円の赤字になった。道路舗装によりバス利用が有利になったためという。しかし利用者は減ったといっても一日約七千九百人が通学、通勤に利用、また丸子町周辺の産物も貨車で運ばれている。それだけに反対する人も多く中村房一丸子町長は「四十年以上も続いているのを急に廃止するのは納得できない。町をあげて反対するつもりだ」といっている。

上田丸子電鉄の古橋専務は「国の中小私鉄に対する積極的な援助がないかぎり、赤字路線をかかえてはいけない。廃止するとになれば、当然バスの運行をふやし、貨車も長鉄局と相談し迷惑をかけない」と説明している。なお同社は廃止の決定が出ると組合側と相談、運輸大臣へ廃止申請を出すが、公聴会もあり正式な廃止となっても実施は数年先になりそうだ。

電鉄が廃止を申請して既に1年たった頃のまとめ報道。丸子町の反対も「絶対」から「条件付き」に変化＝昭和42年11月22日

ことしも残すところあと一カ月余。あわただしい歳末がすぐやってくる――。豪雪にはじまり、選挙、災害、物価上昇、交通問題、そして史上最高の豊作……と、各種の話題にいろどられたこの一年。その地域住民、家庭の表情も話題それぞれに違い、複雑な問題も多い。以下、県下各地の話題をとらえ、その周辺をさぐってみた。

話題その周辺 ①

交通革命の縮図

より便利なバス、車へ

上田市・小県郡 丸子線の廃止

申請後早くも一年

人口七万五千人の上田市、二万七千人の小県丸子町。この両都市の あいだを 昔ながらの箱型、ゆっくりとした電車が走っている。この電車と並行している信越線の スマートで 速い列車、国道十八号線をせわしげにスピードをあげる車と、まったく好対照。上田丸子電鉄の丸子線をとりかこむ環境は、急速に進む交通革命の縮図を見せつける。交通機関の利用者が、電車をはなれて、より速く、便利なバス、自家用車へと移っていったのは 自然の 流れともいえよう。丸子線廃止申請は、こうした情勢を背景に当然のことのように提出されて、はやくも一年たとうとしている。

日中の乗客十人以下

その上田丸子電鉄丸子線。大正七年十一月に小県丸子町―上田市大屋間の運転を開始。さらに大屋―上田東間に大正十四年線路が完成、丸子―上田間に直通電車が走る。いらい半世紀、丸子線は上田丸子電鉄をささえるドル箱として、上田市、丸子町の開発、発展にかかせない交通機関として愛され、親しまれてきた。だが、四十年を境として乗客は急変。運賃値上げをしてさえ赤字は直線的に増大し、上田丸子電鉄の屋台骨をゆさぶりつづける。会社の話だと利用者は、割り引き率が高いという理由で、通勤通学者が八割以上をしめ、一般乗客は数えるほどに減少、日中の電車は十人以下の乗客 しかいない ことが"正常"となった。四十一年八百万円の赤字、四十二年は千五百万円の赤字見込み。まくら木一本とりかえないでのことだ。

町は条件づき反対に

丸子線廃止許可申請一月二十一日。古橋要久雄上田丸子電鉄専務は運賃値上げをしても、赤字が直線的にふえるということは、丸子線がもはや、どういう手段をつくしても減少する乗客を引き止める魅力がなくなっているため」と廃止申請の理由を語る。営業係数は三十五年に八五だったのが、四十一年は二一二に転落した。百円の運賃をかせぐために、百十二円の金をかけているのが丸子線の現状である。電車の利用者も三十五年にくらべ年間で百九万人減の二百八十四万人(四十一年)、一日五人ずつ乗客が減っている計算である。かつて、絹織物の町として六千人の織り姫をかかえ「丸子、横浜、ニューヨーク」とうたわれた丸子町だが、もはやそうした多数の労働力を吸収する産業が育つ見通しもない。"廃止絶対反対」から条件つき反対に態度をかえつつある丸子町、ともかく会社と話し合うという労働組合。激流のように流れる大都市への人口移動の悲劇が丸子線であり、丸子町の姿でもある。

バス輸送は大丈夫か

丸子線廃止後の輸送はバスにかわる。廃止許可がでたばあいに、上田丸子電鉄は十八台のバスを購入し、一日百六往復(現在十往復)を丸子―上田間に運転する計画だ。運行車数一日二万台といわれる国道十八号線だけに、輸送が円滑にできるかという心配もある。だが、上田―丸子間をつなぐ主要地点三カ所にある踏み切りがなくなれば、車両の流れは順調になるという見方もある。一方、国鉄は、大屋―上田間を信越線と並行にはしる丸子線が廃止されれば、複線化にとっては、ねがってもない朗報。工事着工予定を延期して丸子線の廃止問題のゆくえをみつめている。まさに、弱肉強食時代に突入した感じのつよい交通革命の一面だ。小山上田市長は「住民にとって絶対必要なら、赤字分ぐらいは市で補助金をだしてもいいが、丸子線に限ってはそこまで…」と割り切っている。もう一度古橋専務に登場してもらおう。「運賃は公共料金、経営は金額会社もち。交通政策はまさにちぐはぐだ。この被害者が丸子線であり、全国の私鉄経営者の悩みとなっているのだ」

廃止問題の焦点にたつ丸子線電車(左は信越線、国道)＝上田市神川

〝さようなら丸子線〟
半世紀の運転閉じる
花電車に別れ惜しむ
カメラ手に大勢の住民

上田丸子電鉄（成沢忠兵衛社長・本社上田市）は、十九日を最後に丸子線の運転を打ち切った。
半世紀にわたって、沿線の人々に親しまれてきた電車だけに、消えゆくローカル線最後の姿を見ようと、朝から利用者や子供たちがカメラ片手に詰めかけた。この〝閉業騒ぎ〟の中で、関係者は〝もうあすからこの電車が動かなくなるのかと思うと…〟と、しんみりした表情だった。
この日は閉業記念切符を発行したり、〝花電車〟を運転するということもあって、朝からふだんの倍以上の人たちが詰めかけた。午後はどの電車も満員の盛況。「電車が走っていくと、沿線の子供たちが手を振ってくれるんです。うれしいようなさびしいような…」と話す車掌さん。「なんとなく写真にとっておきたくって」と、カメラ片手の中学生。ローカル線をはさんで消えゆくものへの〝惜別の情〟が交錯していた。
上田東駅と丸子町駅間十一・九㌔を結ぶ丸子線は、大正七年から五十年間、地域の人たちの足の役割りを果たしてきた。だが、道路の整備、自動車の発達などで、利用者は減る一方。とうとう十九日限りで廃止に追い込まれてしまった。二十日からはバスを増発、利用者の足を確保する。

〝さよなら丸子線〟とかざりつけて走る花電車＝上田東駅付近で

丸子線の最終運転の様子。どの電車も満員の盛況で、沿線では住民が見送った＝昭和44年4月20日

丸子線——依田窪から鉄道が消えた

西丸子線廃止から3年。昭和41年（1966）12月14日の記事が丸子町民を驚かせた。《姿消すか丸子線》。廃止の理由は〈①運賃値上げにもかかわらず昨年から大幅な赤字になった②人件費の急増でこれ以上赤字額をふやしたくない③県道上田茅野線のうち上田市と丸子町間が舗装道路になり、バス輸送に問題がない④国鉄信越線複線化にとって丸子線の一部がガンになる〉。それにしても④はきつい。丸子線がなくなれば、上田―大屋間の並走区間を活用できるという理由だが、完全に邪魔者扱いだ。

記事は路線の現状にも触れている。〈35年は年間394万人の利用者だったのが昨年は296万人に減った（中略）昨年の運賃値上げでも丸子線は300万円の赤字になった〉。〈利用者は減ったといっても1日約7900人が通学、通勤に利用、また丸子町周辺の産物も貨車で運ばれている〉実情もあるのだが、同月21日、取締役会は満場一致で廃止を決定。翌22日記事では信越線の複線化にも触れているが〈史跡がこわされると心配されていた信濃国分寺跡も丸子線を国鉄がつかえば保存でき、また国道の踏切もなくなるなど、良い面もある〉と冷たい。

翌42年1月27日には丸子町で反対期成同盟会が結成され、通勤通学の

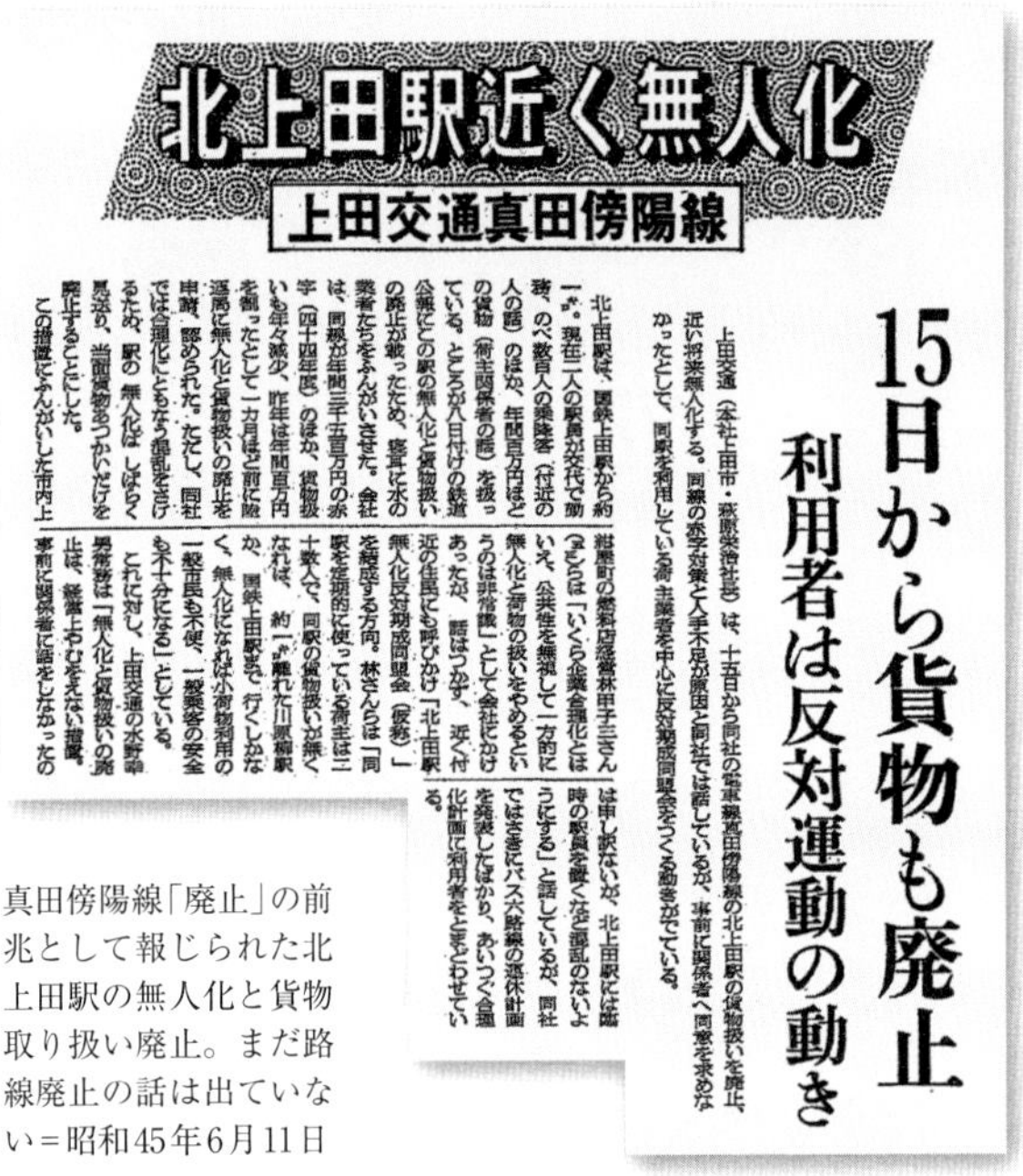
北上田駅近く無人化
上田交通真田傍陽線
15日から貨物も廃止
利用者は反対運動の動き

上田交通（本社上田市・森脇栄治社長）は、十五日から同社の電車線真田傍陽線の北上田駅の貨物扱いを廃止、近い将来無人化する。同線の赤字対策と人手不足が原因と同社では話しているが、事前に関係者へ同意を求めなかったとして、同駅を利用している荷主業者を中心に反対期成同盟会をつくる動きがでている。

北上田駅は、国鉄上田駅から約一㌔。現在二人の駅員が交代で勤務、のべ数百人の乗降客（付近の人の話）のほか、年間百万円ほどの貨物（荷主関係者の話）を扱っている。ところが八日付けの鉄道公報にこの駅の無人化と貨物扱いの廃止が載ったため、寝耳に水の業者たちをふんがいさせた。会社は、同線が年間三千五百万円の赤字（四十四年度）のほか、貨物扱いも年々減少、昨年は年間百万円を割ったとして一カ月ほど前に陸運局に無人化と貨物扱いの廃止を申請、認められた。ただし、同社では合理化にともなう混乱をさけるため、駅の無人化はしばらく見送り、当面貨物あつかいだけを廃止することにした。

この措置にふんがいした市内上紺屋町の燃料店経営林甲子三さんらは「いくら企業合理化とはいえ、公共性を無視して一方的に無人化と荷物の扱いをやめるというのは非常識」として会社にかけあったが、話はつかず、近く付近の住民にも呼びかけ「北上田駅無人化反対期成同盟会（仮称）」を結成する方向。林さんらは「同駅を定期的に使っている荷主は三十数人で、同駅の貨物扱いが無くなれば、約一㌔離れた川原柳駅か、国鉄上田駅まで行くしかなく、無人化になれば小荷物利用の一般市民も不便、一般乗客の安全も不十分になる」としている。

これに対し、上田交通の水野常男常務は「無人化と貨物扱いの廃止は、経営上やむをえない措置。事前に関係者に話をしなかったのは申し訳ないが、北上田駅には臨時の駅員を置くなど混乱のないようにする」と話しているが、同社ではさきにバス六路線の運休計画を発表したばかり、あいつぐ合理化計画に利用者をとまどわせている。

真田傍陽線「廃止」の前兆として報じられた北上田駅の無人化と貨物取り扱い廃止。まだ路線廃止の話は出ていない＝昭和45年6月11日

足確保はもちろん、工業製品輸送に支障があることも掲げて運動することになった。一方、労働組合は同年11月の定期大会で〈「時代の流れを無視しない」とする弾力的な基本方針を確認〉。廃止には反対だが、鉄道経営の将来、旅客・貨物の代替輸送、従業員の処遇の3点について〈納得できさえすれば解決できる〉との姿勢に。翌43年4月24日労使が廃止で合意。この間、期成同盟会も「条件付きで譲歩」への路線変更を迫られた。

丸子線廃止の全容は42年11月22日記事《丸子線の廃止　交通革命の縮図》に詳しい【紙面参照】。廃止が許可された10日後の44年4月19日、最後の電車が走った。翌20日記事は「さようなら」の飾りを正面や側面に付けた花電車の写真と共に、沿線に住民が詰めかけた様子、どの電車も満員だった盛況ぶりを伝えた。〈関係者は〝もうあすからこの電車が動かなくなるのかと思うと…〟と、しんみりした表情だった〉。製糸の町を支え、南信との架け橋も担った依田窪のレールは永久に剥がされた。上田―大屋間の廃線跡はお望み通り信越線の複線に。「丸子」に行かなくなった電鉄は、1ヵ月後「上田交通」と社名を変更した。

真田傍陽線――貨物廃止の前兆から一気に

丸子線廃止から1年。〝第3波〟が東北地域にも押し寄せた。

前兆は昭和45年（1970）6月11日記事《北上田駅近く無人化　15日から貨物も廃止》。電鉄上田駅から四つ目、市街地北部に立地する同駅は、リン

ゴの発送などで住民らが重宝していた駅だった。上田交通は〈同線が年間3500万円の赤字（44年度）のほか、貨物扱いも年々減少、昨年は年間百万円を割った〉として、国に無人化と貨物扱い廃止を届け出、既に認められていた。ただ記事は〈公共性を無視して一方的に無人化と荷物の扱いをやめるというのは非常識〉などと怒った住民らが無人化反対期成同盟会を結成する——との動きを伝えている。

真田・傍陽線の廃止検討
上田交通
赤字、経営に負担
沿線住民
〝過疎へ拍車〟と反対
真田町
東部町
上田市

北上田駅無人化のニュースから2週間後「路線廃止検討」が伝えられた。理由は丸子線と同じで、沿線は反対の構えに＝昭和45年6月27日

ただ、本物の波は2週間後にやってきた。6月27日記事《真田傍陽線の廃止検討》。理由は過去2線と同じで〈この線も〝クルマ時代〟と過疎化の波に襲われ、38年に赤字線に転落して以後、毎年赤字を続け、昨年度は3500万円にものぼった、と会社の話〉。43年に起きた真田駅の無人車両暴走事故にも触れ〈会社側では「いずれ廃止を…」という意向はほのめかしていた〉。

路線の誘致を盛んに進めた真田町は廃止にも激しく抵抗し、反対期成同盟会を結成。〈「苦労して育ててきたのに会社の都合だけで、簡単に廃止されたんじゃたまらない」「バスにかえるといっても、道路が1車線しかない現状ではとうてい無理だ」「会社側は卑きょうだ」などの意見が続出〉。あなた方が乗らなかったからこうなったのだが……。

一連の動きや思惑は、廃止申請1年後の46年9月30日記事《深刻、真田町民の悩み》に詳しい【紙面参照】。今だから笑えるのは当時の町長の談話だろうか。〈これから電車を通すというんだったら、すわり込んででも阻止はできるが、電車を通さないというんじゃ阻止のしようがない〉。結局、廃止の流れ阻止に決め手を持てない期成同盟会は、線路跡の払い下げなど、条件闘争への転換を余儀なくされた。
最終運行は47年2月19日。「さようなら」と飾り付けされた花電車が6往復半走り、別れを惜しむ乗客が殺到して増結するほどに。〈「最近では1日平均25万円の赤字だ」という会社側の発言が信じられないほどの混雑ぶりだった〉＝2月20日記事。併せて

深刻、真田町民の悩み

電車線の廃止

廃止問題でもめる真田・傍陽線

バスになれば出費増

狭い国道、パンクの恐れ

「ピー、ガタガタガタ」―ラッシュ時を除く昼間の乗客は二、三人。一両編成の"過疎電車"が黄金色に実った稲田地帯をきょうも行く。上田交通の電車線真田・傍陽線廃止問題が再び表面化してからしばらくたつ。赤字経営を理由に会社側が廃止申請をして一年。この秋には陸運局から許可になるのでは―という"重大な局面"も間近。反対を続ける地元上田市、真田町のうち、とくに通勤者の多い真田町の事情をさぐってみた。

地域診断

だめなら運休も　会社強気

真田・傍陽線は現在、一日平均の乗客は約五千人。大半が上田市への通勤、通学客だ。しかし、乗客数がまあまあなのは朝、夕のラッシュ時だけ。乗客数の約七割がこの時間に集中している。また、午前七時から八時までの乗客千五百二十七人中、上り真田発上田行きに千四百十七人、下り上田発真田行きには、たった百十人（七月十六日、上田交通調べ）と、利用者がまったく真田町住民に限られているのも特徴。しかも、昼間の乗客は常時二、三人という閑古鳥の鳴くありさまだ。

これに対し、会社側は「年間三千万円の赤字で、このままの状態が続くと会社経営自体がおぼつかない。十月いっぱいに許可がおりない場合は運休も辞さない」と強気。一方、地元真田町でも「会社側の経営が苦しいのはわかる。しかし、私企業がいくら廃止したいといっても、地元としても足を奪われては大変だ。バスに切り替えるというなら、住民に迷惑のかからない方法でやってもらわねば困る。これから電車を通すというんだったら、すわり込んでも阻止はできるが、電車を通さないというんじゃ阻止のしようがない」（宮島町長）と、これまでの"廃止絶対阻止"から"条件闘争"の構えを見せながらも、その方法に手をやいている。

電車線と並行して走る国道一四四号線は、各所に"つぎはぎ"ようの待避所があるものの、平均幅四㍍と狭い。このため、スキー客の車がじゅずつなぎになる冬や、菅平から高原野菜を運ぶ大型トラックがひんぱんに行きかういまの一四四号線に、これ以上バスが進出した場合、交通渋滞を起こさぬ保証はどこにもない。いまでも、朝のラッシュ時に同線を走るマイカーは約五百台。狭い道路は満員の状態だ。もっとも、この車の増加が、電車の不振に拍車をかけているともいえるが…。

また、問題になるのは料金だ。電車の場合だと、傍陽―上田間（十二キロ）が通勤定期で一カ月三千四百三十円だが、バスだと同区間は四千五百円。通学定期でも二千二百円が三千六百円といずれも千円以上の大幅アップ。通勤、通学者には手痛い出費となる。

これに対し会社側は「バスへの切り替えについては、これまで以上に便宜を図るつもりだ。国道の待避所や停留所の整備については、今の電車線敷き地などを利用して前向きに考えている。電車は一日二十五本だが、バスにすれば五十から五十五本ぐらいにふやすつもり。時間的にも十分は短縮になるし、どこへでも止まれるバスの方が便利」と主張。しかし、地元の見方だと、いまの国道が手いっぱいになるのは目に見えており、バイパスが実現しない限り、安全な足の確保はできないとみる向きが強い。

いずれにしても、いまのように会社側と地元側の感情がこじれたまま、会社のいうように一方的運休にでもなったら、損をするのは地元住民。将来へシコリが残るうえ不測の事態も起こりかねない。ます、一日も早く両者が話し合いのテーブルにつき、腹を割って"具体策"を検討することが必要ではないだろうか…。

最初の「廃止」の報から既に2年後のまとめ記事。存続させたいなら地元住民が乗ればいいのだが、この期に及んで「昼間の乗客は2、3人」。沿線は反対阻止の決め手なく＝昭和46年9月30日

載っている「ひと」記事には、さよなら電車の運転士が登場している。丸子線でも最後の電車を運転した、とある。

〈率直にいうとさびしいですよ。行くさきざきで〝サヨナラ〟ですからね……。戦後ひところは電車をころがせば乗客は鈴なりだったたですがねエー。時の流れでしょうか。あきらめるより仕方ないと思ってます〉

44年の歴史に幕

上田交通の真田・傍陽線

〝最後の電車〟に客殺到

きょうからバス輸送開始

上田交通（本社上田市・萩原栄治社長）の電車真田・傍陽線が十九日限りで廃止された。昭和三年に一部が開通してから四十四年間、上田市東北部や小県真田町の住民に親しまれてきたが、ここ十数年来のモータリゼーションで年間三十万人も乗客が減り、運転打ち切りとなったもの。この日は平常通りのダイヤで運行。六往復半運転された記念の〝花電車〟は、別れを惜しむ小学生らで満員。増結するほどだった。なお、同社はきょう二十日から国道一四四号線を幹線とするバス輸送を開始する。

最終日は「真田・傍陽線さようなら」という花電車（一両）が上田―真田間に六往復半運転されたが、土曜日とあって午後の電車は小学生らで満員。とくに、上田市の市街地の駅は「最後にもう一度乗っておこう」という人たちが数十人も押し寄せた。このため、上田駅発15時10分発の電車は一両増結するほど。「最近では一日平均二十五万円の赤字だ」という会社側の発言が信じられないほどの混雑ぶりだった。

同社の電車は、四十四年にも丸子線が赤字経営のため廃止されており、残るは別所線だけとなった。廃止式で萩原社長は「新生上田交通のため、今後新しい事業にも積極的に着手していきたい」と強調していた。真田方面へは、きょう二十日から五系統で代替バス輸送が開始され、一日（平日）六十一往復運転される。

花電車が運転され、真田・傍陽線はさようなら（上田市花園駅で）

〈人〉

時の流れには勝てぬ

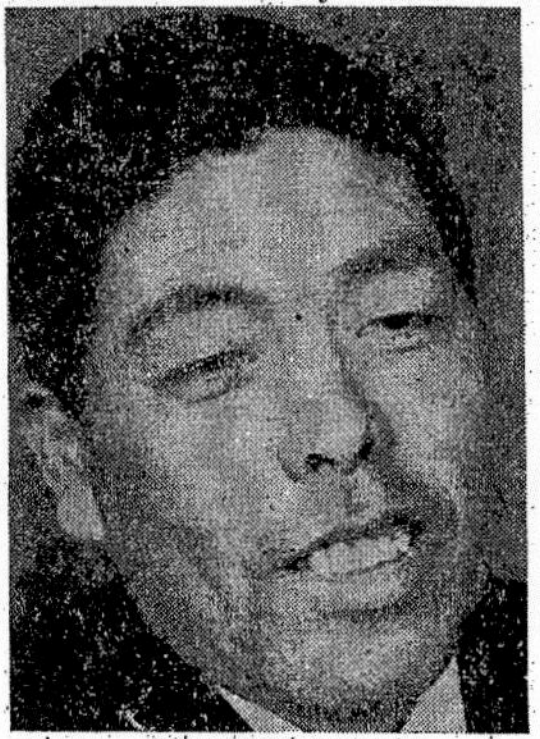

真田・傍陽線の〝サヨナラ電車〟を運転した
掛川 袈裟一郎さん

戦後、国鉄の人員整理で「勤め始めたばかり」の上田機関区を解雇された。蒸気機関車の花やかなりしころのこと。「汽車や電車がメシより好きだった」から、お隣の上田交通へクラ替え。だが、三年前に同社の丸子線廃止で「電車を奪われた」ため、真田・傍陽線へまわった。そして、ここでもまた〝サヨナラ電車〟のハンドルを握るハメとなった。皮肉な運命である。

□…□　□…□

「率直にいうとさびしいですよ。行くさきざきで〝サヨナラ〟ですからね……。戦後ひところは、電車をころがせば乗客は鈴なりだったたですがねエー。時の流れでしょうか。あきらめるより仕方ないと思ってます。でも、いくら庭先から庭先へ行ける自動車が便利だといっても、いまある電車ぐらい残しておけるようにならないもんでしょうか」―国の交通政策をちょっぴり批判した。

「国鉄時代の同僚は、今では特急列車に乗っている」というから、いっそう〝頭にくる〟のだろうか。こんなくらいだから、バイクや自動車には乗らない。免許証を取ろうともしない。今回の廃線にともなう配置転換でも、同僚の何人かはバス運転手や不動産部門へかわった。しかし、掛川さんは「電車が好きだし、慣れた職場がいい」と、同社でただ一つ残された電車〝別所線〟に乗ることにした。

□…□　□…□

なぜ、電車がそんなにいいんですか―「四季がそのまま伝わってきますよ。乗ってくるお客さんを見ても、運転席の窓から見る自然も…。雨あがり、初夏の緑がもえるころ…。ほんとうに人間らしい生活じゃないですか。ただ、事故がねエー。ことしになってもう二度も車にぶつけられています」

一カ月のうち「約半分は泊まりの勤務」だというのに、この〝電車好き〟はいっこうに気にしないかのようだ。だが、ポチポチ不安にもなってきた。

別所線も廃止になったら―「人が自動車の免許をとったりするのを見ていると〝オレもなんかやらなければ〟と考えはするんですが、まあ、電車が全部なくなる時点で考えることにします」とポツリ。勤勉で、誠実に〝この道一筋〟を行く運転士に、せめて別所線ぐらいは残してやりたい。四十一歳。（小県丸子町塩川）

真田傍陽線の最終運転も「最後にもう一度」の乗客で満員の盛況。下の記事は最終電車の運転士のインタビュー記事。丸子線でもさよなら電車を運転したという＝昭和47年2月20日

別所線存続の危機　昭和編

唯一の残存鉄路にも容赦なく

真田傍陽線の廃止で、上田交通の鉄道は唯一、上田温泉電軌の創業路線である別所線だけが残った。しかし、わずか1年後の昭和48年（1973）春、その別所線にも廃止案が持ち上がった。

もともとは3月上旬、上田交通の会社側が労働組合に提案したのが始まりで、同年春闘の大きな争点となったが、上田市民に広く知れ渡ったのは4月18日記事《別所線　廃止も含めて意見を》である。〈上田交通は17日、市に対し同社の電車・別所線（上田―別所温泉間11・6キロ）について、廃止も含めて意見を聞きたい、申し入れた。（中略）会社側は「廃止が具体的日程にのぼる前に、広く関係者から意見を聞くためだ」としている。これに対し、市は「廃止などには同意できない」としている〉。このとき上田交通は〈もはや企業の能力では運転による損失をまかなえない〉とした上で、以下の三つの選択肢を市に突きつけた。①別所線を直営する（市営鉄道化）②市が鉄道の損失を全額穴埋めする③バス輸送への転換を承諾する―。

塩田地区の自治会や別所温泉観光協会が、これに素早く反応。約1週間後の25日記事。〈代表ら10人は同日（24日）、小山市長に「廃止は絶対に反対」を陳情するとともに、今後の対策を話し合った。この結果、市自治会連合会が主体となり、通勤者、本州大学も含めた学校、PTA、会社などの関係者も加えて廃止反対期成同盟会を結成。上田交通、市長、市会議長の三者に存続の陳情書を提出することになった〉。全市的に組織に広がったことが、過去の廃止3路線とは空気が違っていた。

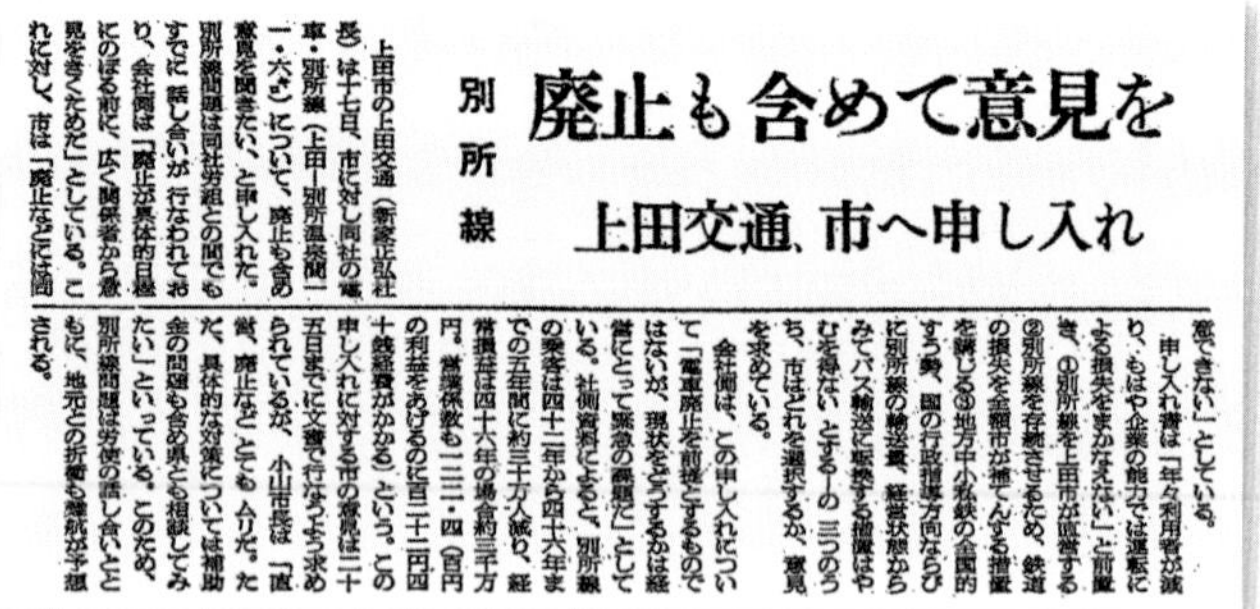

別所線

廃止も含めて意見を

上田交通、市へ申し入れ

上田市の上田交通（新家止弘社長）は十七日、市に対し同社の電車・別所線（上田―別所温泉間十一・六キロ）について、廃止も含め意見を聞きたい、と申し入れた。別所線問題は同社労組との間でもすでに話し合いが行なわれており、会社側は「廃止が具体的日程にのぼる前に、広く関係者から意見をきくためだ」としている。これに対し、市は「廃止などには同意できない」としている。

申し入れ書は「年々利用者が減り、もはや企業の能力では運転による損失をまかなえない」と前置き、①別所線を上田市が直営する②別所線を存続させるため、鉄道の損失を全額市が補てんする措置を講じる③地方中小私鉄の全国的すう勢、国の行政指導方向ならびに別所線の輸送量、経営状態からみてバス輸送に転換する措置はやむを得ないとする―の三つのうち、市はどれを選択するか、意見を求めている。

会社側は、この申し入れについて「電車廃止を前提とするものではないが、現状をどうするかは経営にとって緊急の課題だ」としている。社側資料によると、別所線の乗客は四十二年から四十六年までの五年間に約三十万人減り、経常損益は四十六年の場合約三千万円。営業係数も一三三・四（百円の利益をあげるのに百三十三円四十銭経費がかかる）という。この申し入れに対する市の意見は二十五日までに文書で行なうよう求められているが、小山市長は「直営、廃止などとてもムリだ。また、具体的な対策については補助金の問題も含め県とも相談してみたい」といっている。このため、別所線問題は労使の話し合いとともに、地元との折衝も難航が予想される。

別所線の廃止が初めて公にされた記事。廃止決定ではないが、自力で存続する道は想定していない＝昭和48年4月18日

市は申し入れに対し〈3案とも現段階では認められない。存続を希望する〉と回答。一方〈今後の経営に対しては、協力の方策につき検討する考えである〉とし、経営の厳しさには理解を示した。

〃通勤の足奪っちゃ困る〃

別所線廃止反対 上田で同盟会結成

上田市の上田交通（新家正弘社長）が経営する電車別所線の廃止に反対する、同市の自治会、学校、農協、観光協会などの代表は十四日、市役所で会合を開き、「別所線電車廃止反対期成同盟会」を結成した。同盟会は、市民運動として別所線を存続させていく方針で、同日ただちに会社、市、市議会の三者に陳情書を提出した。

別所線については、赤字経営を理由に会社側が労組に対して廃止の意向を提案したことから問題化。このほど解決した春闘でも労使間の最大の争点となっていた。結局、今回は労使間で「経営困難な実情を確認した。この確認のうえに存続のための最善の努力をし、なお存続が不可能と認められた時は対策委員会を設置して具体的措置を講ずる」むね確認、当面は存続することになっている。しかし、同盟会では「廃止問題が完全に消えたわけではない」として、あえて存続運動に踏み切ったもの。

廃止反対の理由は▽現在朝夕のラッシュ時に電車を利用している人たちが自家用車やバスに輸送方法を変えれば、いまでもひどい道路混雑がいっそうひどくなる▽別所温泉を終点としている観光客の足でもある―など。

この日も、利用者代表からは「毎日の通勤の足だ」として存続を求める声が強く出されていた。また、同盟会では廃止に反対するだけではなく、電車利用者をふやすような方策を検討していくことにしている。

陳情に対し、新家社長は「何千万円という赤字の出る現状はなんとかしなければならない。国、県、市などの政治的判断による援助を期待している」と述べた。また、小山市長は「広範な市民運動を展開していけば電車は残ると思うし、市としても具体的に利用客がふえるような方策を検討している」と善処を約束した。市では、沿線の開発などによる利用客増を計画している。

市役所で開いた同盟会の設立会議

廃止を想定した上田交通の動きに市民は即座に反応。1カ月後には存続を求める全市的な期成同盟会が発足した＝昭和48年5月15日

反対一辺倒でない運動への変化

これらの動きに先立ち、この年の春闘は「別所線廃止」が争点になった。会社側が賃上げ案を示すも、労組側は「廃止を前提している」と受け入れず、会社側も合理化案を受け入れなければ交渉に応じない姿勢を貫いたため、交渉は平行線に。県内の交通系労使が次々と妥結する中、上田交通は解決の糸口が見えずストライキを継続。5月7日には私鉄県連も介入し〈9日からの第5波48時間ストを確認するとともに、それでもなお解決しない場合、闘争の長期化を予想し、以後の闘争指示を私鉄総連本部に任せることを決定した〉＝8日記事。

この後、県地方労働委員会が双方に事情聴取するが、9日未明に急転直下で妥結した。別所線問題で労使が〈「存置に努力し、不可能なときは労使双方で対策委員会を設けて具体的措置を検討する」ことで一致した〉からだ。この柔軟姿勢での〃早期解決〃が、廃止反対運動にも質的な変化を呼ぶことになる。

住民大会は7月18日に開催。上田交通に運行の継続、行政に赤字補てんのための助成制度の確立を求めると共に「住民も電車を積極的に利用していく」

ことを決議した。〈住民の電車利用については、別所温泉観光協会から「旅館宿泊客に回数券を利用してもらう方策を考えている」と具体的な提案があった。これに対し、自治会代表も「住民も積極的に利用していこう」と、この趣旨には全員が賛成した〉＝7月19日記事。反対一辺倒でなく「存続のためにが何をできるか」にも重きを置いた。期成同盟会は翌49年「廃止」から「存続」に改称した。

ところが、上田交通は8月25日に開いた役員会で廃止を決定してしまう。住民を無視し、労組との約束も反故にするこの動きに、周辺は激しく反発。上田交通の社長は〈地域の皆さんの存続に対する熱意は評価している。しかし、1000万や2000万円の援助では、とても運営できない状態だ〉＝8月26日記事＝と言い放ち、翌月にも申請するとした。

市議会は特別委員会を設置して存続運動を後押し。さらに親会社の東急本社も強硬姿勢を見直しを促したとされ、上田交通は10月8日〈原点にかえって再検討する〉と一転、態度を軟化させた。そして、11月26日には市と上田交通による、存続条件を盛り込んだ確認書調印にこぎつけた。〈確認書の趣旨は「当面、3年間は国、県、市の赤字補助を条件に存続するが、これらの補助が赤字額の90％に満たない場合は、バス輸送に転換することを市側も了承する」という内容〉＝11月27日記事。これは市、上田交通、住民それぞれに重い宿題を課しており、決して安泰ではなかったが、ひとまず時間稼ぎにはなった。

別所線廃止 正式に決定 上田交通役員会

来月にも許可申請

反対期成同盟会「住民無視」と運動強化へ

上田交通（本社上田市・新家正弘社長）は、二十五日役員会を開き、存続か、廃止か—をめぐって住民・労組と会社側が対立している電車別所線の廃止を正式に決めた。同社は「今後も存続のための努力は続ける…」としているが、九月中をメドに運輸省に廃止の許可申請を出す方針。これに対し、「廃止絶対反対」を叫ぶ別所線電車廃止反対期成同盟会（山浦喜武太郎会長・三十三団体）の沿線住民や上田交通労組は、「住民無視の決定だ」と反発し、あくまで存続させる構えを見せている。

この日の役員会は、「別所線はマイカーの普及により、ほとんど毎年乗客が一〇％ずつ減っており、もはや企業能力は限界に達している」として廃止を決めた。しかし、一方では、沿線住民による廃止反対運動が盛り上がっていることを重視。「今後も存続の努力は続け、メドがつけば許可申請を取り下げる」としている。

別所線の乗客は、四十三年度には二百四十三万九千人だったが、四十七年度には百九十三万四千人となり、約五十万人減った。社側の説明によると、四十七年度の営業損失は四千五百万円にのぼっている。廃止決定について新家社長は「地元で一千万円の回数券を購入してくれるという申し入れもあり、地域の皆さんの存続に対する熱意は評価している。しかし、一千万や二千万円の援助では、とても運営できない状態だ。もはや時間かせぎは許されず、市、県、国などの協力で存続のメドがつかない限り、廃止はやむを得ない」といっている。

これに対し、反対期成同盟会の山浦会長は、「地域住民の要望を一方的に踏みにじる決定で許せない。沿線住民七千五百人の署名を添えて、回数券を買ってまで存続に協力する—という意向を伝えたばかりだ。会社があくまで廃止の姿勢を崩さないなら、われわれは今後、市、県、国の助成をあおぐ一方、運輸省に対して申請を認めないよう強力な運動を展開する」といっている。

また、上田交通労組も「春闘妥結時には、別所線は存続の方向で努力するといいながら、何もせず一方的に約束を破棄したものだ。住民と共闘しあくまで会社側と闘う」と、強い姿勢を見せている。

なお、上田市議会では三十一日開く臨時市会で、「別所線問題特別委員会」を設置。市としての存続対策をバックアップしよう—という動きも出ている。

上田交通役員会による廃止の「決定」を伝える。行政や住民の動きや、労組との約束を反故にする動きに反発が広がった＝昭和48年8月26日

運動が実を結び補助金に決別

その後別所線は鉄道軌道整備法に基づく補助路線に認定。赤字額の２分の１を国、残りを県と市で折半する内容で補助が下りた。補助期限切れ1年を前にした51年（１９７６）4月の記事では社長が〈別所線は是非残したい。電車のない上田交通は考えられない〉〈乗客が２００万人近くに回復すればなんとかやっていける見通しはある（中略）地域のみなさんにお世話になってきてもうやめますとはいえない〉と、〈人が変わったかのように存続への積極姿勢を示すようになった〉のは興味深い。

そして52年7月20日記事。〈存続のため住民が「乗ろう運動」を始めて6月でほぼ1年になったが、同社がこのほどまとめた輸送実績によると、乗客数が前年同時期よりわずかながら増加した〉。同じ1年間で7万600人、4％の増加で〈増勢に転じたのは実に7年ぶりのこと〉。〈沿線の自治会、婦人会が電

別所線の廃止

事実上のタナ上げ

会社側、態度を軟化

交渉の窓口一本化要求

上田市の上田交通（新家正弘社長）は、地域住民から廃止反対の声が強く出ている電車別所線問題について、「原点にかえって再検討する」という態度を固め、八日新家社長がこの旨上田市に伝えた。同社は八月二十五日の役員会で別所線廃止を決めているが、当面はこの決定を事実上タナ上げするもの。同時に会社側では、今後存廃についての話し合いを行う市民団体の〝窓口一本化〟を市へ要望した。

廃止問題再検討の方針は、上田交通と同社の株主である東急本社首脳陣の話し合いの中から出てきたと見られる。このほど国鉄上田駅前に完成した同社のホテル「東急イン」落成式に参加した田中勇東急副社長もあいさつの中で別所線問題に触れ「話し合い」を強調、柔軟な姿勢を示していたといわれる。また、これまでに廃止した丸子線や真田・傍陽線の場合とちがい、地域住民の廃止反対運動が盛り上がりを見せているのも会社側に影響を与えたと見られる。

会社側が正式に廃止を決議する前から市民組織として廃止反対期成同盟会が結成されていたのをはじめ、九月中旬には市議会内に別所線問題特別委員会が設置され、上田交通労組と一体となって廃止反対運動を進めていた。話し合いの窓口一本化の要望について、上田市では近く調整、一本化する意向でいる。

会社側が廃止の態度を軟化させたことにより、別所線は一応存続の方向で話し合う〝土俵〟ができた。しかし、赤字経営という財政的な問題は残されており、今後、国、県、市などの補助、期成同盟会の電車回数券の購入といった具体策が焦点となってこよう。上田市でも「存続ということになれば、われわれも期成同盟会も会社側に協力をしていかなければならない」（高槻助役）といっている。

新家社長の話　別所線の経営が赤字であることには変わりない。しかし、存続を求める住民の声も理解できる。会社としては、もともと〝なにがなんでも廃止〟ということではないので、今後は存続の方向で地元関係者と話し合っていきたい。

「廃止決定」がら２週間で上田交通が態度を軟化。親会社である東急の「話し合い重視」姿勢が影響したことに触れている＝昭和48年10月9日

別所線確認書に調印

〝三年存続〟上田市と上田交通

上田市と上田交通（新家正弘社長）は二十六日、廃止か存続かで問題となっていた電車別所線について存続の条件など盛り込んだ確認書に調印した。確認書の趣旨は「当面、三年間は国、県、市の赤字補助を条件に存続するが、これらの補助が赤字額の約九〇％に満たない場合は、バス輸送に転換することを市側も了承する」というもの。このため、両者は国の四十九年度予算で上田交通に対する補助がつくよう極力に働きかける方針でいる。

国の補助は地方鉄道軌道整備法に基づく補助金交付要項により、補助額は赤字額の二分の一、残りは県、市で二分の一ずつ補助する仕組みだ。上田交通の試算だと、四十八年度の場合、約七千六百万円の赤字になる見込み。このため、仮に国の補助が決まっても、なお市の補助が千九百万円も必要となる。これについて石井市長は「廃止するという会社側の態度を変えさせるには、市がある程度補助せざるを得ないと思う。しかし、国の補助対象にならない場合は、完全にお手あげだ」としている。

「三年間」という期限がついた背景には、それまでには現在建設中の都市計画道路秋和—神畑線の完成などにより、バス輸送に転換できる道路状態になる—との〝感触〟があるという。

「行政からの補助を条件に3年間は運行継続する」ことで、上田市と上田交通が確認書に調印。とりあえず廃止は回避した＝昭和48年11月27日

欠損補助金を支給する3年間の期限を1年後に控え、上田交通の労働組合員も上田駅前で「別所線ご利用のお願い」のチラシを配り、利用を呼びかけた＝昭和51年4月

車の回数券購入活動をしたことが寄与している。上田交通も回数券を無人駅周辺の商店などに委託して販売したり、駅周辺の自転車置き場整備にも力を入れ〉るなど、住民、会社、労組が一体となって取り組んだ成果が現れた。

その後は一時下降するも駅舎改修や車両近代化など合理化や経営努力を進めた結果、平成元（1989）年度からは再び増加基調に。赤字幅が縮まり、利用客の安定が見込めようになったため、19年間もらい続けた補助金に区切りをつけることを決めた。平成4年10月3日記事の見出しは《別所線経営に光明　補助金受給辞退へ》。地元の存続運動、ダイヤ編成の工夫など〈住民と同社の共同作戦が功を奏したと見られ、塩田地区の住民の足に明るい兆しが見えてきた〉と評している。上田交通の〈今後は経営努力で維持していきたい〉との談話が印象的である。

通勤通学時は高校生が目立つ。始業時刻に間に合うには、やはり電車が一番信頼できた＝昭和51年4月

別所線経営に光明

利用伸び赤字圧縮

〝会社と住民共同作戦〟 補助金受給 辞退へ

赤字で国などの補助金を受けていた上田市の上田交通別所線（十一・六㌔）が、来期（九三年四月―九四年三月）の決算でわずかな経常損益にとどまる見通しとなり、今年度限りで国などからの欠損補助金の受給を辞退することになった。地元の存続運動、ダイヤ編成の工夫など、住民と同社の共同作戦が功を奏したと見られ、塩田地区の住民の足に明るい兆しが見えてきた。

通勤通学客でにぎわう別所線（上田駅）

会社側はここ数年、ＪＲ線との接続を考慮したダイヤ改正や駅舎補修、線路交換など利用者の利便性を考慮した改善を進めてきた。その結果、平成三年度は通勤、通学の定期券利用客が二年度に比べ約四万人多い延べ七十六万四千人に達した。

また沿線住民でつくる別所線電車存続期成同盟会も毎年春と秋、回数券を共同購入。各自治会などを通じ、昨年十月は四百八十万円、今年四月は五百七十万円分を購入した。

こうした取り組みの結果、利用客は元年度から毎年ほぼ十万人のペースで増え、三年度は百七十五万人になった。

別所線は昨年度、二千四百万円余、今年度は三千六百万円の経常損益が見込まれる。しかし、五年度以降も安定した利用客が望めることや、四年度までに駅舎改修などの大型事業がほぼ一段落する―などから、五年度決算は「経常損益が限りなくゼロに近付く」（同社）と予想している。

このため、昭和四十九年度からその年の経常損益の二分の一を国が、四分の一ずつを県と市が負担していた「鉄道軌道欠損補助金」を、来年度は辞退することにしてこのほど国などに伝えた。同社は「今後は経営努力で維持していきたい」としている。

別所線は大正十三年に全線開通。上田市中心部と別所温泉を結ぶ。赤字のため昭和四十八年、会社側が廃線を決め市などに申し入れたが、沿線住民が存続期成同盟会を結成するなど強く反対。国などが欠損補助金を支給することで運行を続けてきた。期成同盟会の佐藤順三会長は「住民運動が実った形になり、本当にうれしい」と話している。

赤字分補てんのための補助金受給を、次年度からは辞退することを決断。行政や住民らの運動、上田交通の経営努力で存続に明るい光が見えた＝平成4年10月3日

ストライキの時代ー'76春闘

3年間支給される別所線への欠損補助金の期限まで1年となった昭和51年（1976）春。上田交通の春闘は荒れた。解決まで3ヵ月余、ストライキは断続的に計360時間、交渉150回以上に及び、泥沼化。最後は県地方労働委員会（地労委）があっせんに入って終結したが、別所線の存続に向けて地域全体が知恵を絞る必要がある中で浮き彫りになった労使間の不信は、市民の間に不安を残した。

上田交通

ついに無期限スト
通勤電車含め全面運休

ハイヤー部門の合理化案をめぐり春闘賃上げ交渉が難航している上田交通労組は二十日も終日ストを行った。私鉄中部地連、私鉄県連、同労組の三者は同日、「上田交通労組76春闘争議対策委員会」を発足させ、長期闘争体制を固めるとともに、二十一日以降、二十四時間無期限反復ストを行うことを決め、同日午前零時から入った。無期限ストでは、これまで利用客の要望を配慮、運行していた別所線の通勤電車、修学旅行用のバスも全面ストップするため、沿線の人々に与える影響は大きい。

春闘争議対策委員会は、無期限ストを背景に、今後▽ハイヤー別会社化案の撤回▽賃上げ一万二千二百円▽年間臨給四・五三カ月（昨年実績プラス〇・二五カ月）ーの三つを重点目標にしぼり、会社側と交渉を詰めていく方針だ。

組合側は、戦術強化の理由については「これまで別所線の朝夕の通勤通学時間帯だけは電車を動かすなどの柔軟戦術をとってきたが、会社側は依然、強硬にハイヤー部門の別会社化を主張、交渉の進展がないため、無期限ストによって、打開策をみつけ、早期解決をねらう」としている。

一方、県評、上小地区評なども数日中に同労組の支援共闘会議を結成する方針で、このままでは、同社の春闘はドロ沼化、利用者の足は大幅に乱れそうだ。

昭和51年の春闘は、上田交通の難航する交渉の行方が連日1面で報じられた。市民らには長期にわたるストライキの影響に加え、別所線存続への不安も残した＝昭和51年5月21日

ストに突入しても労組は当初、通勤通学時間帯の電車は動かす柔軟路線で利用者を安心させた。しかし1週間後の無期限ストでは完全ストップに逆戻り＝昭和51年5月13日

発端は2月末に会社側が示したハイヤー部門の合理化。当初は同部門を廃止し、所属従業員の人員整理を提案、交渉の中で「いったん全員退職の上の別会社化」に譲歩したが、労組側がそれでも「実質的な首切り」と反発、こじれるきっかけとなった。

私鉄県連で唯一春闘未解決の渦中である5月13日、労組側は突入した48時間ストで、同日朝の通勤通学ダイヤだけは運行を確保する柔軟戦術を取り、利用者から歓迎された。〈柔軟戦術は▽別所線は市、国、県から補助金を受け、存続

が危ぶまれている▽同線存続期成同盟会など沿線住民から朝夕の時間帯のストを除外して欲しいという要望がある—などを配慮したもの〉＝同日記事。〈利用者に迷惑をかけておいて、住民の協力で存続させたいというのではムシが良すぎる〉との同盟会幹部の声も載せている。

半面、労組内部の〈電車を動かすことは、ストの意味がなくなる〉〈交渉に進展がみられない場合は全面ストだ〉との反対意見の通り、21日からの無期限反復ストでは結局、運行は全面ストップ。解決に期待していた利用者をがっかりさせた。交渉は闇へ。会社側は別会社化を撤回したものの、ストは断続的に続行。県地労委のあっせんも難航したが〝一時棚上げ案〟を双方が受け入れて5月29日、ピリオドが打たれた。一連の動きは常に紙面の1面で報道された。

〈会社側、労組側ともに「勝ち負けをいうなら、負けた」と互いに敗北感をかみしめていた〉と翌30日記事。〈東急が経営の主導権をにぎるようになってから、徹底的に合理化攻勢がかけられている。今度の闘いは東急資本との闘いだった〉とする労組に対し、会社側は〈東急資本がついているからこそ、年間2億円以上の赤字を出しても持ちこたえてきた〉と反論。昭和30年代前半、東急傘下入りを積極的に進めたのは労組側だった。時が流れたとはいえ、労組にとっては皮肉な結果になった。

長期化した上田交通の紛争が解決。協定書、確約書に調印する会社側（右）と労組側（左）

労使、敗北感かみしめ

上田交通紛争解決 相互不信、埋まらず

ドロ沼化していた上田交通の労使紛争は二十九日夕、ようやくピリオドが打たれた。会社側が組合にハイヤー部門の合理化案を提示してから、実に三カ月余の長期交渉。この間、労組は約三百六十時間にわたるストライキを実施した。収拾の協定書仮調印後、会社側、労組側ともに「勝ち負けをいうなら、負けた」と互いに敗北感をかみしめていたが、同社の場合は労使間に根強い不信感があり、赤字で存続が危ぶまれる電車別所線をかかえているなど、紛争の背景には根深いものがある。

【こじれた合理化問題】

春闘賃上げ交渉の中で争われていたのは、ベア額の多少ではなくハイヤー部門の合理化問題。二月末に会社側はハイヤー事業を廃止し、同部の従業員八十四人を含む百十七人の人員整理を提案したのがきっかけだ。交渉の中で、会社側は、譲歩の形でハイヤー従業員を一たん全員退職させ、従業員の出資も含めた別会社移行案を提案したが、組合側は、「実質的な首切り」と反発、こじれる発端となった。会社側は「ハイヤー部門の年間赤字が八千万円を超す。いま手を打たなければ、会社全体が倒産する」（新家正弘社長）と別会社化に固執した。

組合側は、別会社化は問題外とはねつけ、再建策として、基本給二〇%切り下げて歩合給率を増やす逆提案をした。「自らベースダウンを提案するのは、身を切る思い。そこまで譲ったのに」（古平栄委員長）。結果は交渉がドロ沼化、結局、自主交渉では合意点が見いだせなかった。

収拾案は、合理化問題を「六月以降に労使再建委を設置し、具体的方策を生み出せ」と一時タナ上げしたかたち。根本的な解決にはなっていない。労使共に「負けた」と表現するのは、このためだ。

【浮き彫りされた不信感】

三カ月余、事務折衝を含めれば百五十回をゆうに超す交渉の中で、際だったのは、労組側の会社側に対する不信感だった。「東急が経営の主導権をにぎるようになってから、徹底的に合理化攻勢がかけられている。今度の闘いは東急資本との対決だった」とある労組幹部がもらすように、今春闘で合理化に歯止めをかけなければいけないという気持ちは労組側に強かった。

昨年もハイヤー部門合理化で春闘解決は長引き、それ以前から合理化は進められてきた。電車の丸子線、真田線などは四十七年までにレールをはずすなどの結果、一時は七百人を超していた従業員は現在ほぼ半減。別所線でさえ、「補助金がなければ廃止する」という構えだ。

これについて、会社は「東急資本がついているからこそ、年間[illegible]億円以上の赤字を出しても持ちこたえてきた」と強調しているが、こうした会社側の出方に、組合側は不満感を示し、地域の人々の間からも公共交通機関ということを忘れないでほしい—との声も出ている。

一方で会社側も「組合は赤字の現実を認めようとしない。ハイヤーを地域同業他社並みの労働条件にしてくれといっているのに、私鉄型賃金を要求する。現実に目をそむけているのは組合側だ」と不信感をあらわにしている。

【解消されぬ悩み、対立】

春闘に一応ケリはつけたものの、同社の抱える問題は多い。ハイヤー部門の再建策協議の宿題のほかに、別所線問題などだ。

別所線は国、県、市からの補助金で運行されているが、その補助期限は来年三月末。地域住民は懸命の存続運動を続け、労組もストライキの際、通勤通学時は電車を運行する柔軟戦術をとって存続へ

3カ月余にわたる長期交渉は、最後は県地労委も仲介して5月末に解決したが、労使間の根強い不信感がより鮮明になった＝昭和51年5月30日

Side Story 12

進めた経営改善―快適さと合理化を追求

別所線が赤字分の欠損補助金の受給から辞退に至る１９８０～90年代にかけ、上田交通は自立した路線になるべく駅の無人化などの経営合理化を進める一方、鉄道の利便性を高める取り組みも行った。

別項（１２８ページ）で紹介した東京急行電鉄からの車両導入と架線電圧のアップもその一つ。昭和61年（１９８６）10月１日の昇圧では、それまでの直流７５０Ｖから１５００Ｖにパワーアップ。半世紀以上シンボル的に活躍した「丸窓電車」が引退し、東急から譲り受けた５０００系や７２００系を次々と導入し、乗り心地の向上や冷房完備など、路線の近代化に着手した。ちなみに１５００Ｖは、現在のＪＲ在来線でも使われる電圧。県内私鉄では長野電鉄が創業当初から１５００Ｖを採用しているが、松本電気鉄道（現アルピコ交通）は別所線より3ヵ月遅れだった。

平成元年（１９８９）には長期改善計画を策定し、駅舎改築やレール交換、無人駅への放送設備設置などに加え、初めてワンマン運行を打ち出している。

駅舎改築では平成４年（１９９２）の上田原駅の移転新設が大きい。かつての同駅には広い電車区（車庫）があったが、駅舎は国道１４４号にじかに面する危険な構造で、駐輪場も満足になかった。車庫は昇圧に合わせて下之郷駅に移転したため、駅を旧車庫跡地内の上田寄りに移転し、新駅舎やロータリーも整備。広

駅舎改築やワンマン車両

上田交通 別所線の長期改善計画

上田交通は別所線（上田―別所温泉間、十一・六㌔）の安全性とサービス向上などを目指す長期改善計画を策定、駅舎改築など今年度分の事業を進めている。平成三年度には現在の車掌制を廃止、ワンマン車両化も予定している。

三年計画で総額二億九千万円。国二割、県と上田市一割ずつの補助を見込んでいる。既に無人の神畑、塩田町両駅の駅舎改築を進めているほか、今年度中に上田―上田原間のレール交換、十二の無人駅すべてに電車の発着を知らせ、非常時に連絡できる放送設備を設置する。

来年度は上田、上田原駅の改築、平成三年度には十両の車両のワンマン対応型への改造などを予定。ワンマン化により、現在の鉄道部社員三十六人を三十二人程度にする考えだ。

別所線の六十三年度の乗降客は延べ約百五十五万人。別所線電車存続期成同盟会の回数券共同購入などの支援もあり前年度比三・一%伸びたが、それでも約四千八百万円の赤字。四月から消費税分も含め運賃を平均九・八%値上げしたものの、その分客足も落ち込みが予想され、今年度も三千二百万円余りの赤字が見込まれるという。

整備が進む上田交通別所線の神畑駅

長期改善計画は、古くなった設備の更新やきめ細かいサービス、合理化などで利用者増を図るとともに、長期的な経営安定を狙っている。井出康喜鉄道部営業課長は「総合的なサービスの向上で、少しでも利用客をつなぎとめたい」と話す。

ワンマン化については、十月にも組合側に提示し協力を求めていくが、労組側は「説明を聞いた上で、ワンマン化が労働環境にどのような影響を与えるか検討し、対応を考えたい」（高瀬七郎書記長）としている。

別所線の長期改善計画策定の内容を伝える。安全性や快適性を高める一方、無人化やワンマン化などの合理化も推進＝平成元年9月23日

い車庫の跡地は商業施設に賃貸して増収を図る〝一石二鳥〟の策だった。

合理化策のワンマン運行は平成10年（1998）10月から踏み切った。当時の記事（10月20日）は〈乗客からは「路線存続のため」と理解を示す意見が目立つ一方で、「観光客が車掌に気軽に声をかけられるのが別所線の魅力だったのに」と残念がる住民もいる〉。ワンマン化での経費節減は年間3100万円と伝える。

駅業務の合理化では、平成11年5月からの別所温泉駅業務を温泉の観光協会、旅館組合への委託がある。その2年前には駅員が1人となり、早朝と夜間は無人化されていた同駅。さらなる完全無人化方針を受け〈合理化策を逆手に、地元の人による心のこもった歓迎をすることで、別所温泉の魅力を高めたい〉＝5月1日記事＝と協会に持ちかけた。出札業務に加え、観光・宿泊案内も駅窓口で行うことになったが、これがのちの観光駅長（協会の女性職員）による「はかま姿でのお出迎え」という、別所線ならではの温かなサービスにつながるきっかけになった。

別所温泉駅 朝晩無人に

合理化で来月にも上田交通 観光に影響 心配も

上田交通（上田市）は、赤字経営の別所線（上田駅―別所温泉駅、約一一・六㌔）の合理化策の一環で、一月にも別所温泉駅の駅員を一人に減らし、朝と夜間を「無人化」する。市内最大の観光地の別所温泉関係者からは、イメージダウンを心配する声も出ている。

駅員がいるのは昼間だけになる別所温泉駅

同社の合理化案は、駅員十二人（社員六人、臨時三人、嘱託一人、アルバイト二人）のうち二人を配置転換などで削減する内容。別所温泉駅は、現在二十四時間交代制の駅員二人を一人にし、午後六時から翌午前十時まで無人化する計画。臨時社員がいる上田原駅は完全無人化する。この結果、沿線十五駅のうち駅員が常駐するのは二駅だけになる。

近藤佳男・上田交通専務は「利用者の八割は上田―下之郷間の通勤通学者。乗客増加につながるてこ入れもできない状態のため、利用者の少ない時間帯を無人化し、赤字増を食い止めたい。来年秋の新幹線開業後、乗客が増えれば増員も考える」と説明している。

同社のまとめだと、別所線の利用者数は九一年度から減少傾向で、昨年度は約百七十一万人にとどまり、経常収支で三千三百万円余の赤字を出した。このため、同社は今年二月ごろ労働組合に合理化案を提案。組合側は「サービス低下によるイメージダウンや、安全管理が心配」と反対したものの、今月十三日に合意した。同社は、早ければ一月十六日から実施する方針だ。

別所温泉観光協会の塩沢重信副会長は「温泉街の玄関口だけに残念。イメージダウンや案内サービスの低下といった深刻な影響が出た場合には、駅員がいない時間帯に、協会として人を置くことも考えなければならない」と話している。

終点の別所温泉駅は夜間無人化へ。これを受け、2年後には駅舎に観光協会が移転、駅業務も委託した＝平成8年12月20日

「別所線」ワンマンに

上田交通 経営合理化で

上田交通（本社・上田市）は十九日、同市の上田駅と別所温泉を結ぶ別所線の「ワンマン運行」を始めた＝写真。経営合理化の一環。同線は、沿線自治会などの「別所線電車利用促進期成同盟会」が回数券購入などで支えてきただけに、乗客からは「路線存続のため」と理解を示す意見が目立つ一方で、「観光客が車掌に気軽に声をかけられるのが別所線の魅力だったのに」と残念がる住民もいる。

同社によると、最近五年間の乗客数は年間百七十一万―百七十七万人。九七年度の赤字は前年度より一千百万円ほど減り、一千八百万円余になったが、「運賃値上げの効果が大きい。値上げは慎重にせざるを得ないので、経費を圧縮し、赤字を減らしたい」（高木一明鉄道部長）としている。ワンマン化で年間三千百万円の経費節約になるという。

ワンマン運行では、二両編成の電車のうち先頭車両の運転席に近い一カ所のドアだけを開ける。乗客の運賃支払いは整理券方式。ただ、朝のラッシュ時は、乗客の多い上り四列車の上田原―城下駅間では、全部のドアを開けて、臨時駅員を配置したり、係員が同乗する。駅員のいる上田駅と下之郷駅でも従来通りドアを開ける。

ワンマン運行も断行。ラッシュ時には一部駅で臨時駅員を置くことも伝えている＝平成10年10月20日

別所線存続の危機

平成編

安全対策の投資「十数億必要」

平成12年（2000）12月、福井県の京福電気鉄道越前本線で電車同士の正面衝突事故が発生、運転士1人が死亡した。さらに同じ路線では翌13年6月にも再び正面衝突事故が起きた。

地方私鉄の単線区間で連続して2度も発生した重大な事故は、設備の老朽化が原因としてクローズアップされただけに、全国の地方鉄道会社には重くのしかかった。事故を受け、国土交通省は平成14年度から全国中小77鉄道を対象に緊急の安全性緊急評価事業を実施した。（京福はその後廃止され、第三セクターえちぜん鉄道として再出発）

この評価に先立ち、上田交通は独自に、親会社の東京急行電鉄に別所線の安全性調査を依頼。そして平成15年4月、別所線電車利用促進期成同盟会で報告されたこの結果が〝平成の別所線存廃問題〟の発端となる。4月26日記事《安全対策に十数億円必要》。〈営業82年になる別所線は、これまで単年度で黒字になったことがほとんどない〉〈昨年度の乗降客数はこ

別所線

安全対策に10数億必要

利用促進同盟会 赤字続き「非常事態」

利用促進に向け、新たなイベントに取り組む上田交通別所線＝上田市

乗降客の減少などで毎年二千万円前後の赤字が続く上田市の上田交通別所線で、安全対策の設備投資に十数億円必要となることが二十五日、同市内で開かれた別所線電車利用促進期成同盟会の幹事会で明らかになった。同盟会（峯賀俊彦会長）は「非常事態に近い」と判断、利用促進に向けてシンポジウムや写真撮影会など新たなイベントに取り組む考えだ。

利用増へ新企画

同社などによると、営業八十二年になる別所線は、これまで単年度で黒字になったことがほとんどない。一九七三（昭和四十八）年に、会社が別所線廃止の意向を示したが、翌年、地域住民による存続期成同盟会（現・利用促進期成同盟会）が発足。積極的な運動を展開した経過がある。

しかし、自家用車の普及と道路整備、学校週五日制や少子化などが影響し、経営は厳しい。昨年度の乗降客数はこの二十年間で最も少なく、百三十万人を割り込んだ。百八十万人を超えていた八一年度に比べ三割近い落ち込みだ。

同社は、ワンマン運転や駅の無人化、新しい定期券・回数券の導入などの対応をしてきたが、不動産やホテル事業で穴埋めする事態に。同盟会も、地域への特別割引回数券のあっせんなどに取り組んだが、客の減少に歯止めはかかっていない。

こうした中、国交省が昨年度から二年間で、全国七十七の地方鉄道を対象に安全性緊急評価事業を実施。これに先立ち、同社が親会社の東京急行電鉄（東京）に評価してもらったところ、線路や踏切、車両の更新などで今後十年間で約十五億円必要と見込まれることが分かり、同社は昨年十二月市議会に支援を求める陳情を出している。

診断の結果、安全対策に今後10数億円が必要になることが判明。「平成の別所線存続論議」がスタートすることになった＝平成15年4月26日

の20年間で最も少なく、130万人を割り込んだ。180万人を超えていた81年度に比べ3割近い落ち込みだ〉〈線路や踏切、車両の更新などで今後10年で約15億円必要と見込まれることが分かり、同社は昨年12月市議会に支援を求める陳情を出している〉。昭和の存続危機を抜け、欠損補助金の受給を辞退してちょうど10年後に訪れた非常事態である。

上田市の動きは早かった。同年6月3日、母袋創一市長を本部長にした緊急対策本部を設置。上田交通が求める公的支援も視野に入れ、存続に向けた具体策を検討していくことになった。同月の市会定例会の一般質問でも「公共交通機関の維持は地方自治体の責務だ」などと存続を求める声が相次いだ。

この間、利用促進期成同盟会は「存続」と名称変更し、シンポジウムの開催や、放置自転車を活用し

上田市は早速、母袋創一市長（右）を本部長とする別所線存続緊急対策本部を設置。市役所入り口に看板を掲げた＝平成15年6月4日

上田交通別所線

利用促進策きょう提案

乗降客減少受け
促進期成同盟会 取り組み強化へ

上田市の上田交通別所線で、乗降客の減少が続き、安全対策の設備投資にも多額の費用が必要とされる問題で、沿線自治会などでつくる別所線電車利用促進期成同盟会（室賀俊彦会長）は十三日開く総会に、シンポジウム開催など新たな企画を盛り込んだ利用促進策を提案する。昨年の乗降客数は二十年前に比べ三割近く落ち込んでいる同線だが、住民生活に欠かせず観光面でも重要と位置付け、利用増に向けて取り組みを強化する。

シンポ・駅への自転車配備など

利用促進策によると、シンポジウムは七月十二日、「地方鉄道の存続意義と地域振興に果たす役割」をテーマに市内で開く。大学教授や国土交通省の担当者ら専門家を招き、意見交換する。

また、放置自転車を活用して、別所温泉と塩田町の二駅に合わせて十台を配備。電車利用の観光客に史跡巡りなどで使ってもらう予定で、修繕や塗装をして七月から実施する考えだ。

このほか、信州上田フィルムコミッションの協力を得て、五月下旬から映画ロケの写真パネルを上田駅に展示。別所線をテーマにした写真コンテストを実施し、十月には駅や車内を使って写真撮影会も開く。引き続き、特別割引回数券のあっせん事業も行う。

上田交通によると、別所線の経営は自家用車の普及や少子化などの影響を受け、毎年二千万円前後の赤字が続き、他部門の収益で穴埋めしている。一方で、国交省が昨年度から二年間で、全国七十七の地方鉄道を対象に安全性緊急評価事業を実施。別所線の場合、これまでの試算で、今後十年間に約十五億円の設備投資が必要と見込まれるという。

利用促進期成同盟会の動きも早く、総会でシンポジウム開催など新たな企画を提案。取り組みを強化することに＝平成15年5月13日

上田交通
別所線

乗客増へ積極策

列車増発やイベント企画

存続問題が浮上している上田市の上田交通別所線で、近藤佳男社長は十三日、列車増発やイベント企画に積極的に取り組む意向を明らかにした。利便性を高め、年々減少している乗客数を増やして、収益改善につなげる考えだ。

列車増発は十月のダイヤ改正に合わせて実施。平日の上下線六十五本をできるだけ増やし、運行間隔も縮めて乗客が利用しやすいようにする。これまで終電の時間延長はしたが、増発の例はないという。また、弁当製造会社との連携企画といったイベントの強化や、回数券の有効期限の見直しの検討も進めている。

ただ、別所線は単線で、大幅な増発や臨時列車の運行は難しいのが現状。近藤社長は将来構想として「下之郷—別所温泉間に、列車の擦れ違い場所を設けたい」と語った。

別所線の乗降客数は、昨年度、二十一年前と比べて三割近く落ち込み、百三十万人を切ってしまった。例年赤字が続き、昨年度は約三千四百万円の経常損失を出した。会社全体では、不動産部門の収益で補てんしているが、今後十年間に安全対策面で約十五億円が必要とされている。

会社は市に公的支援を要請、市も緊急対策本部で検討を進める一方、会社側に一層の自助努力を求めている。同社は「乗客が増えないと問題は解決しない」と、積極的な事業展開をする方針を固めた。

近藤社長は「廃線は前提ではなく、できれば残したい」と強調。鉄道運営を分社化する案についても「削減できる人件費はわずかで、収益の改善にはつながらない。今は検討していない」としている。

利用者増に向けて増発を検討している上田市の上田交通別所線

上田交通も乗客増に積極的に取り組む姿勢を見せ、それまで例がなかった列車の増発も掲げた。駅交換設備の増設にも言及＝平成15年6月14日

た観光用のレンタサイクルなどの活動を強化する一方、7万人超の署名を集めた。労働、大学などの団体も強く存続を求めたが、なによりも市長や市議会が「別所線は上田市として守るべき路線」との姿勢を明確にしたことから、支援内容は早々に決まるとみられた。年度内に支援策を固め、次年度予算に盛る可能性もあり得たが、すんなりとは進まなかった。

公的支援で応酬—3年間支援と分社化

平成16年（2004）年は、公的支援のあり方を巡って、市と上田交通の激しい応酬が繰り返されることになる。

市と上田交通の事務レベル非公式交渉は7月にスタート。交通側が出した8月10日付の要望書が交渉のベースになった。要望の柱は①赤字分の補てんは、全額から「1000万円超の分」に譲歩する②設備投資に掛かる約11億円は、引き続き市に全額補助を求める③今後3～5年で輸送人員が年間120万人を割り込んだ場合には、廃線の届け出か、市への経営移管を要請する——。

翌月の市会定例会では、進展状況が内容が明らかに。9月1日記事《上田市長「会社側と隔たり」》は合意に至らない状態を伝えている。〈設備投資や修繕費の補助割合の設定方法に加え、毎年度の経常赤字を市が補てんするかどうかをめぐり、まだ折り合っていない〉

9月8日記事。上田市は〈「補助金交付といった公

別所線存続求め 7万人超す署名

期成同盟会が要望書

上田市の上田交通別所線の存続問題で、地元自治会などでつくる別所線電車存続期成同盟会（室賀俊彦会長）は二十二日、市役所に母袋創一市長と宮下昭夫市議会議長を訪ね、公的な財政支援を求めてそれぞれ要望書を提出した。

上田交通別所線の存続支援を求める要望書と署名の上田市への提出

別所線は毎年数千万円の赤字の上、安全対策に、会社側の試算で今後十年間に約十五億円の投資が必要とされている。同盟会は、こうした現状を市民に理解してもらい、存続につなげようと八月、市内全戸の中学生以上を対象に署名活動し、高校や大学、事業所なども含めて七万二千人を超える署名が集まった。

要望書と署名を提出した室賀会長は「国、県へも働きかけ、公的支援等の施策を講じてほしい」と要請。母袋市長は「重く受け止める。会社側の経営努力も欠かせず、近く上田交通に出向いて話をしたい」と述べた。

存続期成同盟会が上田市や議会に公的な財政支援を要望。集めた7万2000人を超える署名も添えた＝平成15年9月23日

別所線支援

上田市 3年で2億6800万

「安全運行に欠かせない」

上田市の母袋創一市長は二十二日開いた記者会見で、存続できるかが焦点となっている同市の上田交通別所線について、当面の安全対策費として今後三年間で同社に計二億六千八百万円を補助する方針を明らかにした。本年度分の一億三百万円は補正予算案に計上、三十日開会の十二月定例市議会に提案する。

市議会は四日の全員協議会で「支援やむなし」の意向を確認済み。〇二年十月に同社が市に支援を求めて以来、別所線の公的支援問題は資金面で一応の決着をみる。今後は地域全体を巻き込み、いかに利用を増やせるかが大きな課題となる。

母袋市長は「厳しい財政状況下で重い決断を迫られたが、安全運行に欠かせない支援と判断した」と説明。同社は今後十年間の支援を求めているが、市長は「十年とするには不確定要素が多い。二十年、三十年と存続してほしいという思いに変わりはない」と述べた。

上田交通の近藤佳男社長は取材に対し「別所線が上田市に必要なインフラとして認知されたと受け止める。これで行政、市民と同じ土俵で力を出し合える」と述べた。

市の補助は国、県、市の「鉄道軌道近代化施設整備事業」に基づく五千八百万円に、安全につながる修繕費として市独自に約二億一千万円を上乗せした。本年度、経常赤字は補てんしない。市は十二月中に同社と協定を結ぶ方針だ。

問題の表面化から1年半、上田市がようやく別所線存続に「3年間で2億6800万円」を支援する方針を決めた。上田交通とは非公式事務交渉が重ねられた＝平成16年11月22日

別所線を増便 分社化も検討

上田市・上田交通が協定書

上田市と上田交通（同市）は二十一日、別所線存続のための補助金交付や両者による協議会設置を定めた協定書に調印した。利用促進策で、同社は来年春、すれ違い運行ができる上田―下之郷で朝のラッシュ時に増便する方針。公的支援後の収支を透明にするため、将来の鉄道事業分社化も検討する。

公的支援は、本年度分一億三百万円を含め二〇〇六年度までに計二億六千八百万円で、安全対策に充てる。上田駅構内での調印後、母袋創一市長は「財政難の中で決断した。重みを受け止めてほしい」とあいさつ。近藤佳男社長は「市民の税金によって電車が動くことになり、責任の重さを感じる」と述べた。

その後、下之郷駅の電車内で近藤社長が記者会見し、JRやしなの鉄道の来春のダイヤ改正に合わせて増便すると表明。また、運賃値下げが可能か検討するとした。

一方、「利用促進は当社だけでは限界」とも強調。市に対し、バスを含め高齢者の公共交通利用を無料にするよう働きかけるほか、中心市街地や旅行会社との連携にも力を入れる考えを示した。

現在、鉄道事業の経費は、鉄道以外の事業部門との区分が明確になっていない面もあるという。近藤社長は「別会社でガラス張りにした方が、公的支援の効果がはっきりする」と述べた。

同社によると、二〇〇五年度から二年間の実質的な赤字は毎年度約千七百万円の見込み。市は同社と設ける協議会で、運行経費補助名目での支援の適否を検討する。

補助金交付の協定書調印を伝える一方、近藤佳男・上田交通社長は鉄道部門の分社化に言及。約9カ月後「上田電鉄」が誕生＝平成16年12月20日

的支援がなければ、数年後に経常赤字は億円単位となる」との試算を示した〉〈公的支援なしに運行するには「年間150万人を超える利用客が必要」とし、利用減少が続く中、運行継続は極めて厳しくなる見通しを示した〉

こうした存続危機にも関わらず、同年4〜8月の利用客が前年比3・6％減と歯止めが掛からない状況も明らかに。11月には市会が全員協議会で《公的支援やむを得ず》の考えを了承。これを受けて11月22日に上田市は当面の安全対策費として〈3年間で同社に計2億6800万円の補助する方針を明らかにした〉＝同日記事。同年度内分は補正予算案に計上され、12月定例会に上程。母袋市長は〈「厳しい財政下で重い決断を迫られたが、安全運行に欠かせない支援と判断した」と説明。同社は今後10年間の支援を求めているが「10年とするには不確定要素が多い。20年、30年と存続してほしいという思いに変わりはない」と述べた〉

議決を受け、12月21日に両者が協定書に調印。資金的な支援では一応、期間限定だが決着を見た。会見した上田交通の近藤佳男社長は〈別会社でガラス張りにした方が、公的支援の効果がはっきりする〉と表明。翌17年（2005）年10月、鉄道部門を分社した「上田電鉄」が発足することになる。

再生支援協の取り組みが大臣表彰に

時を一にして国土交通省は平成17年度から新たな試み「地方鉄道再生事業」をスタートさせた。「地域が真に必要とする地方鉄

> 上田
>
> **「別所線再生支援協」に大臣表彰**
>
> 上田市や上田電鉄、別所線支援の市民グループなど二十五団体でつくる「別所線再生支援協議会」が、本年度の国土交通省の「交通関係環境保全優良事業者等大臣表彰」を受けることが四日決まった。
>
> 多くの支援イベントを開き、駅で自動車から電車に乗り換える「パークアンドライド」の駐車場も整備。二〇〇六、〇七年度に連続で輸送人員が前年度を上回ったことが評価された。表彰は〇六年度創設で、県内団体は初めて。
>
> 別所線は輸送人員減少で、〇三年に存続問題が浮上。支援協議会は再生計画をまとめ、構成団体が計画に沿って支援活動に取り組むために〇五年二月に発足した。その後、舞田駅と中野駅には、地元自治会の役員らが手弁当で駐車場を新設。大学前駅には国、県、市の補助を受け上田電鉄も駐車場を整備した。
>
> 市民グループが列車内で大道芸などを披露する「トレイン・パフォーマンス」を企画するなど多数のイベントも開かれ、〇六年度の輸送人員は前年度を〇・八％上回る百二十三万八千人余、〇七年度も前年度比〇・九％増の百二十四万九千人余となった。
>
> 国交省は「全国の地方にある鉄道が乗客減に悩んでいる中、利用者増につなげた取り組みを総合的に評価した」としている。
>
> 十一日に協議会を代表して母袋創一市長が表彰を受ける予定。

国交省の地方鉄道再生事業では、市民や団体など25団体による別所線再生支援協議会の取り組みが評価され、大臣表彰を受けた＝平成20年12月5日

無人駅を清掃するイベント「別所線クリーン大作戦」。沿線住民や鉄道ファンが12駅を分担して駅舎の窓拭きや草むしりに汗を流した（上田原駅）＝平成26年6月28日

下之郷駅の駅舎の柱を朱色に化粧直しする上田交通鉄道部の社員。生島足島神社の御柱大祭を控え、社員の手作業で経費節減＝平成16年3月27日

道の再生」を目指し、沿線自治体などと協議して作成した再生計画を審査、承認されればその事業に補助金を出す。同年1月、上田交通が市に、再生計画を作成・実行する「再生支援協議会」の設置を申し入れた。

協議会は市、上田交通のほか、同盟会などの団体、住民組織や観光・商工団体、沿線の大学など25団体で構成。翌2月末に初会合を開き早速、計画の骨子を決めた。3月末に提出した再生計画は7月に無事承認。事業費は「パークアンドライド」の駐車場整備や途中駅の交換駅化、駅舎改修など総額4億7700万円。このうち中野、舞田両駅の駐車場整備では、休耕地を地権者が無償で貸し出し、住民がボランティアで整備した。ほかにも多くの取り組みが行われ、輸送人員も改善したことから、再生支援協議会は20年12月、国交省大臣表彰を受けた。

上田市による公的支援協定はその後も3年ごとに更新され、市は年1億円前後の補助を継続。単独では運行が継続できない同社の安全対策や運行に大きく関与してきたが、令和元年（2019）10月、台風19号で同社史上最大の被害、千曲川橋梁の崩落が発生。復旧と維持のために「鉄橋の市有化」という〝究極の支援策〟に踏み込むことになる。

別所線上田駅の高架化

20年近く受け続けた赤字分の欠損補助金を次年度から辞退することを決めた平成4年（1992）の10月27日記事に載ったイラストが興味深い。別所温泉観光協会の案とする〈上田駅の別所線取り付け要望図〉は、同年春に完成した南北自由通路に別所線の乗り場をつなげる高架駅にするアイデアだ。

駅の将来像を考えてきた当時の協会会長は〈駅をこれまでの裏口的な存在から改めれば、千曲川左岸の活性化につながる〉とコメント。上田市や上田交通に要望していた。数年後にはこのイラスト通りの姿に生まれ変わった。ホームが階上にある高架駅は、県内では新幹線の上田と飯山、小海線・佐久平、そして別所線・上田の4駅だけだ。

市は都市計画事業として同6年度、上田駅から千曲川橋梁まで322㍍の高架化と街路との立体交差化を決定、2年後の8年10月に着工した。従来線路の上に高架を造るため、仮線を敷き、約17億円の総事業費（上田交通負担分は5％）で取り掛かった。3鉄道を自由通路で一体的につなぐが、改札と同じ高さにホームがあるのは別所線だけで、バリアフリー的には最も優しい構造になっている。

自由通路の北口は「お城口」、南口は「温泉口」に。裏口的存在だった温泉口は整備が進み、上田交通経営のホテル「東急イン」（現・東急REIホテル）が新幹線開業に合わせて平成9年10月に北口側から移転開業した。高架線と駅の使用開始は翌10年3月29日から。

地上約8㍍の高さにある別所線上田駅は、行き止まりの棒線駅だが、壁の楕円形の「丸窓」があしらわれたおしゃれな造り。センスのいいラッピング車両が高架ホームで発着する光景には、とても存廃が取り沙汰されるローカル私

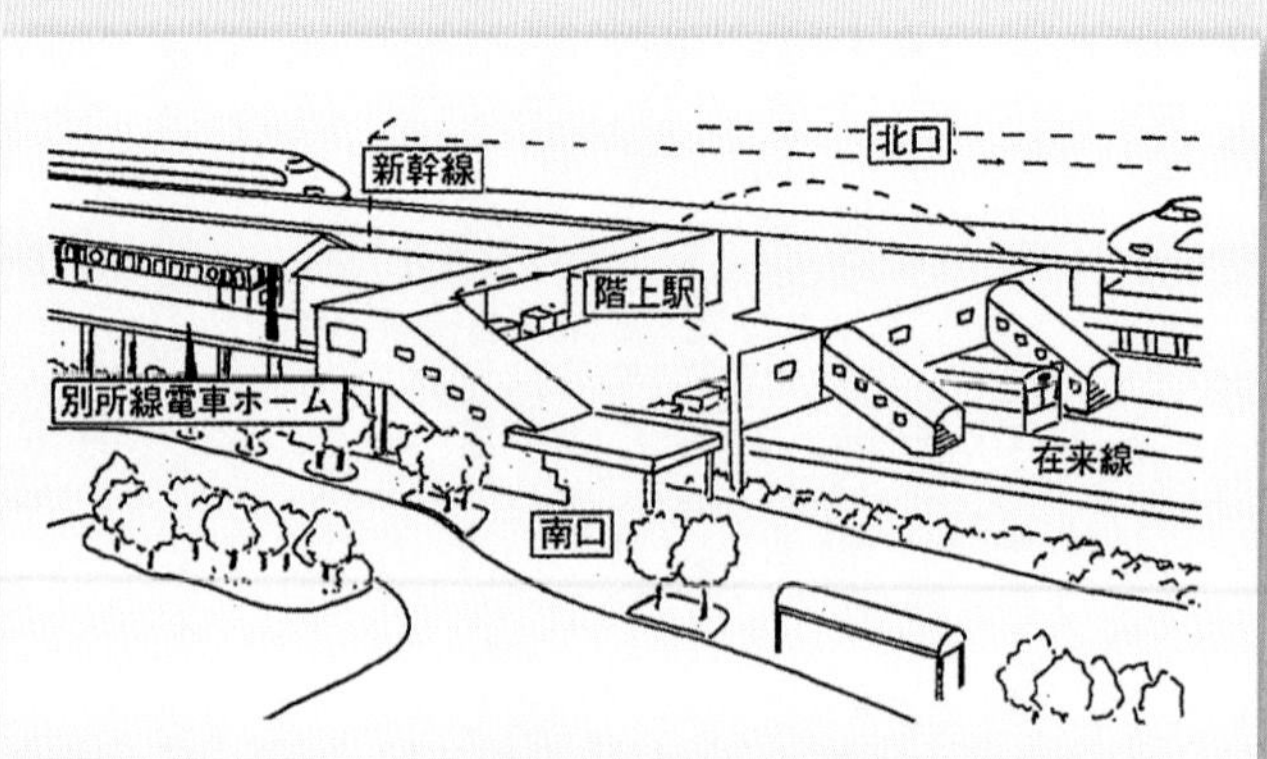

別所線乗り場を高架にし、自由通路に取り付ける要望図。別所温泉観光協会が将来像として描き、結果として実現した＝平成4年10月27日

鉄とは思えない雰囲気があり、かつての木造上屋のホームを知っている世代には隔世の感も。発車した列車は高架から坂を下り、千曲川橋梁に滑り込んでいく。

千曲川右岸から上田駅の高架化工事が本格化へ。左の現線路上に高架を建設するため、右側に仮の線路を敷いた＝平成9年2月26日

新幹線駅の工事が進む上田駅。別所線の駅はまだ地上駅だった頃で、駅舎は橋上化したJR駅（当時）と共用していた＝平成6年12月頃

はかま駅長とハーモニカ駅長

再生支援協議会による別所線存続の取り組みが進む平成18年（2006）、活性化のシンボルとも言える二つの〝キャラクター〟が上田電鉄（前年10月に上田交通から分社化）に誕生した。「はかま駅長」と「ハーモニカ駅長」。絵になる光景としてメディアにも取り上げられ、今に続く別所線ならではの温かな雰囲気をつくってきた。

「はかま駅長」は別所温泉駅の〝観光駅長〟である2人の女性。同年4月からはかま姿で改札口に立ち、乗客を送迎するようになった。同駅業務は平成11年（1999）に別所温泉観光協会に委託しており、2人はその職員。ブレザーだった制服を〈「趣のある木造駅舎とともに、心に残る旅になれば」と企画〉し、〈木造の古い建築が多い別所温泉の旅館や、旅館従業員の和服姿からアイデアを得て、角田朗一社長が発案。はかまと、黒系、若草色系の2種類の着物風の上着を2着ずつ仕立てた〉＝平成18年4月12日記事。乗客の反応は良く、笑顔の接客で記念撮影を求められることも。

「ハーモニカ駅長」は、上田駅長だった春原貞良さん（74）が同年9月に電車内で演奏を始めたのが始まり。入社直後に丸子線、真田傍陽線の廃止を経験し〈ただ一つ「踏ん張れた」別所線を何としても残したい〉＝平成19年10月4日記事＝との思いで、20数年来の趣味を仕事の場に持ち込んだ。

はかま姿で上田行きの電車を見送る別所温泉駅の観光駅長＝令和3年11月（上田電鉄提供）

団体ツアー客を相手に電車内でハーモニカを吹き、歌の伴奏をする春原貞良・上田駅長（当時）＝平成22年9月10日

乗客と一緒に唱歌や童謡を歌う企画が好評を得、行程にハーモニカ列車を組み込んだ団体ツアーも登場するほどになり、乗客増に貢献。60歳の定年後も嘱託として駅長を務め、平成30年（2018）まで吹き続けて、後任にバトンタッチした。

はかま駅長はその後、玩具メーカーの少女キャラクター「鉄道むすめ」八木沢まいのモデルになったし、ハーモニカは実際に音が出るミニペンダントとしてグッズにもなった。そして共にキューピー人形にもなるなど、話題づくりの一翼も担った。

小さなローカル私鉄とはいえ、真田氏や塩田平の寺院、温泉、映画等のロケ地として実績、首都圏からのアクセスなど、別所線沿線は生かせる財産に恵まれている。行政や電鉄、住民らのアイデアとやる気で、まだまだ盛り上げられる可能性にあふれている。

談話室

1966（昭和41）年に旧上田丸子電鉄に入社し、「生活路線だった」丸子線、真田傍陽線の廃止を経験。「小さな会社だけど、ただ一つ『踏ん張れた』別所線を何としても残したい」。上田駅や下之郷駅での仕事の傍ら、週2、3回は利用者増を願って電車内や駅でハーモニカを演奏し乗客をもてなす。存続を支援してくれる市民に応えるためにも「できることは何でもやりたい」と話す。

趣味のハーモニカは、20数年前から地

別所線上田駅長　春原《すのはら》　貞良《さだよし》さん(59)

電車でハーモニカ 人気

元の敬老会などで披露してきた。電車内での演奏は「迷惑にならないか」と迷っていたが、昨年9月、初めて別所温泉―上田間で演奏したところ、温泉帰りの乗客から後日写真も送られてきたほど「意外に好評だった」。今では演奏を聴くために上田を訪れる乗客がおり、ツアーの日程に組み込む旅行会社もある。

高校卒業と同時に就職し「鉄道しか知らない」。11月に還暦を迎えるが、「乗り掛かった船だから」と定年後もこの仕事を続けたいと思う。座右の銘は「何事にもチャレンジ」。上田市大屋で妻、母、長女、二男と暮らす。

ハーモニカ駅長として別所線の話題作りと乗客増に貢献した春原貞良・上田駅長（当時）の紹介記事＝平成19年10月4日

女性駅員 紬着て仕事

上田電鉄 地元特産品をＰＲ

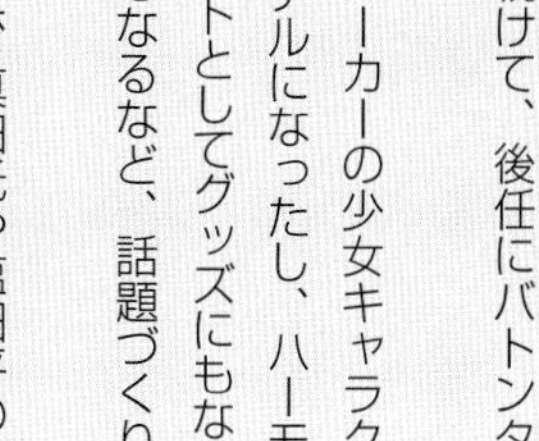

上田紬の作務衣を着て改札をする小須田さん

上田電鉄別所線（上田市）上田駅で今春から、女性駅員が上田紬《つむぎ》の作務衣《さむえ》を着て改札や窓口業務をしている。観光客に上田の特産品をＰＲする狙いだ。

四月に入社したただ一人の女性社員の小須田文香さん(20)で、作務衣は灰色と紺色のしま模様。赤い鼻緒の草履も履いている。

五日、千葉県から観光で訪れた楠山栄子さん(58)は「とてもかわいくて目を引く」と改札口で写真撮影。小須田さんは「反応があるのがうれしい」と話していた。沿線でイベントがある日は上田紬の着物を着ることもある。

別所温泉駅でも、別所温泉観光協会の女性職員が和服で駅長を務めており、好評だったことから発案した。同社は「地元の利用者にも『上田の鉄道』をアピールしたい」としている。

上田駅では、女性社員が地元特産「上田紬」の作務衣を着て出札や改札の業務を行うように＝平成20年6月6日

真田、傍陽線運転掛仕業表　S 35. 6. 1

区別／ダイヤ	始業 駅	始業 時間		終業 駅	終業 時間		走行粁 KM	拘束 H	中休 H	実働	深夜勤務 H
1	上田	209レ 8.09		真田	251レ 23.03	泊り	184.2	15.44	2.03	13.41	1.33
2	真田	1204レ 6.35		上田	408レ 8.03		21.2	2.08	.15	1.53	
3	上田	211レ 8.41		真田	249レ 21.59	泊り	158.6	13.58	2.36	11.22	.19
4	真田	202レ 5.44		上田	406レ 7.47		38.4	2.53	-	2.53	
5	傍陽	304レ 6.28		傍陽	343レ 19.25	泊り	162.2	13.42	2.06	11.36	
6	上田	201レ 5.43	泊り	上田	410レ 8.28		51.2	3.25	-	3.25	
7	上田	213レ 9.23		傍陽	351レ 22.57	泊り	182.1	14.25	1.55	12.30	1.27
8	傍陽	302レ 5.44		上田	412レ 9.02		43.5	4.08	.81	3.37	
	計						841.4	70.23	9.26	60.57	3.19

備考
1. 休憩時間1日20分は拘束時間に含む。
2. 実働　60H57M≒3657M
3657×7÷10÷6＝426.65M≒7.07H（労働協約に依る7時間30分より一日当り平均23分不足）
1年間不足分16日。祭日、有給10日を繰り入れる。16-10＝6日間 一ヶ月当り0.5日は電車庫勤務とする。
3. 運転又電車区主任は別途計画勤務表を作製し勤務状態を明確にしておくこと。

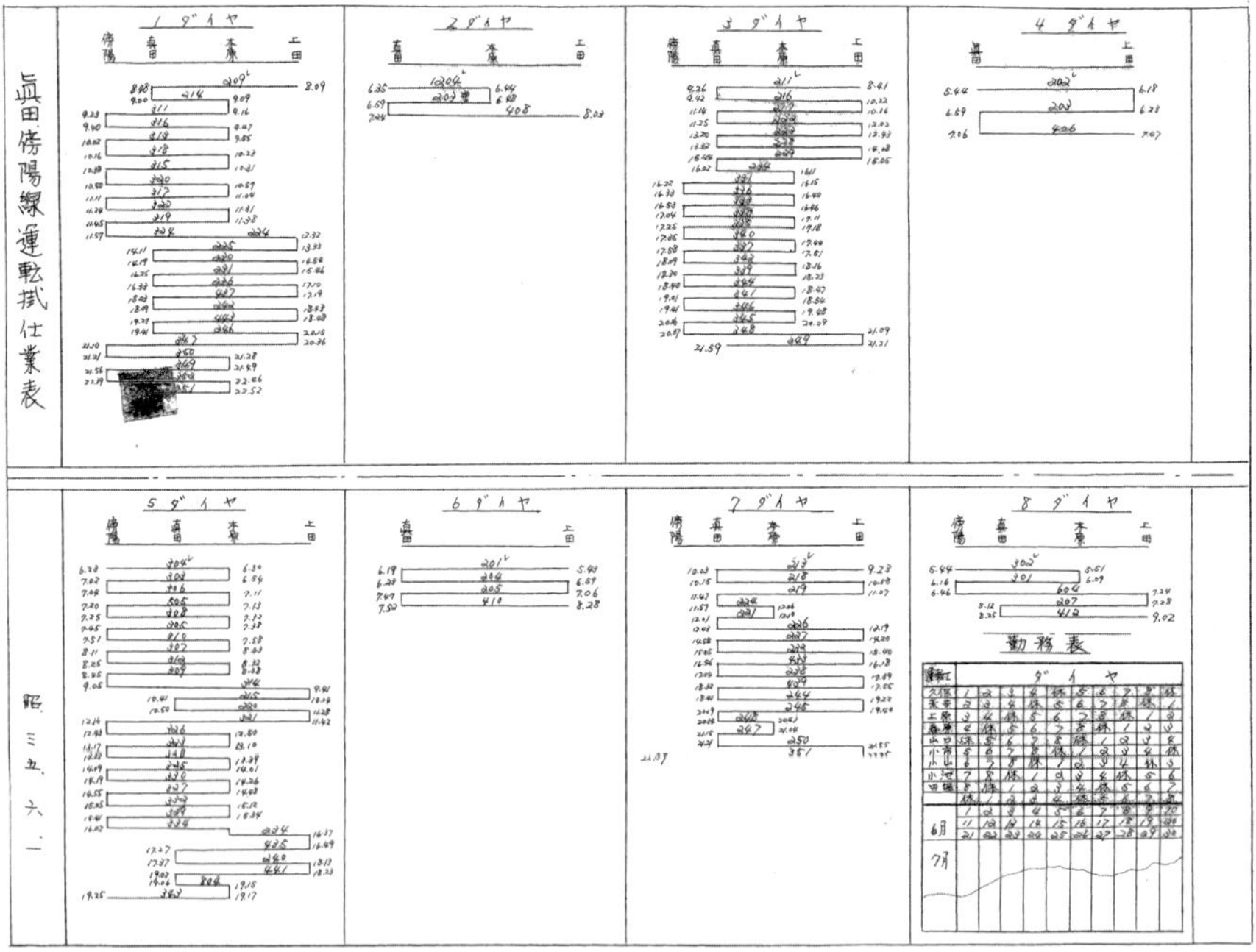

●真田傍陽線「運転掛仕業表」

運転士の勤務ダイヤ表で、昭和35年6月改正ダイヤのもの。八つの運行（勤務）パターンを数人の運転士で分担し、「4勤1休」体制で東北地域の旅客・貨物輸送を担った（上田電鉄提供）

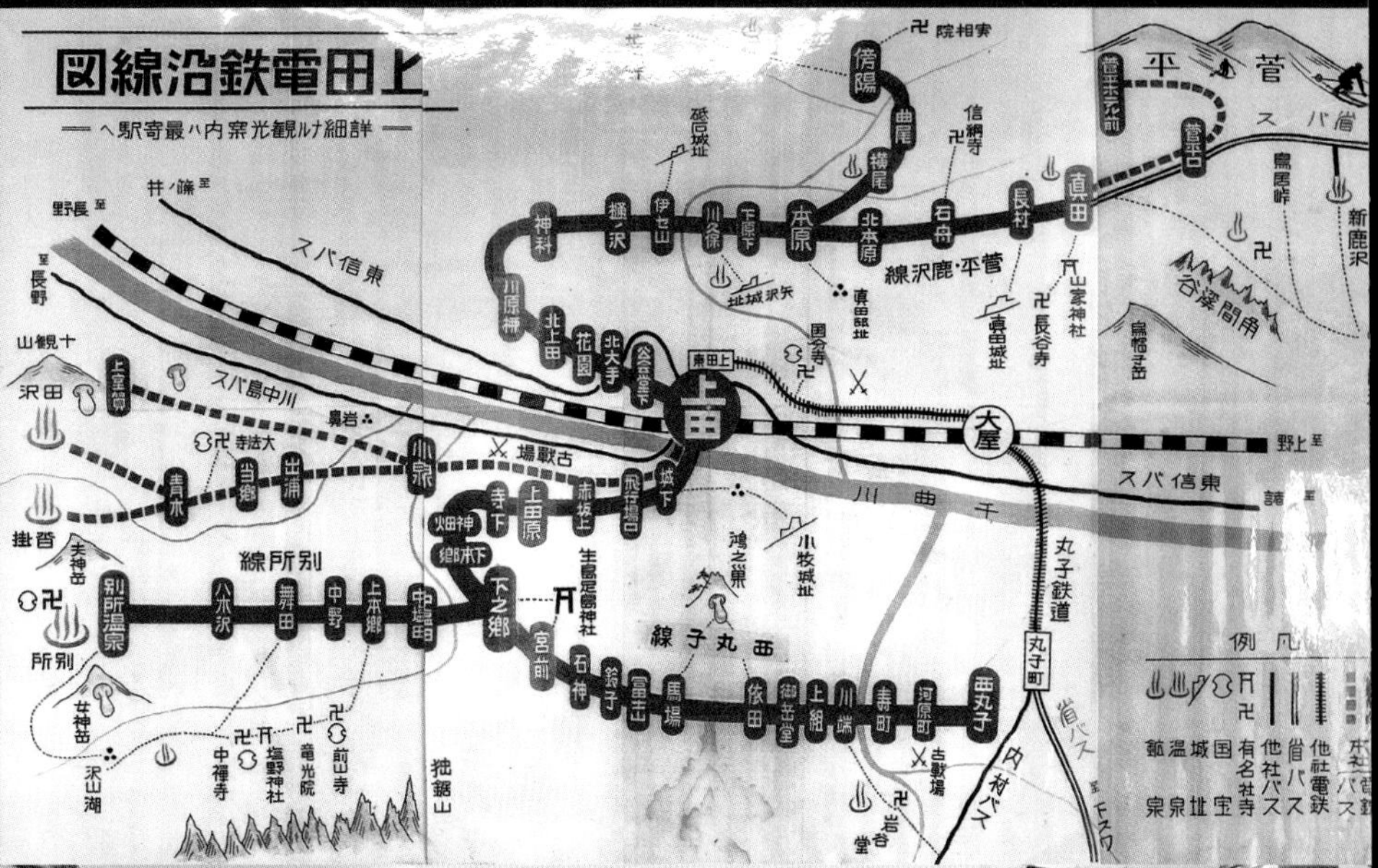

資料編

- ●別所線全駅探訪
- ●別所線配線図
- ●廃線探訪（丸子線・真田傍陽線・西丸子線・青木線）
- ●廃線跡は今
- ●上田の鉄道を描いた鳥瞰絵図
- ●別所線と上田の鉄道のあゆみ（年表）

ほか

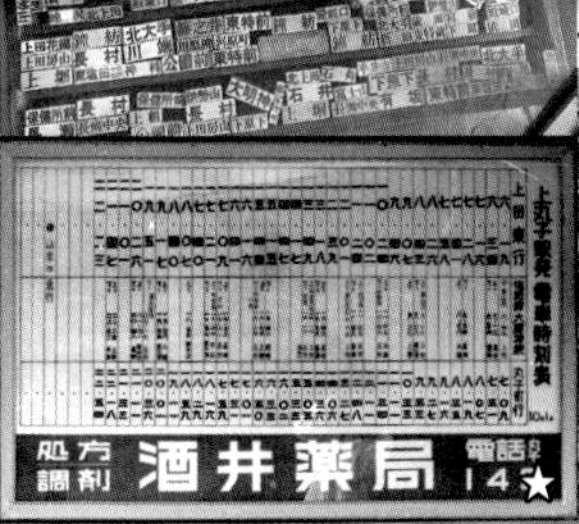

別所線全駅探訪

BE1 ─駅番号

所 所在地 員 駅員有無 開 開業日 変 改称、移設、休止・廃止等 距 起点からの距離 高 標高 人 乗降人員(1日平均)

(注) 距離は上田から。乗降人員は1日当たりの人数で2020年度(21年7月公開)。

上田 うえだ

BE1

所 上田市天神1 員 有
開 1924(大13)8.15
変 1998(平10)3.29[高架化]
距 0.0km 高 445m
人 3133人

●近代的な高架駅 壁には丸窓

別所線の上田駅は、JR北陸新幹線、しなの鉄道が並行するところに斜めに入り込んで行く。高架ホームで1面1線の折り返し、壁には円形の窓がある。地上から見ると、空中に突き出した近代的な四角い筒。駅を出た電車は緩い勾配を下り、惰性のように千曲川鉄橋に滑り込んでいく。

かつてはトタンぶき木造上屋の古めかしい地上駅で、屋根上に1文字ずつ「別所線電車のりば」と掲げられていた。跡地は駐車場になっている。

かつての上田駅

3番線まであった信越本線のホームの南側にあり、乗降ホームは1面1線だったが車両を留置する側線があった。木造の連絡橋を下りたところに出札窓口があり、国鉄・JRからの乗換客はここで改札していた。

平成5年、新幹線建設に伴って新設ホームに移行し、自由通路上から入る橋上駅となった。JR上田駅との共同使用駅となり、中間改札が設けられた。開業以来親しまれたこの独立ホームは撤去された。

南側から見た上田駅ホーム。木造の国鉄連絡跨線橋を降りたところに出札窓口があった(奥村栄邦さん撮影)

撤去前の上田駅旧ホーム。ホームを城下側から見た様子(上田電鉄提供)

※前ページの写真★は奥村栄邦さん撮影、▲は小西純一さん撮影

城下

しろした

BE2

所 上田市諏訪形 員 無
開 1921(大10)6.17[三好町]
変 1927(昭2)12.[現駅名・移転]
距 0.8km 高 444m
人 63人

●橋梁不通時にはバス接続駅に

「城下」は大正10年（1921）年に上田市に合併するまでの旧村名。千曲川を渡ってすぐの駅で、崩落した橋梁が復旧するまでの1年5ヵ月間、上田駅温泉口とを結ぶ代替バスの乗換駅となり、ホームの出入り口にはプレハブの係員詰所が置かれた。2面2線の交換駅だが、代替輸送期間中は1線で折り返し運転が行われた。温電開通当初も、鉄橋が架かるまでの3年間はこの駅が発着駅であり、開業100年を迎えて〝同じ境遇〟となった。

三好町

みよしちょう

BE3

所 上田市御所 員 無
開 1921(大10)6.17[三好町三丁目]
変 1927(昭2)12.[三好町]▶1931〜35[飛行場口]▶1940頃[現駅名]
距 1.5km 高 443m 人 104人

●戦前には駅名「飛行場口」

三好町は、明治中期に千曲川に架かった上田橋から伸びる松本街道（現・国道143号など）沿いに形成された町並み。温電開業当初は電車が路面を走っていた。町名は周辺3地区（中之条、御所、諏訪形）から移転した人が仲良く暮らせるように…との願いが由来とも。戦前は北西1km（現・上田千曲高校）に旧上田飛行場があったため、一時は「飛行場口」を名乗ったこともある。米軍空襲の標的にもなった。現在は線路際まで住宅が迫り、駅を挟んでいる。

赤坂上

あかさかうえ

BE4

所 上田市上田原 員 無
開 1932(昭7)9.21
変 1951(昭26)4.[移設]
距 2.2km 高 451m
人 251人

●坂の途中 創造館の最寄り駅

三好町駅から西に進み、突如現れる20‰の勾配を上り切った住宅地の中にある駅。ホームや駐輪場が広く、全体に上屋が掛かっていて雨の日はありがたい。駅の東側にある「赤坂」「赤坂上」交差点は、市街地方面からの主要県道や丸子、別所温泉方面に向かう県道、青木村方面への国道143号が集まり、二つの四つ角に踏切も絡む渋滞の常襲地。プラネタリウムなどを備えた県上田創造館や、遊具が多く親子連れで楽しめる長池公園へは徒歩10分。

上田原

うえだはら

所 上田市上田原 員 無
開 1921（大10）6.17
変 1938 以降［移設］▶1992（平4）11.8［移設］
距 2.9km 高 449m 人 879人

BE5

●かつての大電車区 面影なく

武田信玄と村上義清が戦った戦国時代の古戦場で知られる上田原は、駅を中心に南北に広がる地域。現在ある書店倉庫や駐車場の敷地全体がかつての駅構内。現在の本線はその南端に沿って走り、赤坂上寄りの一角に、小さな駅舎と細い島式ホームがあるだけの、こぢんまりした駅になった。駅の移設移転により、別所線の長さは１００ｍ短くなった。広い構内地は商業地として賃貸に。ただ、駅を出た後は左へ大きくカーブして南へ向かう。

かつての上田原駅

国道すれすれにあった駅本屋とホーム。青木線併用軌道時代の名残（奥村栄邦さん撮影）

上田寄りから見たホーム。電車は車庫エリアの外周を大きく迂回していた（奥村栄邦さん撮影）

上田方面から来た電車は、上田原駅構内の直前で右に大きくカーブ、留置線や車庫を左に眺めながら国道１４３号沿いまで接近し、古い2面2線の駅に入り込んでいた。構内には引退車両や機関車、貨車などが雑然と留置されていた。昇圧に伴い昭和61年に車庫機能は下之郷に移転集約。広い敷地は大型店に賃貸された。

広い敷地内に引退車両などが雑然と留置されていた（上田電鉄提供）

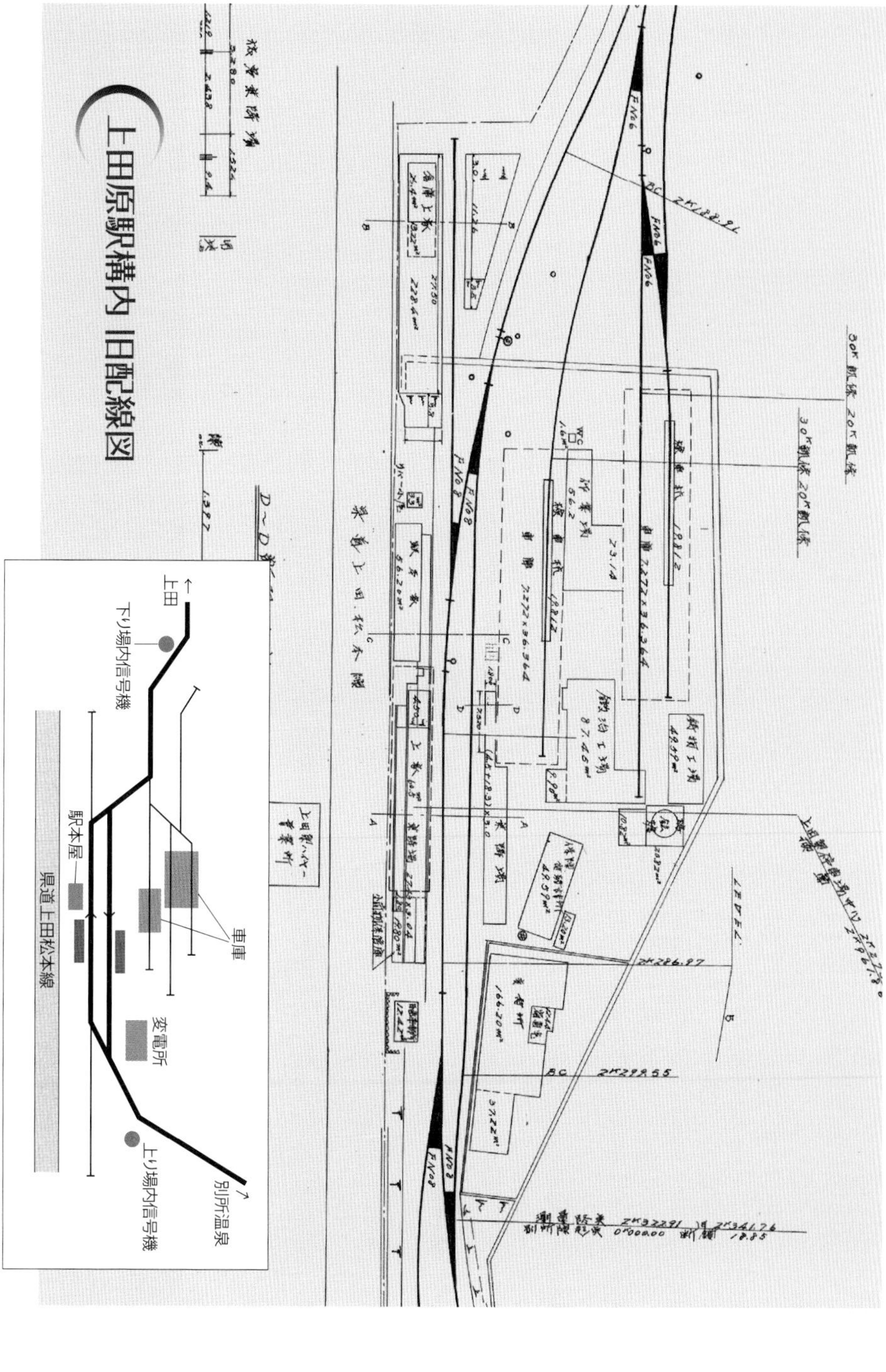
上田原駅構内 旧配線図
上田
下り場内信号機
駅本屋
車庫
変電所
県道上田松本線
上り場内信号機
別所温泉

寺下

てらした

BE6

所 上田市神畑　員 無
開 1934(昭9)7.14
距 3.8km
高 449m
人 179人

●塩田平見通す「寺の下」の駅

駅名はズバリ「お寺の下」にあることが由来で、大学前と並ぶ「地名ではない駅」の一つ。後方に見上げる超誓寺は、足利氏家臣ゆかりの寺で、春は桜がライトアップされる。

上田原駅から方向を変えて線路は南下、寺下駅のホームは少し高台にあって塩田平やギザギザの独鈷山、ピラミッド型の夫神山を見渡せる。その昔には、かつて青木線や西丸子線を走った〝チンチン電車〟の車体が待合室に使われていたこともある。

神畑

かばたけ

BE7

所 上田市神畑　員 無
開 1921(大10)6.17
距 4.5km
高 451m
人 128人

●別所温泉への道の入り口

鉄骨とコンクリート造りの1面ホームの駅は平成2年（1990）、当時の上田電鉄が別所線の安全性とサービス向上のために行った長期改善計画で改修された。やや難読の駅名は、生島足島神社の「神服部」が転じた地名が由来と伝えられる。駅南西の産川との間に見える工場は、戦時中に疎開で塩田平に工場を移したミシン針などのトップメーカー「オルガン針株式会社」の中央工場。別所温泉に向かう「別所道」は、駅上の交差点から分岐している。

大学前

だいがくまえ

BE8

所 上田市下之郷　員 無
開 1934(昭9)7.14[下本郷]
変 1966(昭41)6.[本州大学前]
▶1974(昭49)5.1[現駅名]
距 5.2km　高 455m　人 799人

●大学や産業団地の入り口

開業当初の駅名は「下本郷」。私立本州大学の開学に合わせて改称し、さらに「長野大学」と変わったことで現駅名となったが、上田女子短大や県工科短期大学校が開学、県営産業団地、運動公園もでき、東山エリアへの玄関口となった。通学生の利用が主で、崩落した千曲川橋梁の復旧に向けては大学生・短大生ボランティアも大いに後押しをした。パークアンドライドの取り組みは、平成13年（2001）から、沿線では最も早く始まった。

下之郷

しものごう

BE9

所 上田市下之郷 員 有
開 1921(大10)6.17
距 6.1km
高 465m
人 344人

●運行の拠点 生島足島神社すぐ

別所線の中間にあり、上田電鉄本社、車庫機能が集まる運行の拠点駅。途中駅で唯一社員が常駐し、多くの列車が1面2線のホームで行き違う。線路はここから再び直角に進路を変えて西に進むため、駅から遠ざかる電車がお互いの車窓から見えるのも味わい深い。

廃止された西丸子線の起点駅で現在もホーム跡と待合室が残り、駅前から丸子方面への路線バスも発着する。〝日本の中心〟を標榜する生島足島神社は駅から参道が通じている。

かつての下之郷駅

車両基地機能が集約される前の下之郷駅は田園の中の小駅。西丸子線が走っていた時代は乗換・分岐駅で、別所線の島式ホームの南側にある短い棒線ホームを発着していた。かつては東側に駅舎があり、西丸子線の廃止後は下り線路上にホームへ入る板を渡していたため、交換駅の機能は果たしていなかった。現在は、ホームの上に待合室を兼ねた小さな駅舎がある。

上田行きの上り列車。車庫がない時代は別所温泉方面を見通せた(小西純一さん撮影)

下之郷駅 旧配線図

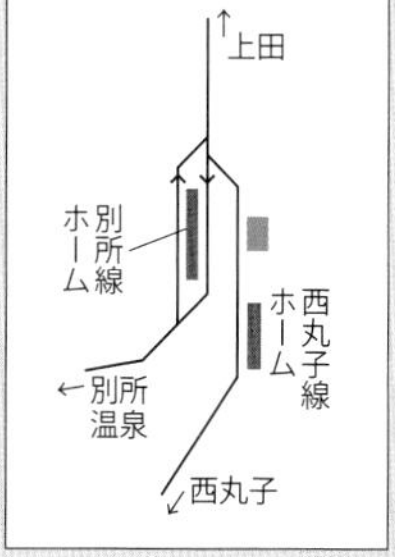

西丸子線廃止後は、線路をふさぐ形で駅舎からホームに渡り板が架けられていた(奥村栄邦さん撮影)

中塩田

なかしおだ

所 上田市五加 員 無
開 1921（大10）6.17［五加］
変 1929（昭4）3.3［現駅名］
距 7.4km 高 465m
人 80人

BE10

●貴重な洋風駅舎が残る駅

別所温泉駅舎同様のモダンな洋風駅舎が人気。平成21年（2009）にオリジナルに近い薄黄色に塗り直され、耐震補強も含めて全面的に補修された。利用者から保存を求める声も多かったという。

昭和61年（1986）に非交換駅となり、ホーム跡が痛々しく残るが、側線は生きており、かつては丸窓電車が留置。現在は保守用車両が置かれている。当初の駅名「五加」は塩田平中心部の旧村名で、現在の大字名。

塩田町

しおだまち

所 上田市中野 員 無
開 1934（昭9）7.14［上本郷］
変 1965（昭40）［現駅名］
距 8.0km 高 476m
人 360人

BE11

●「信州の鎌倉」散策への玄関口

上田市合併前の塩田町の中心部にあり、一帯は市役所支所や小中学校、病院、農協、銀行などが集まる塩田平の中心地区。神畑駅と同時期の平成2年の改善計画で改良。児童・生徒の利用が多いこともあり、広いホーム全体を上屋が覆っている。

前山寺、中禅寺、龍光院など独鈷山麓の「信州の鎌倉」エリアの最寄り駅。以前はシャトルバスが発着駅だったが、バスは「レイライン線」となり、発着が下之郷駅に変更になった。

なくなった駅

別所線の駅は現在15あるが、開業当初のほんの短い間だけ存在した駅がある。諏訪形、三好町二丁目、産川《さんがわ》、天神前の4駅。信濃教育会小県部会が大正11年に発行した「長野県小県郡地図」には、諏訪形以外の各駅の存在が明記されている。

三好町二丁目は、三好町（現・城下）と三好町三丁目（現・三好町）の間で、まだ路面電車の頃。産川は下之郷ー五加（現・中塩田）間で、中塩田の集落に入る畑の真っただ中ではないだろうか。天神前は八木沢を出てすぐ、別所街道（県道）の踏切を過ぎた辺り。菅原道真を祀る八木沢天満宮が北側の山腹にある。

中野
なかの

BE12

所 上田市中野 員 無
開 1921(大10)6.17
距 8.5km
高 480m
人 109人

●住宅地を抜け田園風景広がる

塩田町の住宅密集地域と田園風景が切り替わる境界のような位置にある棒線の無人駅。家々の間を抜け、ホームに立って西側を眺めると田園風景が広がり、南には独鈷山がそびえる。駅に近い溜め池の一つ「甲田池」にはカッパにちなんだ民話が伝わる。

駅近くにある明治から続く酒蔵「若林醸造」は、崩落した千曲川橋梁の復旧を願って新商品を発売。売上金の一部を寄付した。復旧がかなった現在も100周年記念酒などを販売している。

舞田
まいた

BE13

所 上田市舞田 員 無
開 1934(昭9)7.14
距 9.4km
高 489m
人 64人

●独鈷山をバックにたたずむ駅

田園の真ったただ中を一直線に進む途中にある、棒線ホームと待合室だけの駅。北側の少し離れた場所から駅を見ると、独鈷山のギザギザの稜線をバックにしたシンプルな駅舎がとても絵になる。駅の隣接地には、地元の住民や業者が手弁当で造成したパークアンドライドの駐車場がある。

舞田駅を最寄りとする広域制単位制・通信制のさくら国際高校のスクールバスは、舞田駅を経由。同校には丸窓電車も静態保存されている。

八木沢
やぎさわ

BE14

所 上田市八木沢 員 無
開 1921(大10)6.17
距 10.1km
高 502m
人 78人

●上部がせり出す待合室が人気

薄緑色に塗られた古い駅舎兼待合室は、上部がホーム側にオーバーハングし、屋根代わりになる温電時代からのユニークなデザイン。2000年代前半に路線存続が浮上した際には、輸送力増強のため交換駅にする計画も浮上したが、実現しなかった。

別所線の初代キャラクター「八木沢まい」は八木沢、舞田両駅から命名。洗練されたイラストと、のどかな田舎の無人駅がなんともミスマッチだ。駅周辺は住宅の造成も進んだ。

別所温泉

べっしょおんせん

所 上田市別所温泉 員 有(委託)
開 1921(大10)6.17[別所]
変 1924(大13)11.22[信濃別所]
▶1930(昭5)1.19[現駅名]
距 11.6km 高 550m 人 538人

BE15

●急勾配の終点 風情ある温泉駅

八木沢を出ると40‰の急勾配が登場。駅間わずか1・5㎞で約50mの高低差を上り切る。駅を下りても、温泉街まではまだ数百mの坂道が続く。

坂道途中に平坦地を作って駅を置いたため、駅舎には階段を下りて入るが、見下ろす洋風駅舎と、上屋の上に掲げられた1文字ずつの「別所温泉駅」の看板が風情がある。かつての留置線には、最終運行を終えてそのまま眠りに就いた丸窓電車が静態保存。2面2線駅だった当時の面影も残る。

なつかしの各駅風景

三好町駅

城下駅

中塩田駅

本州大学前(現・大学前)駅

八木沢駅

塩田町駅

(6枚とも奥村栄邦さん撮影)

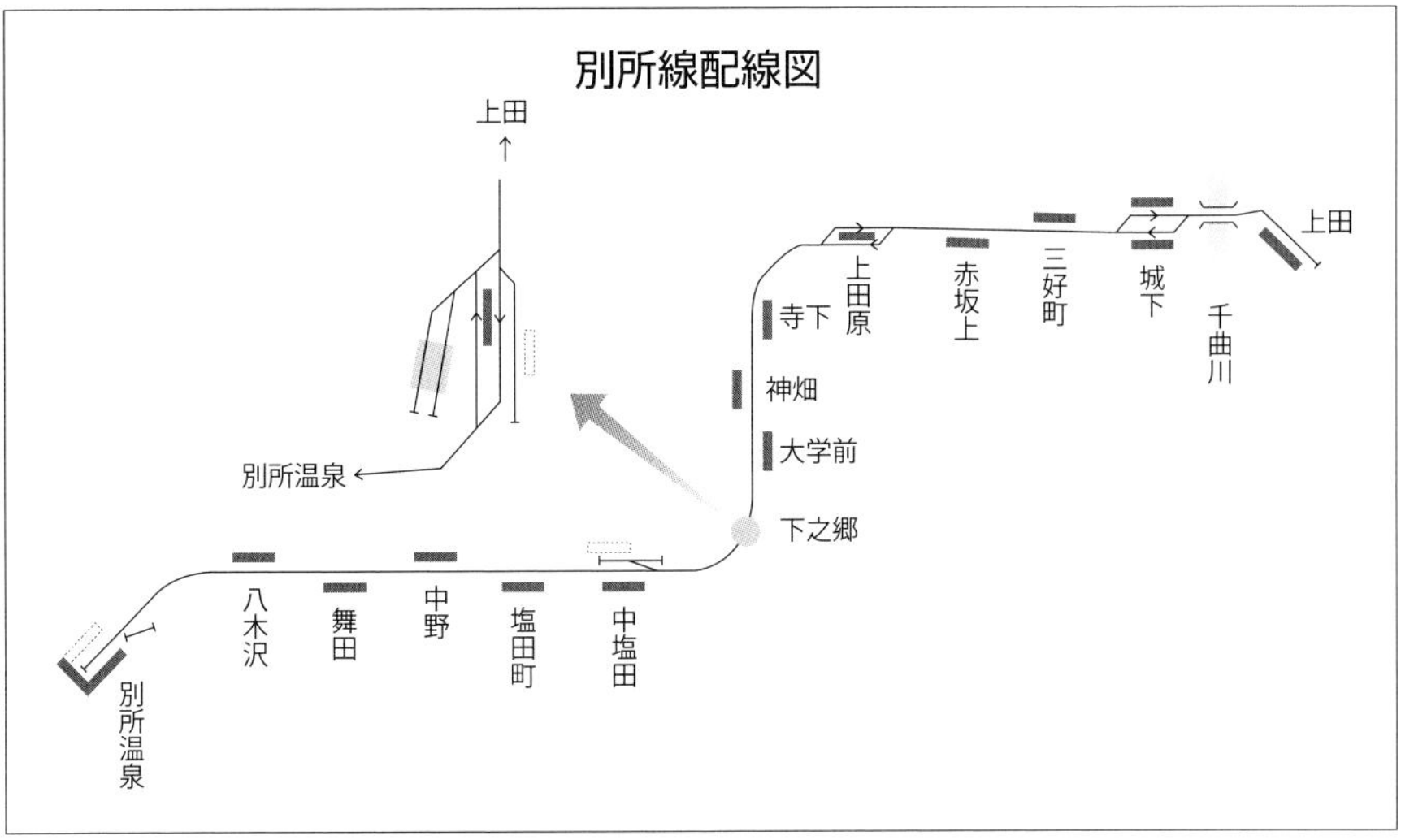

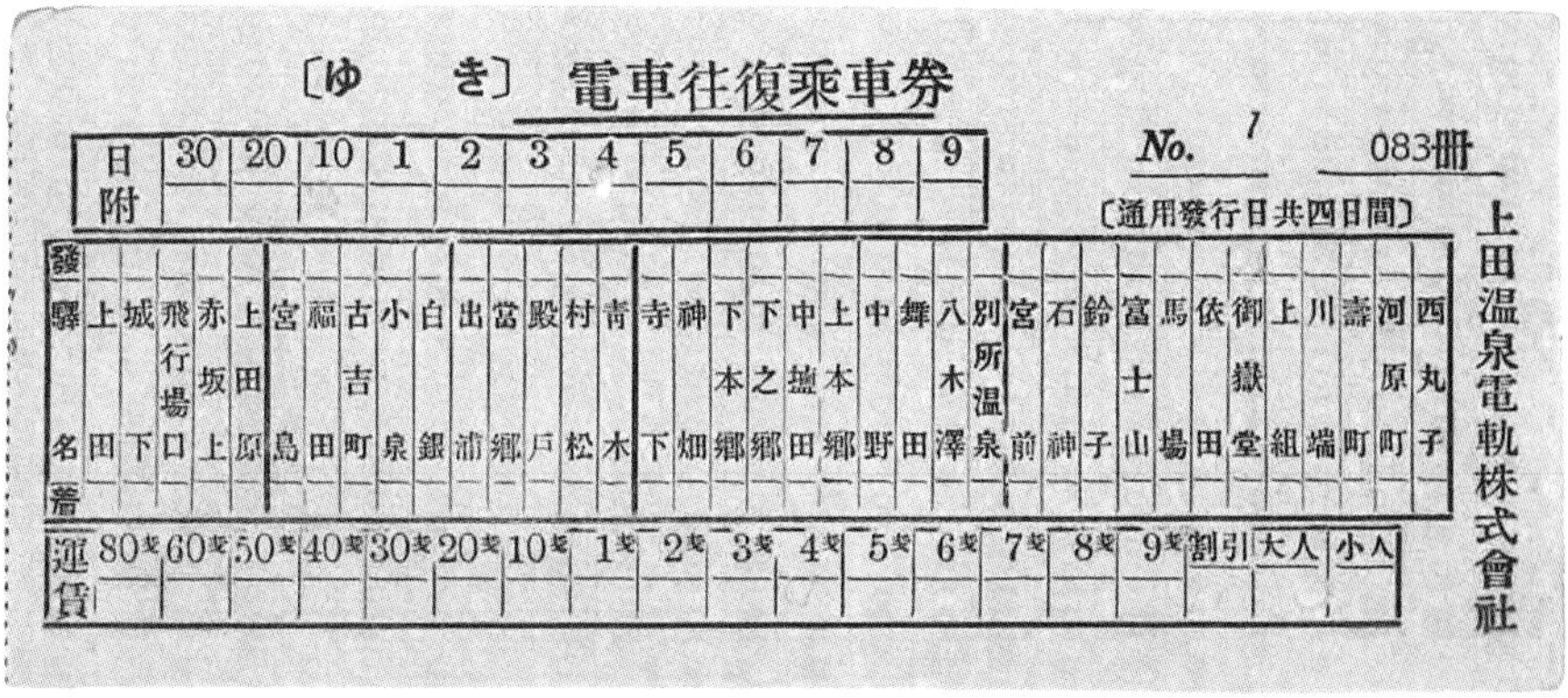

上田温泉電軌の車内発行乗車券。別所線のほか青木線、西丸子線まで、川西地区にあった路線の全駅が掲載されている＝昭和12～13年頃（生井邦昭さん提供）

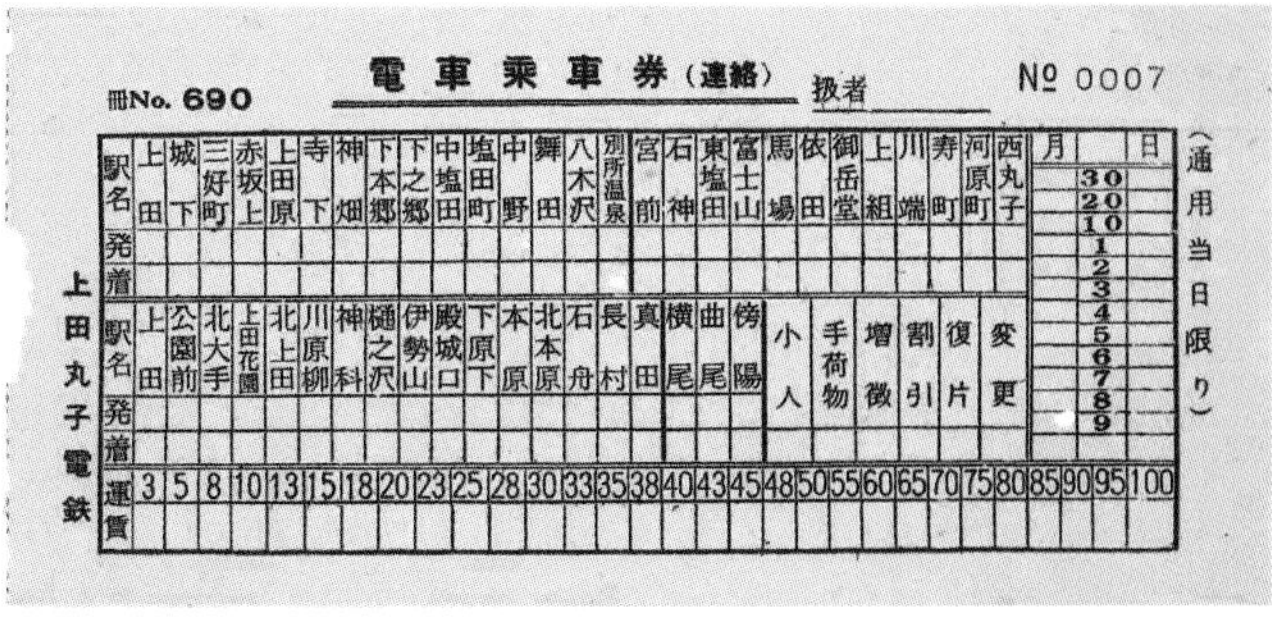

上田丸子電鉄の車内発行乗車券。丸子線以外の接続する3線の全駅が載っている＝昭和28～36年（生井邦昭さん提供）

廃線探訪

丸子線

丸子鉄道▶上田丸子電鉄
昭和44年(1969)4.20全線廃止

丸子町
まるこまち

距 0.0km 開 1918.11.21

上丸子
かみまるこ

距 0.7km 開 1918.11.21

中丸子
なかまるこ

距 1.5km 開 1918.11.21

丸子鐘紡
まるこかねぼう

距 2.2km 開 1918.11.21［下丸子］
改 1935.7.3［信濃丸子］▶1950.12.1［丸子鐘紡］

上長瀬
かみながせ

距 3.1km 開 1934.4.15

長瀬
ながせ

距 3.8km 開 1918.11.21

(注)丸子町、上丸子、中丸子、下丸子(丸子鐘紡)各駅は当初読み「まりこ」で開業、昭和5～9年「まるこ」に改称された

下長瀬

しもながせ

距 4.4km 開 1956.3.

信濃石井

しなのいしい

距 5.4km 開 1918.11.21

電鉄大屋

でんてつおおや

距 6.5km 開 1918.11.21［大屋］
改 1956.8.10［電鉄大屋］

東特前

とうとくまえ

距 7.1km 開 1961.3.

岩下

いわした

距 7.9km 開 1925.8.1 改

神川

かんがわ

距 8.5km 開 1956.4

八日堂

ようかどう

距 9.1km 開 1925.8.1

上堀

うわぼり

距 10.1km 開 1925.8.1

（P170～174の写真はすべて奥村栄邦さん撮影）

上田東
うえだひがし

距 11.9km 開 1925.8.1

染屋
そめや

距 11.0km 開 1925.8.1

廃線探訪

真田傍陽線
（北東線・菅平鹿沢線）

上田温泉電軌▶上田電鉄▶
上田丸子電鉄▶上田交通
昭和47年（1972）2.20全線廃止

電鉄上田
でんてつうえだ

距 0.1km 開 1927.11.20［上田］
改 1955.8.8［電鉄上田］

公園前
こうえんまえ

距 0.8km 開 1927.11.20［公会堂下］
改 1950.12.16［公園前］

北大手
きたおおて

距 1.1km 開 1927.11.20

上田花園
うえだはなぞの

距 1.5km 開 1927.11.20

北上田
きたうえだ

距 2.1km 開 1927.11.20

川原柳
かわらやぎ

距 2.9km 開 1927.11.20

神科
かみしな

距 4.7km 開 1927.11.20

樋之沢
ひのさわ

距 6.0km 開 1927.11.20［樋ノ沢］
改 1947～53［樋之沢］

伊勢山
いせやま

距 7.0km 開 1927.11.20

殿城口
とのしろぐち

距 7.6km 開 1928.1.10［川久保］
改 1953.7.15［殿城口］

下原下
しもはらした

距 7.9km 開 1928.1.10

本原
もとはら

距 8.6km 開 1928.1.10 ※傍陽方面分岐

北本原《きたもとはら》

距 9.8km 開 1928.5.1

石舟《いしふね》

距 11.0km 開 1928.5.1

長村《おさむら》

距 12.0km 開 1928.5.1

真田《さなだ》

距 12.8km 開 1928.5.1

本原分岐

横尾《よこお》

距 10.1km（上田から） 開 1928.4.2

曲尾《まがりお》

距 10.9km（同） 開 1928.4.2

傍陽《そえひ》

距 11.7km（同） 開 1928.4.2

【上】西丸子駅に停車中のモハ3121【下】御岳堂駅でモハ3122と交換＝2枚とも昭和34年（羽片日出夫さん撮影）

西丸子線（依田窪線）
上田温泉電軌▶上田電鉄▶上田丸子電鉄

全線休止1961（昭和36）6.25▶廃止1963（昭和38）11.1

駅名	よみ	距離km	開業	改称
下之郷	しものごう	0.0	1926.8.12	
宮　前	みやまえ	0.4	1938.2.10	
石　神	いしがみ	1.4	1926.8.12	
東塩田	ひがししおだ	1.9	1926.8.12 [鈴子]	1953.7.15
富士山	ふじやま	2.6	1926.8.12	
馬　場	ばっば	3.0	1926.8.12	
依　田	よだ	5.7	1926.8.12	
御岳堂	みたけどう	6.4	1926.8.12	
上　組	かみぐみ	6.8	1926.8.12	
川　端	かわばた	7.1	1926.8.12	
寿　町	ことぶきちょう	7.5	1926.8.12	
河原町	かわらちょう	7.9	1926.8.13	
西丸子	にしまるこ	8.6	1926.8.12	

青木線
上田温泉電軌

上田原―青木間廃止1938（昭和13）7.25

駅名	よみ	距離km	開業	改称
上田原	うえだはら	0.0	1921.6.17	
宮　島	みやじま	1.0	1925.5.28	
福　田	ふくた	1.3	1921.6.17 [福田町]	1928～29
古吉町	ふるよしちょう	(2.2)	1935.12.26申請	1953.7.15
小　泉	こいずみ	(2.9)	1921.6.17 [小泉町]	1928～29
白　銀	しろかね	(4.5)	1921.6.17 [白銀町]	1928～29
出　浦	でうら	5.7	1921.6.17 [出浦町]	1928～29
当　郷	とうごう	(6.3)	1936.12.31申請	
殿　戸	とのど	(7.0)	1921.6.17	
村　松	むらまつ	(7.8)	1936.12.31申請	
青　木	あおき	8.5	1921.6.17	

【上】白銀駅で出征兵士を見送る【下】終点・青木駅。トロリーポールに前面の救助網が特徴（『なつかしの上田丸子電鉄』より）

廃線跡は今

●丸子線　上田東駅跡は現在ドラッグストア、市街地は転用後の道路に線路跡の痕跡が感じられる場所もあるが、旧信越線の跨線橋の北側橋台が唯一の遺構。そこから大屋までは、旧信越線（現しなの鉄道）の複線化で下り線に転用された。スイッチバックだった電鉄大屋駅の跡は駐車場になっている。大屋を出てすぐに千曲川を渡る鉄橋は、かつては鉄道の橋が道路橋に転用されていたが、増水による損傷で架け替えられた。そこから丸子町までは、そのまま国道152号東側の市道に。丸子町駅跡はドラッグストアになっているが、バス発着所でもあり「丸子駅」バス停も①。駅入り口には「駅前通り」信号や「駅前郵便局」がある。

●真田傍陽線　上田城跡の堀の線路跡や公園前は駅が保存されているが、その他の市街地はカーブの痕跡や矢出沢川の橋台が残る程度。市街地を抜けると樋之沢は相対ホームが残り、伊勢山トンネル②と神川第一橋梁の橋台（上田寄り）は確認できる。旧北本原駅前には「駅前食堂」が元気に営業中。真田までの線路跡は、直線的に国道144号に転用され、真田駅跡には辛うじてホームの跡。本原で分かれた直後の傍陽支線は線路跡がぼんやり続き、神川には橋台。曲尾駅跡には地元の人手作りの小看板が立つ③。傍陽駅直前の神川橋台も残るが、駅舎は既にない。

●西丸子線　下之郷を出た線路跡は直線の農道。富士山の集落内に尾根川の橋台が残り、私有地内に線路の痕跡があるが、象徴的な遺構だった馬場駅ホーム上の小屋④は取り壊された（ホーム跡は残る）。二ツ木トンネルに向かう線路跡は追えるも、トンネルには到達できない。丸子側に出ると圃場整備で痕跡は消滅。依田川直前の川端駅跡に温電の観光案内石碑が立ち⑤、橋台が残るが、渡河後は寿町駅跡にバス停がある程度。

①

②

③

④

⑤

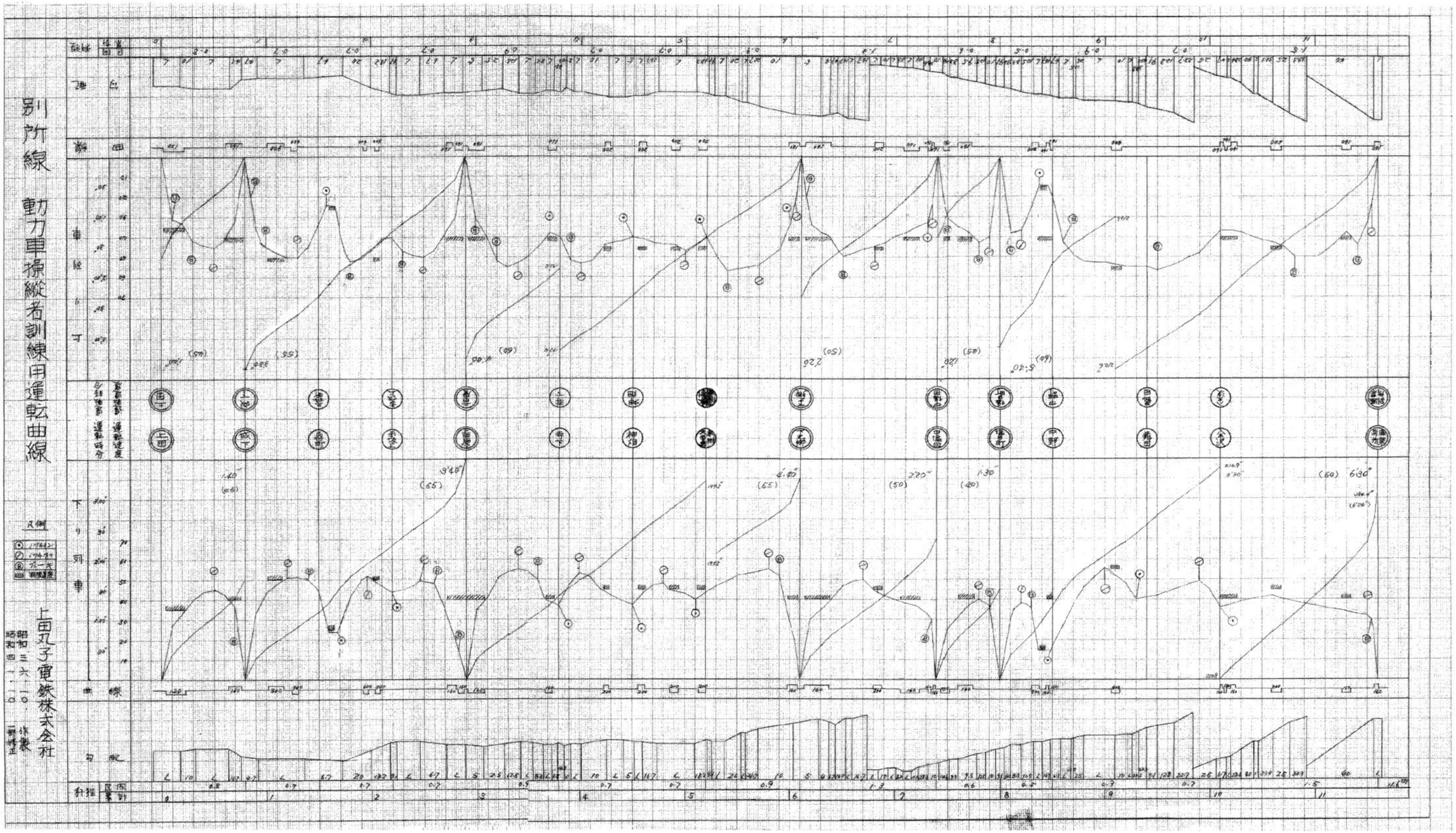

●別所線の運転士訓練用「運転曲線」　勾配やカーブ半径、所要時間が記され、ノッチ（アクセル）やブレーキ、制限速度が詳細に指示されている＝昭和41年（上田電鉄提供）

上田の鉄道を描いた鳥瞰絵図

国による幹線鉄道の整備が進むと、大正時代から昭和初期にかけては〝私鉄建設〟が一種のブームになり、枝葉のように多くの民間鉄道がつくられた。合わせて人々が「観光する」時代にもなり、多くの鉄道や地域は、住民や物資の輸送の役割を果たす一方、高原や温泉、景勝地などの観光資源も売りにして誘客にも力を入れるようになった。そこで作られたのが「鳥瞰絵図」だ。現在のパンフレットやホームページのような役割だった。

上田地域にはあまり多くは残っていないが、特徴のある3点を紹介しよう。

上田市及其附近名所図絵　金子常光 作

作者の金子は明治27年（1894）年生まれ。鳥瞰図ブームを巻き起こした「大正の広重」吉田初三郎の弟子から独立して各地の鳥瞰図を手がけ、初三郎のライバルとなった。

本図は昭和3年（1928）、上田商工会議所の発行。同年は上田温泉電軌北東線（真田傍陽線）が全通した年で、それに合わせた可能性があるが、一部駅名が違う（殿城→川久保）ことから、制作途中での変更が絵図に反映できなかったのだろう。

鉄道は同線のほか青木線、川西線（別所線）、依田窪線（西丸子線）は駅名も細かく記載されているが、丸子鉄道は丸子町発祥で、温電の競合路線でもあるためか、駅名も大ざっぱで扱いが冷たい。別所、沓掛、田沢などの温泉、真田氏関係の史跡、角間渓谷などの景勝地が描かれるが、菅平エリアの描き込みは少なく、観光着手は「これから」という感じだ。

（長野県立歴史館蔵）

温泉めぐり

作者は不明、発行は表紙に「上田温泉電軌株式会社」とある。青木線と北東線、温電直営の菅平ホテルもあるので昭和5年から10年頃の発行だろう。タイトル通り沿線の温泉と景勝地に絞った簡易リーフレットだが、上田の隣にいきなり軽井沢と浅間山が出現し、丸子鉄道は完全に無視している。

（国際日本文化研究センター蔵）

別所温泉名所案内図

作者は不明、発行は現在もある別所温泉の老舗「花屋」（花やホテル）。発行年は不明だが、図中の湯川に架かる七久里橋架橋が昭和8年であることなどから、同年頃と推測される。花屋発行のため、他の旅館の記載は一切ない。安楽寺や北向観音、前山寺など別所や塩田平の旧跡を紹介している。

（長野県立歴史館蔵）

●上田交通沿線案内図
大きな案内板で、2010年頃までは別所温泉駅待合室に掲出されていた。上田を中心にした鉄道と、沿線の産業や温泉、景勝地などが描かれる。廃止路線は順次黒塗りされたとみられるが、丸子線は「上田交通」への改称前の路線なので、実際に本図が描かれたのは上田丸子電鉄時代（「上田交通創立80周年記念乗車券」より、上田電鉄提供）

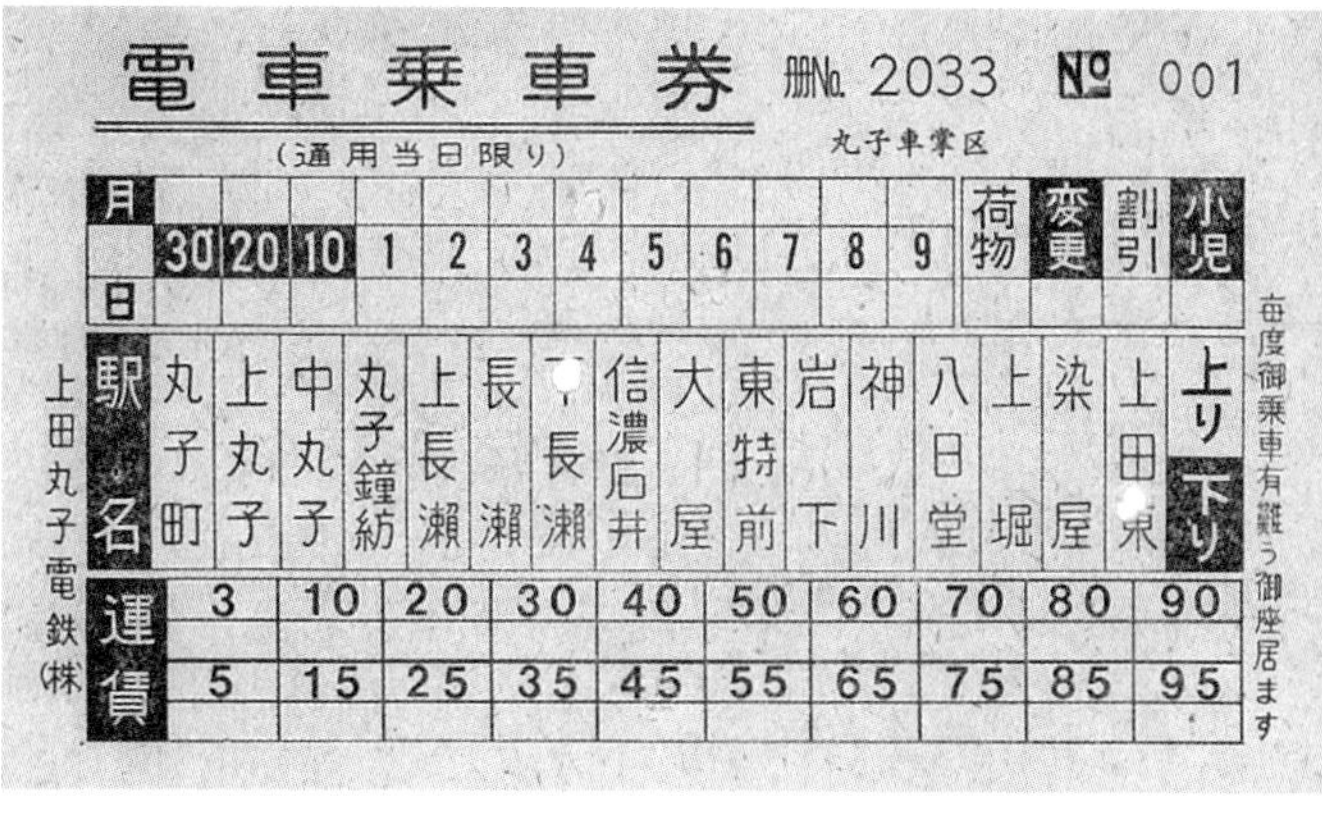

上田丸子電鉄・丸子線の車内発行乗車券＝昭和36～44年頃

別所線と上田の鉄道のあゆみ

上田電鉄（前身の会社含む）の鉄道事業を中心に構成。赤字は上田電鉄関連、黒字は県内・国内の鉄道関連、太字は県内・国内の大きな動き

●元号	●西暦	●月日	●できごと
明治5	（1872）	10・14	新橋（現汐留）〜横浜（現桜木町）間に鉄道開業**【日本初の鉄道】**
明治19	（1886）	8・15	官設鉄道・直江津〜関山間開業
明治21	（1888）	5・1	関山〜長野間開業**【長野県内初の鉄道】**
		8・15	**長野〜上田間延伸開業**
		12・1	上田〜軽井沢間延伸開業**【開業駅＝田中、小諸、御代田】**
明治22	（1889）	4・1	小県郡上田町、丸子村、青木村発足
		7・1	東海道線・新橋〜神戸間全通
明治23	（1890）	3・1	**上田―松本を結ぶ県道（第二路線）の初代「上田橋」開通**
明治25	（1892）	5・10	小県蚕業学校設立（のちの上田東高校）
		6・21	鉄道敷設法公布
明治26	（1893）	4・1	中山道線・横川―軽井沢間がアプト式開業、上野―直江津間全通
明治29	（1896）	1・20	**大屋駅開業（上田―田中間）**。日本初の請願駅
明治35	（1902）	12・15	篠ノ井線・松本―塩尻間延伸開業し全通
明治39	（1906）	3・31	鉄道国有法公布
		6・11	中央東線・八王子―塩尻間全通
明治42	（1909）	12・28	伊那電車軌道・西町―松島間開業（飯田線の前身）
明治43	（1910）	3・26	上田蚕糸専門学校設立（上田繊維専門学校を経て、のちの信州大学繊維学部）
明治44	（1911）	5・1	中央本線・昌平橋―名古屋間全通
明治45	（1912）	2・27	丸子町の製糸業者・下村亀三郎らが発起し、丸子―大屋間の電気軌道敷設免許申請▼大2・5・7取得▼蒸気に変更
大正元		10・30	丸子町制施行
大正2	（1913）	＊	青木村出身の五島慶太、鉄道院に転属▼総務課長就任
大正4	（1915）	1・6	信濃鉄道・北松本―豊科間開業（現大糸線）
		7・22	草津軽便鉄道・新軽井沢―小瀬間開業
		8・8	佐久鉄道・小諸―中込間開業
大正5	（1916）	4・10	地方鉄道法公布
		9・17	**丸子鉄道株式会社が創立総会。社長に工藤善助、資本金25万円**
大正6	（1917）	5・	丸子鉄道、丸子町―大屋間着工
大正7	（1918）	11・21	**丸子鉄道、丸子町―大屋駅間6・5㎞開業**（蒸気）【開業駅＝上丸子、中丸子、下丸子、長瀬、信濃石井】
		11頃	塩田平に電気動力引き込み成功
		＊	**スペイン風邪世界的大流行（〜大9）**
大正8	（1919）	3・23	川西地区の有力者、上田温泉軌道第1回設立発起人会
		5・1	**上田市制施行**
		6・4	川西地区の電気軌道計画発起人、三好町―青木間、上田原―別所間の軌道敷設特許を申請▼同年11・10取得
大正9	（1920）	1・5	**上田温泉軌道株式会社が創立総会、社長に小島大治郎、資本金60万円**
		5・15	鉄道省設置

大正10（1921）
6・1 信越本線・北塩尻駅開業
11・15 上田温泉軌道、上田温泉電軌株式会社に商号変更
＊ 五島慶太、鉄道院退官し武蔵電気鉄道常務就任
6・17 **上田温泉電軌、青木線・三好町—青木間10・5㎞（併用軌道）、川西線・上田原—別所間8・8㎞（専用軌道）開業。**直流600V。三好町—上田駅間はバス連絡【青木線開業駅＝宮島、福田町、古吉町、小泉町、白銀町、出浦町、殿戸、村松／川西線開業駅＝上田原、神畑、下之郷、産川、五加、中野、八木沢】
10・2 筑摩鉄道、松本—新村間開業
10・20 飯山鉄道、豊野—飯山間開業

大正11（1922）
4・ 上田温泉電軌、設置した軌道財団を担保に日本勧業銀行から上田乗り入れ工事費25万円融資受ける
6・10 河東鉄道、屋代—須坂間開業
9・2 五島慶太、目黒蒲田電鉄設立
9・5 丸子鉄道、大屋—上田東間の延長敷設免許申請▼大12・6・16取得
＊・＊ 丸子鉄道、電化に向けて資本金50万円に増資

大正12（1923）
3・26 河東鉄道、須坂—信州中野間延伸開業
6・16 上田温泉電軌、下之郷—西丸子間の軌道敷設免許取得
9・1 関東大震災
12・4 丸子鉄道、資本金80万円に増資
年末頃 小県東北部の鉄道建設誘致運動起こる

大正13（1924）
3・15 丸子鉄道、丸子町—大屋間を直流600V電化
3・19 上田温泉電軌、資本金80万円増資▼大14・9までに資本金215万円に
4・19 筑摩電気鉄道、松本駅前—浅間温泉間開業
8・15 **上田温泉電軌、千曲川橋梁224m完成し上田—三好町間0・8㎞延伸開業、**信越線上田駅乗り入れ実現
11・ 上田温泉電軌、上田—傍陽間、本原—真田間の地方鉄道法による敷設免許申請▼大14・3・31取得
11・22 上田温泉電軌、川西線・別所駅を信濃別所に改称

大正14（1925）
1・8 上田温泉電軌、青木線に諏訪形駅開業（上田—三好町間、昭和12年廃止）
4・ 上田温泉電軌、依田窪線着工
7・12 河東鉄道、信州中野—木島間延伸開業し屋代—木島間全通（蒸気）
8・1 **丸子鉄道、大屋—上田東間5・4㎞延伸開業、丸子町—上田東間全通**【開業駅＝岩下、八日堂、上堀、染屋】
11・ 上田温泉電軌、北東線着工

大正15（1926）
4・21 長野電気鉄道、千曲川を渡る村山橋（814m）完成
6・28 長野電気鉄道、権堂—須坂間11・5㎞新規開業（権堂—吉田町間複線）
8・12 **上田温泉電軌、依田窪線・下之郷—西丸子間8・6㎞開業**【開業駅＝石神、富士山、馬場、依田、御岳堂、上組、川

端、寿町。河原町は翌13日】◆北東線・真田—大日向間の敷設免許取得▼着工至らず失効

9・19 草軽電気鉄道・新軽井沢—草津温泉間全通

9・21 池田鉄道・安曇追分—北池田間開通

9・30 河東鉄道、長野電気鉄道両社合併し長野電鉄に社名変更

12・1 布引電気鉄道・小諸—島川原間開業

12・15 **大正天皇崩御、同日より元号「昭和」**

昭和2（1927）4・20 諏訪郡富士見村出身の代議士小川平吉が鉄道大臣就任

4・28 長野電鉄、平穏線・信州中野—湯田中間7・6㎞開業

5・20 和田峠経由の丸子—下諏訪間乗合バス運行開始（和田峠自動車会社）

11・20 **上田温泉電軌、北東線・上田—伊勢山間7・0㎞開業**【開業駅＝公会堂下、北大手、上田花園、北上田、川原柳、神科、樋ノ沢】。地方鉄道法に基づく直流1500V

12・ 上田温泉電軌、三好町駅を城下駅に、三好町三丁目駅を三好町に改称。城下—上田原間の併用軌道廃止し、城下—上田原間の新設軌道に切り替え複線化

◆上田温泉電軌、乗合自動車業兼業を申請▼昭3・1・20認可

12・26 伊那電気鉄道・辰野—天竜峡間全通

12・30 日本初の地下鉄・浅草—上野間開通

昭和3（1928）1・10 **上田温泉電軌、北東線・伊勢山—本原間1・6㎞延伸開業**【開業駅＝川久保、下原下】

4・2 **上田温泉電軌、北東線・本原—傍陽間3・1㎞延伸開業**【開業駅＝横尾、曲尾】

5・1 **上田温泉電軌、北東線・本原—真田間4・2㎞延伸開業、北東線全通**【開業駅＝北本原、石舟、長村】

5・22 上田温泉電軌、軌道線にデナ200形3両投入。のちのモハ5250形「丸窓電車」

6・24 長野線・権堂—長野間延伸開業（複線）

8・1 丸子鉄道大屋橋梁、千曲川洪水で一部流失。10日余運休も▼10・8再び千曲川増水で同橋梁の橋脚流失、5日余運休

昭和4（1929）3・3 上田温泉電軌、川西線・五加駅を中塩田に改称

9・1 飯山鉄道が十日町まで延伸開業、豊野—越後川口間全通

10・24 **ニューヨーク株式大暴落【世界恐慌】**

昭和5（1930）1・19 上田温泉電軌、川西線・信濃別所駅を別所温泉に改称

9・10 **米価大暴落**▼9・25生糸価大暴落で農業恐慌深刻化

10・1 東京—神戸間に特急「つばめ」運転開始

12・20 上田温泉電軌、菅平高原スキー場に直営ホテル開業

昭和6（1931）6・15 上田温泉電軌、菅平高原大明神にキャンプ場開設

6・25 上田温泉電軌、上田駅前—菅平ホテル前バス運行開始

8・1 **八十二銀行発足**
9・18 **満州事変勃発**
10・ 丸子鉄道、丸子自動車から丸子―大屋間乗合自動車営業権譲受▼昭7・1開業▼昭15丸子自動車に再譲渡

昭和7（1932）
3・1 上田温泉電軌、菅平高原ダボスジャンプ場で近県下ジャンプ大会開催
9・21 上田温泉電軌、青木線・赤坂上駅開業（三好町―上田原間）
9・23 和田峠トンネル完成。東信―南信結ぶ
12・2 筑摩電気鉄道、松本電気鉄道に社名変更

昭和8（1933）
3・23 省営バス丸子町―上和田間と岡谷―下諏訪駅間開業（和田峠北・南線）
7・27 国鉄小海南線、小淵沢―清里間開業
10・14 省営バス丸子町―岡谷間全線開業▼丸子町駅に省営バス乗り換え用の連絡環状式ホーム設置

昭和9（1934）
7・14 上田温泉電軌、別所線に寺下、下本郷、上本郷、舞田の各駅開業
7・10 布引電気鉄道、送電停止で営業休止

昭和10（1935）
7・3 丸子鉄道、下丸子駅を信濃丸子に改称
11・29 国鉄小海線、小諸―小淵沢間全通
12・11 省線バス真田―渋川間路線開業

昭和11（1936）
3・30 国鉄長野駅の仏閣型駅舎改築落成
12・24 五島慶太、東京横浜電鉄と目黒蒲田電鉄取締役社長に就任

昭和12（1937）
6・1 信濃鉄道・松本―信濃大町間を国買収、国鉄大糸南線に
7・17 長野電鉄湯田中駅まで上野から国鉄直通旅客列車運転開始（屋代駅経由）
8・20 三信鉄道全通、辰野―豊橋間が鉄道連絡
＊ 川中島自動車、長野―上田東間のバス路線開業▼昭17休止

昭和13（1938）
2・10 上田温泉電軌、依田窪線・宮前駅開業（下之郷―石神間）
2・28 **上田温泉電軌、併用軌道の道路使用期限切れ等で青木線・上田原―青木間8・5㎞の廃止決定▼同年7・25廃止、**バス転換。上田―上田原間は川西線に

昭和14（1939）
6・6 池田鉄道廃止
3・2 上田温泉電軌、川西線を軌道法から地方鉄道法に変更認可
3・19 上田温泉電軌、軌道改め地方鉄道で運行開始。川西線→別所線、依田窪線→西丸子線、北東線→菅平鹿沢線に改称

昭和15（1940）
9・1 **上田温泉電軌、上田電鉄に社名変更**
9・27 日伊独の三国同盟調印
＊・＊ 丸子鉄道、丸子―大屋間の乗合自動車営業権を丸子自動車に譲渡

昭和16（1941）
12・8 **太平洋戦争開戦、日本軍が真珠湾空襲**

昭和17（1942）
9・11 長野に新潟鉄道局長野管理部が設置
12・17 善光寺白馬電鉄・南長野―裾花口間全通

昭和18（1943）
2・27 乗合自動車事業の大部分を千曲自動車に譲渡
6・16 **丸子鉄道、上田電鉄両社が国の要請に基づく陸上交通事業調整法により合併契約書調印▼同年9・28設立総会▼10・21正式発足。**社長に成沢忠兵衛、資本金295万円
8・1 伊那電気鉄道など4私鉄、国買収で国

昭和19（1944）
9・ 鉄飯田線に
1・11 上田電鉄、乗合自動車事業譲渡・廃止
善光寺白馬電鉄が政府命令（不要不急路線）として営業停止
2・19 **五島慶太、運輸通信大臣就任**。東京急行電鉄社長は辞任
6・ 戦時資材供出で大糸北線に敷設済みのレール撤去
6・1 飯山鉄道、国に買収され国鉄飯山線に
12・9 米軍機上田市を爆撃、小県蚕業学校全焼

昭和20（1945）
5・18 運輸通信省を運輸省に変更
8・13 **米軍機長野、上田市など爆撃**、国鉄長野機関区で8人死亡
8・15 **太平洋戦争終結**、運輸省に復興本部設置
＊ 別所線、西丸子線の集電方式がポール→パンタグラフに変更

昭和21（1946）
2・13 従業員組合結成大会▼昭22・10私鉄総連加盟

昭和22（1947）
2・4 篠ノ井線・松本駅舎全焼
5・3 **日本国憲法施行**

昭和23（1948）
5・ 従業員組合と労働協約

昭和24（1949）
4・9 上田―松本間の鉄道敷設免許申請を取締役会決定
5・31 新制「信州大学」発足。上田繊維専門学校は繊維学部に
6・1 公共企業体としての日本国有鉄道発足

昭和25（1950）
4・15 **公職選挙法公布**
8・1 国鉄、長野鉄道管理局設置
12・1 丸子線・信濃丸子駅を丸子鐘紡に改称
12・16 菅平鹿沢線・公会堂下駅を公園前に改称

＊ 菅平にスキー用索道など設備充実

昭和26（1951）
4・1 別所線・赤坂上駅の位置を変更
5・1 中部電力設立
7・31 西丸子線・寿町―上丸子間の鉄道敷設免許取得▼昭31・8失効
9・18 乗合旅客自動車運送事業の経営免許取得（上田市内と上田―別所温泉間）
12・ 大型貸切自動車運送事業の免許取得

昭和27（1952）
3・29 別所温泉・安楽寺八角三重塔、国宝指定
4・28 **日米安全保障条約発効、ＧＨＱ廃止**
5・6 **五島慶太、東京急行電鉄会長就任**

昭和28（1953）
3・27 善光寺本堂、国宝に指定
6・ 上県自動車を合併
6・23 上田―菅平間バス開業
7・15 西丸子線・鈴子駅を東塩田、菅平鹿沢線・川久保駅を殿城口に改称
11・ 丸子線、別所線、西丸子線の電圧を750Ｖに昇圧
12・ 上田駅前に本社ビル完成

昭和29（1954）
1・20 戦後最初の地下鉄・池袋―御茶ノ水間（現メトロ丸ノ内線開業）
4・1 五島慶太、学校法人五島育英会設立

昭和30（1955）
4・15 飯田線・辰野―天竜峡間の電圧を1200→1500Ｖに昇圧
5・4 丸子線・八日堂―上田駅間の鉄道敷設出願を役員会決定▼昭35・3・29申請取り下げ決定
8・8 菅平鹿沢線・上田駅の国鉄共同使用を解消し新築。電鉄上田に改称
10・8 菅平観光株式会社設立

昭和31（1956） 1・20 国道18号、長野—上田間の舗装完成
3・12 丸子線・下長瀬駅開業（信濃石井—長瀬間）
4・10 信越本線・北塩尻駅が西上田に改称
4・ 丸子線・神川駅開業（岩下—八日堂間）
5・1 **小県郡塩田町発足**
8・10 丸子線・大屋駅の国鉄共同使用を解消し新築。電鉄大屋に改称
秋頃 県内交通・観光の充実を目指した五島慶太の「五島構想」と資本協力申し出提示される

昭和32（1957） 3・15 長野電鉄、長野—湯田中間に特急運転
春頃 長野原—真田間の国鉄バス問題上田乗り入れ問題浮上
7・13 取締役会、五島構想など東急側申し出の拒否決定
8・15 国鉄大糸線全通
11・ 松本電気鉄道、電圧を直流600→750Vに昇圧

昭和33（1958） 9・17 西丸子線、台風被害で長期運休に
10・1 **小県郡真田町制施行**
10・13 **資本金1億6000万円への倍増決定。増資分8000万円は東急が出資▼11・1東急グループ入り**
12・6 別所線・千曲川橋梁の塗装塗り替え

昭和34（1959） 3・2 別所温泉観光協会株式会社設立（上電観光の前身）
4・16 別所遊園地開業▼昭39・10・31閉園
8・14 **五島慶太死去（77歳）**
12・13 名古屋—長野間に気動車急行「しなの」運転開始

昭和35（1960） 4・1 菅平鹿沢線を真田傍陽線に改称
4・25 松本—新宿間に気動車急行「アルプス」運転開始
6・1 上田丸子電鉄、国鉄両バスの上田—草津間相互乗り入れ開始

昭和36（1961） 3・ 丸子線・東特前駅（大屋—岩下間）開業
6・29 **西丸子線、豪雨災害で二ツ木トンネル崩落、依田川橋梁流失。長期営業休止に**（三六災害）**▼7・6取締役会が廃止決定**
10・1 上野—大阪間に信越・北陸線経由の気動車特急「白鳥」運転開始

昭和37（1962） 1・31 草軽電気鉄道全廃

昭和38（1963） 3・25 長野—長岡間に飯山線経由の気動車準急「野沢」運転開始
10・1 信越線・横川—軽井沢間アプト式廃止。軽井沢—長野間電化、上野—長野間に電車急行「信州」運転開始
10・11 **西丸子線・下之郷—西丸子間8・6㎞廃止許可▼11・1廃止**

昭和39（1964） 4・1 松本電気鉄道浅間線廃止
9・18 別所線・上田駅で満員の電車が引き込み線に進入し別の車両に追突、3人けが。分岐切り替え忘れ原因
10・1 東海道新幹線・東京—新大阪間開業
10・10 **東京オリンピック開幕**

昭和40（1965） 7・16 **県営松本空港開港**
8・3 松代群発地震始まる
8・30 別所線・千曲川橋梁補強工事
＊ 別所線・上本郷駅を塩田町に改称

昭和41（1966）

10・1 上野—金沢間に気動車特急「はくたか」運転開始◆長野、松本両駅に「みどりの窓口」開設

2・ 本州大学（上田市下之郷）開学

6・ 別所線・下本郷駅を本州大学前に改称

7・2 信越線・横川—軽井沢間の複線化完成

8・24 高圧送配電線の昇圧工事完了

10・1 上野—長野間に電車特急「あさま」運転開始

12・12 新宿—松本間に電車特急「あずさ」運転開始

昭和42（1967）

1・24 丸子線廃止許可を申請

10・1 信越線・北長野駅コンテナ基地営業開始

昭和43（1968）

2・29 真田傍陽線・真田駅で入れ替え中の電車1両が下り勾配を約3km暴走、脱線転覆。けが人なし▼駅長ら書類送検

5・20 「信濃の国」が県歌制定

10・1 名古屋—長野に気動車特急「しなの」運転開始

昭和44（1969）

4・20 **丸子線・丸子町—上田東間11・9km廃止**

5・26 東名高速道路全通

5・31 **上田交通株式会社に社名変更**

7・20 米アポロ11号月面着陸

昭和45（1970）

2・15 篠ノ井線無煙化

3・14 **大阪で万国博覧会開幕**

4・1 **上田市、小県郡塩田町を編入合併**

8・ 真田傍陽線の廃止許可申請

昭和46（1971）

6・23 別所線が単線自動閉塞化

11・11 国道18号・碓氷バイパス開通

昭和47（1972）

2・1 篠ノ井線全線CTC化

2・3 札幌冬季オリンピック開幕

2・20 **真田傍陽線・電鉄上田—真田間12・8km、本原—傍陽間3・1km廃止**。残存路線は別所線11・6kmのみに

3・15 山陽新幹線・新大阪—岡山間開業◆上野—金沢間電車特急「白山」運転開始◆大糸線無煙化

6・29 北陸新幹線・東京—大阪間の基本計画決定

6・30 城下駅無人化

7・7 中塩田駅無人化

10・2 飯山線無煙化

12・5 小海線無煙化

昭和48（1973）

4・ 上田交通、別所線の廃止方針表明▼5・14別所温泉観光協会、沿線自治会などが存続求める期成同盟会発足

4・ 上田女子短期大学（上田市下之郷）開学

4・1 篠ノ井線・松本—篠ノ井間電化

7・10 名古屋—長野間に振り子式381系電車特急「しなの」運転開始

7・18 別所線廃止反対の住民大会

8・25 **役員会、別所線廃止を決定**

9・17 上田市議会、別所線電車対策特別委員会設置

10・7 上田交通、上田駅前の旧電鉄上田駅跡地にホテル「上田東急イン」オープン。東急インチェーン第1号

10・8 上田交通、別所線廃止事実上棚上げ

11・26 **上田交通と上田市、赤字分補助を条件に別所線3年存続の確認書調印**

昭和49（1974）5・1 本州大学前駅を大学前に改称（4月の長野大学改称に伴う）

＊ 別所線、地方鉄道軌道整備法に基づく補助路線に認定、欠損補助金交付開始（平4年度まで継続）

＊ 別所線電車存続期成同盟会発足

昭和50（1975）3・10 山陽新幹線・岡山―博多間延伸開業

昭和51（1976）5・ ハイヤー部門合理化めぐり労使交渉泥沼化。労組は計360時間ストライキ決行

10・31 三才山トンネル有料道路開通、東信と中信直結

昭和52（1977）7・26 世界初のリニアモーターカー走行テスト成功

昭和53（1978）7・22 篠ノ井線・松本駅ビル開業

9・10 やまびこ国体夏季大会開幕

10・ 和田峠の新和田トンネル有料道路開通

昭和54（1979）6・2 篠ノ井駅構内で修学旅行列車と貨車が衝突し脱線

6・30 美術館「信濃デッサン館」開館（上田市古安曽）

10・28 **御嶽山が有史以来初の噴火**

昭和55（1980）4・1 国鉄「さわやか信州」キャンペーン開始

昭和56（1981）3・1 長野電鉄、長野―善光寺下間2・3km地下化営業開始

4・ 塩田平の寺社をめぐる定期観光バス運行開始（上田駅発着、4～11月）

昭和57（1982）5・17 中央本線・塩尻新駅が移転開業

6・23 東北新幹線・大宮―盛岡間暫定開業

6・29 上野―長野間の全線複線化完了

9・13 台風18号、千曲川決壊で飯山市、長野電鉄など水没被害

11・15 長野電鉄乗り入れ国鉄急行「志賀」廃止

11・15 上越新幹線・大宮―新潟間暫定開業

昭和58（1983）1・1 上田原―別所温泉間の小荷物運送廃止

7・5 中央東線・岡谷―塩尻間「塩嶺ルート」開業

9・28 松本電鉄上高地線・新島々―島々間で土砂崩落▼昭和60・1廃止

11・20 東急クハ290形（青ガエル改造型）車両投入

昭和59（1984）9・14 **木曽震源の長野県西部地震**

11・1 別所線全線の貨物営業廃止

＊ モハ5250形が鉄道友の会第1回エバーグリーン賞

昭和60（1985）3・10 世界最長の海底トンネル「青函トンネル」53・9km貫通

3・14 東北・上越新幹線の上野―大宮間が延伸開業◆信越本線・安茂里駅開業

7・26 長野市地附山で大規模地滑り、26人死亡

8・12 日航機が御巣鷹山に墜落、520人死亡

昭和61（1986）1・9 国鉄のスキー専用列車「シュプール号」運転開始

2・14 篠ノ井駅構内で団体列車が機関車と衝突

9・30 上田原駅無人化

10・1 **直流1500Vに昇圧**し、電車区を上田原から下之郷に移転。**モハ5250形「丸窓電車」が引退**し東急5000系、5200系導入（計5編成10両）

昭和62（1987）4・1 **国鉄分割民営化**。県内はJR東日本、東海、西日本3社に分割

昭和63（1988）3・13 新宿—松本間特急「あずさ」最速2時間39分◆青函トンネル開業、連絡船廃止

4・10 道路・鉄道併用の瀬戸大橋開通、JR本四備讃線開業

昭和64（1989）1・7 **昭和天皇崩御「昭和」終了**

平成元 1・8 **新元号「平成」始まる**

4・1 **消費税（3％）導入**

8・2 軽井沢駅構内で北陸新幹線起工

平成2（1990）3・10 初の快速「信州鎌倉号」1往復運転開始。停車駅は城下、上田原、下之郷、塩田町。午前に上り、午後に下りを設定

4・25 JRバス菅平鹿沢線の県境区間廃止

10・3 **「ベルリンの壁」崩壊し東西ドイツ統一**

平成3（1991）1・17 **湾岸戦争開戦**

6・3 **雲仙普賢岳で大火砕流**

6・20 東北・上越新幹線の東京—上野間開業

9・17 北陸新幹線・軽井沢—長野間フル規格着工

12・30 **ソビエト連邦消滅**

平成4（1992）7・1 山形新幹線・福島—山形間がミニ新幹線で開業

11・ 上田原駅の100m上田寄り移設完了、新ホーム使用開始

* 上田交通、次年度の別所線欠損補助金受給辞退を決定

平成5（1993）3・16 下り快速を廃止

3・25 **長野道・豊科—更埴間、上信越道・更埴—須坂長野東間開通**

5・28 東急7200系投入（5編成10両）。初の全冷房完備車両

7・2 高速バス・上田—池袋間運行開始（千曲バスなど）

7・12 **北海道南西沖地震**

11・18 上田駅をJRとの共同使用駅に変更。新幹線上田駅工事に伴い独立ホーム撤去、中間改札設置

12・23 特急「スーパーあずさ」E351系投入

平成6（1994）6・27 **松本サリン事件**

7・26 **県営松本空港ジェット化開港**

9・4 快速運転を廃止

10・9 信越線・西上田駅併設の油槽所火災

平成7（1995）1・17 **兵庫県南部地震（阪神大震災）**

3・20 地下鉄サリン事件▼5・16オウム真理教教祖・幹部ら逮捕

11・30 上信越道・須坂長野東—信州中野間開通

* 別所線電車存続期成同盟会、「利用促進期成同盟会」に名称変更

平成8（1996）1・11 北陸新幹線開業に伴う信越線・横川—軽井沢間の廃止決定

5・1 **信越線・軽井沢—長野間を引き継ぐ三セク「しなの鉄道」会社設立**

10・ 上田駅一帯の高架化に着工（上田駅—千曲川右岸堤防320m）

10・31 長野県人口220万人突破

11・14 上信越道・小諸—更埴JCT間開通

11・18 特急「しなの」新型振り子式383系投入開始

平成9（1997）1・ 別所温泉駅員を1人に減員し早朝夜間無人化。上田原駅は完全無人化

3・1 別所線・上田駅高架化工事で周辺道路規

制。電車は3・2始発便から仮線運行
3・22 秋田新幹線・盛岡―秋田間がミニ新幹線で開業
4・1 消費税5％へ引き上げ
4・3 山梨リニア実験線の先行工事区間で走行試験開始
＊ 別所線電車利用促進期成同盟会、上田駅南北自由通路に沿線中心の観光用大絵地図設置（のちに撤去）
10・1 **北陸（長野）新幹線・高崎―長野間開業、上田駅新設。三セク「しなの鉄道」開業**
10・16 上信越道・信州中野―中郷間開通
11・1 上田交通、上田駅温泉口に移転新築した都市型ホテル「上田東急イン」オープン

平成10（1998）
2・7 **長野オリンピック開幕**（～2・22）
3・5 長野パラリンピック開幕（～3・14）
3・29 別所線・上田駅の高架駅営業開始
9・30 上田駅から千曲川橋梁までの高架化完了
10・19 ワンマン運転開始

平成11（1999）
1・4 **欧州統合通貨「ユーロ」スタート**
5・1 別所温泉駅業務を別所温泉観光協会に委託、観光案内も
12・4 山形新幹線・山形―新庄間延伸開業

平成12（2000）
10・15 **県知事選、作家・田中康夫初当選**

平成13（2001）
7・1 大学前駅にパーク・アンド・ライド駐車場62台分設置
9・11 **米同時多発テロ**
12・1 特急「あずさ」に新型E257系投入

平成14（2002）
3・25 しなの鉄道、本社を上田市に移転
3・29 しなの鉄道、信濃国分寺駅開業
4・1 長野電鉄、信州中野―木島間廃止
4・ 信州の鎌倉シャトルバス運行開始（塩田町と別所温泉駅発着、4～11月）
9・1 **出直し県知事選、田中康夫が再選**
10・29 上田交通、上田市と市議会に支援求め陳情
12・1 東北新幹線・盛岡―八戸間延伸開業

平成15（2003）
4・25 **別所線の安全対策への設備投資に十数億円を要することが明らかに**
5・ 別所線で鉄道総合技術研究所による第1回安全性緊急評価実施
6・3 **上田市、別所線存続緊急対策本部設置**
7・1 利用促進期成同盟会、「存続期成同盟会」に名称変更。塩田町と別所温泉両駅に無料貸し出し自転車配備
12・2 山梨リニア実験線で有人走行世界最速時速581km達成

平成16（2004）
3・13 九州新幹線・新八代―鹿児島中央間フル規格で開業
9・2 中塩田駅留置のモハ5253、譲渡先の長野計器へ搬出▼平17・3丸窓電車資料館オープン
10・23 **新潟県中越地震**。上越新幹線で初の新幹線営業列車脱線
12・20 **上田市議会、別所線の公的支援可決。3年間で計2億6800万円**▼12・21上田市と上田交通、別所線存続のための公的支援協定書調印

平成17（2005）
1・27 丸窓電車風ラッピングの7200系運転開始▼4月、名称「まるまどりーむ号」

決定。9月もう1編成も改装
2・28 別所線再生支援協議会初会合。25団体で構成
7・7 国交省、別所線再生支援計画を承認。事業費4億7700万円
8・1 舞田駅にパーク・アンド・ライドの駐車場完成
10・3 **上田交通、鉄道部門分社化し「上田電鉄株式会社」設立**
10・ 通信単位制のさくら国際高校（上田市手塚）開校
平成18（2006）3・6 **新「上田市」発足。小県郡丸子町、真田町、武石村と合併し人口16万2000人**
4・11 別所温泉駅「はかま駅長」誕生
8・6 **県知事選、前衆院議員・村井仁が現職田中康夫破り初当選**
9・ 上田駅長・春原貞良さんによる車内ハーモニカ演奏開始
12・9 長野電鉄、特急車両に元小田急ロマンスカー車両投入
平成19（2007）7・16 **新潟県中越沖地震。**中野市など震度5強
7・31 小海線で世界初のハイブリッド気動車E200系「こうみ」運転開始
8・2 旧丸子線大屋鉄橋の曲弦トラス1連を再利用した歩道橋「りんどう橋」、丸子の内村川に完成
8・8 模型メーカーの鉄道制服キャラクター「八木沢まい」誕生
10・1 **日本郵政グループ発足**
12・25 JR東海、リニア中央新幹線の品川—名古屋間全額自己負担建設方針◆アルピコグループ、巨額の債務超過判明
平成20（2008）8・1 東急1000系車両投入
9・15 **米証券リーマン・ブラザーズ経営破綻【リーマン・ショック】**
10・1 「まるまどりーむ号」以外の7200系車両廃止
10・4 1002編成車両を原田泰治氏デザインのラッピング電車「自然と友だち1号」（1002編成）として運行開始
12・4 別所線再生支援協議会への国土交通大臣表彰決定
12・25 東急1000系車両増備し4編成8両に。1003編成はラッピング電車「自然と友だち2号」に
平成21（2009）8・1 上田市舞台のアニメ映画『サマーウォーズ』公開。別所線電車も登場
10・1 上電バス、上田電鉄タクシー、草軽観光バスが社名変更。上田バス、上田タクシー、草軽交通に
11・9 長野電鉄、新「村山橋」（834m、道路・鉄道併用）開通
平成22（2010）7・1 別所線再生支援協議会、鉄道機能向上の3ヵ年計画承認
12・4 東北新幹線・八戸—新青森延伸開業
平成23（2011）2・26 長野電鉄、特急車両に元JR東日本成田エクスプレス車両投入
3・11 **東日本大震災▼3・12福島第1原発事故**
3・12 **県北部地震、栄村で震度6強◆**九州新幹線・博多—新八代間開業し全通

4・1 松本電気鉄道、アルピコ交通に社名変更
4・15 別所温泉駅構内留置のモハ5250形、譲渡先のさくら国際高校へ搬出
5・26 リニア中央新幹線、「Cルート」決定
5・30 八木沢駅の列車交換化方針（実現せず）
＊ 上田市職員有志グループによる支援キャラクター「北条まどか」誕生

平成24（2012）
4・1 長野電鉄、屋代―須坂間廃止
5・22 東京スカイツリー開業

平成25（2013）
3・29 上田市と上田電鉄の支援協定書更新。3年間で2億7600万円補助
9・13 JR東海、リニアのアセス準備書公表。飯田市に長野県駅設置
10・10 北陸新幹線愛称「かがやき」など決定

平成26（2014）
2・ **2週続けて記録的豪雪。**長野新幹線は開業以来初の終日運休、別所線も運休
3・15 長野新幹線に新型「E7系」先行投入
4・1 **消費税8％へ引き上げ**
4・1 東急ホテルズの上田東急インが「東急REIホテル」に名称変更
5・15 前年度の輸送人員、2年連続で増加、4年ぶり120万人突破
7・11 しなの鉄道、初の観光列車「ろくもん」運転開始
9・27 **御嶽山噴火、戦後最悪火山災害**
11・22 **県北部で震度6弱、**白馬などで家屋倒壊
12・12 駅名標や待合室に真田幸村と真田十勇士を描いたホーム床ステッカー

平成27（2015）
3・2 県内広域で過去最大規模停電、別所線は約3時間、上下10本運休
3・15 **北陸新幹線・長野―金沢間延伸開業、飯山駅新設◆しなの鉄道北しなの線（長野―妙高高原間）開業**
3・28 1000系「まるまどりーむ号」ラッピング新装▼3・30真田氏甲冑「赤備え」ラッピングの6000系運行開始▼6・13愛称「さなだどりーむ号」決定
4・27 前年度の輸送人員、3年連続増加で122万6000人
10・3 別所温泉駅で上田電鉄創立10周年式典

平成28（2016）
2・22 大河ドラマ『真田丸』PRのラッピング車両運行開始
1・15 軽井沢町でスキーバス転落、15人死亡
3・23 上田市と上田電鉄、支援協定書更新。3年間で2億8000万円補助
3・26 北海道新幹線・新青森―新函館北斗間開業
4・1 駅ナンバリングを導入、駅名標更新
4・14 **熊本地震**

平成29（2017）
4・1 長野大学が公立化
4・26 前年度輸送人員1・1％増の131万3333人で15年ぶりに130万人台回復。『真田丸』効果
8・ 新キャラクター「七久里あい」登場
12・23 特急「あずさ」新型E353系投入

平成30（2018）
4・18 前年度輸送人員2・5％減。『真田丸』反動だが128万107人
5・12 「まるまどりーむ号」7200系の最後の1編成2両がラストラン
7・7 **西日本豪雨**

9・6 **北海道東部地震**

9・29 自転車を持ち込める「サイクルトレイン」寺下―別所温泉駅間で実証実験

平成31（2019）3・22 上田市と上田電鉄、支援協定書更新。3年間で計3億2800万円補助

4・15 前年度輸送人員1・5％増の129万9106人

令和元 5・1 **新元号「令和」スタート**

10・1 **消費税10％に引き上げ**

10・13 **台風19号で千曲川橋梁が落下▼10・15長期不通で上田―下之郷間でバス代行輸送開始**◆台風19号で千曲川流域が甚大被害。長野市の堤防決壊で北陸新幹線車両10編成が水没

10・ 国交省北陸信越運輸局鉄道部、上田電鉄、北陸地方整備局河川部、上田市による連絡調整会議設置

11・16 城下―下之郷間で鉄道輸送再開。上田―城下間でバス代行

令和2（2020）1・24 **上田市議会、千曲川橋梁を市有化する補正予算案可決。国費復旧へ**

1・29 千曲川橋梁の落下トラスの解体開始

1・ **新型コロナウイルス感染拡大**▼4・7政府が全国に緊急事態宣言。以降移動自粛で運輸・観光・飲食業に大打撃

6・19 塩田平が日本遺産「レイラインがつなぐ太陽と大地の聖地」に選定

11・11 別所線開業100周年のロゴマーク発表

令和3（2021）3・28 **千曲川橋梁復旧開通**。終日無料運行

5・1 上田バスの新路線バス「レイライン線」下之郷―別所温泉間で運行開始

6・17 **別所線開業100周年**

10・13 「レイライン」認定1周年を記念し、1002編成を新ラッピング車両とし愛称「れいんどりーむ号」と決定

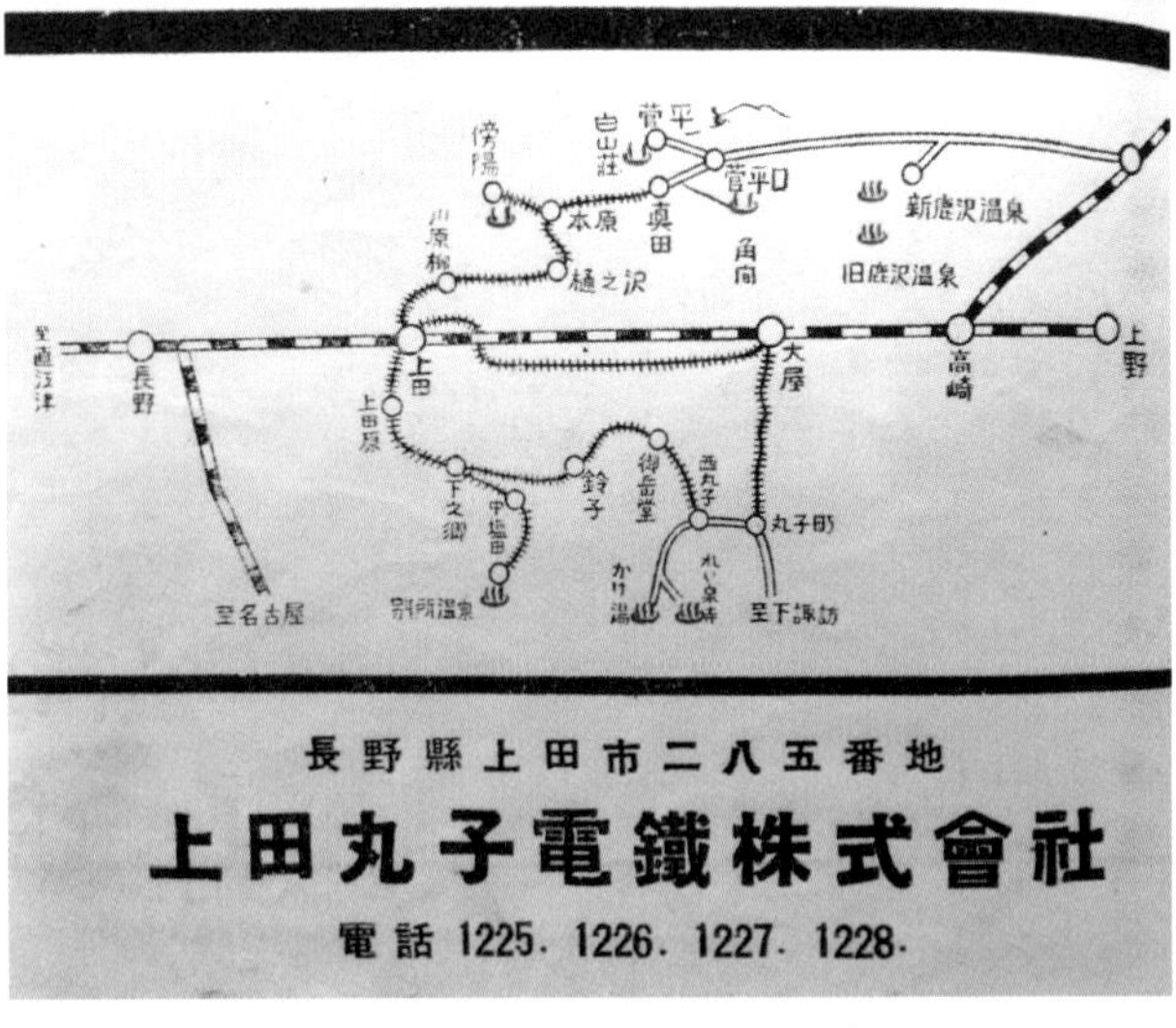

上田丸子電鉄の封筒に描かれた手描き感たっぷりの路線図
＝昭和26年頃（国立公文書館蔵）

第3章

人生を乗せて走り続けた1世紀
別所線と上田丸子電鉄の記憶

——思い出エッセイ・作文 秀作集

丸窓電車の運転士だった36歳の甲田儀市さんと女性の車掌さん＝昭和16年（最優秀賞・甲田隆登さん提供）

電車が走る姿、通勤通学の車内での出来事、駅で見送り見送られた時の思い、変わりゆく風景、役割を追えた路線の記憶……。別所線をはじめ、上田地域をかつて走った人々の鉄道の思い出は尽きないだろう。特に最近は、鉄橋崩落という衝撃の光景を目の当たりにし、別所線の存在をあらためて意識した人も多いようだ。今回、思い出やエピソードの募集には県内外から約120作品が寄せられたが、いずれも鉄道が人々の「人生そのものを乗せてきた」ことを強く感じた。入賞作をはじめ秀作91点を紹介する。

別所線 思い出の100年

審査員 堀井 正子

別所線が創立100年を迎え、記念のエッセイ募集に、106人の方が応募してくださり、作品総数は122編。

別所線といえば、丸窓電車と思う方も多く、昭和3年から60年近く走り続けた車両は、今も別所温泉駅に保存されています。駅に見に行ったという方もあり、もちろん、楽しみに乗った思い出も、沿線から眺めては、丸窓電車だと喜んだ思い出もたくさんありました。

丸窓電車の運転手だったお父さんの勇姿を語るお話もあります。鉄道員が天職だったお父さんの、家でも勉強し、乗務用懐中時計の点検まで怠りなく努めた姿は、丸窓電車とともに消えることはありません。

丸窓電車の運行最終日、親子4人で乗り込み「お疲れ様」と電車に話しかけたお話もありました。

赤い鉄橋もまた別所線のシンボルです。台風の被害で赤い鉄橋が落ちたニュースは首都圏にも伝わり、わざわざ別所線を訪ねて、不通区間は代替バスに乗り、やがて、不死鳥のように復活した勇姿を見に、東京から来てくれた方もいます。

鉄橋にはこんな思い出も。別所線がストライキで動かなかった日、15歳の少女は、線路を

歩いて帰ることにし、鉄橋も歩いて渡ろうとして、その怖さに引き返すこともできず、泣きながら渡るしかなかった無謀な冒険の思い出。

ある方は、娘が幼稚園の年長さんになったとき、別所線の旅をしました。赤い鉄橋が来ると、「てっきょうだ、てっきょうだ」と大きな声で歌い、運転手さんに話しかけ、駅で停車した時振り向いてくれた運転手さんに、「あたし運転手さんになる」と感激した娘のお話。赤ちゃんのころから電車が大好きで、毎日、別所線を見に、２キロコースのお散歩をしていたお話もありました。赤ちゃんは今、将来は別所線の運転手になると夢見る少年です。親切な駅員さんのお話もたくさんありました。キップをなくした時、乗り越してしまったとき、財布をどこかに忘れたとき、車掌さんや駅員さんの親切な連携で無事に解決したお話です。

そんな人情ある電車のせいでしょうか、毎朝早く、駅のホームを黙々と掃き、水もまいてくれるボランティアのおじさんがいて、毎朝、顔をあわせていた通学生が乗り遅れてしまったとき、「よし」と言って、掃除道具を積んだ軽トラに乗せて送ってくれたお話もあります。

応募最高齢は91歳、小学校5年の時、一人で真田傍陽線に乗った思い出のエッセイです。この線も、青木線、西丸子線、丸子線も廃線になりましたが、地域の人にとって待望の生活の足でしたから、エッセイも多数ありました。土地勘のない方は、この本の6ページの電車の路線図を広げながら読んでください。

最年少は7歳。別所線が大好きで、将来の夢は別所線の運転手です。昔の青木線、西丸子線、

丸子線、真田傍陽線の跡を、お父さんと一緒に車で探して歩いた探検家です。９歳の方も西丸子線の跡をたどり、残っているものを見付け、消えてしまった二ツ木峠のトンネルは本の中に発見、手掘り時代の苦労を感じる探究心に打たれます。

西丸子線に超小型のチンチン電車があったこと、東京の東急を走っていた５０００系電車が走っていたことを今回はじめて知りました。誇りをもって運転していたお父さんの姿や、東京から転勤してきた孤独と寂寥を、５０００系に乗って慰められたお話も心にしみました。

「カタン、コトン」「ガタンゴトンガタン」「ガタゴト」、人それぞれ、自分の電車の音があり、懐かしい思い出は、音とともに生きています。のどかな沿線風景につい住み家は上田だと決めた、そんな風景も変わりません。これからもたくさんの物語を作り、走り続ける別所線。「これからもずっとね」という応援の声がこだましています。

【ほりい・まさこ】
文学研究家。千葉県生まれ。東京教育大学文学部卒業。東京、沖縄、中国を経て長野市在住。長野県カルチャーセンター、八十二文化財団教養講座等の講師の傍ら執筆活動を行う。レギュラーを務める信越放送ラジオ『武田徹のつれづれ散歩道』でのやわらかい語り口にはファンも多い。信濃毎日新聞広告企画「女性のための読書案内クレソン」で２００１年から、エッセイ『ことばのしおり』を連載中。主な著書に『ことばのしおり』『源氏物語 おんなたちの世界』『出会いの寺 善光寺』（以上信濃毎日新聞社）など。

別所線思い出エッセイ・作文 募集

実施要綱

開催趣旨

上田電鉄別所線が令和3年6月17日、城下―別所温泉間の開業100周年を迎えたことを記念し、同線および前身の会社がかつて上田地域に持っていた鉄道（青木線、西丸子線、丸子線、真田傍陽線）にまつわる思い出を文章にしてもらい、同年4月26日～8月20日、約4ヵ月にわたって公募した。1作品400字以内で1人3点まで応募可とした。

表彰内容

最優秀賞　1点　上田東急 REI ホテル スーペリアツイン宿泊券（朝食付）
優秀賞　3点　上田東急 REI ホテル内レストラン食事券（3000円分）
佳　作　5点　別所線グッズ

※上記受賞作品を含む「心に残る作品」を100周年記念出版物（本書）に収録。そのほか応募者の中から抽選で100人に「別所線1日まるまるフリーきっぷ」（引換券）を進呈。

応募状況

応募総数　122作品（応募者数106人）

10代以下5人、20～30代11人、40～50代21人、60代27人、70代24人、80代以上18人
長野県内86人（うち上田市内42人）、県外20人

審査方法

審査員は山本修・上田電鉄代表取締役社長、文学研究家・堀井正子さんを含む上田電鉄、信濃毎日新聞社の7人が「印象度」「テーマ性」「分かりやすさ」の3項目で採点し、合計得点で全作品をA・B・Cで評価。10月上旬に審査会を行い、採点の集計結果を基に選考した。

収録作品 目次

▽各作品の著作権は信濃毎日新聞社、上田電鉄株式会社に帰属しています▽掲載順は原則として応募受付順ですが、レイアウトの都合で一部変更した場合があります▽作者の氏名表記、年齢は、応募時のものです▽本書への収録にあたり、作品の意図を損なわない範囲で表記・表現、改行等を修正した場合があります。数字表記は慣用的な表現を除き、原則として算用数字に統一しました▽作品の内容は作者の記憶によるものが多く、必ずしも事実ではない場合もあります▽作品の内容には、現在では不適切、不適当とされる行為等が書かれている場合がありますが、時代背景等を考慮してそのまま掲載しました▽画像キャプションの末尾に＊のある写真は、信濃毎日新聞社および編集部の保存写真です。

最優秀賞

あゝ丸窓電車

甲田　隆登（上田市・83歳）

上田丸子電鉄の西丸子線から別所線へ転勤した父は、丸窓電車の運転手となり、駅務係となるまで運転を続けました。「丸窓号」を運転するようになってからは、毎晩のようにうす暗い電気の下で、父は勉強に励んでいました。おそらくは、丸窓電車の運転に関する試験勉強だったと思います。また、乗務用の懐中時計は家でも点検を行っており、父は鉄道員が天職だったのでしょうか。

太平洋戦争が始まる昭和16年頃になると女性が車掌となり、父が運転する「丸窓号」にも女性車掌が乗務するようになりました。

私は、父が運転する電車では、運転席の後ろで父の運転ぶりを見ていましたが、千曲川の赤い鉄橋を渡る時は、あたかも自分が運転しているように緊張しました。父の運転は満点だったと思います。

転勤命令で、「丸窓号」と離れて駅務係となる時は、力を落したようです。今は、別所温泉駅構内に「丸窓号」が保存され、上田電鉄を見守っています。

丸窓電車の前で記念撮影する甲田隆登さんの父・儀市さん（後列左から２人目、運転士）と職場の仲間たち＝昭和16年（隆登さん提供）

優秀賞

私の青春とともにあった電車

池田 たか子（上田市・87歳）

昭和47年2月、上田交通真田傍陽線の「さよなら電車」を見送りに、私は真田駅近くまで出向き、一番美しい姿が見える田圃《たんぼ》の畔《あぜ》に立った。お花で飾りつけられた最後の電車は、私の前を短い警笛を鳴らして通りすぎた。「ありがとう、ありがとう」電車が見えなくなるまで手を振り続けた。

住民の待望が叶《かな》って昭和3年に北東線が開通した。私は6年後の昭和9年、真田駅に程近い小さな村に生まれ育ったので、子供の頃から家族みんなで電車の恩恵を受けていた。13歳から通学通勤と続けて16年間お世話になった。この電車は私の体の一部であり、青春を共有した友達でもあったように思う。

米寿を目の前にして私の脳裏に浮かぶものは、高原野菜を積みこんだ大きな貨車を何台も連結して意気揚々と走っていた電車の勇姿であり、出征する父を見送った広い真田の駅である。

地域に貢献し、住民に愛された路線が時代の変革の中に消えた。唯一残る別所線の存続を願いたい。

貨物も扱い、ホームが長かった真田駅＝昭和45年（風間克美さん撮影）

楽しかったお散歩

葉山 好美（上田市・46歳）

子供がまだ赤ちゃんだった頃、電車が大好きだった長男と毎日別所線を見に行きました。

お天気の日だけでなく、夏も冬も毎日のように続きました。赤坂上の駅が多かったですが、三好町、途中の踏切、上田原駅と、日によっては2時間コースのお散歩でした。当時1、2歳の子でしたが、駅のベンチや線路の見える所でおやつを食べながら、ずっと電車を待っていました。

時々手を振ってくださる運転手さんに一生懸命手を振って、いつもうれしそうに眺めていた長男でした。

今思うと毎日のお散歩、それはそれは楽しい時間でした。我が家にとってはなくてはならない日課であり、楽しいひとときでした。

そして現在子供は小学2年生。おしゃべりができるようになった頃から全くぶれることなく目を輝かせ、別所線の運転手になることを夢見ています。いつの日か、我が子が運転する別所線に乗れる日を楽しみにしています。

別所線の「スタンド バイ ミー」

滝澤 美知子（東御市・65歳）

高校の通学に別所線を使っていた。当時（1971～74年）はストライキが普通にあって、よく電車が止まった。その日（71年初夏）もストライキで帰りは歩いたのだが、どういう動機だったたか、女子の同級生と2人で線路を歩いて上田駅近くまで行こうと決めた。

赤坂上～城下と過ぎると当然、千曲川堤防に出て鉄橋がある。これもまた如何《いか》なる衝動か、今もってわからないが、渡っちゃえ！と彼女と2人並んで足を踏み出した。砂と石と草の川原を過ぎて枕木の下に逆巻く千曲の流れが見えて、凍りついた。しかし、廻れ右をする勇気はさらに無く、バカやっちゃったね。うん、バカだよね……と半ベソで何とか渡り切った。

後年、映画『スタンド・バイ・ミー』を観てあの恐怖と悔恨を思い出した。我々の場合は、ばく進してくる列車は無かったが。今でも通る度、よく渡ったなと思う。何が15歳の私たちをそうさせたのか？台風で壊れた鉄橋が直って上田から別所まで乗った50年後の私。

佳作

大切な別所線、いつまでも存続しますように！

堀内 令子（上田市・87歳）

昭和時代の別所線は終日満員状況でした。昭和36年、長男を出産した私は、その別所線で産休明け43日目から、まだ首も据らぬ赤ん坊をおんぶして上田市内の職場へ通勤しました。電車の心地良い揺れで赤ん坊はぐずることもなく大助かり、面白いもので乗る場所はほとんど同じメンバー、自然と顔なじみになったものです。上田駅に着くとどっと人々が吐き出され、いったん階段を登り、お城口方面に降りなければいけなかったのですが、顔なじみの車掌さんに定期券を見せ、会社への近道を通らせてもらったことも今では本当にありがたく、なつかしい想い出です。

昭和42年に次男が生まれ、同じように満員電車での通勤をしました。当時としてはめずらしい企業内保育所があったお陰です。大勢の中で幼児期を揉《も》まれながら過した2人は、人の痛みの分かる大人へと成長してくれ、身心共に美しいお嫁さん、子供も授かり幸せに暮らして居ります。開業１００周年。赤い鉄橋と共にいつまでも存続を祈ります。

佳作

塩田町駅、おじさんと私

金井 彩音《あやね》（上田市・23歳）

高校生の頃、私は吹奏楽班の朝練のため、7時前の電車に乗っていた。そこで出会ったのが、おじさんだ。ホームに水を撒き、ごみを拾う。日に焼けて背筋のしゃんとした人だった。挨拶や、たまに少しの会話を交わすようになったある朝、寝坊した私は電車を乗り逃がした。立ち尽くす私に気づき、どうしたぁ、とホームから駆けてきたおじさんは訳を聞くと数秒考え、「よし。送ろう」と言った。清掃用具を積んだ軽トラックの助手席に乗せてもらった私は、すみませんと繰り返した。情けなくて、優しさが染みて、泣くのを必死にこらえた。おじさんは、いつも早いしな、疲れたんだろう、と励ましてくれた。

高校卒業後、大学が決まり、上京の朝。旅立つ前にあの時の感謝を、謝るのではなく、ありがとうを伝えたかった。けれど、以後、塩田町でおじさんに会うことはなかった。おじさんは元気だろうか。今でも夏になると思い出す。おはよう、今朝も暑いなぁと笑うおじさんを。

5000系に会えて

手塚 正雄（佐久市・59歳）

東京生まれ東京育ちの私は25年前、仕事の関係で長野市に暮らすことになった。単身で赴任し、知り合いや友人も全くおらず仕事も変わり、ゴミ出しから始まって生活そのものが一変した。多くのことに全く順応できず、毎日東京時代を懐かしんでいた。

当時、別所線には東急からやってきた5000系が活躍していた。東急沿線に暮らしていた私にとってその姿を見ると東京時代に引き戻してくれそうな錯覚に陥った。仕事のない日は用も無く5000系に会いに別所線に乗りに行った。モーターの音、警笛の音、車内のつり革など一つ一つの懐かしさは、寂寥感に押しつぶされそうな当時の私に安らぎを与えてくれたのであった。

現在、家も建て家族も増えて安定した生活を送れている。あの時どうすることもできなかった気持ちを和らげ、踏みとどまろうと思ったのが別所線5000系の姿だった。私が長野県で生活できている今日があるのは、この車両のおかげなのである。

快速ヘッドマークを付けた5000系。平成11年11月11日の「1並び」記念乗車券より（上田電鉄提供）

佳作

7200系引退の日に…

古田　宗範（松本市・45歳）

平成30年5月12日、上田駅に入線した7200系電車。「惜別」のマークに、花飾りを添えてラストラン。車内にはお別れ・お礼の言葉とともに、在りし日の写真が中吊りされ、塩田平で愛されていたことがうかがい知れる。眼に焼き付け、耳で走行音を聴き、雰囲気を感じる…。まさに五感で名残を惜しみ、噛みしめるように何往復も乗る。当日限定のフリーきっぷを手に。

あたりも暗くなり、いよいよ最後の上り電車。別所温泉発車後「ただいま通い慣れた別所温泉駅とお別れいたしました。これから最後の上田駅に向かいます」と放送され、目頭が熱くなる。上田到着前には「塩田平を走りぬけて25年、多くの皆様とともに最後の上田駅に到着できますこと、7200系も大変喜んでいることと思います」と放送され、ついに涙腺は崩壊した。

最終の下之郷行きは上田駅でお見送り。運転士さんへの花束贈呈後、長い警笛を鳴らして出発。走行音を残して闇に消えた。テールライトが見えなくなるまで見送る、肩車をした親子が印象的だった。

ファンに惜しまれつつ7200系は「惜別」マークを付けてラストラン＝平成30年＊

長瀬駅のプラットホームでの出会いと別れ

白井 由美子（上田市・77歳）

1943年、丸子鉄道と上田電鉄が合併。私の生まれた年でした。地元には鐘紡の工場があり、周辺の家々は養蚕業で活気に満ちていました。最寄りの長瀬駅は電車の交換駅で長いプラットホームがありました。

1949年11月、シベリアでの4年間の捕虜生活から解放された父が帰国の挨拶《あいさつ》をしたのは、このホームでした。このとき初めて見た父の姿は、過酷な時間を物語っていたことを忘れることは出来ません。

小学校4年生の時、校長先生の離任式がありました。全校生徒が長瀬駅に行き、乗車した先生が窓から手を振られました。演歌のような悲しい別れではなく、厳粛な体験でした。

1969年4月、丸子線廃止の最終電車をこのホームに立って見送りました。通院、通学、通勤、ショッピングと便利させていただき、感謝の気持ちで。高度成長の波に呑《の》み込まれ、夢中で過ぎた日々でしたが、電車の窓から千曲川を眺めたゆったり感は懐かしく温かいです。

丸子線・長瀬駅での出征風景。戦時の見送りや出迎えは駅で行われることが多かった（『なつかしの上田丸子電鉄』より）

その一言が…

田中 晴男（下高井郡・69歳）

その日は、心が折れる程、悲しくなる言葉を投げ掛けられ、呆然とJR上田駅に辿《たど》り着きました。突然、ためらいもなく上田電鉄、別所線に乗車しました。春4月の穏やかな陽気に包まれ、窓辺に映る駅舎の眩《まばゆ》い桜並木、ローカル線が持つおおらかな気風を素肌で感じ、大変心が和みました。

終点駅になる別所温泉駅の改札では袴姿の女性駅長さんが笑顔で旅人を迎えてくださった。そこは信州の鎌倉と言われている。八角三重の塔で有名な「安楽寺」を初めて訪れて観ました。

塔を見学後、何気なく立ち寄った静寂な本堂前に、筆字で書かれている紙面に目を奪われ、凝視しました。「その一言が人の心を悲しませその一言が人の心を温める」と書かれてありました。つい先程までの心の不満と迷いが一服の言葉で一掃されました。今日までもこの言葉を生活の信条として生かしています。

上田電鉄、時間と空間の出会いをありがとう。

別所温泉家族旅行

松井 敦《おさむ》（安曇野市・62歳）

私が子どもの頃楽しかったことは、家族旅行でした。家は半農半勤の家庭で、田植えや稲刈りの終わりに別所温泉に行った思い出があります。

当時は別所温泉が家から一番近い温泉でした。別所温泉へは、もちろん電車を利用しました。当時は薪で風呂を沸かしていた時代です。テレビや冷蔵庫、自家用車もそれからでした。電車に乗っての旅行は最高の楽しみだったような気がします。

私は運転席の後ろに立って見る風景が好きでした。真田傍陽線の「本原駅」で乗車して「川原柳駅」を過ぎてからの街並みを見ると心が踊り、そこから電車が右や左へ曲がる時の電車が傾く心地よさを覚えています。また、外観の良い別所駅舎の前で記念写真を撮ったこともありました。温泉宿では、お決まりの卓球とコインゲームを家族みんなで楽しみました。

卓球では、今は亡き母が上手で得意気になって活躍していたのを思い出します。きっと母も天国で上機嫌になっていることでしょう。

別所線三好町駅

畠山　隆幸（佐久市・69歳）

別所線の思い出は、娘と共にあります。

娘が中学を卒業して調理の道を志し、上田市内の食物栄養科のある高校を選びました。私の家は旧臼田町です。娘はアパートを借りて高校へ通学しました。借りたアパートの近くが別所線「三好町駅」の近くでした。アパートでの生活用品を運びました。その時良く「ガタゴト」と別所線電車の音がしました。電車の音がローカル的で現在でも懐かしく思い出します。別所線が開通した当初には、上田市内には別所線以外にも幾つもの電車線があったと記憶しています。

また、娘のアパートに行った時、三好町駅近くのラーメン屋で食べたことを思い出します。振り返ってみると、電車で通学・通勤できることは、素晴らしいと思います。私の住む地域は、自動車でないと生活できません。また、機会を作って別所線に乗ってみたいと考えています。

いま娘が料理を作ってくれると、別所線の三好町駅を思い出します。

時の流れは速いもの。

手塚　美恵子（上田市・62歳）

主人の転勤で33年前、上田に引っ越して今になります。上田は主人の実家があります。引っ越し先は、下之郷の別所線「大学前駅」が、歩いて7分くらいの所にありました。

友人もいない塩田平。毎日右往左往の生活。2歳になった娘と「別所線乗ろうか?」と計画。さて当日、上田行きの別所線が着きました。乗ろうと歩き出した時、線路にくつが落ちてしまいました。

これを乗りすごすと、困った。どうしよう。数分の葛藤です。家へ帰るまで靴もないし……。上田へ行き、店を探して靴を買おうと判断。乗りました。帰途に線路をのぞくと靴はない……。気落ちしながら、それでもホームを見たところ! 落とした場所近くのホームに、どなたかが拾ってくれたのです。あったのです!

どんなに嬉しかったことかと、かれこれ33年過ぎますが、忘れられない思い出に。

そんな娘も人を育てる保育士になってます。

頑張れ！上田電鉄

町田　秀典（千葉県船橋市・55歳）

私が上田電鉄に興味を持ったのは、一昨年の台風19号による千曲川鉄橋の崩落からです。

それまで上田電鉄の印象は、長野県の地方私鉄でした。上田と下之郷間で不通となり、同時に存続危機との記事を何度も目にしてから、大型書店や図書館で上田電鉄に関する本を読みました。そんな時、私が子供の頃に旧丸子町出身の亡母から聞いた、丸子線のことを思い出しました。上田丸子電鉄に関するホームページを見たり、インターネットで書籍を購入しました。

それでも飽き足らず、昨年6月に丸子町に行き、丸子町駅跡や丸子線の廃線跡を散策しました。今年5月に再度丸子町に行き、毎年恒例の「依田川鯉のぼり」を見ました。二度の丸子町訪問で、すっかり上田電鉄のファンになりました。

鉄道会社への一番の支援は、鉄道を利用することと考えています。現居住地からは頻繁に利用できませんが、今後も時間を作って亡母の想い出が詰まった上田電鉄を応援し続けます。

電車の揺れは「ガタンゴトンガタン」で途切れる

熊谷　真尋（上田市・20歳）

電車の走る音を、言葉ではよく「ガタンゴトン」と表す。しかし、実際に乗っていて聞こえてくる音は「ガタンゴトンガタン」なのである。これはどうしてなのだろうと、通学で電車を利用するようになった高校生の頃からずっと考えている。

一度、誰かに聞いてみた時に「良い質問だね」と言ってもらえたことは覚えているのだけれど、肝心なその答えをすっかり忘れてしまった。あれから5年が経った今も、なぜだろう、なぜだろう……と、別所線に乗るたびにぼんやり考えている。

電車の音や揺れに癒されることは、まあまあよくある。普段はイヤホンで耳を塞《ふさ》いでしまっているけれど、それを忘れたときなんかに、ときどきふと、規則的な「ガタンゴトンガタン」というリズムを聴いて、心が休まる。

それは、線路が遠くまでずっと真っ直ぐに伸びているのを眺めているときの心の状態に、少し似ているかもしれない。

丸子町駅に勤務していた23歳の頃の古田剛さん＝昭和37年（古田さん提供）

あれから60年… わが青春の思い出

古田 剛（東御市・81歳）

昭和33年、卒業と同時に電鉄に入社し、最初の勤務は電鉄上田駅。別所線と菅平鹿沢線の駅で改札業務の他に、真田方面から高原野菜、鉱石、農産物を積んだ貨車が電車の後に2〜3両連結され到着、その入れ換え作業もありました。危険を伴って多忙でした。

1年余で丸子線の八日堂駅へ転勤。信濃国分寺の近くで、1月7〜8日の八日堂縁日には大勢の参拝客が訪れ、駅は身動きもできないほどになり、終夜運転でした。また、切り花や農産物の発送荷物が多く、ホームは山のようでした。

2年で長瀬駅勤務に。近くに東特巻線、電材工業の会社があって400名くらいの定期券の発売業務があり、朝夕は駅やホームは大混雑でした。その後車掌となり、丸子町—上田東間に乗務。当時電車は木造が多くドアは手動式、危険を伴い大変でした。1日9往復の日や、貨車列車の入れ換えも多くありました。

一身上の都合により6年で退職しましたが、60年前のことが忘れられない思い出です。

わたし電車の運転手さんになる

上沢 忠人（上田市・86歳）

1972年（昭和47年）春、幼稚園の年長組に進級した娘と連れだって、上田丸子電鉄（当時）別所線の旅としゃれこみました。

八重桜が満開の穏やかな日和、小さなリュックにおにぎりとおやつをしこたま詰め込んでお出かけしました。

丸子町駅から上田東駅まで丸子線で移動、市街地を上田駅まで手をつないでおさんぽ気分、駅のベンチでは早くもおやつをおねだりです。別所温泉行きの硬いキップを握りしめ出発です。直《す》ぐ別所線のシンボルの赤い鉄橋を渡ります。彼女はご機嫌で「てっきょうだ、てっきょうだ」とお歌を歌います。

おとなしく座席に座っては居られません。運転席の後ろにつま先立って運転手さんに話しかけています。次の駅に止まるとふり向いて手を振ってくれました。「あたし運転手さんになる」。京都・八坂神社に詣で、祇園に泊まった際「あたし舞妓さんになる」と言った彼女ならではの言葉です。今は教職にあります。

丸子線の車内。朝夕のラッシュ時以外はのんびりしていた＝昭和44年＊

西丸子～下の郷～別所の思いで

上平《うわだいら》　光子（上田市・78歳）

今から70年も前の小学生の頃の思いでです。その頃、お正月には別所線の割引乗車券が売られました。乗車券は赤と青の線が入っていたような気がします。毎年、父と下の姉と三人で電車に乗って別所へ行きました。

実家からは歩いて西丸子駅まで30分くらいで、いつも足もとには雪がありました。別所駅から坂をのぼり、観音様へゆっくりお参りします。大湯の横の湯本屋さんという食堂で、おいしい肉うどんを食べました。荷物を置かせていただき、大湯へ行ったり石湯へいったり、また買い物にいったり、父はおこたつで横になったり……。のどかで楽しい一日でした。お部屋はいつもお客さんがたくさんおり、お友達になりました。夕方は何となくさびしい気持ちで、ゴトンゴトンの音を聞いて外をながめていました。

あの頃は特に旅行することも無かったので、別所線のことが新聞記事になる度に必ず思いだします。忘れられない思いでを文にする機会を頂き有りがとうございました。まだまだ書きたいことがいっぱいあります。

傍陽線と父と母と祖母と

菊池　みはる（上田市・63歳）

真田傍陽線は昭和2年の開業だそうだ。私の父も同年に傍陽で生まれた。三男坊の父と結婚した母は、姑《しゅうとめ》である私の祖母との折り合いが悪かった。今の東御市で新婚生活を始め、3年後に私が生まれたが、なかなか子宝に恵まれない母を姑である祖母はひどい言葉で詰《なじ》ったようだ。

私がその祖母と写っている写真はたった1枚。妹のお産の間、来てくれた祖母と私が並んで写っている。時折、何の用事か電車に乗って傍陽の父の実家に行った。川原柳から傍陽までの往復で、私と妹は景色を眺めるため靴を脱いでは膝立ちして窓枠につかまった。途中にトンネルがあったことはよく覚えている。

昭和44年に祖母が亡くなり、私たちが電車に乗って傍陽に行くこともなくなった。私と祖母を結びつけるのは、あの、たった1枚の写真と傍陽に向かう電車、そして母の恨み言。ほかには何もない。私にとってはなんとも切ない、傍陽線との思い出である。

真田傍陽線で働いていた頃の春原直子さんの義父・袈裟美さん（左）。樋之沢駅で（直子さん提供）

愛着のある別所線

春原 直子（上田市・61歳）

今から40年ほど前の学生時代、上田駅前でアルバイトをしていた時に、下之郷駅から利用しました。当時1両編成の時もあり、車内では紺色の制服を着た車掌さんが切符を切ってくださいました。木の内装の、とてもレトロな雰囲気の中、トコトコと揺れる車窓から眺める、四季折々の風景がとても心地良く、癒やしの時間でした。

それから数年経ち、近くへ嫁いできました。孫（私の息子）が2、3歳の頃、ちょうど上田電鉄を定年になった義父に、よく電車に乗りに連れて行ってもらいました。主人が別所の駅まで車で送り、そこから上田まで行き、イトーヨーカ堂でおもちゃを買ってもらい、中村屋のうどんを食べて帰ってくる……というフルコースでした。

そんな義父も数年前に他界、息子も2児の父となり、別所線を楽しんでいます。それがきっかけとなり、今は鉄道の大ファンになりプラレールにはまっています。因《ちな》みに将来の夢は、新幹線の運転手です。

父と独鈷山《とっこさん》

前島 康仁（東京都世田谷区・54歳）

4月初め、父の75歳検診で癌《がん》が見つかり、週末に東京から塩田の病院に通い続けていたことがある。赤い鉄橋を越え、大鳥居を見過ごし、別所線の車窓から独鈷山の山容が見えてくる。

2ヵ月が過ぎたある日、窓から独鈷山がよく見える病室で「家に帰りたい」と言う父は、小さく背を曲げて静かに寝ていた。

甲子園を目指した球児だった父。キャプテンだったことが自慢の父。たった一つの願いなのに、最後の親孝行を果たすことはできなかった。なのに、私は父から最後のプレゼントをもらっていた。父の故郷だったこの地が、いつしか私の故郷になっていた。

いまは大好きな独鈷山からの風を感じながら、山腹の墓所に眠る父。墓参りの度に、別所線に揺られ、独鈷山を見るたびに、ああ故郷に帰ってきたのだ、と思えるのだ。

別所線と目蒲線

石塚 陽久《たかひさ》（上田市・62歳）

今から四半世紀前に、車で1人上田にやって来て、それから32年住み続けるとは思わなかった。通勤に遊びにと、車無しでは考えられない生活の中で、別所線が極めて近所を走っていても、年に数度市内での飲み会帰りに利用する程度だった。

時は、自分が20歳の頃、バイト先が東京の会社で、そこに目蒲線で通勤する奴と知り合いになる。後に仕事での問題を起こした自分が多くの友人を失った中、現代に至るまで唯一連絡を取り続け、人生の助言から愚痴の聞き相手でもあったこの年上の友人に、ある日別所線上田駅に停車中の車両の写真を送る。まだ新幹線の話も無く、夜行急行「能登」の時代である。後日その友人から電話があり「なんで目蒲線に乗ってるのか」と。その十数年後、自病の影響で車の運転ができなくなった自分。今は別所線は無二の存在。

この日も上田駅から乗ると、扉窓越しに外を見る若い頃の友人の影。そうか目蒲線か。不思議な縁の軌道につなぎ結ぶ赤い橋に感謝。

夜の別所線、下車しそびれてピンチ！の思い出

若林 美保（東京都西東京市・48歳）

別所線で毎日通学していた高校時代。秋の日の夜、部活後に上田駅発の電車に乗車。友達とのおしゃべりに夢中になっていた私。上田原駅だと気づいた時にはドアが閉まり、電車が走り出してしまった！

どうしよう。次の駅で降りるしかない。今まで下車したことのない、寺下駅。当時は携帯電話もなく、家族に連絡もできず、土地勘もない。でも歩かないと帰れない。山の位置で方角を確認。おそるおそる国道143号線があると思われる方向に歩き出す。周囲は真っ暗、人もいない。怖い……。しばらく歩くと、国道沿いの建物の明かりが遠くに見えてきた。これで帰れる！　ほっとしました。目も慣れ、この状況にちょっとだけワクワク。歩いているうちに、国道に出ました。その後どうやって帰ったのだろう？

30年前、別所線の車窓からの千曲川や山々の風景で四季を感じ、心癒されていた日々。コロナ禍で帰省ができなくなり、ふるさとの景色を今一層懐かしく感じています。

戻った財布

関田 芳和（上田市・69歳）

小学校3年生の時、おじさんたちに連れられて電車で上田の街へ遊びに行きました。帰りになり上田駅の窓口で切符を買い、中塩田駅に着きました。

びっくりして泣きそうになりました。母が持たせてくれた財布がないのです。おじさんは車掌さんにそのことを話してくれました。車掌さんは駅員さんに伝えると、すぐに別所へ発車しました。駅員さんは上田駅に電話をしてくれたようで「上田駅の窓口の台に財布があったので預かっているよ。今の電車が別所で折り返してくるからそれに乗って取りに行ってください」と言いました。

心配してくれたおじさんには帰ってもらい、一人で上田駅に向かいました。また中塩田駅に戻った時はもう薄暗くなっていましたが、見つかってよかったという思いで2キロほどの家路を急ぎました。そして「切符は買わなくていいから行っておいで」と言ってくれた駅員さんの対応で往復したことも忘れることができません。

別所線の思い出

上原 しげ子（上田市・78歳）

私が初めて別所線に乗ったのは、昭和38年頃だったと記憶しています。仲良しのK子さんと2人で信州別所温泉1泊の旅を計画しました。当時、信越線を利用して上野駅発の夜行列車に乗り、翌朝上田駅に着きました。そこから別所線で別所温泉駅で下車しました。

初めての丸窓電車と車窓から見る田園風景にK子さんと感動したことは、あれから60年も過ぎた今でも鮮明に覚えています。各駅の小さな駅舎も新鮮でした。

その後、縁あって現在は上田市街地に住んでいます。2人の子供が幼い頃、電車が好きでしたから遠足気分ででかけたこともありました。ひらがなを覚えた頃は、各駅ごとに駅名を読んで楽しんでいた様子を、とてもなつかしく思い出します。丸子線に乗り、子供の手を引いて市街地まで買物に出かけたこともありました。

別所温泉駅で迎えてくれる袴姿の女性が素適でした。開業から100周年。これからも長く走り続け、別所線ファンを楽しませてほしいと願っています。

かつての別所温泉駅。行き止まり式の駅にホームが2面あった＝昭和48年頃（奥村栄邦さん撮影）

別所線の電車に揺られて

両角《もろずみ》 麻子（松本市・77歳）

ずい分昔のことですが、思い出すたびに幸せな気持になる出来事があります。

洋裁教室の方たちと上田のサントミューゼに、辻井伸之さんのピアノを聞きに行きました。会場を埋めた聴衆を前に聴かせてくれた演奏は、なんとすてきだったことか！　加えて1曲ごとにお辞儀をしてくれる彼の姿も、真すぐな心が伝わって好もしく耳を澄ませばあの時の音色が響いてくるようです。

興奮冷めやらぬまま会場を後に、別所温泉に向かうため、別所線に乗りました。車掌のお姉さんたちが袴《はかま》姿だったのも、大正時代にタイムスリップしたようで、忘れられない1コマです。塩田平の優しい風を感じた久々の電車の旅でした。

このたび、赤い鉄橋が崩れたことも、地元の若者や松任谷由実さんらの後押しがあって再生されたのは、地元の人たちのなくてはならない別所線への思い入れがあってこそです。私ももう一度、あの懐かしい別所線に乗ってみたいと思っています。

別所線との思い出

仲田 克雄（千曲市・67歳）

私は60代後半になるパート会社員です。別所線には50代の時、転職をして上田市内の会社に通勤する時、2年半お世話になりました。前職とは、全く違う分野の会社に転職をし、自宅から車でも通勤できたのですが、会社の規定で電車通勤になりました。

今までの長い会社勤めでも電車通勤は初めてだったので、勤務初日はとても緊張したのを今でも鮮明に覚えてます。

別所線に初めて乗車して、不思議とおちつきました。別所線は、何か？あたたかい雰囲気があり、乗車時間は、多くなかったのですが、とてもいやされました。2年半後は長野市内に転勤になり、とても残念でした。今でも別所線での2年半は、私にとって大切な思い出です。

いつまでも別所線が存続してほしいですね。応援してます。がんばりましょう。

運転手さんからのエール

岡田 康子（上田市・53歳）

「中野駅に迎えにきて！」。高校3年生だった息子からの電話。（いつも塩田町駅から自転車で帰ってくるのに、どうしたのだろう？）と思いながら車で迎えに行くと、別所線の中で参考書を読んでいて、うっかり終点の別所温泉駅まで行ってしまったらしい。

駅で運転手さんが「受験生？　折り返して塩田町駅で降りれば定期券を使えるから」と話しかけてくださった上に、大学受験の時のエピソードも話してくださり「受験がんばって！」と励ましてもらったそうです。

（乗り越した分の乗車料を払いたいし、お礼も伝えたい）と思い、定期を使って塩田町駅で降りずに一つ手前の中野駅で降りたと聞き、急いで別所温泉駅に向かいました。受験直前でピリピリと緊張していた息子の声が、久しぶりに明るい声になっていました。

別所線の温かさに触れた数年前の冬の夜の出来事。今も忘れられない大切な思い出です。

薫　風

小林 秀祐《しゅうすけ》（さいたま市・69歳）

１９７４年5月14日、私は初めて別所線に乗った。半世紀近く前のことを正確に覚えているのは、がり版刷りの「研修旅行ニュース」と題した藁半紙《わらばんし》が手許《てもと》に残っていたからだ。

当時大学4年生だった私は、教員7名、学生40名が参加する3泊4日の日本史研修旅行の運営に、実行委員として携わった。その折に作成したのが「研修旅行ニュース」だ。この藁半紙を読み返すと、別所線のことが思い出される。毎日、宿舎のある別所温泉駅から別所線に乗って上田駅に行き、博物館や図書館で史料調査に明け暮れた。

この時代、東京では都電が次々と廃止され、車窓から景色の見えない地下鉄が移動の中心だった。それに対して、田園風景を満喫しながら移動できる別所線は、魅力的な乗り物と感じた。また、停車する駅ごとの佇《たたず》まいを眺めながら、上田地域への親しみが次第に深まっていったような気がした。史料調査を終えて、別所温泉駅に戻る車内に流れた薫風が、今でも懐かしい。

その時、塩田平の風景に魅せられた

宮澤 孝《こう》（上田市・87歳）

はじめて別所線に乗った。

上田駅から千曲川の流れを赤い鉄橋で渡り、電車は塩田の地へ。突然、車窓いっぱいの山。空はあくまで青く、風は光り、連らなる山々の雄大なたたずまい。

その時、この地にと決めた。

定年退職後、雪深い里を逃れて、第二の人生とやらを求めて土地を探していた。

みどりしたたる木々、小鳥のさえずり、巡る季節の中、里山暮らしも四半世紀。

独鈷山麓、文化財の宝庫、歴史ロマンあふれる地とて、ますます愛着が増した。いつの間にか、歳をとっていたという感じ。この信州の地、塩田平に骨を埋める日も近い。

漆黒の闇の中を行く車両は、さながら、宮澤賢治の「銀河鉄道の夜」。

百年の歴史を重ねてきたビンテージ別所線いつまでも変わらないでと願う。

独鈷山の山並みを眺めながら塩田平の田園を行く＝平成15年＊

高校通学で利用した真田傍陽線

倉島　幸雄（上田市・70歳）

今から半世紀ほど前、旧上田市内の高校に通学するため真田傍陽線を毎日利用した。当時は電車とバスが主な交通手段であったため利用者が多く、私が乗車した下原下駅では、既に満員状態で座ることができなかった。伊勢山のトンネルを抜け、神科の農村地帯を過ぎると市街地入り口の川原柳駅に着いた。この駅で多くの人が降りたため、やっと座ることができた。

高校近くの公園前駅で下車して高校に通った。卒業後は東京に就職し、3年半後に帰郷したが、その半年前の昭和47年2月に真田傍陽線は廃止となっていた。モータリゼーションの進展が急速に社会を変えたことを肌で感じた出来事だった。

現在、真田傍陽線の線路跡はバイパスとなり、各駅周辺や農村風景が広がっていた神科地区は住宅地に変貌した。線路の面影は伊勢山のトンネルと公園前駅の周辺しか残っていないが、電車で通学した記憶や当時の沿線の風景は今でも鮮明に覚えており、青春時代の思い出となっている。

恋の道へ出発進行

大塚　幸一（東御市・26歳）

私が3年間通学に使った別所線。その日々はあっという間に過ぎたけど、あの人との出会いは忘れない。恋の道を進んでいたのかな。

朝、上田駅のホームで電車とあの人を待つのが私の日課となっていた。こばしりで来たあの人と電車に乗り、席に座る。最寄り駅までの12分間、学校や友達、サークルなど他愛もない話を楽しんだ。普段、積極的に話をするタイプではない私だが、車窓からの風景から前日と違う所を見つけて話すなどしていた。

あの人と話せる日々は長く続かなかった。お互い学年が上がり、忙しくなってしまったのだ。あの人がいない車両で、思いを伝えなかったことを後悔しながら通学するようになっていた。

乗る人の思いを乗せて走る別所線。人と人や物とのかけがえのない出会いをつなげる別所線。これからも多くの出会いをつなげていくことを期待している。恋の道にも「おめでとう」にも進めよ進め。出発進行。

傍陽駅（左奥）を出発し、すぐに洗馬川の鉄橋を渡る＝昭和45年頃（奥村栄邦さん撮影）

真田傍陽線の思い出に母を偲ぶ

宮入 静（長野市・59歳）

亡き母の生まれ故郷は小県郡真田町の傍陽。私が幼かった頃は、母が実家に帰省する度に母、姉、私の3人で真田傍陽線を利用していました。

上田駅での電車の乗り換えや、傍陽駅で電車を待ちながら遊んだことなどが断片的に思い出されますが、一番記憶に残っているのは、上田城跡のお堀を走る電車の車窓から見えた晩秋の景色。

木立の向こうに城跡の建物、暖かなオレンジ色の午後の日差しが木立に差し込み、線路の両脇に積もる落ち葉がカサカサと音を立てる中を進む電車……。子どもながらにその景色に感動したことを覚えています。さぞかし四季折々の車窓からの眺めは素晴らしいものだったろうと想像するに、廃線になってしまったことが残念でなりません。

もう当時の母の年齢を優に超え「実家への道中、母はどんな気持ちでいたのだろう」と考えるようになった今、電車に乗った思い出は母を偲《しの》ぶには欠かせない思い出の一つになっています。

祖母の思い出をたどって

佐々木 朋子（神奈川県横浜市・46歳）

昨年、祖母が100歳で亡くなった。九州に住む祖母は、先に亡くなった祖父と「戦争で苦労した分を楽しむの」と二人で手をつなぎ、全国を旅していた。

祖母に尋ねたことがある。「一番思い出に残っている場所はどこ？」と。祖母は、しばらく考えて「別所温泉」と答えた。日本中を旅した祖母が一番思い出に残っていると言ったその場所のことが、私はずっと気になっていた。

そして、祖母の思い出の場所に私も旅する機会に恵まれた。東京駅から新幹線に乗り、上田駅から別所温泉を目指した。初めて乗る上田電鉄別所線。祖母もこの景色を見ながら、旅を楽しんだのだろう。青々とした山々、のどかな田園風景、列車から見える信州の美しい景色に私は魅了された。

到着後、老舗の温泉宿に宿泊した。宿の湯に入ると「一番思い出に残っている場所」と笑顔で語った祖母の気持ちがよくわかった。柔らかく滑らかなその湯に浸かると祖母のことを思い出し、涙がこぼれた。

別所線の思い出

中谷《なかや》 勝明（上伊那郡・77歳）

私の家族が辰野から上田市に越したのは、私が34歳の時だった。4人家族で上田原に住んだ。自家用車はあったが、市内の買い物や別所温泉には別所線を利用した。

ある時、別所線に乗っていて「この鉄道はメルヘン鉄道だ」と思った。理由は、発着駅の片方は県内でも有数の商業の街の上田駅であり、片方は「信州の鎌倉」の800年以上の歴史がある街の別所温泉駅だからだ。別所線に乗れば、約30分で現代の商業の街から800年前の歴史のある街に行ける。まるでタイムスリップさせてくれる鉄道だ。このように思った私は、別所線を「メルヘン鉄道」と呼び、趣味の写真で丸窓電車を撮り、写真集にした。

この写真集を新聞各紙や上田市の観光パンフレット、NHK長野放送局の「朝のロータリー」などが取り上げてくれたので、多くの人と知り合えた。新しい土地で多くの人たちと知り合えたのは別所線のおかげである。良い思い出を作ってくれて感謝している。

別所線と「無言館」―黄色い服の女性

西澤 知恵子（長野市・65歳）

私が初めて別所線に乗ったのは２０１９年の12月で、同年10月の台風での鉄橋崩落時期と重なった。上田駅から下之郷間がバスの代替運行で、私が別所線に乗ったのは下之郷から塩田町駅である。

当時私は西洋美術専攻の大学院生で「無言館」を訪れたいと思っていた。シャトルバスの運休時期のため塩田町駅から美術館までの坂道を40分かけて歩いた。

「無言館」は出征を前にした画学生の作品が収蔵されている。当時の画学生は戦地でも最前線に送られたという話である。そこから川端康成『末期の眼』を思い出した。死を予感した彼らはその研ぎ澄まされた感性で、寸暇を惜しんで自身の作品と対峙《たいじ》した。戦時下で暗い色彩で描かれた作品の多い中、真珠の首飾りをつけた「黄色い服の女性」が心に残った。大切な人の肖像だったのが判る。ここに収蔵された絵は全て「有言」であった。

別所線と「無言館」、そして、この女性像は一連の繋《つな》がりとして私の記憶に組み込まれた。

上田城にて

佐藤 友三（岡谷市・66歳）

小学校3年生のとき、バスにて上田城へ遠足に行ったのです。初めて見るそこは小さな城で、先生がいろいろと歴史についてお話をされました。ちょうど、お堀の下に電車が走っているのです。「えっ」と生徒の大部分がびっくりしていたのです。先生が「駅らしいものがある」と言うので、そこへ行ってみたのです。いかにもほんとうの駅でした。ホームもあったりしていかにも鉄道といった感じです。それから上田城を見学して、昼になったらみんなで駅へ行って見て電車の来るのを待っていたものです。長野県にも「国鉄以外にも電車が通るところがあるんだ」と思いました。

それから何年もの時が過ぎて大人になり、再び上田城へ行ってきたのですが、線路のあった所は歩道になっていました。ああ、あのときの鉄道は電車は……と思うのです。

上田城はお堀に電車が通行しててほんとうの絵になるのだと思います。もう一度、全国から寄付をしてもらったりして再び走ることを希望！

50年前の二つの鉄橋のものがたり

小林　妙子（東御市・71歳）

昭和45年、塩田町農協に就職した私は、真田線の殿城口駅から、上田駅で別所線に乗り換え、塩田町駅まで約1年間通勤した。高校通学でも今では伝説のような真田線にお世話になった。殿城口を出発すると、すぐに高い鉄橋になり、トンネルに入った。今では両方のトンネル口が草木が生い繁っていてわからなくなっている。

さて、別所線の方も上田駅を出発すると、すぐに赤い鉄橋になった。当時は混んでいて、つり革にぶら下がりながら、移りゆく車窓を眺める毎日だったように思う。

先日、美しく復旧された鉄橋を渡ってみたくなり、別所線ミニ一人旅を決行した。昆虫の抽象画がカラフルに描かれた洒落《しゃれ》たワンマンカーだった。程なく出発。「ワッ渡った。赤い鉄橋、確かに！」。目と気持ちが捕らえた。観光客や長野大の学生でにぎわう車中、私1人が50年前の郷愁にかられていた。長野大（旧本州大）が設立されて間もない頃だった。

真田傍陽線の神川第一橋梁を渡り、上田に向かう電車と貨車の混合列車＝昭和47年（小西純一さん撮影）

千曲川橋梁が再開した日は催しが開かれ、別所温泉駅や温泉街はにぎわった＝令和３年＊

縁

柞山《ほうさやま》 恵子（上田市・62歳）

コールタールの匂いがする電車の床。尖った足音を吸収し優しい柔らかな足音に変えてくれる。すり減った木製階段の上田駅――。

自分の記憶に残る別所線です。

もう少し記憶を遡ると、生まれ育った家が西丸子線の駅舎兼住宅。残念ながら現役駅の時は幼なすぎて確かな記憶がないのですが、待合室を改造した子供部屋はそこここに駅の名残たっぷりでした。そして、そんな素敵な子供部屋に改造してくれた亡き父親は「電車の運転士」という、子供心にカッコイイ職業と自慢だったことを覚えています。

19号台風で鉄橋が落ちてしまった時の身体が震える衝撃は、長く生きてきて初めての感覚でした。還暦すぎた自分ですが、今こうやって別所線のお手伝いをさせていただけることに、勝手に「縁」を感じています。

今風の明るい入線、到着、発車メロディですが、心が引き締まるおもいでお客様をお迎えさせていただいております。

別所温泉今昔物語

竹花 良雄（上田市・82歳）

私が幼少の頃、父は時々別所温泉に連れていってくれた。次の朝、駅にくると10人ほどが待っていた。父がたばこをとり出し、あのおじさんから火をもらってこい、という、なかなか火はつかない。「君、吸い給え、君、吸い給え」というが、私が困っていると、私の持ったたばこをとり、自分のと合わせて「プカプカ」とすぐ火をつけてくれた。都会風のとても粋な人だった。75年程前の話だが今でも鮮明に覚えている。

時は大きく流れ、今は孫がときどき遊びにくる。今度は私が父の立場だ。車で少し出るとすぐあの赤い長い鉄橋が目に入る。「僕ものりたい」。城下駅へゆく電車が入っていいた。妻は乗り方が分からずあたふたしている。「前から、前から」と女性が乗り口を教えてくれた。別所駅で落ち合う約束だったが、私の方が早かった。足湯をたのしんだり、みやげ店を歩いたり、ラーメン屋さんに入ったりとたのしみ、帰りは車中で寝てしまった。ひと昔前の、苦さと現実とが入り混じった別所線の思い出である。

きょうも田園を走る電車がある

田中 隆衛《たかえ》（北佐久郡・83歳）

あれは正月3日、私は25歳。上田市街で初めてお見合いをした。

お見合いの席を済ませて2人は上田駅まで歩き、別所線に乗車し北向観音に向かった。鉄橋を通過すると懐かしく、気後れしていた私であるが「ここが母校のプール」と言った。別所温泉駅に到着するまでに発したそのひと言だけが、いまも気憶にある。

冬の日は短かく、すでに暗い北向観音に詣でた。正月の賑《にぎ》わいはものすごく、参道は渋滞していた。おまいりを済ますと、暗がりに寄り2人はその場で熱く結婚の約束をした。

帰りの車中、彼女がお子さんたちをやさしく見遣っている姿を見て「ああ、子供が好きな人なんだなぁ」と思い、私は心に誓うことができた。

結婚してからは毎年三が日には子供を連れ参拝を重ねてきた。歳月は流れて50年余。いまは亡き妻ではあるが、別所線は人一倍想い出深い。

きょうも田園を走る電車。ありがとう。

西丸子線と棺桶

中村 隆次《たかつぐ》（長野市・70歳）

昭和35年、4年生の秋に母方の祖母が亡くなった。丸子町中丸子の母の実家を出た20人ほどの葬列は、先頭に長い旗がなびき、初めて葬儀に参列した眼には、箸を突き刺した山盛り茶碗のお膳が進むのも珍しかった。葬列はそのまま西丸子線の寿町駅から1両だけの電車に乗った。昼下がりで、車内はほぼ全員が黒服になった。三つ目だったかの依田駅から、山を中腹まで登ると、墓地には若い男が2人いて、既に大きな穴が掘られていた。つまり母の実家辺りはまだ土葬だったのである。

漬物樽のような座棺を静かに穴に下ろし、代わる代わる土をかけると土饅頭《まんじゅう》ができた。

棺桶はどうやって墓地に運んだのか、葬列と一緒に電車に乗っていたのかも知れない。

依田川沿いに「ホワーン」という警笛を残して走っていた西丸子線は、その翌年の三六災害の豪雨でトンネルが崩れた。電車で墓地に行ったのは、それが最初で最後になった。

西丸子線での「㊙光景」

村山 隆（上田市・74歳）

下之郷駅から南方一直線に道路が走っています。西丸子線の廃線跡で、これを見る度に、私しか知らない「出来事」が甦《よみがえ》ります。

小学生時代の離任式、私たちは先生方を見送るために学校西側の沿線に並ばされました。お別れの先生方は鈴子駅から乗車し、車中から身を乗り出して手を振るのが恒例でした。恰《あたか》も映画のワンシーンの様で感動的でした。

これには私一人だけが知る「㊙光景」があるのです。私は足に怪我《けが》をして電車通学をした時期があり、通院の事情で離任式の先生方と偶然、乗り合わせました。今度は車中で、送別される先生方をつぶさに拝見できました。電車内では乗客の皆さんと一体となった感動的な雰囲気が充満していました。

私は下之郷駅に着いたら当然、別所線に乗り換えるとばかり思っていましたが、何と先生方は全員、折り返して西丸子線に乗車し戻って行きました。私は、見てはいけない〝舞台裏〟を覗いてしまったようです。

上田丸子電鉄の思い出

水野 宗一（長野市・84歳）

当時は鉄道が花形の公共交通機関であった昭和36年に県立丸子実業高校へ赴任しました。大屋駅までD50という蒸気機関車がついた列車（当時は汽車と呼ばれていた）で行くと、待合室で若い奥様が大きな乳房を出し、赤子におっぱいをくれていました。「良く飲みますね」と挨拶《あいさつ》をし、入って来た上田丸子電鉄に乗り換えると、すぐに〝日本一のヘアピンカーブ〟にさしかかり、中丸子駅で下車し、田圃《たんぼ》の中の実高まで歩きました。

丸子実高が選抜で初めて甲子園へ行った時、町では上丸子駅前で盛大な壮行会をやってくれたのを覚えています。同校体育科のI先生は左腕が無いので傷病兵かなと思っていたら、実は酒に酔って線路に落ち事もあろうに教え子が運転する上田丸子電鉄の電車に轢かれ、左腕を切断してしまったとのことお気の毒でした。

今は丸子《まりこ》町も上田市になり、丸子線も西丸子線も廃線となり、昔日の面影はなくなりました。さびしい限りです。

上田電鉄別所線開業１００周年に感動して

田中 明（上田市・88歳）

上田市では、各地域の展開とその発展に向け、多様な組織や施設を充実させ、住民に対して参加と利用を強く要請して来た。市内の真ん中を流れる千曲川の左岸と右岸とそれぞれが、自然豊かで産業活動の環境も整い、さらなる拡充が期待される。

その千曲川にあの赤い鉄橋を掛け、人々と万般の輪送に寄与してくれている別所線電車が、今年で１００年を迎える。左岸地域の真ん中を走り、天然の豊かな温泉、そして信仰厚い北向観音さんのある別所温泉へ至る電車の活用は、地域の大動脈であり、私個人にとっては生まれて今日に至る88年間、その人生そのものである。

昭和17年、兄正幸は20歳、歓呼の声に送られて行進し、電車で上田原駅を経て出征した。そのとき8歳の私を抱きかかえ「おい明！　兄やんは征くぞ！　父やん、母やんを大事に頼むぞ！　明、お前の吃《ども》りは自分で直せ。吃る者には馬鹿は居ない！　お前は利口で優秀だぞ」。こう言いつつ征って戦死して終わった。

初めて乗った別所線

ドルファス透麻《とうま》（神奈川県横浜市・11歳）

ぼくは、２０２１年に初めて上田電鉄別所線に乗りました。ぼくが別所線のことを知ったのは今から2年前の台風19号が上陸し、橋が流されてしまうという悲しい出来事があった時でした。

別所線は、ぼくが住んでいる神奈川県を走る東急の車両を使用しているので乗りに行こうとしました。しかし、新型肺炎の影響で行けませんでした。その後、橋が再建され、応えんしに行きたいと思い乗りに行きました。

まず、列車は赤い橋を渡りました。橋を渡る列車は、ガタンゴトンという音が大きく力強く見えるので、かっこ良いです。また、田園地帯を走るのは、のどかで気持ちが良いのでぼくも運転したいと思いました。列車は、少しずつこう配を上り、終点の別所温泉に到着しました。

ぼくは、家に帰ってからも上田電鉄のことを毎日、思い出しています。また、いつか乗りに行きたいです。

我が青春の西丸子線

會津《あいづ》 一彦（上田市・76歳）

昭和35年4月、丸子実業高校に入学。西丸子線富士山駅から寿町駅まで利用させてもらいました。初通学の時、後ろのドアから乗ったら先輩のお姉さん方にニラマレタ！　男子は前のドアから乗ることになっているとのこと（1両だけほとんど実校生）。36年の6月かな、1年とちょっとの利用でしたが、停車駅を通過してしまってもどったり、停車する際に急ブレーキがかかって全員前方へ倒れたり……。やはり運転手が新人だったらしい。実校生が大慌てで走って駅に来るのを待っていてくれたね。なつかしい想い出ばかりです。

大雨のため、峠のトンネルが危ないとのことで運転が中止され、そのまま廃線になってしまった。残念でした。丸子線にも何回か朝乗ったね。商売をしていた父を上田駅まで送り、そのトラックを従業員宅まで運転（軽自動車の免許しかありませんでした）。自分は上田東駅から丸子町まで当時36年、片道40円でした。

何回かは西丸子線の定期を使いました。高校生のドキドキのイタズラでした。申し訳ありませんでした。

私の故郷は別所線

佐藤　芳美（東京都葛飾区・51歳）

小学生の頃の楽しみは、夏休みに塩田の祖父母宅に行くことだった。ガタンゴトンと音をたてて走る小さな列車は、普段乗る東京の騒々しい電車と全く違い、まるでお伽《とぎ》の国の列車のように思えた。20年後、定年退職した両親が引っ越したので塩田が実家となったが、一度も住んだことがない所を実家と言われても、私には土地勘もなければ知人もいない。馴染みがあるのは別所線だけだった。

東京に住んでいる私は今、夏休みになると新幹線で上田へ向かう。別所線で塩田町駅に降りると、父が車で迎えに来てくれている。1年ぶりの再会で照れ臭い気分の時も、無人駅だから気兼ねしなくていい。東京に帰る時は、駅まで送ってくれた父母と、列車が来るまでホームで語らうことができる。私にとって別所線は、いつの間にか実家の一部になった。

東京で俯《うつむ》きそうになった時は、別所線を思い出しながら空を仰ぐ。塩田の風が吹いてくるような気がして、私は、また、頑張れる。

稲刈りの終わった田園の中、直線の舞田―八木沢間を行く＝昭和48年頃（奥村栄邦さん撮影）

別所線のポッポやさん

杉﨑　友子（上田市・80歳）

上田市民となったのは平成15年3月末である。別所線の沿線に住んでいるのでよく利用している。上田駅の改札掛は切符にスタンプを押す。駅員に細身で年配の方をよく見かけた。背筋がピンとしていて実に姿勢が良い。ある冬の寒い日、私に切符を渡す時、手と手が軽く触れたことがあった。氷のような感触なので「冷たい手ですね」と言うと、彼は両手を広げて「ハートが暖かいですから」と微笑《ほほえ》んだ。

しばらく不在の日があり、平成17年3月30日の夕方、見かけたので声をかけたら「天命が下り、明日で定年です」と名刺をくださった。半世紀に渡った仕事にピリオドを打ち名物駅員？が職場を去った。それから4ヵ月後、「上田わっしょい」の祭りの夜、会社が忙しいのか上田駅で働いている高瀬七郎さんの姿を見かけた。数年後、新聞で彼の訃報を知った。

台風19号で流失した赤い鉄橋が繋《つな》がり、開業100周年の記念の年に、彼が存命でいたらと思う夏である。

百年のゆらぎ

佐藤　礼子（上田市・61歳）

「カアン、カアン、カアン」と踏切の警報音があたりに鳴り響くと、カーブにさしかかった電車が「キーン」とレールを軋《きし》ませてやって来る。千曲川に架かる赤い鉄橋を渡って別所温泉へと向かう下り電車だ。外出していた家人が乗車していたら、間もなく「ただいま」の声がするはずだ。

日中の喧騒《けんそう》に紛れていた電車の音は、夜になると闇の濃さと一緒に夢の中に入り込んでくる。亡くなった父が電車に乗って帰って来る夢だ。父の「ただいま」の声を聞いて、あわてて2階から駆け降りる。夕食には何を作ろうか、寝具の支度は整えてあるだろうか。大事にしていた黄色い牡丹が今年も見事に咲いたことも報告しなければと考えをめぐらす。

ゆらぎを生むレールの継ぎ目は私の骨へと引き継がれ「ガタン、ゴトン、ガタン」と体中の骨を巡り、記憶を揺さぶって過去を呼び戻す。「おかえり」と言おうとして目が覚める。朝陽の中を上り電車が走り抜けて行く。

父の実家へ届け物に行く。

三木 延子（須坂市・77歳）

両親より大きな荷物を預かり、丸子駅まで30分程歩いた。神川駅までの行程。この時、妹は小学3年生、自分は4年生だった。2人とも電車に乗ったら安心感と疲れからか荷物は2人の間に置き、寝入ってしまった。「もし、もし?」って声をかけられたかどうかは定かではないが、「ハッ!」と回りを見廻わすと車掌さんと自分たちだけだった。終点駅の上田東だった。

キップを見せたら「次に発車するまで、ここの場所にいるように」と言われた。これから先どうなるのだろう……。帰りのキップ代しか預かってこなかったので、叱られることを想定した。ションボリしていると再び見にきてくれた。「間もなく発車するので心配しないで」と言ってくれたのかも?。発車後、キョロキョロしていると、父と来たことがある八日堂の塔が見え、安心したのか涙が出た。電車が停車すると車掌さんは顔を出して見届けてくれた。

遅ればせながら、その節は本当にお世話になり、ありがとうございました。

夜空に奏でる別所線

宮澤 みや子（小県郡・55歳）

２０１９年10月、台風19号被害で落橋した別所線。テレビの映像を半信半疑で見ていました。が、翌日、上田橋を通ると、あの赤い鉄橋が、報道の通り、落橋していたのです。これが現実なのだと実感しました。

私は、上田市郊外に住んでおります。

夜、ベランダで洗濯物を干していると、ガタンゴトン、ガタンゴトンと、線路を走る音が聞こえて来ました。えっ! この場所から別所線の音が聞こえるの? 耳を疑いましたが、春夏秋冬、春は、蛙の鳴き声が、夏は蚊の襲来、秋はここち良い秋風を感じつつ、冬は空に輝く星座を観ながら、夜空に別所線の音が奏でて聞こえて来ます。

２０２１年3月末に全線が開通しました。開通の時に現場に赴き、実際に赤い橋の接続部を確認した時は、感極まる思いがありました。私は別所線に乗ったことが無く、いつの日か赤い橋を別所線に乗って通る日を心待ちにしつつ、さらなる百年に向かって走る別所線にエールを贈ります。

真田傍陽線の思い出と未来

山﨑　幾蔵（上田市・66歳）

　昭和30年代前半、私は幼稚園に電車で通いました。「下原下」から「北本原」まで「本原」で合流してくる友と、数名で通園しました。園の脇に水車小屋があり、バタバタ動いていました。途中の四日市橋が台風で流され、仮設の橋を恐々と渡ったことがあります。

昭和40年前後は、主に「川原柳」で降りて、少年向けの雑誌や、学習参考書などの書籍、生活必需品を親から頼まれて買い求めました。

　高校へは「公園前」で降り、あの石段を昇って、毎日利用させてもらいました。３年生になる直前、昭和47年２月に真田傍陽線が廃線になりました。何か大きな物を失った気持でした。手足をもがれたようでした。

　今「別所線」が開業１００周年です。心から「おめでとうございます」と申し上げます。

　さて、夢のような話ですが、小型マイクロバスを改造して30名くらい乗れる「ハイブリッド電動バス」を走らせることは可能でしょうか。未来に向けて、お互いに考えたいものです。

真田傍陽線の線路は上田城の堀の跡に敷かれていた。公園前―北大手間を行く＝昭和45年頃（奥村栄邦さん撮影）

出札口は健在

渡辺 俊博（京都市・60歳）

一昨年の台風19号から1ヵ月余り、長野駅からしなの鉄道の「ろくもん」に乗る機会がありました。こちらも運転再開の初日でした。

沿線各地に災害の爪痕を見ながら、上田駅に到着しましたが、停車時間が少しあったので乗務員と駅員にお願いし、いったん改札口を出て上田電鉄の乗り場に向かいました。千曲川の鉄橋が流されてしまい、当然列車は来ませんでしたが、出札窓口はちゃんと開いていました。

少しでも売上に貢献できたら……と思った訳でもないのですが、硬券の入場券が2種類売っていたのでそれを求めたところ、窓口の女性係員が満面の笑顔を浮かべながら販売してくれました。

ただこれだけのことですが、上田電鉄は絶対に大丈夫だと確信しました。1年半かかりましたが、無事全線復旧しましたね。これからも末長く、元気に走り続けて欲しいものです。

汽笛の天気予報

近藤 美恵子（千曲市・69歳）

私の実家は坂城町の南の方です。よくばあちゃんが「人里離れた遠い山の地獄谷の反対側は傍陽だ」と言っていました。

夜、お座敷で、ばあちゃん、父、母、姉たちと話をしていると「ポー」と東南の方向から真田傍陽線の汽笛が聞こえたんです。すると母が「今、ポーと汽笛が聞こえたね。明日は雨だよ」と言ったんです。すると翌日本当に雨が降りました。今のように天気予報があまり無かったので、子供心に汽笛の天気予報が当たってる！とびっくりしたものでした。

もう随分昔に廃線になってしまった真田傍陽線、自分は見たことも乗ったことも無い車両でしたが、汽笛が聞こえてくるたびに「傍陽ってどんな所かな？」と想像し、汽笛と雨が降る不思議な関係に何十年経った今でも心に残る思い出の汽笛の音でした。

二つの大学の最寄り駅・大学前駅の朝は学生らでにぎやか＝昭和51年＊

少年の日の思い出

坂口 知加史《ちかし》（上田市・72歳）

「どうしてこんなに遅いんだよ、電車だろう、もっと速く走ってくれよ」

少年は電車を降りて走りたい気持ちで、出入り口近くの座席に座っていました。昭和50年1月、大学受験のために宇都宮から来ましたが、信越線に乗り換える前の両毛線が濃霧のため30分遅れました。そのため上田駅に着いたのは試験の30分前でした。

別所線の電車に乗ると、すぐに発車したものの、ガタンゴトン、ガタンゴトン……と、のんびりした走りでした。車体は木製で、所々ペンキがはがれていて木目が見えていました。カーブの所でギシギシと車体のきしむ音が大きくなり、ガタンとドアが開きましたが電車は走り続けました。よくあることなのか誰も驚いた様子がなく、次の駅で乗った人が閉めました。

少年は大学前駅から走って、5分前に試験会場に着きました。あの日から46年、大学卒業後も上田に住み、別所線に乗るたびにあのドキドキした若かった日を思い出します。

蘇《よみがえ》る50年前の記憶に引かれて

山中　成介《せいすけ》（東京都武蔵野市・79歳）

私が最初に乗った上田電鉄の電車は、今はない真田傍陽線の電車でした。50年前に職場の仲間と湯の丸高原へ行き、帰りに選んだのが高原から角間渓谷を下り、真田で電車に乗り上田から信越本線で東京へ帰る行程でした。

湯の丸からの山道では高原散策の楽しみを堪能し、渓谷の下り道では、渓流が音を立てて共に下り、頭上は紅葉が色鮮やかに包んでいました。

そして、真田で電車に乗り車窓の景色を楽しむうちに着いたのが上田駅でした。ホームから振り返った時の、車両と線路の情景が寂寥《せきりょう》感と懐かしさが重なって浮んできます。

再び上田電鉄の電車に乗ったのは、千曲川の洪水で鉄橋が落ちて、迂回路をバスで送迎する工夫があった別所線の電車です。そのときは塩田町駅まで乗り無言館を訪れました。そこは、若者の絵画に込めた思いが静かに満ちあふれていました。無言館からは徒歩でゆっくりと塩田町駅へ向いました。

別所線と私

米山　美鈴（下伊那郡・68歳）

息子が高校卒業後、上田の学校へ進学。別所線を使って通学しました。本人は塩田平が特別気に入ったようで卒業と同時に上田の住人となりました。

私は時々、下伊那からバスと電車を乗りついで、息子のアパートへ出かけました。別所線は飯田線とは趣が違い、なだらかな丘を眺めながら走る塩田平は心をつつみ込むようなやさしさがあります。上田駅からの乗車時には息子に会えるうれしさと、車中の歴史ある車両の写真を眺めながら、「カタンコトン」という音の響きと共に過ぎる時間が心地よく好きでした。

台風19号での赤い橋の崩落映像は大きな衝撃でした。しかし、少しずつ復興する赤い橋の姿を見ると、別所線の力強さと地元の人たちや心ある方々の路線存続への大きな期待を感じました。

開通から半年。新型コロナのため、赤い橋を渡って息子のアパートへ行くこともまだしばらくはできそうにありませんが、一日も早い終息を願うと同時に、地元の足として力強い走りを今後も期待しています。

遠足の始まり

堀内 啓司《ひろし》（上田市・64歳）

小学生も高学年になると遠足の行先も遠くなり、5年生で小諸懐古園と布引観音、6年生では軽井沢の熊野神社と見晴台でした。

バスで丸子町駅に到着し、友達と先を争って乗り込んだのが丸子線の電車です。

もちろん座席には着かず、運転席の後ろの窓にかぶりつき、運転士さんの一挙手一投足を食い入るように見るのが楽しみでした。

やがて電車は千曲川の鉄橋を渡り右に大きくカーブして大屋駅に到着します。

この駅はスイッチバック式で上下の電車を効率良く発着させており、運転士さんと車掌さんが電車の前後に入れ替わる光景が珍しく、もっと見ていたかったのですが、先生に、跨線橋を渡って信越本線のホームに向かうよう急かされたのも懐かしい思い出です。

遠足の始まりは、いつも気持ちがわくわくする丸子線の電車からでした。年を重ねた今でも列車から始まる旅は気分がひときわ高揚します。

丸窓電車と北向観音の尼様

三宅 裕子（上田市・81歳）

戦争が終わって昭和20年代、小学校の遠足で途中まで歩き、丸窓電車で別所へ行きました。親は迷子になったらと心配し、手拭《てぬぐ》いに住所と名前を書いて、服の胸に安全ピンで留めてくれました。初めての遠足で賑《にぎ》やかに、学友と楽しみ、気付けば胸の手拭いはどこで落としたかもわからず、残念に思っていました。それから日が立ち落としたことも忘れていました。

ある日学校から帰ると母が嬉しそうに、北向観音の尼様から便りがあったと話してくれました。あの手拭いが奇麗《きれい》に洗ってあり、手紙もそえられていました。後に両親は私をつれて別所行電車に乗り北向観音へ出掛けました。手拭い1本でも当時は大切だったのです。その後も電車に乗り別所へ行きますと、北向観音に御参りに上るのですが、尼様にお会いすることはありませんでした。

今でもその当時のことを思い出し感謝しています。

廃止から約4年、駅名標とホームの跡が朽ちていく西丸子線・依田駅跡＝昭和42年（奥村栄邦さん撮影）

べっしょ線のなかまをさがして

葉山　友貴《ともき》（上田市・7歳）

ぼくはべっしょ線が大すきです。

年長のとき、テレビばんぐみの「ゆうがたゲット」で、むかしのにし丸子線、丸子線、さなだそえひ線のえきをさがしてて、おもしろそうだと思って、青木線、にし丸子線、丸子線、さなだそえひ線のえきをしらべて、車でお父さんとぼくでさがしてみました。

青木線は、あとがなにもありませんでした。にし丸子線は、ばっぱえきと、はしのコンクリートがのこってました。丸子線は、レールがありました。そのレールは、バスのガードレールになってました。さな田そえひ線は、いせ山トンネルとはしのコンクリートとえきの、コンクリートがありました。

はしのコンクリートとか、えきのかいだんやコンクリートがあると思わなかったです。これをやってみておもしろかったです。

しょうらいのゆめは、べっしょ線のうんてんしゅになることです。

一人きり、仲間と、そして家族と

小松 稜（神奈川県横浜市・30歳）

別所線の走る風景に魅せられ、上田に通い続けて概ね干支《えと》一回りです。私はこの間、別所線での楽しみ方が増えたと感じています。

最初は一人で趣味の写真を撮って回ることがほとんどでした。そのうちに存続支援活動に興味を持ち、現在は「別所線の将来を考える会」の一員として会議やイベントに参加をしています。活動を通じて別所線を愛する人同士や、社員の方々とのつながりができ、一緒に出かけることや、駅や車内で出会って挨拶《あいさつ》を交わすということも増えます。別所線での思い出づくりが、自分一人だけだったものが多くの仲間とつくることもできるようになりました。

一人でも、仲間同士もよし。電車がつなぐ縁で楽しみ方が拡がりました。結婚し、別所線で妻と過ごすことも増えた楽しみ方です。今は、昨年生まれた息子も一緒に、家族で電車に乗れることを楽しみにしています。いつまでも別所線が走り続け、これからも沢山の思い出をつくることができることを願っています。

下之郷—中塩田間の線路沿いに主婦グループがボランティアの花壇づくり＝平成15年＊

駅に忘れた重要書類

小林 てる子（上田市・70歳）

60年前の3月31日のことである。父の転勤でバスを乗りつぎ真田線の北上田駅に着いた。電車や駅の様子が珍しく、ワクワクドキドキしていた。やっと新しい住む家に着いた時、父が忘れ物に気がついた。すぐにまた電車に乗り、探しに行った。まだ家の電話も、スマホもない時代である。父が帰ってくるまで心配で眠れなかった。北上田駅にあったとのこと。4月1日、父はその書類を持ち、歩いて新しい勤務地に向かった。

それから6年間、買い物にも、お医者に行くにも電車に乗った。鉄橋がありトンネルがあり、田園風景が広がっていた。中3の時高校に行けば電車通学ができることを楽しみに勉強した。だが父の転勤が決まり、その夢も空しく消えた。あれから何十年、今、縁があってか偶然か、昔の樋之沢駅があったすぐそばに家を建てて住んでいる。だが、もうあの電車は走っていない。散歩しながら昔の線路のあとを探している自分に気がつく。

幼きし通いし電車今はなく欅《けやき》道にて面影残す

赤い色が似合う上田の地

金井 芳彦（千曲市・65歳）

真田六文銭の地・上田には「赤い色」がよく似合う。上田電鉄千曲川に架かる赤い鉄橋。塩田平に鎮座する生島足島神社の朱の鳥居社殿、そして池を泳ぐ大きな赤い鯉……。上田育ちの私は、幼い頃を想い出すと自然と眼窓に家族、恩師、友人たちの姿が重なって、当時あまり家にいなかった父がたまに連れて行ってくれた生島さまへの親子遠足を想い出す。

子供ながらに心弾ませて乗った丸窓電車。赤い鉄橋を渡って車窓を眺め、電車を降りて赤い鳥居、大きな赤い鯉のいる神社にお詣りし、タコさんウインナーの入ったお弁当を頬張ったあの頃の小遠足が想い出深い。

その後、引っ越し生活となり、上田の地を離れはしたが、今でも懐かしい上田の電車、田園の緑に映える赤い鉄橋、神社などが私の心のふるさととなり、糧となっている。

そんな「上田」にお礼し、感謝する日々のこの頃である。

西丸子線をたどったおもい

宮田　竜之進（上田市・9歳）

ぼくは去年、西丸子線をたどりました。下のごう駅は、上田電鉄の方がのこしてくれていて、西丸子線いちぶがのこっていて、来未にのこそうとおもっていてすごくかんじます。

馬場駅《ばっぱ》がのこっていると、ぼくははじめてしりました。ぼくがみたのは、ホームがかたむいていて駅だとおもえないふうけいでした。二ツ木峠のトンネルは、もううめられましてかなしかったです。ぼくは、どうしても二ツ木峠のトンネルをみたいとおもって、家にかえったあと「なつかしの上田丸子電鉄」という本をみて、工事中の二ツ峠のトンネルの写真が2まいありました。昔はじりきでやっていたので、今よりはすごくむずかしいのがかんじられました。

よだばしのはしらがのこっていました。はしらは、90どにまがっていました。石でできていて、どうやってつくったんだと、きになりました。西丸子線はもうなくなりましたが、まだのこっている駅もありますので、上田丸子電鉄のことをしれたとおもいます。

真田傍陽線乗車の思い出

伊藤　勉（上水内郡・74歳）

私は昭和46年、上田市郊外の真田町傍陽にて日本電信電話公社発注の会社の仕事で、傍陽局自動改式工事（土木）を受命、施行計画書に基づき調査をすべく上田駅経由真田傍陽線電車に乗車。

車内は閑散、車窓はビル街を過ぎ住宅地を通過、暫くして里山の風景が見え、遅い電車の速度は日ごろストレスの溜《たま》った私の心を慰めてくれた。

何より感嘆したのは、桜が風を受け散って行く風景。人は花咲く桜には声援を送るが、散る桜にはなんの期待もない。見て見ぬ振りとはこのことでしょうか。

昭和15年以降、戦争が激化すると戦死する兵士を「散る桜」と美化した風潮はなんだったのでしょうか。車窓の景色もぽつんぽつんと人家が見えてくる。小さな集落の駅に停車、これが終着の傍陽駅。私は駅頭に立ち、この工事の無事完成を祈りつつ、現場事務所へ歩を急ぐのであった。

別所線と子育ての思い出！

宇野 一子《いちこ》（上田市・71歳）

先日、車で踏切待ちをしていたら、コトコトとラッピングした別所線と出逢った。なぜだか目頭が熱くなってきた。

今から40年前以上になるだろうか。別所線は子育てになくてはならないものだった。病院へ行くのも、買い物に行くのも、私にとっては足だった。子供たちと一緒に外を見ながら、時には眠りながら乗ったものだった。一番の出来事は、長女の手をひっぱりすぎて、肩を脱臼させてしまったことだ。途中の駅で降りてあわてて整骨院に寄り、はめてもらったことをきのうのことのように思い出す。思い出はつきない。

丸窓電車が最後の運転をするという時は親子4人で乗りこんだ。電車の中は花々で飾られ、心の中でお疲れさまと話しかけた。

別所線は上田と別所をつなぐかけ橋として、なくてはならないものです。いろいろあってもめげないでいつまでもコトコトと走ってほしいものです。車の免許を返納した暁には、きっとお世話になるのだから。

1102編成の最新ラッピング車両。愛称は「れいんどりーむ号」＝令和3年＊

青春の始まりと真田傍陽線

新海　敦子（千曲市・65歳）

　昭和46年4月、上田駅に降り立った染谷丘高校の入学式に向かう16歳の乙女たちとその母親たち。高校が立つ東の丘陵地まで歩いて行こうとしている私たちを尻目に、着物に身を包んだ母親たちは「徒歩は無理」とばかりに、駅を出て左の電車乗り場に歩を進めていた。その電車は真田傍陽線という。

　小さな車両は新入生と付き添いの母親たちで埋め尽くされ、ゴトゴトと東の方角へと進んでいく。お喋《しゃべ》りに夢中ではあったが、今は遊歩道になっている上田城公園に差し掛かると、車窓に広がる蕾《つぼみ》をつけた桜の木や、芽吹きを待つ木々に目を奪われたことを鮮明に覚えている。川原柳で下車し、上り坂を進むと校舎が見えてくる。これから始まる青春の1ページが開かれていく感覚で胸躍る瞬間であった。

　そして、私たちが多くの友や師と出会い、学び、現実と理想の狭間での葛藤……と、さまざまな体験をしている最中の昭和47年の冬、青春の扉を開けた真田傍陽線は静かに廃線の時を迎えた。

大きな上屋があった真田傍陽線の起点・電鉄上田駅＝昭和38年（風間克美さん撮影）

別所線の思い出

東川《ひがしかわ》 慎《まこと》（埼玉県ふじみ野市・52歳）

昭和53年の盛夏、当時9歳になったばかりの私は埼玉の自宅から塩田の祖父母宅へ行くために一人、上田駅で特急あさま号から降り立ちました。

今まで乗ってきた特急電車とは比べ物にならないくらい小さな電車が、ガスタンクを背にひっそりと佇《たたず》んでいます。

恐る恐る車内に入ると、重厚な木の香り。そして、動き出せば笑ってしまうくらいよく揺れました。

車で帰省する時は、上田に着いたことを知らせる赤鉄橋を渡ります。つり革が網棚に当たるカツンカツンという音。目の前の踏切を突然青いトラックが横切り、運転手さんが鳴らす警笛の音もどこかのんびりとしています。

そして、終点の別所温泉から祖父母宅までバス通りを歩く途中に見た、盛夏の太陽に輝く山田池。その先にかすむ上田市街。「まことは一人で来ただかや…」と驚く祖父母の顔。

今でも昨日のように思い出します。

セピア色の中塩田駅周辺のこと

東井《とうい》 光司《こうじ》（上田市・62歳）

50年以上も前。わが家は別所線中塩田駅近くのオルガン針中塩田工場前で食堂を営んでいた。

小学校低学年だった私の記憶では、競合店もなく、年中繁盛していたように思うが、印象に残るのは、8月12日花市の夜。今と違いＬＥＤの街灯もなく、日が沈むと周囲は暗闇に包まれたが、この日だけは違う。さまざまな色の灯りと、どこからこれだけの人が来たのかという喧騒で店や商店街は立錐の余地がない。目線が低い私からは、無数の人の足しか見えず、何度も迷子になりかけた。

当時の中塩田駅は、モダンな洋風駅舎であり、誇れる建物だ。周囲は山形屋、守田屋、中川商店、滝澤商店、東川百貨店など、地域の一大ショッピングタウンである。別所線に乗る機会は少なかったが、線路を渡ると長屋で、この一角に美味《おい》しい豆腐屋があり、何度か使いに行かされたことを記憶している。

モノは今ほど豊かではなかったが、向こう三軒両隣の「つながり」から生まれる皆の笑顔を思い出す。

親切だった駅員さん

塩入 孝次（埴科郡・91歳）

小学校5年生の春休みの頃と思う。叔母さんが傍陽に嫁いでいるので、1人で東信バスで上田へ、花園駅から電車に乗る。神科辺りまで住宅街をカタコトとゆっくり走る。父親に「伊勢山トンネルを過ぎたら三つ目が本原だから乗り換えろ」と言われていたが、電車が混んでいたかアナウンスを聞き逃したか、思い出せないが終点真田駅だった。

一番最後に降り、改札の駅員さん本原で乗り換えないで来たとキップを出す。何かキップに書いてくれて、今乗ってきた電車がすぐに出るから、三つ目の本原で待っている傍陽行の電車の二つ目の駅、曲尾で降りて……と親切に教えてもらい、無事に着いた。家は以前来たので迷わなかった。

その晩、千古の湯へ叔父さんと行き、失敗談を話す。大人だって上田へ飲みに行って寝過して終点まで行くさ、と笑って話す。昭和35年頃に車を買うと、電車を利用することも無くなった。国鉄、私鉄でも赤字になれば廃線となってしまう。

名城のごとく

坂西 哲《さとる》（埼玉県行田市・49歳）

私が上田電鉄を知ったのは、高校3年の時、歴史研究部の合宿で、上田城を見学したことがきっかけです。顧問の先生が最終日に、別所温泉まで電車で往復してみようと提案されたので、乗車することができました。

上田電鉄と再会したのは、その数年後『昭和の大番頭』という小説を読んだ時のことです。この小説の中で、かつて、私が乗車した上田交通は「上田丸子電鉄」の名で、主人公、田中勇氏が経営のトップを務めることになる電鉄企業として登場しました。

田中氏は、その生涯を通じて、東急グループの主要企業の経営を何度も委ねられますが、経営陣としてデビューした最初の企業が、他ならぬ上田丸子電鉄だったのです。そして、これ以降、私鉄の物語に魅了されるようになり、このような企業小説を好んで読むようになりました

「読み鉄」の私にとって上田丸子電鉄はちょうど『真田太平記』に登場する、上田城のような存在ということができると思います。

別所温泉の思い出

高藤《たかとう》 美恵子（下高井郡・74歳）

別所温泉ときくと、鮮明に思い出す懐しいできごとがあります。今から40年ほど前のこと、私たちは夫の転勤で上田市に住んでいました。右足不自由な母を呼び寄せ、めんどうをみていました。

ある日、母が「赤い鉄橋を渡り、別所温泉に行ってみたいよ」と言いましたので、小4の娘がお休みの日に出かけました。電車に乗り、美しい塩田平を眺めていると、うとうと眠ってしまったのです。「お母さん着いたよ」。娘の声で目を覚まし、バッグと杖《つえ》を持って降りてしまいました。すると娘が後から「おばあちゃんの杖、返してよ」と叫びました。母は杖が無いと歩けないのです。我に返って杖を渡しに戻りました。それから3人でゆっくりと、楽しい入浴の時間を過ごしました。

今、私はおばあちゃんになり、孫にも恵まれて幸せな日々を送っています。いつの日か、あの時のママの年齢になった可愛《かわ》いい孫をつれて、別所温泉でゆったりと過ごしてみたいと思っているのです。

別所温泉駅は40パーミルの急勾配を上り切ったところにある＝昭和48年頃（奥村栄邦さん撮影）

いなご

山浦 咲生（上田市・78歳）

小学5年の秋、晒《さらし》の手ぬぐい仕立ての袋を持ち、家を出た。家を出た時から、行く先はきまっていたようだ。

いなごは、家の近くでもとれたのに、今のように橋が何本もあるわけではない。踏切を越え、上田橋をわたり、線路沿いを行けば田んぼがつづいていることは知っていた。いなごをとりながら寺下駅まで行けば、おばさんの家がある。私が行くと、いつも喜んでくれる、やさしいお姉さんたちもいる。

稲穂がきれいだったこと、途中のことは何も覚えていない。おばさんの家につき、勝手口から声をかけながら入る。

暗くて、広くて、色々な物があって、前に進みながら、はじめてこわいと思った。奥から私をみつけ驚くおばさんの笑顔。「やっぱり来て良かった」

帰りは電車に乗せてもらって、暗くなりかけた上田駅に。誰れにもしかられた記憶もない。

真田傍陽線の思い出

宮﨑 明美（長野市・63歳）

小学生だった私が一番楽しみにしていた夏休みの行事は、汽車と電車を乗り継いで、信州は上田の祖父母の家へ出掛けることだった。

3時間ばかりの高崎からの長い列車の旅が終わると、静かな上田丸子電鉄の駅舎へと移動する。そこには、とても愛らしいクリーム色と紺色のツートンの電車の車両が「おかえり。よく来たね」というように待っていてくれた。

電車は、公園前、花園、川原柳といった町の中を抜け、やがて田畑の広がる神科台地へと進んで行く。わずかな時間であったが、1年の中でどれだけこの電車に乗れるひと時を待ちこがれていただろう。

「伊勢山」の小さな駅舎に、出迎えのいとこたちの姿を見つけると、その先に広がるたくさんのわくわくする田舎での暮らしに胸が高なるばかりであった。

反対に帰る日は、殿城口のトンネルから伊勢山の駅に入ってくる電車の灯りが見えた時、何とも言えない寂しさを感じたものだ。

新しい定期券

相澤 公江（長野市・77歳）

昭和35年から3年間、旧上田丸子電鉄が私の通学の足となりました。

高校1年の夏の朝、定期券を無くしてしまったことがありました。登校時間が迫り、困惑する私を見兼ねて、駅員さんがそっと改札口を通してくれました。終戦間近に父が亡くなり、女手一つで我が家は貧しく、3ヵ月分の定期代は高額でした。顔見知りになった駅員さんの機転で無事学校に着いたものの、その日の授業はうわの空で、勉強も全く手につきませんでした。

学校からの帰り道、必死に探して歩き回りましたが見つからず、泣きながら帰宅しました。意を決して母に告げたところ、泣きじゃくる私の手を握り、夕闇迫る田舎道を一緒に駅まで探してくれました。しかし、結局定期券は見つからず、眠れぬ夜を過ごしました。

2日後「定期券、見つかったよ」と母が渡してくれたのは、新しい日付のものでした。あの時の母のやさしさを忘れることはできません。

上田電鉄丸子線と母の前掛け

竹入 恵美子（上伊那郡・58歳）

私の生家は、丸子町長瀬上南。家の裏には上田丸子電鉄丸子線の電車が通っていました。幼い頃、電車の走るガタンゴトンの音を聞いていましたが、電車に乗った記憶はありません。

私の母は20歳の時、病がもとで耳が聞こえなくなっていました。母と私は、電車が通る踏切の前に立ち、私は母がいつも身に付けていた前掛けの裾を引っぱって合図をしていたのです。それは白い生地の裾にフリルがあしらわれていましたが、どこにでも売っているものでした。母は電車を見ることはできても、電車の音を聞くことができませんでした。

その母も44歳でこの世を去り、私も58歳になりました。丸子線が1969年に廃止されたと知りました。当時7歳だった私と35歳の母、まだ4歳の妹があの踏切の前に立ち、暑い日も寒い日も電車を見送っていたのです。できることなら亡き母と妹とあの頃に戻って、丸子線の電車に3人で乗ってみたい。ただそれだけの気持ちです。

安楽寺の三重塔

田中 和美（長野市・67歳）

1972年春盛りの頃、私は行き先が決まらないまま電車に乗りました。高崎で乗り換えまでの時間が一番少ない電車、それが信越線でした。私が抱えていた就職か浪人かの答えを求めるべく、電車に揺られていました。次々に入るトンネル、入る時と出る時でころころ変わる不安な気持ち。上田で別所線に乗り換えはしたものの、車窓の景色も目に入りませんでした。気がつけば終点の別所温泉でした。

案内板で見つけた「安楽寺」に招かれているかのように歩き出しました。答えはまだ出ていません。境内では、ゆったりとした穏やかな雰囲気に包まれました。三重塔の前では、不思議なくらい素直に自分との対話ができました。入試に失敗したままでは納得できない、というのが本当の気持ちなのだと分かりました。古刹が暗示してくれた道でした。

就職予定先には、断りの連絡を入れてから私の浪人生活が始まりました。分岐点で悩みながらも選んだルートが正しかったと思っています。

板張りの床

長谷川 恵子（上田市・61歳）

中塩田駅の近くで生まれ育った母の物語です。昭和33年春、上田市内のデパートに勤める母は、その日は遅番でゆっくり座って上田駅に向かいました。ふと前の座席に目をやると、見知らぬ男性が母をじっと見つめていました。いつものように勤務を終え、会社を出たその時、その男性が目の前に立っていました。男性は母に近寄りこう言いました。「私は新聞記者で、明日長野市内でミスユニバースの長野大会があります。それに出ていただけませんか?」と。

言われるままに大会に出場した母は、終始緊張のまま舞台に立ち、結果……。準ミス長野に!

長い一日が終わり、上田駅から丸窓電車に乗り、ようやくホッとしたのも束の間、隣に座った女性が「今日は何かあったの?」と声を掛けられ、大きな花束を抱えた母は急に恥ずかしくなり、板張りの床を見ながら帰路についたそうです。

84歳になった母、今は別所線に乗る度、私に誇らしげに語ります。

上田女子短大生が車内で別所線と沿線の魅力を伝えるボランティアのガイド活動＝平成28年＊

後輩の彼女たち

畠山 奈緒（上田市・35歳）

私は上田女子短期大学の卒業生です。佐久市から通学していました。ずっと自転車通学だったので、電車通学にあこがれを抱いておりました。

入学した時からウキウキで、小海線―しなの鉄道―別所線と三つの線路に乗り、1時間30分の通学です。友人とおしゃべりしたり、試験前には必死に復習したり、ボーっと車窓からの景色を眺めたり。そうやって2年間を過ごし、卒業―就職―転職をすると、私は母校の職員になっていました。今は地域連携センターという部署で学生たちと一緒に、別所線のイベントをお手伝いしたり、ガイドボランティアの運営をしたり、別所線応援団のような活動をしています。学生たちのイキイキした姿を見ていると自分も学生に戻るような気分です。

学生時代は、ただただボーッと乗っていた別所線。後輩の彼女たちは大好きな別所線をこれからもたくさんの人たちに乗ってもらうべく、自分たちができることを日々考え実行しています。すごいなあ！

私と上田丸子電鉄

中澤 隆（上田市・58歳）

上田東駅から徒歩数分のところで生まれ育った私は、幼い頃時々電車を見に連れて行ってもらったそうです。鉄道好きになった原点かも知れません。

そんな丸子線は、祖母の親戚宅への訪問で何度か乗車した記憶があります。程なく廃止となりましたが、上田東駅の貨物側線の跡が小学生だった私たちの遊び場となりました。

真田傍陽線の思い出は、小学校の遠足の際に見た川久保橋梁の雄姿です。全線の乗車は叶《かな》わないまま、こちらも廃止となりました。

その頃の別所線は、荷物や貨物の輸送も行っており、電車に連結した貨車を途中駅で切り離したり、小荷物として電車に積まれたひよこの鳴き声が車内に響いたり……と、50年ほど前のことが先日のように思い出されます。

令和元年の台風被害は大変なショックでしたが、無事に復旧して本当に良かったと思います。これからも微力ですが、別所線を応援していきたいと思います。

廃止から3カ月後の丸子線・上田東駅跡。駅の南東側に留置線があった＝昭和44年（奥村栄邦さん撮影）

初詣と別所線温泉外湯

中村 純一（須坂市・70歳）

3年前、平成31年最後の元日、別所線上田交通に乗車していました。

まず上田駅で、往復フリーきっぷを購入。上田駅から乗車して下之郷駅で下車。生島足島神社へ、朱塗りの本社本殿にて初詣、正月の混雑もなく、スムーズに参拝できました。

まもなく電車は別所温泉駅に到着。駅名に温泉が入っていることは、相当期待ができます。温泉街には、数々の外湯があります。

大師の湯、石湯は、小さいながら趣があり、とにかく入浴料がびっくりするほど安い。1人150円、二つの湯をはしごしても300円です。

私は、鉄道と温泉巡りが好きで、あちこちに行きましたが、別所温泉が気に入り、コロナ禍が終息しましたら上田電鉄に揺られ、外湯を楽しむ旅を計画したいと思います。

丸窓をのぞけば

林 絵里奈（長野市・43歳）

丸窓。それはアルプスに立つ、主人公のおじいさんの家にあった。夜には満天の星が見える。さらには、ヒーローに変身するお猿さんの住む家にもあった。そこからマントをなびかせ、悪者退治に飛び立って行く……。どちらも小さい頃見ていたアニメの話。大きくなったら丸い窓のあるお家に住みたい！ 憧れだった。

そんな丸窓列車に乗せてもらって別所温泉へ。温泉駅の、あの階段が、なんとなく動物園や水族館のエントランスを思わせるようで好きだった。今見ても、旅のプロローグのようなあの感じが好きだ。

よく連れて行ってもらったのは、皮膚疾患があった弟を、別所温泉へ浸からせて早く治してやりたい親心から。姉の私はついでだったが駅から温泉まで歩く途中、麦藁《むぎわら》帽子と炭酸飲料を買ってもらったのをよく覚えている。あの頃、つらかった弟も今ではいいおじさん。私も親になり、列車の丸窓をのぞけば、ちょっと泣ける。

祖父は車掌さん

林 敏子（長野市・70歳）

私の祖父は青木線の車掌をしていたそうです。上田から青木までです。母の実家のすぐ横を電車が走っていて、母が3～4歳の頃、線路で遊んでいて、電車にひかれそうになったそうです。大事には至らなかったそうですが、叔母にその話を聞いて驚きました。幼心に自分の家の庭とでも思っていたのでしょうか？ それとも父親に手でも振っていたのでしょうか？ 今となってはわかりません。

現在はその跡形もなく、道路になっています。昔、線路があり、電車が走っていたなんて信じられません。

また、小さい頃、電車で別所温泉へ連れて行ってもらいました。知り合いの家が北向観音の下にあり、そこで休ませてもらって帰路に就いたのを覚えています。路線は違いますが、北上田から公園下まで電車に乗って上田公園へお花見に連れて行ってもらったのも、とても懐かしい思い出です。そしてやっぱり、別所線の電車の丸窓はいいですよね。

少年時代の自慢話

渡邉 孝史（京都府木津川市・57歳）

上田電鉄別所線開業１００周年おめでとうございます。１９６４年生まれのわたくしは関西在住ではありますが、子供の頃は毎年夏になると上田の祖母の家に遊びに行って、夏休み期間中ずっと過ごしていたものでした。

祖母の家は千曲川橋梁横にある踏切すぐ近くにあったので、踏切が鳴る度に家を飛び出して堤防の上に駆け上がり、電車が橋を渡り切るまでの様子をじっと見つめていました。千曲川と赤い橋、そして白と濃紺のツートンカラーの丸窓電車、それらを収める背景に見える山々の光景とあの何とも言えない通過音が、何にも代えがたい大切な思い出として、今でも鮮明に脳裏に焼き付いています。

ある夏休みの雨の日、祖母と一緒に別所温泉駅まで行った時のこと。電車が緩やかな上り坂に差し掛かると、何度かスリップをしていたような記憶があります。そんな、何とも微笑ましいローカル線ならではの体験が、今ではちょっとした自慢話にもなっています。

思い出の信濃路

渡邉 紀子《ともこ》（京都府木津川市・80歳）

昭和16年、私は母の古里・大阪で生まれた。この年は、太平洋戦争の始まりの年である。父は信州上田の出身。高校の教師をしていた大阪も戦火が酷《ひど》くなり、父は19年に戦死し帰らぬ人となり、その後家族は父の古里に身を寄せ、私18歳まで上田で過ごす。

幼少の頃の上田の思い出は、今でも鮮明に残っている。別所線の鉄橋が家の横にあり、電車が通る度、鉄橋を渡るリズミカルな響きは脳裏に焼きついている。上田駅を出発し、緑一面の田畑や雪に覆われた折々の風景は、美しさと優しさを持ち得た極みである。ひなびた別所温泉の中にひときわ優雅で風格のある佇《たたず》まいの「花屋ホテル」が目をひく。あこがれのお宿だった。

小学生の夏休みは、決まって父の生家である。真田傍陽線の伊勢山へ祖父母に会いに行った。駅の横には大きな水車が一定の音をきざみ、精米している。今では大変ノスタルジアである。京都住まいの私はずいぶん遠くに来たな……と。

「赤い橋」千曲川橋梁を渡る7200系電車＝平成15年＊

緑一色の通勤列車

眞田 喜延（佐久市・50歳）

昭和58年ぐらいまで私が住んでいた家は三好町駅と赤坂下駅の間にあり、2階の窓から別所線の電車を見るのが楽しみだった。

その中で「毎日のように乗りたいな」と思っていた列車があった。それは平日の朝7時45分くらいに上田駅に向かって走っていく緑一色の別所線では当時唯一であっただろう、車両と車両の間にホロが着いている2両編成の列車だった。たしか「中塩田⇔上田」の行先表示板をつけていたように思う。記憶の限りだと朝の通勤時間帯にしか運行されていなかった列車だった。

当時小学生の私にとって、都会を走っている通勤列車を想像させる列車で、乗ってみたいなぁとずっと思っていた。だがこの列車、平日の運行のみ。平日は学校がある小学生だった私は乗るすべもなく、いつしか別所線は昇圧となったため緑色の列車も、有名な丸窓列車も消えてしまった。

一度でいいから乗りたい列車の思い出だ。

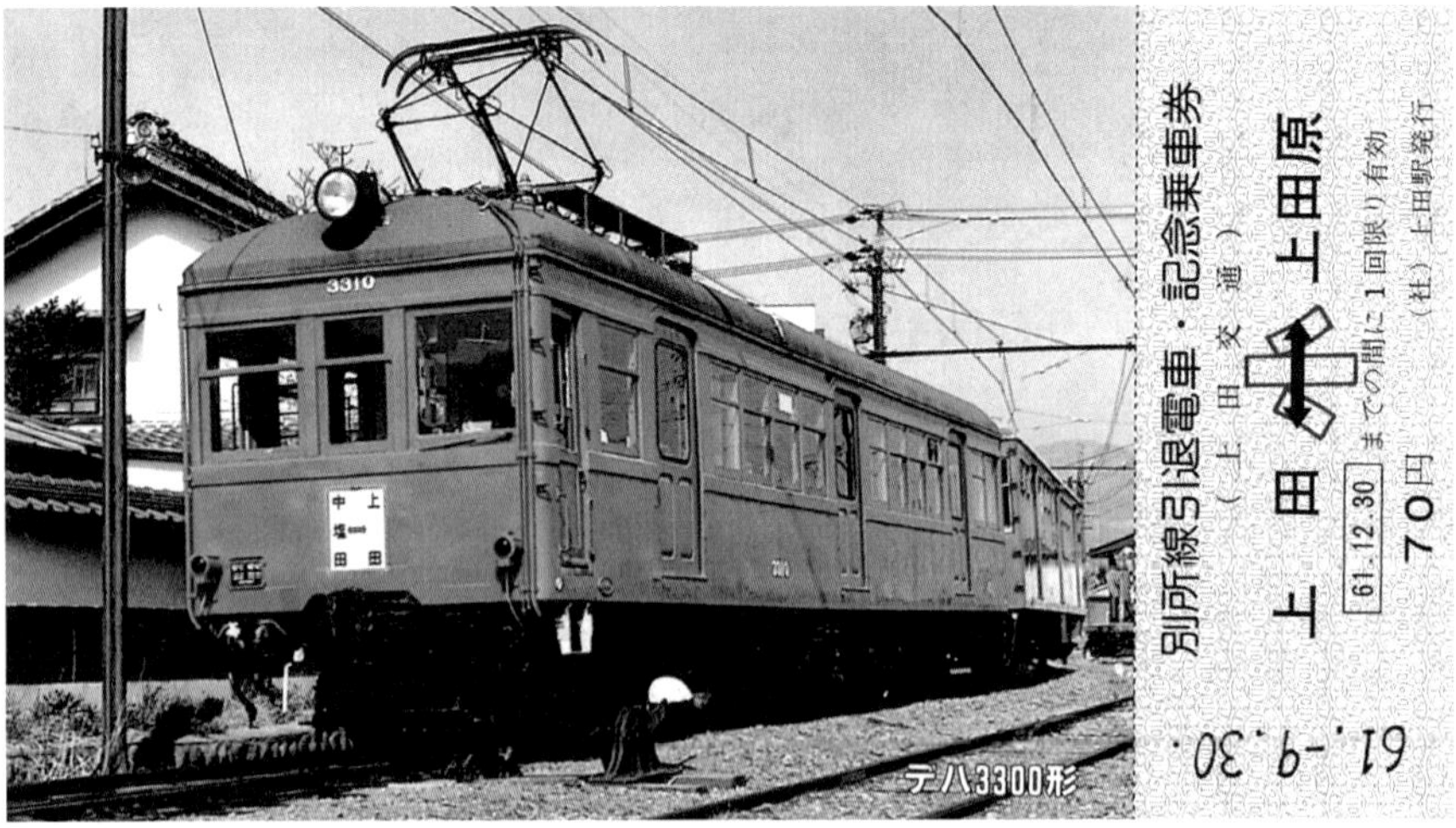

緑色が異色だったデハ3310。急勾配区間には入らない上田―塩田町間を朝のみ走った（上田電鉄提供）

まるまどタイムマシン

松川 洪伸《ひろのぶ》（大阪府東大阪市・20歳）

暑い車の中で父と2人、会話はしない。窓から別所線が走るのが見えた。本当は友達と電車で上田わっしょいに行きたかった。もう小学4年生なんだし、電車くらい乗れるのに、子供扱いしないでほしい。駅に到着し、僕は無言で車を降りた。頼んでないから、お礼は言わなくていい。急いで友達のもとへ走った。別所線に乗るとそんな記憶が蘇る。

今は父はいなくなり、僕は関西へ移り住んだ。たまにこうして上田に帰省する。車内には友達と会話する10歳ほどの少年の声がする。熱心に昆虫の話をしている。失礼だが、彼は僕と似て友達が多いタイプではなさそうだ。昆虫好きな所も似ている。

少年と昔の自分を重ねているうちに、丸型の車窓に懐かしい田んぼ景色がうつり、少年時代を鮮明に思い出す。ＳＦは好きではないが、この列車は確かに時を移動し、僕をあの頃へ連れ戻す。だが、あの頃と違い、「もう一度、父の車に乗りたい」と思ってしまうのはなぜだろう。

別所線よ いつまでも

小見山 祐治（埴科郡・89歳）

私は沿線に住んでいたので、別所線は格別に思い出深い。上田原駅で降り、線路をまたいで自宅へ帰った。踏切で電車の通過するのを待っている時は、電車がいかに巨体であるか実感できる。半面、塩田平の田畑を遠望した景色の中を走る電車は、おもちゃのように可愛《かわい》らしかった。上田駅を出発するとまず鉄橋を渡る。赤い塗装でよく目立ち、いかにも鉄橋らしい美しい形をしているので印象に残っている。

私の父母の頃は、青年会の仲間同士で寄り集まって、お米や食料持参で当時に出かけたそうだ。そのときも勿論《もちろん》、別所線を使ったに違いない。

戦争中、私は学生だった。農家では働き手の男は召集され手不足となってしまった。そこで農家を助けるために学生たちは授業をやめ、勤労奉仕で農家を手伝う命令が出た。私たちはグループに分かれて出かけ、別所線に乗って神畑で降りて作業した思い出がある。

そして今年は別所線開業百周年、おめでとう。別所線永遠なれ……と祈っている。

お世話になった通勤電車

上沢《かみさわ》 容子（上田市・80歳）

高校で習い覚えた簿記とそろばんを携えて、卒業と同時に上田市内の会計事務所に職を得て、経理のイロハを厳しく叩き込まれました。旧丸子町から上田市まで通勤の足として支えてくれたのが上田丸子電鉄（当時）丸子線です。

毎朝、上丸子駅まで歩く道すがら、ラジオの「歌のない歌謡曲」の音楽が流れ、時間の目安として歩を早めたりしたことを覚えています。3駅目に「丸子鐘紡」という社名を冠した珍しい駅があり、資材を搬入する引き込み線がありました。次の次、長瀬駅は避《よ》け違い駅で、単線運行の危険防止に不可欠なタブレットを交換していました。

別所線開業100周年と謳《うた》っていますが、上田地域の鉄路の歴史そのものです。私も通勤で歴史の一端を担い、感慨深いものがあります。

西丸子線は丸子から別所線の中間駅、下之郷を結ぶ昭和の色濃いレトロな1両編成が走る山間路線で、鉄道ファン注目の的でした。

別所線と無言館

本城 浩志（群馬県高崎市・59歳）

上田城でのイベント準備が早く終わり「さて……」と思って上田駅前に出た。別所線の塩田町駅近くに「無言館」という美術館がオープンしたことを知っていたので、なんとなく時刻表を眺めてみた。20分程で行けるようだ。

車窓に広がる信州の光景に見入りながら、暢気《のんき》に座っていると程なく到着した。

塩田町駅前からブラブラ30分程、簡易地図を頼りに歩いて行った。

絵筆を置いて、銃を手にして戦場に出向かなければならなかった画学生たちの思いが込められた作品群に圧倒された。戦場での生活を漫画チックに描いた鉛筆画に胸が締めつけられた。彼女や家族の画《え》に込められた思いは、計り知れないものだった。

帰りの車窓に広がる光景が、なんだか切なく見えた。上田駅に到着したのに、しばらく構内のベンチに佇《たたず》み、到着してはまた発車していく電車を、しばらく見つめていた。

●参考文献・資料（第１章の出典はp84～85）

巻頭特集・第２章・資料編

上田丸子電鉄小誌（上田丸子電鉄、1953）
なつかしの上田丸子電鉄（唐沢昌弘・金子万平、銀河書房、1984）
東急と上田交通（堀内猪之助、1981年）
夢と暮らしを乗せて走る別所線（上田小県近現代史研究会編、2006）
別所線　町に生きる（橋詰芳房写真、柏企画、2011）
上田丸子電鉄〈上／下〉（宮田道一・諸河久、ネコ・パブリッシング、2005）
信州の鉄道物語〈上／下〉（小林宇一郎・小西純一監修、信濃毎日新聞社、2014）
信濃の橋百選（「信濃の橋百選」刊行会、信濃毎日新聞社、2011）
長野県鉄道全駅 増補改訂版（信濃毎日新聞社出版部編、信濃毎日新聞社、2011）
信州観光パノラマ絵図（今尾恵介監修、信濃毎日新聞社出版部編、信濃毎日新聞社、2013）
週刊 歴史でめぐる鉄道全路線 公営鉄道私鉄 22 号（朝日新聞出版、2011）
日本鉄道旅行地図帳〈北信越〉（今尾恵介監修、2008）
図説日本の鉄道 中部ライン第９巻（川島令三編著、講談社、2010）
信濃毎日新聞記事／沿線各市郡町誌・史

写真・資料提供（敬称略）

今尾恵介
奥村栄邦
風間克美
唐沢昌弘
小西純一
生井邦昭
羽片日出夫
上田市立博物館
上田市丸子郷土博物館
上田電鉄株式会社
国際日本文化研究センター
国立公文書館
信濃毎日新聞社
長野県立歴史館

●線路縦断面図について

▷丸子線・別所線・西丸子線

勾配および勾配変更点については上田電鉄提供の運転曲線図（別所線は昭和 41 年 10 月一部修正版、丸子線・西丸子線は昭和 30 年代）を基に製図。各駅の標高は国土地理院「地理院地図」の標高データを参照した（別所線は小学館『日本鉄道名所 5　中央線・上越線・信越線』p172 掲載の縦断面略図も一部参照）。

▷真田傍陽線

縦断面図・運転曲線図が存在しないため、廃線ルートを空中写真等により確定した後、国土地理院「地理院地図」の標高データと共に断面図作成機能で 2km ずつ切り出し、新旧地形を検討しながら一定の勾配を算出した。勾配の数値は建設当時の慣例である簡単な分数表示を採用したと仮定、これをパーミルに転換した（1/25 勾配 = 40‰、1/60 勾配 = 16.7‰など）。駅構内などの緩勾配区間は大まかな推定。標高は地理院地図を参照した。

廃止直前の真田傍陽線・伊勢山駅付近を電車が上ってくる＝昭和47年２月（小西純一さん撮影）

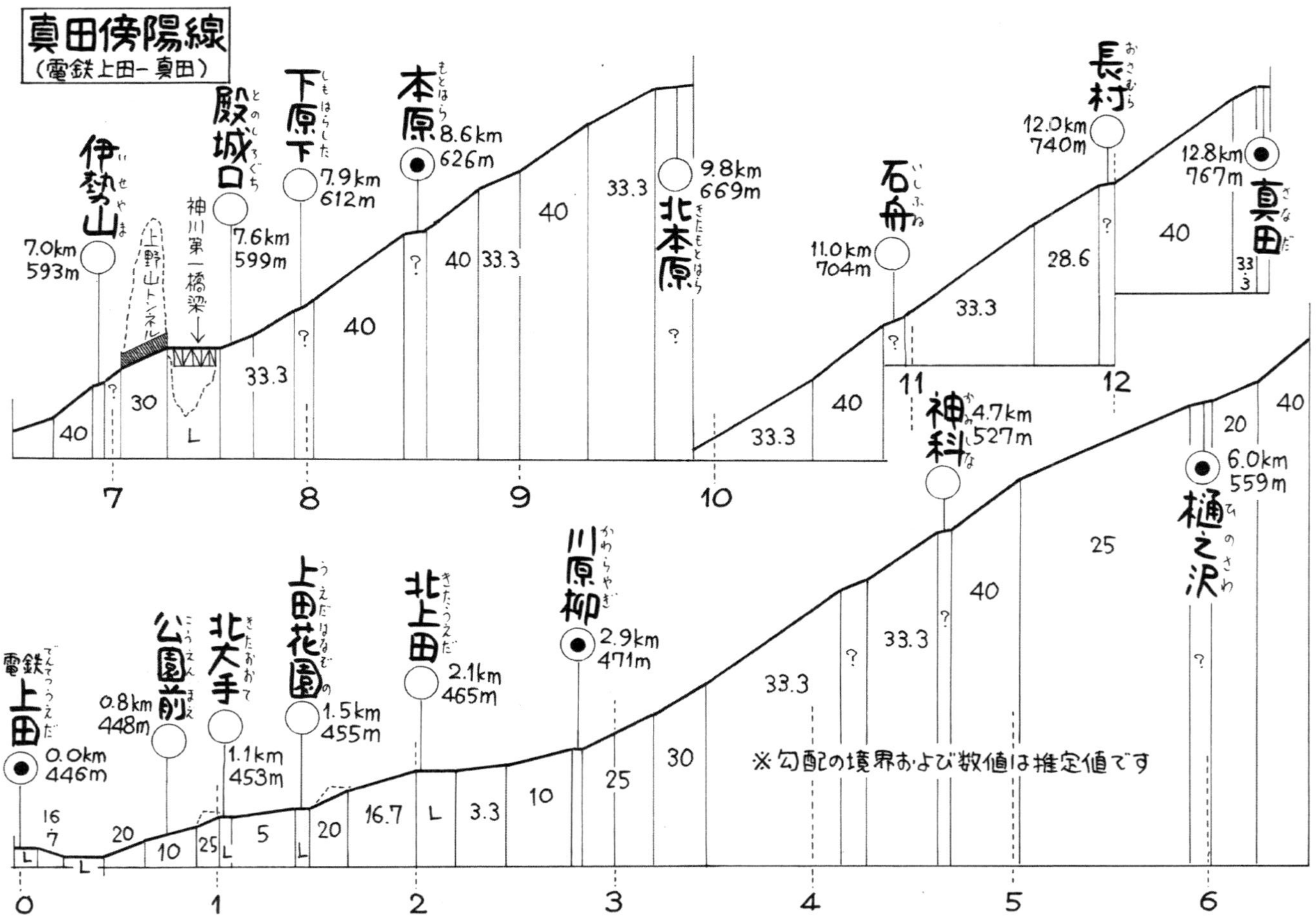
真田傍陽線
(電鉄上田ー真田)
電鉄上田《でんてつうえだ》 0.0km 446m
公園前《こうえんまえ》 0.8km 448m
北大手《きたおおて》 1.1km 453m
上田花園《うえだはなぞの》 1.5km 455m
北上田《きたうえだ》 2.1km 465m
川原柳《かわらやぎ》 2.9km 471m
神科《かみしな》 4.7km 527m
樋之沢《ひのさわ》 6.0km 559m
伊勢山《いせやま》 7.0km 593m
上野山トンネル
神川第一橋梁
殿城口《とのしろぐち》 7.6km 599m
下原下《しもはらした》 7.9km 612m
本原《もとはら》 8.6km 626m
北本原《きたもとはら》 9.8km 669m
石舟《いしふね》 11.0km 704m
長村《おさむら》 12.0km 740m
真田《さなだ》 12.8km 767m
※勾配の境界および数値は推定値です

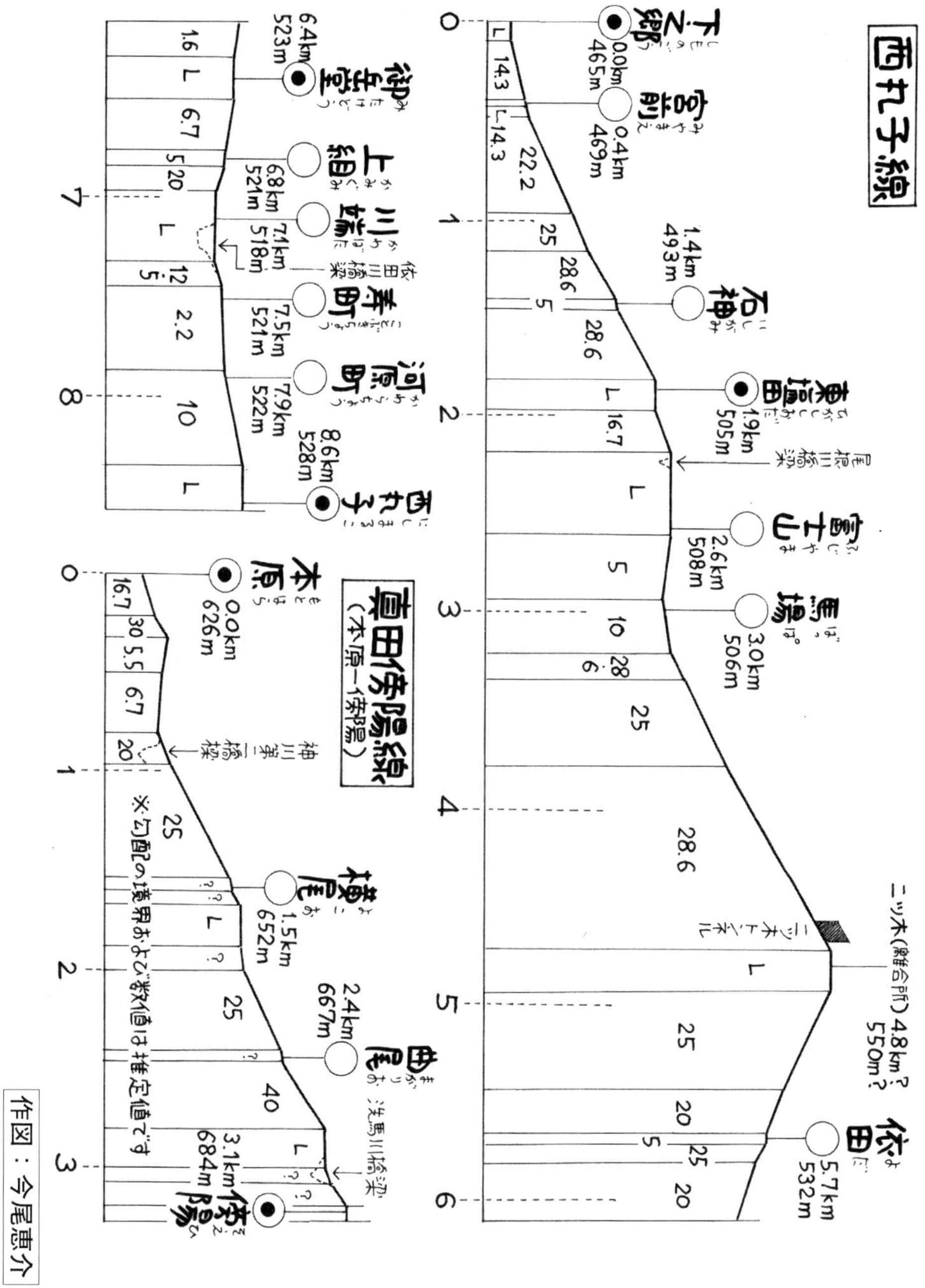

※路線縦断面図の作成についての説明はp261に掲載

【著者】**今尾恵介**（いまお・けいすけ）

1959年横浜市生まれ。地図研究家。明治大学文学部中退。中学生の頃から国土地理院発行の地形図や時刻表を眺めるのが趣味。音楽出版社勤務を経て、1991年にフリーランサーとして独立、1991年より執筆業を開始。地図や地形図の著作を主に手がけるほか、地名や鉄道にも造詣が深い。主な著書に『地図で読む戦争の時代』『地図と鉄道省文書で読む私鉄の歩み』（白水社）『鉄道でゆく凸凹地形の旅』（朝日新書）『地図帳の深読み』シリーズ（帝国書院）など多数。現在（一財）日本地図センター客員研究員、（一財）地図情報センター評議員、日本地図学会「地図と地名」専門部会主査。

【鳥瞰絵図作成】**村松昭**（むらまつ・あきら）

1940年千葉県市川市生まれ。都立立川高卒業、桑沢デザイン研究所などでデザイン、油絵、リトグラフ（石版画）を学び、1972年頃より絵地図、鳥瞰図を作成を開始。主な作品に『北陸新幹線鳥瞰絵巻』『南アルプス鳥瞰絵図』（信濃毎日新聞社）など。府中市在住。

●編集・執筆　内山郁夫（信濃毎日新聞社出版部）

●ブックデザイン　酒井隆志　●路線図作成　株式会社千秋社

別所線 百年物語

公文書・報道・記憶でたどる上田の鉄道

初版発行　2021年12月24日

著　　者　今尾恵介

編　　者　信濃毎日新聞社出版部

特別協力　上田電鉄株式会社

発 行 者　信濃毎日新聞社

〒380-8546　長野市南県町657番地

電話 026-236-3377　ファクス 026-236-3096

https://shinmai-books.com/

印 刷 所　信毎書籍印刷株式会社

製 本 所　株式会社渋谷文泉閣

ISBN978-4-7840-7392-4　C0021

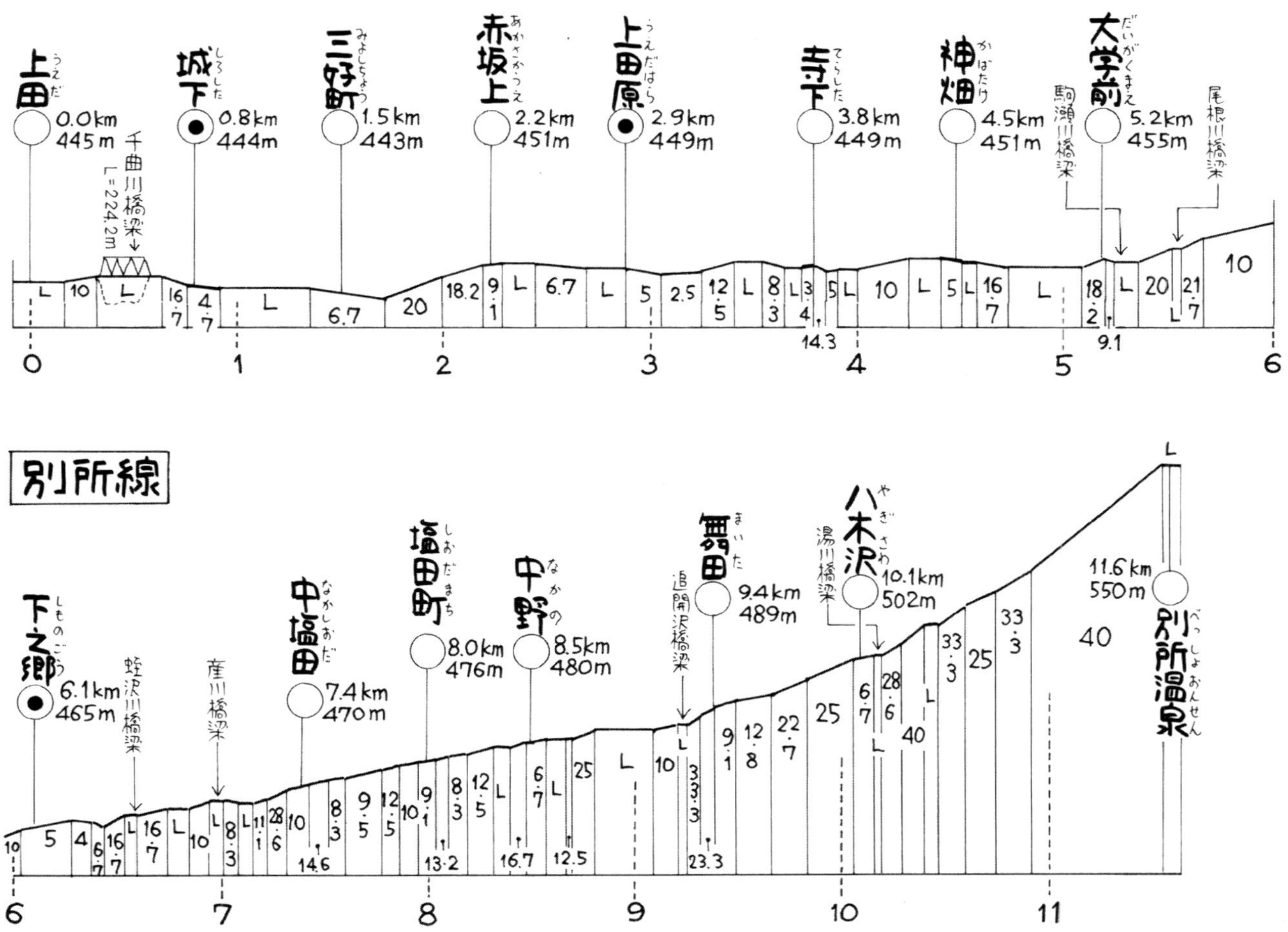
別所線
上田《うえだ》 0.0km 445m
城下《しろした》 0.8km 444m
三好町《みよしちょう》 1.5km 443m
赤坂上《あかさかうえ》 2.2km 451m
上田原《うえだはら》 2.9km 449m
寺下《てらした》 3.8km 449m
神畑《かばたけ》 4.5km 451m
大学前《だいがくまえ》 5.2km 455m
千曲川橋梁 L=224.2m
駒瀬川橋梁
尾根川橋梁
下之郷《しものごう》 6.1km 465m
中塩田《なかしおだ》 7.4km 470m
塩田町《しおだまち》 8.0km 476m
中野《なかの》 8.5km 480m
舞田《まいた》 9.4km 489m
八木沢《やぎさわ》 10.1km 502m
別所温泉《べっしょおんせん》 11.6km 550m
蛭沢川橋梁
産川橋梁
追開沢橋梁
湯川橋梁
0
1
2
3
4
5
6
7
8
9
10
11